刘昌毅 主编

威海市社会科学优秀成果
获奖作品文库

（第十五卷）

社会科学文献出版社
SOCIAL SCIENCES ACADEMIC PRESS (CHINA)

编 委 会

序

"物之所在，道则在焉"。哲学社会科学是人们认识世界、改造世界的重要工具，是推动历史发展和社会进步的重要力量。习近平总书记指出："人类社会每一次重大跃进，人类文明每一次重大发展，都离不开哲学社会科学的知识变革和思想先导"。在推动社会发展进步的过程中，哲学社会科学与自然科学宛如"车之两轮""鸟之双翼"，相互依存、相辅相成，缺一不可。

党的十八大以来，以习近平同志为核心的党中央多次强调要大力加强中国特色新型智库建设，发出了推动哲学社会科学大发展大繁荣的号召，提出了繁荣发展社会科学的战略任务。在哲学社会科学工作座谈会上，习近平总书记明确提出要坚持以马克思主义为指导，解决好真懂真信、为什么人、怎么用的问题，为繁荣发展哲学社会科学事业提供了思想指南和实践动力。同时，贯彻落实威海市第十五次党代会精神，深入实施"全域城市化、市域一体化""产业强市、工业带动、突破发展服务业"等重大战略，争当全省"走在前列"排头兵、实现现代化幸福威海建设新跨越，也需要丰硕的理论创新支撑。时代呼唤哲学社会科学的繁荣发展。站在新的历史起点上，立足威海发展实际，深入研究回答重大理论问题和实践问题，不断推进理论创新和实践创新，提供更多更好的智慧产品，是实现威海现代化宏伟发展蓝图的迫切需要，也是进一步增进共识、凝聚合力的现实要求。

长期以来，威海市委、市政府高度重视哲学社会科学事业的发展，不断完善机制、加大投入、优化环境，打造了一批有特色、有影响的社科品牌，造就了一批知名专家和学术带头人，推出了一批理论创新成果和学术精品。全市广大哲学社会科学工作者坚持以习近平总书记系列重要讲话精神为指导，深入研究和回答党和国家以及我市经济社会发展中面临的理论和实践问题，在理论普及、学术研究、决策咨询等方面，做了大量卓有成效的工作，为推进现代化幸福威海建设事业提供了有力的智力支持，做出了积极贡献。

经过 20 年的实践，威海市社会科学优秀成果奖评选工作，逐步走上科学化、规范化、制度化的轨道，其公信力、权威性和影响力不断增强，成为推介优秀成果、引导研究方向、展示我市社科水平的重要平台，成为促进研究成果应用、转化的有力杠杆，成为发现、培养优秀人才的学术摇篮，对激发广大社科理论工作者的积极性创造性、推动新型智库建设、繁荣发展我市哲学社会科学事业具有重要意义。

《威海市社会科学优秀成果获奖作品文库》（第十一卷~第二十卷）的出版，是对近十年来全市社会科学优秀研究成果的再次认可，也是对哲学社会科学研究的激励与推动。这是一个回顾，是近十年社会科学优秀成果的一个归集；但更是一个展望，是督促全市哲学社会科学进一步繁荣发展的一个新起点。希望全市社会理论工作者，在以习近平总书记为核心的党中央的英明领导下，坚持马克思主义理论学风，深入实际、求真务实、与时俱进、锐意进取，以更加昂扬的斗志，不断取得理论研究的新成果、新成就，为实现现代化幸福威海建设新跨越，做出新贡献。

中共威海市委常委、宣传部长　刘广华

2017 年 9 月

C 目录 CONTENTS

《韩国发展报告（2011）》内容提要

牛林杰　刘宝全

2010 年对于韩国来说是极不平凡的一年。"天安号"事件、执政党地方选举失利、世宗市建设规划修正案遭国会否决、延坪岛炮击事件、口蹄疫蔓延等一系列重大事件给韩国政府和民众带来了严峻的挑战。特别是"天安号"沉没和延坪岛炮击等突发事件不仅关乎韩国的国家利益，也关乎朝鲜半岛乃至整个东北亚地区的安全局势。因此，对于这些事件的处理，考验着韩国政府应对大型突发事件的智慧和能力，也考验着韩国民众的心理承受能力和理性判断能力。韩国政府针对"天安号"沉没事件和延坪岛炮击事件的应对措施不仅影响到朝鲜半岛南北关系，也影响到了韩国与中、美、日、俄等大国之间的关系。同时，对韩国国内政治和社会舆论也产生了重大的影响。2011年是李明博政府执政的第四年。为了打破前几届政府在进入第四年之后无不例外地陷入"跛脚鸭"现象的宿命，李明博将竭尽全力推进各项政策，而且保持外交基调不会出现大的调整，继续坚持"建设一流先进国家"这一目标，立足于维持朝鲜半岛和平稳定的大局，在不断深化韩美战略同盟的同时努力开展全方位、多元化外交。2011 年韩国政府的经济目标是实现 5% 的经济增长，但是在发展过程中需要克服诸多如原材料和石油价格不断上涨、出口贸易竞争加剧等困难。

2010 年对韩国来说又是一个特殊的年份。这一年是韩国现代历史上一系列重大事件的重要周年纪念，包括日韩合并 100 周年、朝鲜战争爆发 60 周年、"4·19 革命"50 周年、以京釜高速公路建设为标志的韩国工业化 40 周年、光州民主化运动 30 周年、"北方外交"20 周年、韩朝和解"6·15 宣言"发表 10 周年等。2010 年初，很多人曾预计刚刚从金融危机阴影中走出来的韩国社会将在年内围绕以上重大历史事件开展各种纪念活动，以回顾历史、总结经验、反思失误。李明博也在 2010 年初的新年国政演说中提出了三大国政运营基调（加强国际外交；振兴经济，推动先进化改革；亲民、中道、实用政策）和五大核心课题（经济复苏、教育改革、地方发展、政治先进化改革、全方位外交）。但是，笔者开篇提到的 2010 年韩国所发生的一系列重大事件完全打乱了韩国政府的施政计划，韩国政府和民众不得不投入大量的精力来应付这些来自外部和内部的挑战。

2010 年初，韩国政府发表了世宗市修正案，主要内容就是推翻卢武铉前政府时期制订的"行政首都"迁移计划，把世宗市建设成"以教育、科学为中心的经济都市"。但是，由于在野党（民主党）和执政党（大国家党）内"亲朴"势力的强烈反对，世宗市修正案在 6 月份召开的国会上以 105 票赞成、164 票反对的表决结果遭否决。担任世宗市修正案总负责人的时任国务总理郑云灿因此引咎辞职。

李明博执政以后，彻底放弃了金大中、卢武铉政府时期对朝鲜的"阳光政策"，坚持强硬的对朝路线，朝鲜半岛南北关系日趋紧张。2010 年发生的"天安号"警戒舰沉没事件和延坪岛炮击事件更是把朝鲜半岛推向了战争的边缘。3 月 26 日晚，正在韩国西部海域白翎岛附近执行巡逻任务的韩国海军"天安号"警戒舰发生爆炸沉没，造成 46 人死亡。韩国政府组织的联合调查团于 5 月 20 日发表的调查报告认为，"天安号"警戒舰是因为受到朝鲜 CHT－02D 型鱼雷的攻击而沉没。针对这一调查结果，朝鲜方面表示坚决反对，韩国国内和国际社会的质疑之声也不绝于耳。就在韩国政府为应对"天安号"事件而忙于军事演习，寻求国际社会支持的时候，11 月 23 日又发生了延坪岛炮击事件，并且造成了人员伤亡。炮击事件进一步加剧了朝鲜半岛的紧张局势。

2010 年李明博提出把建设"公正社会"作为总统任期后半期的施政方针，引起了韩国社会上下的普遍关注和议论。"公正社会"是李明博在"8·15"光复节致辞中第一次提出的，目的是要通过福利政策的调整来实现社会平等，同时要彻底切断获得财富和权力的不正当途径。但是令政府尴尬的是，"公正社会"政策出台伊始，就把现政府的多位高官拉下马。首先，"8·8 内阁改组"被提名的新任总理候选人金台镐和文化体育部长官候选人申载旻、知识经济部长官候选人李载勋都因为房地产投机和道德性争议在国会人事听证会被否决。紧接着，外交通商部长官柳明桓因为女儿"特招门"被迫引咎辞职。在 G20 首尔峰会召开之际，负责国家外交事务的行政主管因丑闻落马，对韩国的国家形象在国际社会造成负面影响。

G20 峰会于 2010 年 11 月 11 日至 12 日在首尔成功召开，是 2010 年度李明博政府可圈可点的最大的一项政绩亮点，大幅提高了韩国在国际社会上的地位。韩国是首次举办 G20 峰会的亚洲国家，在全球货币汇率问题、国际货币基金组织改革等众多难题困扰的情况下，韩国政府多方沟通，积极协商，发挥了重要的中介作用。李明博在 G20 峰会上发表《首尔宣言》，首次将发展议题设定为峰会的主要议题，为国际社会实现共同发展做出了贡献。

2010 年韩国先后与欧盟、美国完成了自由贸易协定（Free Trade Agreement，FTA）谈判，可以说是韩国的"FTA 之年"。至此，韩国已经与有关国家和地区签署了 8 项自由贸易协定，涉及 45 个国家和地区。2010 年 10 月签署的韩国—欧盟自由贸易协定使韩国和欧盟的 27 个成员同时确立了自由贸易关系，韩国也成为与欧盟签署自由贸易协定的第一个亚洲国家。12 月初，韩国和美国经过再次协商，重新签署了韩美自由贸易协定。但由于签署时间适逢朝鲜半岛局势紧张、韩国亟须美国支持的关头，再加上谈判过程中韩国在降低汽车关税方面做出了重大让步，引起韩国国内部分在野人士的强烈反对和质疑。

2010 年 11 月底，韩国各地陆续出现多起口蹄疫疫情。仅仅经过一个多月，疫情已蔓延至全国，韩国被迫宰杀了国内约 12% 的猪及大量的牛。据韩国官员称，此次疫情已造成价值超过 10 亿美元的经济损失。此次口蹄疫疫情是过去十年来韩国爆发的第四波口蹄疫疫情，也是迄今为止最严重的一次。

2011 年的韩国政治圈将陷入"选举黑洞"，朝野各党派的下一届总统候选人将明朗化，各派政治力量将围绕大选、改宪、世宗市修正案等一些热点问题展开激烈的竞争。经历了 2010 年朝鲜半岛危机之后，李明博政府在余下的任期内将会把安全外交作为外交工作的重点。2011 年 1 月 3 日，李明博在青瓦台发表新年特别演说时，把安全和经济确定为新的一年国政运营的两大主轴。韩国外交通商部的新年业务报告中也明确把开展"让国民安心的安全外交"作为首要任务，其主要内容是"深化韩美战略同盟""强化与各主要大国的战略合作关系""扩大韩中日 3 国合作""朝核非核化取得实质进展""形成和平统一的国际共识"等。经济领域，李明博提出的 2011 年三大经济政策目标包括：实现 5% 的经济增长；保持 3% 的物价上涨率；创造出优质就业岗位，提高国民生活质量。他还承诺，将通过实现农产品产量预测系统的科学化，改善农产品流通结构，努力控制通货膨胀。韩国现代经济研究院发表的报告预计 2011 年韩国经济将继续恢复，增速在 4% 到 5% 之间。该报告认为，2011 年韩国经济将面临七大风险：一是出口增势放缓；二是国内投资低迷；三是家庭负债持续增加以及贷款逾期率水涨船高，导致坏账上升疑虑加大；四是南北关系紧张依旧，难有改观；五是美、欧、日等发达国家债务及财政赤字居高不下，财政刺激余力有限，经济下行风险犹存；六是美国房地产市场受本国经济复苏乏力、楼市疲软等影响迟滞不前，不乏孕生世界经济新一轮风险的可能；七是全球汇率战争难以平息，贸易摩擦有可能进一步升级。

2010 年是中韩建交的第 18 个年头。在两国贸易提前实现 2000 亿美元的目标的同时，受"天安号"事件、韩美日三角关系加强等影响，却出现了所谓"经热政冷"的局面。可以说目前中韩关系的发展到了一个关键的历史时期，既存在着机遇，同时也面临着新的挑战。为保证今后中韩关系持续、稳定、健康、快速发展，从总体上讲，第一要双方切实遵守业已达成的共识，保持高层往来与沟通，防止"政冷"的现象加剧；深化经贸合作，促进人文交流，加强国际事务中的磋商与配合，妥善处理相互关切的问题。

第二要坚持战略互信，注意克服民间的民族主义情绪对两国关系的影响。近年来，围绕领土争端，包括渔业在内的海洋开发以及社会文化领域的问题，在东亚掀起了新一轮的民族主义浪潮，中日韩三国的民族主义情绪日益高涨。在民间，甚至出现中国"嫌韩"、韩国"贬中"的说法，且借助网络等手段有日益抬头的倾向。这些现象与中韩两国的"战略合作伙伴关系"是极不和谐与对称的。2010 年间，随着半岛局势的发展变化，这种民族主义情绪逐渐向政治外交领域蔓延，双方的政治互信大打折扣。如何客观分析和理性对待中韩关系发展中存在的问题，减少以至逐步消除分歧与摩擦，最重要的是战略互信。而通过各个渠道充分地对话，实行沟通、协商，才能实现互信并解决问题。

第三，是如何继续系统地深化中韩战略合作伙伴关系的问题。2008 年中韩战略合作伙伴关系的建立，是两国全面合作伙伴关系进一步提升的新契机，并非如韩国有些人期待那样的，中国对朝鲜半岛的政策会走向对韩国一边倒。在这一方面，韩国对中韩关系的发展存在着不切实际的过高要求。为了解决双方存在的问题，在当前东北亚地区错综复杂的国际政治背景下，要不断充实中韩两国战略合作伙伴关系的内涵，加强国际、地区事务中的磋商与配合，利用多种途径妥善处理相互关切的问题，为地区的和平与稳定做出贡献。韩国方面应当深刻意识到中国在东北亚地区是一股和平发展的力量，和包括中国在内的周边国家间的密切合作，才是平衡、协调彼此之间矛盾的和平力量。

第四，保证中韩关系朝着正确的方向发展，还需要正确处理两国关系发展中的美国和朝鲜因素。2010 年，中韩关系的发展越来越受到美国战略重心向亚太东移的影响。韩美以及韩美日关系日益密切，在朝鲜半岛周边地带连续进行了一系列大规模军事演习，恶化了朝鲜半岛局势，加剧了本来由于朝核问题就很紧张的半岛局势，对东北亚地区的和平安全造成很大的损害。美国的核动力航母"华盛顿号"不顾中国的多次反对，开进关乎中国安全的黄海海域，在某种程度上，也不自觉地损害了中韩战略合作伙伴关系。而韩美日三国共同针对的另一个目标或者说核心目标就是朝鲜。朝鲜和韩国都是中国周边外交中的重要环节，朝韩双方的利益都是中国的重要关切，中韩关系与中朝关系并不是彼此矛盾、相互对立的。如何处理中朝关系，中国会根据自身的外交需要和安全需求做出自己的安排，韩国不应对中国的对朝政策妄加猜想，更不要主观片面地横加指责和干预。

第五，继续加强经贸往来，特别是加快双方自由贸易协定谈判的步伐。在美国经济复苏乏力和欧洲债务危机呈现扩大趋势的现实背景下，加快中日韩三国自由贸易谈判的进程无疑有利于降低对美国和欧洲市场的过度依赖，为各国经济的稳定发展构筑更加坚实的基础和平台。中韩两国的自由贸易协定将成为推动东亚自由贸易的催化剂，因此，建立自由贸易区问题始终是这些年来中韩之间面临的最为重要课题之一。到目前为止，两国政府、工业协会和学术界进行了四年的可行性研究已经基本结束，这使得 2011 年中韩两国能否开始就自由贸易协定进行正式谈判成为令人瞩目的焦点之一。此外，在绿色增长与新能源领域、金融、物流以及教育和医疗等诸多领域，中韩两国的合作无疑符合两国的战略利益，也有很大的合作潜力，有望成为今后推动双方经贸合作持续发展的新的增长点。

总之，中韩睦邻友好符合两国人民的根本利益，是双方唯一正确的选择。双方领导者应该站在全局和国家战略的高度，审时度势，把握好中韩关系发展的主流脉搏，引导两国关系朝着健康、稳定的方向发展。中国力行安邻、富邻的实际行动，正在发挥着东北亚地区负责任的大国"稳定器"作用，韩国如何以开放、自信的心态接受中国的崛起，更好地发挥"东北亚地区平衡者"作用，乃是促使中韩关系长远健康稳定发展的关键。

[作者单位：山东大学（威海）]

中国近代工业化研究——制度变迁与技术进步互动视角

左　峰

工业化一直是近代以来经济史学和现代经济理论所关注的重要问题，长期以来出现了大量从各种角度研究工业化问题的学术成果。但是，迄今为止，从制度变迁与技术进步互动的角度探讨工业化的综合研究仍然比较薄弱。所以，本书以制度变迁和技术进步互动为切入点，借鉴吸纳马克思主义政治经济学、现代西方经济学、发展经济学、制度经济学、新经济史学、技术经济学等相关理论，综合运用经济分析与历史分析、总体分析与个案分析、比较分析与系统分析等多种研究方法，提出了互动合力论工业化理论模型，尝试性地对中国近代工业化加以解读，力图理清近代中国工业化发展与不发展的脉络和原因，探求其历史发展模式。

本书除导言部分外，共分为七章。

导言部分主要是就研究背景、研究意义与价值、研究视角与总体思路、研究基础与资料、研究方法与框架、研究内容和创新点进行概括性的阐述。在学术界，在关于工业化和经济增长的理论研究中，曾经有过制度决定论与技术决定论的争论。从表面上看，双方针锋相对，水火不容。实际上，笔者认为制度决定论与技术决定论之间并不存在不可调和的对立。无论是制度决定论，还是技术决定论，它们都承认技术与制度的相互作用，其争论的焦点主要集中在制度与技术的主次差异上。有了这个大的前提，技术与制度就有了更大的"合作"空间。技术决定论强调技术在前，制度在后。正因如此，如果制度的瓶颈能够被打破，那将为技术进步提供成长的机会和空间。制度决定论强调制度前提，而制度分析表明，正是获利能力无法在现存的安排结构内实现，才导致了一种新的制度安排（或变更旧的制度安排）的形成。也就是说，制度创新是对获利机会的应答，而获利机会却有很大一部分是由技术进步带来的。技术与制度之间的相互关系如此紧密且相互促进，不仅证明它们之间客观存在着良好合作的基础和潜力，更加重要的意义还在于这种合作产生了我们不曾预料到的副产品——二者的良性互动大大加速了工业化的进程，提升了经济增长的水平，并使它们呈现出螺旋上升的态势。本书总体思路是以马克思辩证唯物主义、历史唯物主义和科学方法论为指导，以制度变迁与技术进步互动作为逻辑主线，参照工业化等相关理论并借鉴其科学成分，立足于西方工业化国家的工业化历史，对现有研究成果进行深入分析，通过假设、求证等分析过程，提出基于制度变迁与技术进步互动的工业化理论模式。另外，从制度变迁与技术进步互动的角度对中国近代工业化发展脉络加以梳理，阐述近代中国工业化与西方工业化国家的共性和差异性，分析中国近代工业化发展与不发展的路径和内在原因，用近代工业化史实检验理论模式并对中国新型工业化进行解读。

第一章为理论与文献述评。主要是围绕论题对已有的相关学术成果分三个层次进行了梳理，旨在给出本书的研究视角和着力点。本书从工业化，技术进步与制度变迁，技术进步、制度变迁与中国近代工业化三个层面对相关文献进行梳理和评述，以便为说明创新之处和第二章工业化模型的提出奠定理论基础。

第二章提出了基于制度变迁与技术进步互动视角的工业化理论模型。首先，从制度变迁与技术进步互动的视角对西方工业化国家历史进行考察，通过史实印证了二者互动作为一种客观存在贯穿其整个工业化进程。其次，阐述了制度变迁与技术进步是工业化进程中相对独立而又密不可分的两个重要变量，旨在说明这是二者互动必备的基础条件。再次，根据政治经济学、制度经济学和博弈论的基本原理，论证了制度变迁与技术进步互动有着充分的、科学的理论依据。最后，分析并描述了制度变迁与技术进步相互决定且共同作用于工业化的机制与路径，指出制度变迁往往不能排除技术进步的作用，而技术进步的形成和扩散则进一步要求与之相适应的制度变迁，于是二者在互动中动态地演进和发展，螺旋交互上升并形成 S 形工业化发展路径。

第三章和第四章分别阐述了中国近代工业化过程中的制度变迁和技术进步。先是从制度变迁层面考察中国近代工业化，并围绕技术进步和工业化这一主题，对晚清时期、北洋政府时期和南京国民政府时期的主要经济制度变迁进行了梳理和简评。这部分主要是中国近代工业化发展与迟滞的制度层面考察，重点围绕几次重大的制度变迁对工业化的影响展开分析。从世界各国制度安排及其演化的历史考察，有两种类型的制度变迁：诱致性制度变迁和强制性制度变迁。强制性制度变迁实质上是一种供给主导型制度变迁。进一步讲，供给主导型制度变迁尚具有两种类型：内省的供给型制度变迁和移植来的供给型制度变迁。中国近代的制度演变就是一种移植而来的供给主导型制度安排与变迁。内省型制度变迁的供给主体只有一个，而近代中国是一个半殖民地半封建的社会，制度供给主体始终呈现出二元性特征，即由清政府、北洋政府和南京国民政府组成的中国近代权力主体群的直接性制度供给和西方列强为维护在华权益所表现出来的间接性和示范性制度供给。这就造成两类冲突：一类是西方近代化制度安排与中国传统社会的旧有制度安排相互冲突；另一类则是中国近代权力主体群移植制度安排的能力、激励和热情的滞后效应与微观经济主体在利润最大化力量驱使下预期制度变迁的收益大于其成本时所产生的对制度创新的需求的愿望和激情的驱动性发生相互冲突，致使中国近代社会制度的移植和变迁过程艰难、曲折而又缓慢，交易成本昂贵。然后从技术进步层面考察了中国近代官办工业和民办工业的技术进步状况，阐明中国近代工业企业的建立和发展，从而中国近代工业化水平的提高始终与技术引进、技术进步相伴而生，技术进步也由此行进在"引进—改进—自制"的道路上，呈现独有的特征。这部分主要是中国近代工业化发展与迟滞的技术层面考察，主要论述了中国近代技术进步过程中的"引进—改进—自制"路径及对中国近代工业发展的贡献。"引进—改进—自制"在很多工业领域均有体现。不仅如此，在中国近代工业化的不同发展阶段，"引进—改进—自制"还呈现力度不断加大和层次逐步提升的趋势。工业化起步阶段，技术进步以技术引进为主导，投资巨大，但效果不甚理想，存在着盲目引进和幼稚引进现象，引进技术的层次也比较低，对外依赖性较强，技术改进和自制比例低，不占主要地位。但是，此时中国工业体系的雏形基本形成，为以后更为全面地引进技术铺平了道路。工业化初步发展阶段，无论是军事工业还是民用工业都广泛地引进技术，拓宽引进领域。引进新技术、改造旧设备已经成为工业企业的普遍行为，技术改进的力度加大，自制的比重也有所增加，技术开始升级。值得强调的是，在此阶段民营企业开始取代官办企业成为技术引进的主体。这种转变对于技术引进的效果意义重大。以上两章是平行的，意在为下一步论述制度变迁与技术进步互动做好铺垫。

第五章阐述了制度变迁与技术进步互动下的中国近代工业化。该部分从二者互动的内在机制出发，具体论述了洋务运动时期、甲午战争后和民国初年时期以及南京国民政府时期制度变迁与技术进步是如何互动的，经过了怎样的互动过程，进而这种互动又导致近代中国工业化出现了什么样的发展与不发展。为了能够清晰地刻画出近代中国工业化的真实水平和状貌，在本章的最后还与同时期西方国家的工业化水平进行了国际比较。史实表明，近代中国工业化发展与不发展的二元状态是制度变迁与技术进步综合作用的结果。当二者互动较为充分的时候，往往是中国近代工业化发展较快的时期；而当制度变迁与技术进步互动机制受到破坏的时候，与之相伴的则是中国近代工业化的不发展。

第六章对中国近代工业化过程中的制度变迁与技术进步互动进行了深度剖析。主要从三个方面着手。

其一，影响互动的因素分析。包括以下 5 个因素。①传统意识形态和价值观念。传统中国社会是建立在农业文明基础上的超稳定结构，封建王权思想与儒家思想构成了社会主流意识形态。这从三个方面给制度变迁与技术进步互动造成了不利影响。第一，妄自尊大，自以为是，导致盲目排外、故步自封，阻滞了制度变迁与技术进步互动链条中的技术主体。第二，传统的意识形态和价值观念阻滞了制度变迁与技术进步互动链条中的制度主体。这是中国传统社会内部造成近代经济制度供给不足的原因。第三，传统意识形态和价值观念割裂了制度变迁与技术进步之间的内在有机联系。②很不充分的资本积累。主要表现有三：一是列强索赔侵吞了有限的社会剩余，二是有限的社会剩余中有一部分沉淀为土地资本，三是公债没有成为工业化发展的强力财务支持杠杆。③剧烈的社会动荡。中国近代工业化过程中，一个引人注目的现象是各种战争接连不断，社会动荡不安，缺乏安定的环境。百余年间，仅全国范围内发生重大历史影响的各类战争就有十多次，战争间隔之短和频率之高近乎达到无日息兵的地步。④有失偏颇的政府行为。政府的心态、制度变迁的初衷不同，必然造成政府绩效不同。而且更为重要的是，在近代中国，政府是制度变迁的主要主体，主体的动机、行为直接决定着制度变迁与技术进步互动的状况。不当的政府行为也是造成制度变迁与技术进步互动不完全的主要因素之一。没有一个强大的中央政府，就无法提供工业化发展所需要的制度供给和制度变迁。即使是在近代工业化程度最好最高的阶段，政府也没有发挥出应有的恰如其分的作用，不仅影响了制度变迁与技术进步的良性互动，而且进而阻滞了工业化的发展。⑤发育很不充分的市场。近代中国是一个半封建半殖民地社会，传统市场广泛存在和延续限制了传统市场向近代市场的转变，而近代市场又因为受到外国列强的挤压造成市场空间和容量难以扩大。再加上战火绵延、社会动荡、军阀割据，造成了本来就狭小的国内市场还不能统一。这些无疑减弱了制度变迁与技术进步互动的动力，客观上迟滞了中国近代工业化。

其二，互动的特征分析。通过提炼归纳，提出制度变迁与技术进步互动存在下列特征。①互动主体非完全自主性。自晚清以来，历届政府都程度不同地受制于列强，受当时中外关系总格局的制约，不能完全独立自主决定本国的制度变迁。由于制度变迁缺乏完全自主性，进而使得制度变迁与技术进步互动具有了非完全自主性的特征。即便不是单方面地中断了制度变迁与技术进步互动的链条，至少也使制度变迁与技术进步互动丧失了完全的自主性，降低了互动的效果。②互动行为滞后性。首先，时间上滞后；其次，立法内容的滞后；最后，行动上的滞后。③互动启动被动性。在近代中国工业化的过程中，制度变迁与技术进步互动的被动性和不彻底性往往是共生的，二者互为因果。因为被动性，所以常常导致不彻底性；因为不彻底性，又决定或强化了制度变迁的被动性。通过洋务运动、北洋政府和南京国民政府三个时期制度变迁的考察，不难发现制度变迁存在着被动性和不彻底性。也正因为如此，制度变迁与技术进步的互动也就有了被动性的特征。④互动传导机制非健全性。在近代中国，由传统自然经济向近代市场经济转化这种制度安排与变迁，不是自发地、能动地在传统社会内部完成的，而是在外来因素作用和冲击下移植产生和进行的。既没有市场革命的制度准备，也不是建立在市场扩张的基础之上。近代中国市场经济的发育具有外生性和被动性色彩，市场化并没有成为工业化的基础，使得制度变迁与技术进步互动机制的健全性受到影响。

其三，互动的本源分析。本书认为，总需求是影响制度变迁与技术进步互动的重要外部冲击源，需求—商业革命—工业革命之间存在着密切的内在关联机制，近代中国总需求增长缓慢和未完成的商业革命与未完成的工业化互为表里。

第七章为总结与思考。通览近代中国工业化全过程，可以发现，纵向来看，在制度变迁与技术进步互动的作用下，工业化的确经历了发轫、进步与高潮过程，甚至不乏黄金时代。但是，如果横向地与西方工业化国家相比，工业化水平又是很低的，其中的互动也是低水平、有限度的互动。虽然互动中有进步、有发展，但更有断裂、停滞与缺憾。从总体来讲，低水平互动导致的不发展居于主要和主导地位。中国近代工业化迟缓的症结就在于制度变迁与技术进步的互动力微弱，不能构成工业化发展所需要的持久而又强大的动力源泉。制度决定论和技术决定论争论的焦点主要在于制度与技术的主次差异上。通过超越争论，有助于开拓二者兼容的广阔空间，寻找并揭示出二者共同推动工业化的内在机制，走出一条二者相互促进的第三条道路。应该努力以制度变迁与技术进步互动形成新型复合推动力，这也是走好新型工业化道路的理性选择。

[作者单位：山东大学（威海）]

《自适应道义逻辑与法律推理研究》
内容提要

张传新

道义逻辑，又被称为规范逻辑或义务逻辑，是刻画规范推理的形式结构及有效推理模式的理论。道义逻辑被认为是"最重要的一个哲学逻辑分支"。人们对这个新兴的逻辑学科充满了期待，认为道义逻辑有广泛而直接的应用。这主要包括两个方面。第一，作为表达和分析规范推理的工具，帮助人们做出正确的行为选择。道义逻辑研究的对象——规范推理不仅普遍存在于我们的现实世界，包括法律、伦理领域，还包括礼仪、习惯、风俗等各个方面，指引、约束、评价我们每个人的行为选择。第二，用于计算机科学和人工智能等领域的知识表达和规范系统建构。自 20 世纪 80 年代，道义逻辑越来越受到其他领域的学者的关注，特别是计算机科学、管理科学和组织理论科学等。

然而，笔者不无遗憾地看到，期待仅仅是期待，实际的道义逻辑研究发展与人们的殷切期待之间仍然存在着不小的差距，与实际的和潜在的规范系统，特别是伦理和法律理论需要之间还存在很大的差距，很难说能够满足哪怕很微弱的需要。这也是道义逻辑被认为是"最成问题的"的主要原因之一。

在规范推理中会经常遇到不同类型的规范冲突问题。解决规范冲突的最直接的方法是引入规范间的优先关系和可废止推理机制，根据特定优先标准对相冲突的规范予以衡量，以更具优先性的规范废止较少优先性的规范。这种优先关系又可以区分为两类：一类是规范适用条件的事实特异性关系，这类规范冲突可以借用人工智能与计算机领域发展起来的缺省逻辑技术，建立可废止道义逻辑解决；一类是规范实现的事态（可能世界）的理想性关系，建立基于优先语义的道义逻辑。但是，这两类道义逻辑都有各自的局限性，可废止道义逻辑只能处理例外义务推理，基于优先语义的道义逻辑只能处理渎职义务推理。而当把二者结合起来的时候，由于彼此间相互影响会产生更复杂的优先性问题。后者还存在一系列技术问题。第一，用于为规范排序的优先关系通常要假定满足反自反性、传递性和连通性。这个假定太强，无法处理强优先问题。第二，无法处理具有对称性的和无法比较的道义冲突。我们把这类规范冲突称为道义困境，进而导致严重的道义爆炸的产生，即使做任意事情都成为义务。处理规范冲突的另一种方法是构建一个道义论证框架或者由用户自主地判断冲突之间的优先关系，这种方法本质上是一种非完全形式化的逻辑。

笔者坚持的一个基本观点是道义逻辑所研究的规范推理不仅仅是基于规范之间的逻辑关系所进行的推理（关于规范的推理），也不仅仅是当现实情境符合规范适用条件时所进行的推理（涵摄义务推理），它还要形式刻画规范被违反时所进行的推理（渎职义务推理）、存在规范困境时所进行的推理（道义困境推理）、存在例外规范时所进行的推理（例外义务推理）。后面这四种推理模式统称为适用规范的推理。研究适用规范的推理不仅仅是因为主要的规范推理形式就是基于特定的事实情景触发特定的规范适用，更重要的是规范本身具有语境依赖性，而语境的复杂性主要表现在规范适用的过程中，这也是导致道义冲突的根本原因。最早建立起来的标准道义逻辑恰恰是因为忽视了这种语境依赖性，而导致所构建的逻辑太强，出现了很多道义悖论，其后很多逻辑学家通过使某些道义原则无效所构建的道义逻辑，如极小道义逻辑又太弱，使一些直观有效的推理模式无效。问题的症结在于基于特定的语境，一些规范推理模式是有效的，而基于另一些语境，这些规范推理的模式又变得无效。因此，构建可废止道义逻辑刻画规范推理的这种可废止性特点就成为必然。而前面提到的诸类道义逻辑所具有特点决定了它们都不足以充分刻画不同的规范推理模式。

笔者借鉴了以上各种理论的优点，并把它们结合起来，认为规范冲突并不导致逻辑系统的坍塌，而是可以把包含冲突的道义规则的约束力解释成为：如果不存在冲突，我们将直接适用规范推理的相应规则。如果存在冲突则可以通过一定的技术限制相应规则的适用，这种技术就是自适应逻辑（adaptive logic）。

笔者以自适应逻辑为基础构建了一个自适应二元道义逻辑系统（Adaptive Dyadic Deontic Logic，ALCDPM）。ALCDPM 被刻画为一个三元组（一个下限逻辑，一个异常集合 Ω，一个极小异常集合），其中下限逻辑是在 Lou Goble、Christian Straßer 的二元道义逻辑系统的基础上构建的包含不同规范推理模式的事实分离规则的系统 CDPM. 2f。在此基础上，笔者又根据不同推理模式的特点和对固有性义务和指导性义务的区分构建了一个刻画不同事实分离规则的异常集合。所选择的极小异常策略能够保证在存在规范冲突的情况下建立规范推理的推理模型。其主要思想是"尽可能正常地"解释前提集合，通过其动态的证明过程，有条件地适用道义规则。当没有异常出现时，它能够得出与标准道义逻辑同样的结论，当存在异常时，能够根据其定义的标记方法废止非所欲的结论。该系统有如下特点。第一，它能够充分刻画各类规范推理模式。第二，它是一个严格的形式系统，能够将道义原则的适用条件形式刻画为其证明的一部分，由证明本身而非用户自主地添加相应的适用条件。第三，笔者选择的自适应逻辑是标准格式的自适应逻辑，在所选择的下限逻辑具有自反性、传递性、紧致性的条件下，能够较容易地证明它也具有相应的性质。第四，最大可能地保留了标准道义逻辑的优点。同时又通过一个动态证明程序刻画了规范推理的可废止性特点。第五，能够充分地刻画关于规范的推理和适用规范的推理。第六，通过引入两个新的道义算子，界定了一个严格的道义逻辑后承关系，通过对不同异常的界定给出了适用不同规范推理模式的推理规则，能够区分不同类型的规范推理。

基于以上逻辑系统，在最后一章笔者还进一步分析了法律推理。首先分析了法律推理的过程和特点。长期以来人们对作为法律推理的逻辑基础的形式逻辑多持批评态度。笔者认为这主要是因为这是人们对形式逻辑存在太多误解所造成的。很多人的逻辑知识依然停留在 2000 多年前的直言命题三段论阶段。以这种逻辑分析法律推理当然会表现出极大的局限性。例如，很难刻画法律推理的可废止性等性质。因此，笔者重点分析了多元的法律逻辑的发展和特点，对不断发展的法律逻辑能够可靠地刻画法律逻辑持一种乐观的态度，并对形式逻辑作为法律分析评价工具进行了辩护。

本书共分为六章。

第一章属于导论性质。第一节确定研究对象和意义，重点区分了关于规范的推理和适用规范的推理。该区分具有重要的理论意义和现实意义，是本书立论的基础，同时也使得道义逻辑研究与法律推理研究紧密联系起来，使道义逻辑研究为法律推理逻辑模式的建构奠定了基础。第二节主要讨论了道义逻辑研究存在的问题和受到的质疑，包括对公理化系统的批评和质疑、对可能世界语义理论的批评和质疑。以此提出构建更充分的道义逻辑理论的标准，进而提出道义逻辑研究可能的进路。第三节讨论道义逻辑研究存在的问题，主要是规范违反与渎职义务推理问题、道义困境与道义爆炸问题、例外义务与例外义务推理问题、涵摄义务推理问题。现有的道义逻辑不能充分区分不同类型的规范推理模式，往往只能刻画其中一种或几种规范推理模式，从而导致了大量道义悖论的产生。

第二章简单介绍一元标准道义逻辑（简称 SDL）和二元标准道义逻辑（简称 DSDL）并分析其存在的问题。标准道义逻辑是目前引用最为广泛、研究最为深入的道义逻辑系统，也是道义逻辑研究的理论起点和基础。本章介绍标准道义逻辑的目的是交代本文的理论背景，为后文的写作提供一个规范的形式语言基础。尤其是对于第四章和第五章的两个自适应道义逻辑系统重要意义，SDL 构成了 ALDPM 系统的上限逻辑，而 DSDL 构成了 ALCDPM 系统的不含事实分离规则的上限逻辑。

第三章主要讨论处理规范冲突的优先、可废止方法。当规范推理的前提集合包含相冲突的义务的时候，最直接的方法就是引入可废止推理机制，构建可废止道义逻辑。根据所依据的可废止标准和方法的不同，我们将这些逻辑系统分为四类。第一类是以规则适用事实条件的特异性为标准确立规则间的优先关系，构建类似于常识推理的道义逻辑系统，我们称之为基于特异性的可废止道义逻辑。这类系统能较好地处理例外义务推理。第二类是将可废止逻辑与道义逻辑结合在一起构建可废止道义逻辑。其主要方法是在可废止逻辑的基础上引入证立、反驳等概念构建一个可废止道义论辩框架。这类逻辑能够较好地描述规范推理的非单调特性，并且能够灵活地处理不同标准的优先关系。第三类是基于偏好定义义务算子，通过比较义务的效用（实现更理想的状态）确定相应的义务选择，我们称之为基于偏好语义的可废止道义逻辑。该类系统能够较好地刻画规范推理的优先语义。第四类是将规则适用条件的特异性与优先语义的相对理想性结合起来构建多重优先的可废止道义逻辑。这类系统能够较好地处理例外义务推理和渎职义务推理。本章分析了其各自的特点、优势和不足，最后指出它们都不能充分刻画规范推理的四种模式。

第四章讨论自适应道义逻辑 ALDPM。这是一个以标准格式的自适应逻辑为基础，能够容纳道义困境并且避免各种形式的道义爆炸的可废止道义逻辑系统。根据 DPM 有效的受限制遗传原则 RPM：$\vdash_{DPM} (A \rightarrow B) \rightarrow (OA \rightarrow OB) \vee (OA \wedge O \urcorner A)$，定义一个异常集合：$\Omega = \{ OA \wedge O \urcorner A \mid A \in W \}$，当推导过程不存在异常时，可以适用 SDL 的 RM 原则：$\vdash_{SDL} (A \rightarrow B) \rightarrow (OA \rightarrow OB)$，即根据 $A \rightarrow B$ 和 OA 推出结论 OB；而当存在异常时，适用该规则的证明行被标记，即结论 OB 被废止。该系统采用的是极小异常策略。ALDPM 系统在保留 DPM

系统良好性质的基础上，将 DPM 隐含前提的选择过程通过一个自适应程序实现形式刻画，从而保证了在面对道义困境时进行规范推理的可靠性、完全性和可判定性。

第五章构建了一个能够刻画各类规范推理模式的统一的自适应道义逻辑 ALCDPM。要实现这个目标需要满足以下四个条件。第一，必须将义务语境化，基于不同的语境确定不同的规范推理的后承关系，因此，该逻辑属于二元道义逻辑系统。第二，能够区分不同推理模式的形式结构和推理规则。为此我们在二元道义算子 0（—｜—）的基础上，又引入了两个道义算子 0^p 和 0^a，分别表示固有性义务和指导性义务。第三，必须基于特定的优先关系确立不同义务之间的可废止关系，因此，这是一个优先可废止逻辑。第四，基于不同的语境前提和规范前提，适用不同的推理模式，确定相应的固有性义务和指导性义务，因此，必须包含适合不同规范推理模式的事实分离规则，属于刻画适用规范的逻辑。

第六章主要运用现代逻辑方法对法律推理的一些理论进行探讨。第一节首先重新定义了法律推理的定义和分类：以法律规范命题为前提和结论的推理。法律推理的前提集合既可以是纯粹的规范命题，也可以包含相关的事实命题。前者刻画的是规范命题之间的逻辑关系，我们把这类推理称为关于法律的推理。后者刻画的是基于不同的事实条件，规范之间的逻辑关系。法律推理不是逻辑推理在法律中的应用，法律推理有独立的结构形式和特点。接着讨论了法律推理的结构框架、评价标准和特点，尤其是可废止性是法律推理最基本的逻辑特征。最后分析法律形式推理和实质推理，并强调形式推理对于实质推理的优先性。第二节对多元法律逻辑进行了分析和比较，强调不同逻辑对于解决法律问题的不同意义，它们之间是不可替代的，也不是竞争的关系。第三节从多个方面对形式逻辑作为法律分析评价工具进行辩护。第四节则以对司法过程中的法律冲突及其解决的分析为切入点，讨论现代逻辑对法律问题解决的方法和局限。

[作者单位：山东大学（威海）]

辩证法当代价值的新阐释

——巴斯卡的自由辩证法探析

付文忠

批判实在论（Critical Realism）是一个为马克思主义辩护的哲学流派。经过三十多年的发展，批判实在论的影响日益扩大，其哲学方法已经扩展到人文社会科学的各领域。批判实在论的创始人英国哲学家罗依·巴斯卡（Roy Bhaskar）撰写的《辩证法：自由的脉搏》不但被誉为"20世纪最重要的哲学著作"，而且被认为发动了"哥白尼革命"，因为他旗帜鲜明地捍卫马克思主义辩证法的当代性，批判后马克思主义与后现代主义对辩证法的解构与否定，断言否定辩证法的理论思潮拥有一个共同的错误："试图把存在还原为知识，把本体论还原为认识论。"巴斯卡强调，尽管当代辩证法理论在发展过程中呈现出多样性，却拥有共同的构造逻辑，即自由的逻辑。

巴斯卡从批判实在论哲学立场出发，对辩证法的自由的逻辑及其当代价值进行了新的阐释。他的自由辩证法理论一经提出，就引起学术界的极大关注，引发了激烈的论争。

一 巴斯卡自由辩证法理论的出场语境

巴斯卡辩证法理论的出场语境是20世纪末"突如其来的历史巨变"。随着东欧剧变与柏林墙的倒塌，马克思主义终结论甚嚣尘上，右翼学者福山宣布，历史已经终结，社会主义和资本主义竞争的历史已经结束，自由民主与资本主义在竞争中胜出。

为了反思时代的新情况与新变化，回击新自由主义的挑战，捍卫马克思主义的当代性，西方左派提出了重建马克思主义的理论任务。重建马克思主义面临的重要任务是方法论的选择。当代影响比较大的方法论有以下几种：新实证主义的方法、新康德主义的方法、新尼采主义的方法。分析的马克思主义学派推崇新实证主义方法，以哈贝马斯为代表的批判理论学派选用新康德主义的方法，以拉克劳、墨菲为代表的后马克思主义赞同新尼采主义的方法。这些方法虽然理论主张各异，哲学传统不同，但是却具有一个共同的立场：反对辩证法，否定本体论，主张把辩证法从马克思主义中排除出去。巴斯卡指出，新实证主义的方法是用"科学"排斥"社会"，新康德主义的解释学是用"社会"排斥"科学"，二者都割裂了科学与社会的辩证关系。后马克思主义用话语理论解构辩证法，认为科学是神话，社会是话语。

巴斯卡对这些方案持批评态度，提出通过重建辩证法，重构马克思主义的解放规划。巴斯卡对辩证法的哲学传统、理论原则和构造逻辑作了全面的批判性考察，提出了批判实在论的辩证法理论，开创了反思辩证法当代价值的新范式。在后结构主义与后现代主义反哲学体系主张流行的今天，巴斯卡的理论主张产生了很大影响。巴斯卡宣布建构辩证法理论，是为了完成马克思计划写一本关于辩证法著作的遗愿。为了完成这一重要任务，巴斯卡对从巴门尼德、柏拉图到黑格尔、马克思的辩证法传统进行了深入的梳理与阐释。

巴斯卡捍卫马克思主义辩证法的当代价值并不是孤立的理论行动。进入新世纪，英美马克思主义学者掀起一个辩证法保卫战，回击后现代主义和后马克思主义对辩证法的抛弃与否定。2008 年，英美马克思主义学者推出了捍卫辩证法的论文集《新世纪的辩证法》；紧接着，著名马克思主义学者詹姆逊于 2009 年也推出了自己反思辩证法的巨著《辩证法的多维性》。这些成果都是对辩证法当代价值的新阐释。詹姆逊认为，辩证法是一种思维方式，是思考未来的、尚未完成的现代性思维规划，黑格尔的辩证法是法国大革命的产物，马克思的辩证法是劳动力商品化的产物。根据詹姆逊的推论逻辑，可以说巴斯卡的辩证法是经济全球化时代的产物。20 世纪的思想史见证了辩证法的阐释历程，卢卡奇、阿多诺、萨特、列斐伏尔、奥尔曼、哈维与索亚等人多方面推动辩证法的发展，多角度阐述辩证法的当代意义，回击各种反辩证法思潮的挑战，开创了多视域的辩证法解释模式。有些论者认为，辩证法的当代发展导致某些方面已经基本不属于马克思主义的传统了。列斐伏尔对此发表过类似意见，他在提出空间辩证法时，这样评价辩证法阐释的多样性："让辩证法回归自己的议程，但是空间辩证法已经不是马克思主义的辩证法，正如马克思的辩证法不再是黑格尔的辩证法一样。"巴斯卡认为，辩证法的形态具有多样性，辩证法本身也是辩证发展的。但是，在辩证法理论体系的多样性中也存在着统一性，在多样性的辩证法阐释中拥有共同的核心、共同的构造逻辑：自由的逻辑。巴斯卡把自由的逻辑叫作辩证法的硬核。

"辩证法是自由的逻辑"，这一命题吸引了许多研究者的目光。为什么巴斯卡把辩证法看作自由的逻辑？有些学者感觉这一命题不好理解，原因是巴斯卡的著作结构复杂，概念繁多，涉及的理论史从古希腊到后现代，从巴门尼德到马克思，造成了理解上的一些困难。而且，国际批判实在论学会前主席阿兰·诺瑞尔认为，很难从整体上把握巴斯卡《辩证法：自由的脉搏》一书的主题。奥尔曼也认为，巴斯卡著作中的新概念如"茂密的热带花园的花朵一样繁多"，阻挡了对其辩证法理论的理解。但是，如果我们抽象出巴斯卡辩证法理论的核心命题，就可以比较容易地找到巴斯卡建构新辩证法的理论框架。

二 巴斯卡自由辩证法的三个核心命题

巴斯卡自由辩证法的构造逻辑让人感觉复杂的原因，一是巴斯卡在论证过程中使用了一些代数符号，二是论证方式应用一些数理逻辑方法。笔者认为，巴斯卡对辩证法当代价值的阐释体现在三个核心命题之中，把握住这三个核心命题，就比较容易理解巴斯卡辩证法的构造逻辑。巴斯卡说："到目前为止，辩证法只赋予我们理解与改变现实的能力。"那么，什么是辩证法呢？巴斯卡给出的定义是："辩证法的真正定义是缺失之缺失。"因此，要理解巴斯卡对辩证法的新定义、新阐释，必须考察三个核心命题的理论逻辑：缺失是辩证法理论的合理内核；辩证法是自由的逻辑；辩证法的真理就是人类的普遍解放。

（一）缺失是辩证法的合理内核

巴斯卡对辩证法的重构是从探索马克思的"辩证法合理内核"之谜开始的。马克思曾经说他发现了被神秘外壳掩盖着的黑格尔辩证法的合理内核，但是他没有时间写出来。于是，马克思视域中的辩证法的合理内核，就成为一个哲学之谜。后来，许多学者提出各种各样的解释，但是没有形成定论。直到今天，人们仍然在为破解这一辩证法之谜而争论。

鉴于此，有学者认为，辩证法也许并没有什么合理内核与神秘外壳，辩证法之谜可能是一种误导。但大部分学者认为，合理内核是存在的，而且也不神秘。如汪克认为，合理内核就三个要素：辩证矛盾、变化过程、相互联系。辩证矛盾是核心，矛盾引起变化，变化就是过程，过程就是联系，变化是矛盾的结果，矛盾是变化的原因，变化与矛盾紧密联系。

但是，巴斯卡认为，辩证矛盾不是辩证法的合理内核，缺失才是辩证法的合理内核："马克思谈论过辩证法的合理内核，而且是被黑格尔神秘化了的合理内核，那么，这个合理内核是什么呢？实际上，这个合理内核就是由缺失推动的发展过程。"什么是缺失？巴斯卡说的"缺失"是指"absence"（名词）和"absenting"（动词）。名词"absence"是显示一种东西不在场，动词"absenting"是让不在场的东西出场，让在场的东西退场。"缺失"包括否定、过程、矛盾、冲突、弊端等，其中矛盾是缺失范畴中的一个概念。为什么说"缺失"就是马克思说的辩证法的合理内核？巴斯卡的论证如下：当代世界与当代理论肯定不会尽善尽美，存在着不完善，不完善就是完善的缺失，完善的缺失引发了矛盾与分裂，这些矛盾与分裂的深化引发危机，危机的解决推动着事物的发展过程。这个发展过程可以概括为四个阶段：首先，由于完善的缺失引发了矛盾；其次，矛盾蕴含的否定性引发了危机；再次，在超越危机过程中，创造出新的东西；最后，一个新的总体化过程又开始了。

缺失是推动事物发展的动力，因此，巴斯卡把缺失称为"决定性的缺失"。什么是决定性的缺失呢？在《辩证法：自由的脉搏》出版七年后的一次哲学演讲中，巴斯卡对这个抽象范畴作了通俗解释，他说："批判实在论关注的缺失，是关于人们胃里食物的缺失，是关于人们头顶上方房屋的缺失。"在社会领域，根据巴斯卡的解释，失业就是工作的缺失，歧视就是尊严的缺失。也就是说，缺失是社会的不平等，个人的不自由。可见，消除这些缺失，就成为社会进步与发展的动力。

巴斯卡还宣布，他不仅发现了辩证法的合理内核，还发现了掩盖"合理内核"的"神秘外壳"，黑格尔的神秘外壳不是人们所说的唯心主义哲学体系，"黑格尔辩证法的神秘外壳，其实也是西方思想史中的神秘外壳，正是缺失概念的缺失"。因此，重建辩证法理论，批判地解读黑格尔的辩证法，指认西方思想史的缺陷，缺失仍然是一个关键范畴。

（二）辩证法是自由的逻辑

巴斯卡说，"辩证法就是对自由的追求，对限制追求自由的转化性否定"。辩证法为什么蕴含着对自由的追求和对限制自由的否定呢？巴斯卡认为这是他的理论发现。在哲学史上，辩证法有多种形态，本体论辩证法、认识论辩证法、关系辩证法、实践辩证法等，这些辩证法差异非常大，但是所有的辩证法都有一个共同的特征：以自由价值观为核心。"辩证法是一个灵活的工具，但是它的建构围绕着一个硬核：自由的逻辑。"辩证法是自由的逻辑命题，是巴斯卡对辩证法理论的新阐释，也是理解批判实在论辩证法理论核心思想的主线。辩证法为什么是自由的逻辑？自由为什么是辩证法理论的核心？自由价值观如何在辩证法理论中生成？许多巴斯卡的研究者感觉不太好理解。例如，阿兰·诺瑞尔在其研究巴斯卡辩证法的新著中说："《辩证法》是一本很难读的书，读懂它很不容易。我变得很沮丧，因为无法从整体上理解这本书，我感到某些方面被神秘化了，特别是我不能把握巴斯卡的伦理学是如何成为社会历史辩证法的基础。"

理解辩证法是"自由的逻辑"，关键是缺失范畴，因为自由的逻辑就是"缺失的逻辑"。比如，社会不平等就是平等的缺失，争取社会平等就是缺失社会不平等，争取社会平等一定会遇到许多限制，缺失这些限制就是争取自由，"这也给我们开辟了一条通向自由辩证法的道路"。巴斯卡把这个过程称为"缺失之缺失"（absenting absence），"缺失之缺失"就是辩证法的定义。辩证法就是对自由的追求，对限制追求自由的转化性否定。"任何弊病都是限制，限制就是自由的缺失。"资本主义总体性的主人与奴隶关系是最大限制，也是批判实在论要清除的主要对象。巴斯卡说，批判实在论的自由辩证法，是在继承了亚里士多德、黑格尔和马克思三大自由辩证法传统基础上发展起来的。

（三）辩证法的真理就是人类的普遍解放

后马克思主义认为，传统社会主义陷入危机，马克思主义的传统已经终结。巴斯卡不同意这些主张，他认为，今天人类对自由解放的追求并没有停止，自由的脉搏仍在跳动。巴斯卡转向了马克思主义：一旦我们开始考察自由问题、价值问题，我们自然走向人类自由与解放的整个问题。现在是考察马克思主义的时候了，马克思主义在今天仍然是强大的思想体系。因为，马克思主义努力抽取出当代世界的基本特征。没有人否认资本主义仍然是我们社会存在的主要事实。

巴斯卡认为，人类的普遍解放就是马克思说的共产主义社会，解放的标志就是每一个人的发展是所有人发展的前提条件。"辩证法的真理就是人类的普遍解放"，这个命题可以从"缺失的逻辑"展开来理解。巴斯卡为了阐释辩证法与解放规划的联系，把辩证法进一步定义为"缺失对缺失之缺失的限制"（absenting constraints on absenting absences）。巴斯卡把辩证法的定义"从缺失之缺失"发展为"缺失对缺失之缺失的限制"，就是为了说明"缺失的行动已经设定了人类的普遍解放"。

辩证法如何设定解放规划的理论逻辑？理解这一逻辑需要具体化这一命题，也就是说，"缺失对缺失之缺失的限制"在逻辑上是一个四重否定的展开过程：①资本主义的压迫性统治关系就是自由的缺失；②争取人类的普遍解放就是缺失之缺失；③资本主义国家机器就是对这种缺失之缺失的限制；④打碎资本主义国家机器就是缺失这些限制。英国马克思主义学者约瑟夫（Joseph）把这个四重否定展开具体化为：①失业就是工作的缺失；②争取工作就是缺失的缺失；③通货膨胀是对缺失的缺失的限制；④消除通货膨胀就是缺失这种限制。

因此，巴斯卡的批判实在论的辩证法是强调社会变革的实践辩证法，"是对限制争取自由行动的转化性否定"的辩证法，也是把哲学与解放规划联系起来的实践辩证法。

三 巴斯卡自由辩证法的四个维度解读

批判实在论辩证法的哲学基础是强调两个区别：一是思想与存在的区别，强调存在先于思想；二是本体论与认识论的区别，强调本体论先于认识论。

巴斯卡在吸取马克思对黑格尔辩证法研究成果的基础上，结合当代哲学新发展，提出了超越黑格尔辩证法的理论规划。黑格尔的辩证法是由同一性、否定性与总体性三个部分构成，批判实在论的辩证法体系则由四个部分组成：非同一性（1M）、真正的否定性（2E）、开放的总体性（3L）、转变社会的能动实践性（4D）。

"非同一性"是批判实在论辩证法的第一个维度，强调实在的非同一性。非同一性首先强调本体论与认识论的非同一性、肯定与否定的非同一性、结构与事件的非同一性。

本体论对批判实在论来说非常重要，是其辩证法的基石，本体论强调客观性，被巴斯卡称作"自然必然性"。所谓"自然必然性"，就是强调客观事物的结构、规律、运行机制不依赖主体的认识而存在。巴斯卡说，现代主义与后现代主义两者都认为本体论是不可能的，不承认本体论问题的真实性。事实上，每一个事物都包含在本体论之中，每一个事物都是真实的存在。这并不意味着在实际中没有区别。例如，关于实在的知识与实在本身有本质区别，全球变暖的事实不依赖全球变暖的话语而存在，全球变暖的话语不等于全球变暖的事实，这就是本体论辩证法的非同一性。

　　非同一性的另一含义是分层本体论。无论是自然领域还是社会领域，存在都是由实在、现实、现象三个层次构成。例如，社会实在是由社会结构、人的活动、人的意识三个层次构成，不能把社会结构的性质还原为主体的行动、意图与意识，三者之间不具有同一性。如果把对社会结构解释还原为对主体行动与意识的解释，就犯了"本体论平面化"（flat ontologising）的错误。

　　批判实在论辩证法的第二个维度是实在的否定性。巴斯卡的否定性范畴通过缺失来定义，否定性是辩证法的变化逻辑。巴斯卡认为，缺失（不在场）是辩证法的实质与核心。缺失（不在场）是一个非常广泛的范畴，包括矛盾、变化、过程等，都属于否定性。批判实在论认为，变化就是缺失，缺失优于在场，这是批判实在论辩证法的一个显著特征。

　　不完整性就是缺失。这些不完整性引发了矛盾，这些矛盾必然走向更大的总体性，用新的超越性概念、理论与实践，解释与改造世界。巴斯卡说，这是科学发展的基本过程，也是自然界和社会领域的发展过程。事物的一切发展都依赖于缺失，它们被缺失所推动，被缺失所修正。

　　缺失与"突现"（emergence）密切联系，突现是缺失范畴中肯定的一级。新事物与新概念的产生就是一种突现，来源于缺失。巴斯卡指出，西方哲学家也关注否定性，黑格尔就是著名的一位。黑格尔的否定概念是无，认为事物发展是观念的外化，从无到突现，然后随着这些肯定性的展开，每一个事物出现了。所以，缺失性否定在黑格尔那里是非决定性的，而在批判实在论辩证法中，缺失是决定性的否定，这就是"决定性的缺失"。"决定性的缺失"是推动世界发展与科学发现的辩证法，这是缺失范畴的理论逻辑与实践意义。

　　开放的总体性是辩证法的第三个维度。在辩证法思想史中，最重要的概念是总体性，因为，普遍性、客观性、因果性等概念都离不开总体性。总体性强调联系，把分散的现象看成是统一性整体的组成部分。批判实在论辩证法的总体性是开放的总体性，开放的原因是由于不在场东西的存在，总体性永远是开放的且尚未完成的总体性。开放的总体性也是复杂的总体性，总体性可以包括多种层面。总体性强调相互联系与相互作用。以社会认同为例，后马克思主义者拉克劳认为，当代社会认同方式发生深刻转型，从普遍性与确定性转向差异性与不确定性。巴斯卡不这样认为，他根据总体性辩证逻辑，认为社会认同可以分为四个层面。第一个层面是普遍性。普遍性是理解认同特殊性的基础，是对特殊性的概括。同样，要理解一个具体认同，不得不去理解全部认同中的每一个认同。这样，不得不去考虑第二个层面，即认同的具体性。考察认同的差异是什么？妇女、青少年、物理系学生、篮球运动员这些身份认同具有明显的差异性。然后考虑第三个层面，认同的社会历史性。这些认同是从哪里来的？要到哪里去？也就是考察社会认同的来龙去脉。第四个层面就是认同的独特性。世界上的每一个事物，实际的或潜在的，都是独一无二的，所有的认同既具有共同性，包括它们的差异、踪迹、地理历史轨迹，同时又存在着不可还原的独特性和唯一性。

巴斯卡指出，这就是总体化的普遍性辩证法，一般与具体的辩证关系。这种普遍性辩证法意味着每一个普遍性在具体形态上是独特的，每一个具体的特殊性都可以被普遍化。

第四个维度是实践的辩证法，转变社会实践就是对社会的再总体化，实践辩证法的主要作用是确保历史永远不会终结。巴斯卡对 4D 的定义是："在实践中的理论与实践的统一性。"转变社会的实践是有意识的能动性活动，体现在对社会总体性的修复，批判实在论的能动性由以下几个方面构成。第一是行动的意向性。在人类的行动中包括思想与情感，思想与意识能发挥作用，但本身不是人类行动。第二是行动的强制性。你没有选择，只能行动，不得不行动。"假如你躲避行动，这本身也是行动，不行动也是行动。"第三是行动的自发性。许多行动是无意识的，这是行动的自发性。第四是行动的物质性。如果只是想着要做某事，但并不打算行动，事件就不会发生。

改造社会的实践性，可以从四个方面来理解：第一个是改造自然活动的层面，第二个是社会成员之间相互作用的层面，第三个是社会结构层面，第四个是人的发展层面。巴斯卡认为，所有的人类活动都是在这四个层面上展开的。

如何改造社会？马克思的著名论断是，每一个人的自由发展是所有人自由发展的前提条件。这说明，自觉性是能动性的重要方面，自觉性就是主体的自我改造，自我改造具有本体论性质，自我改造是社会改造的基础，只有行动才能塑造自我。当人改变了自己，也同时改变了社会，因为每一个人都是社会的组成部分。

辩证法的四个维度并不是孤立存在的，而是一个相互联系的整体。辩证法体系中每一个维度都相互依赖、相互作用与相互制约。也就是说，1M 产生了 2E，2E 产生了 3L，3L 产生了 4D；反过来，4D 以 3L 的存在为条件，3L 以 2E 的存在为条件，2E 以 1M 的存在为条件。批判实在论辩证法四个维度展开的逻辑关系是：1M 的非同一性是同一性的不在场，同一性不在场就是对同一性的否定，由此引出 2E 的否定性；2E 的否定性强调缺失、矛盾、变化与发展，这样就提出了 3L 的总体性要求；3L 的总体性要求是将各种关系进行整合，但是由于缺失的存在，3L 的总体性是开放的、不完整的、未完成的总体性，总体性的不完善性和开放性，引出了 4D；4D 是一种再总体化的社会实践，人类为了完善社会而进行的社会改造活动，本质上就是对自由的追求，追求自由的社会实践，彻底拆除了黑格尔的历史终点站。

巴斯卡认为，卢卡奇的辩证法和黑格尔的一样是 3L（总体性）辩证法，阿多诺的辩证法属于 1M（非同一性）辩证法，葛兰西的辩证法是 2E（否定）和 4D（实践）的辩证法。

四　自由辩证法的当代价值

巴斯卡的自由辩证法理论，承接了从柏拉图、亚里士多德到德国古典哲学的精神，继承了黑格尔和马克思的伟大辩证哲学传统，旗帜鲜明地为辩证法的当代价值辩护，坚持认为辩证法具有强大的生命力与理论说服力，是把握当代世界基本特征不可或缺的方法，并对后结构主义、后现代主义、后马克思主义否定辩证法给予了严厉的批判。巴斯卡强调，辩证法是把哲学与马克思的解放规划连接起来的桥梁，是发展马克思主义的新途径。

奥尔曼追问，今天我们谈论辩证法有何意义？今天我们还需要辩证法吗？巴斯卡对这个问题作了明确回答。当代世界的新变化、新特征，需要新的理论话语与方法。面对后现代主义思潮在世界范围内的蔓延，以及各种否定辩证法的学派与理论的纷纷登场，捍卫辩证法的当代性、阐释辩证法的当代价值，就成为当代英美马克思主义重要的研究领域和理论任务。马克思主义与辩证法具有密切联系的传统，卢卡奇、萨特、阿多诺、巴斯卡都属于这个传统，通过辩证法发展马克思主义，用辩证法解释当代世界，是这个传统的显著特征。关于辩证法的当代价值，詹姆逊认为，马克思主义的辩证法在三个领域仍然具有重要意义：一是意识形态批判领域，在把握意识形态多样性与主体身份多重化方面辩证法具有价值；二是历史叙事学批判需要辩证法，把握当代世界的深刻历史变迁，辩证法是不可或缺的；三是认识当代世界矛盾与冲突离不开辩证法，正确认识与把握当代世界与当代思想理论的深刻矛盾性，需要辩证法的矛盾分析理论。正如布洛赫所说，哪里充满矛盾，哪里就需要辩证法。德里达说辩证法就是发现矛盾，思考对立东西的统一性。巴斯卡说辩证法是自由的宣言，解放的号角。因此，可以说辩证法不是对世界的简单预测，而是对当代世界矛盾的深入思考与剖析。面对全球化与当代资本主义霸权，辩证法仍然是认识世界与改变世界的锐利思想武器。

正如阿兰·诺瑞尔所说，对巴斯卡辩证法理论进行评价是一件困难的事，巴斯卡对辩证法当代价值的反思引来一片赞扬，同时也遭到许多激烈的批评，尤其是批判实在论学派的一些重要成员也批评巴斯卡的辩证法转向，认为巴斯卡用缺失逻辑取代马克思的矛盾逻辑，既脱离了批判实在论的哲学立场，也偏离了马克思主义的辩证法传统。同时，如克林尼科斯所说，现在哲学界公认没有必要尝试建立哲学体系，巴斯卡却提出了辩证法的理论体系。笔者认为，巴斯卡对辩证法的反思具有重要的理论价值与实践意义，人们的不理解是暂时的。一方面是由于巴斯卡从新角度反思辩证法，有些超前，人们对这个辩证法理论的理解与认识有一个过程；另一方面，巴斯卡的辩证法体系非常难理解，造成一些误读，随着理论界对他的辩证法认识的深入，这种现象会逐渐改变。

我们也注意到，国际批判实在论学会前主席阿兰·诺瑞尔在出版的新著《差异与辩证法》中对巴斯卡的辩证法进行了系统解读。经过十多年努力，他认为现在已经基本理解了巴斯卡的辩证法理论及其当代价值，以前由于没有完全理解其理论的创新性，对批判实在论辩证法理论的批评是建立在误读巴斯卡基础之上的。

批判实在论的突出特征是辩证法当代价值的阐释路径的创新性。巴斯卡从马克思对黑格尔辩证法的批判中发现辩证法的创新与发展的多样可能性，辩证法的理论形态不是固定不变的，而是不断发展变化的，世界是辩证发展的，辩证法理论自身也在辩证发展。因此，巴斯卡自由辩证法的理论创新性应该给予肯定，"辩证法是自由的脉搏"的思想是其理论创新的主要标志。巴斯卡的自由辩证法与马克思的历史辩证法是一种互补关系，不存在所谓"推翻"与"取代"的问题。巴斯卡从自由解放的角度思考辩证法，阐释辩证法的当代价值，是对后马克思主义否定辩证法的理论回击。批判实在论辩证法理论的三个核心命题与四个理论维度，体现了辩证法的新发展。当代英美马克思主义对辩证法理论的创新研究，增强了马克思主义的理论活力与理论影响力。

巴斯卡开创了对马克思主义辩证法形态的新反思。关于马克思主义辩证法体系的构成，英美学者存在着激烈的争论，概括地讲有三种解释影响非常大：（1）以史密斯和阿瑟为代表的辩证法体系学派，他们认为马克思的辩证法是体系辩证法，是建构《资本论》概念逻辑的辩证法；（2）奥尔曼和詹姆逊认为，马克思的辩证法是历史辩证法，是关于历史叙事的辩证法；（3）巴斯卡认为，马克思的辩证法是自由辩证法，是关于自由解放的辩证法。这样问题就出现了，马克思主义的辩证法有三种形态，哪一个解释是正确的？这是当代英美辩证法研究中的热点问题。巴斯卡的辩证法研究成果，为我们思考这些争论、启发认识、探索马克思辩证法的三个维度的意蕴，提供了新的可能性。笔者在这里提出一个理论假设：马克思的辩证法应该具有三种形态，即体系辩证法、历史辩证法和自由辩证法。三种形态之间的关系不是排斥关系，而是相互联系、相互补充的整体。如果把体系辩证法、历史辩证法与自由辩证法看成马克思的辩证法的三个维度，或者一个完整的理论体系，也许可以结束英美马克思主义学者持续多年的争论。辩证法三形态缺失的是总体性的统一工作，深入研究辩证法三形态的内在统一性，可以为马克思主义辩证法当代创新研究提供了新的理论空间。

综上所述，巴斯卡的自由辩证法推动了辩证法研究的新发展，其建构逻辑的根本出发点是捍卫辩证法的当代价值，用批判实在论的话语重建马克思主义辩证法的实践意义。巴斯卡突出的理论贡献是开创了阐释辩证法的新角度，把辩证法视为对自由的追求，把自由解放价值观看成辩证法的核心，强调辩证法的价值取向就是让缺失的自由出场，去除对自由的限制，在现实社会领域消除当代资本主义的主人与奴隶的总体性关系，也就是压迫性的统治关系，这无疑对我们研究马克思主义辩证法的当代价值具有重要启发意义。

[作者单位：山东大学（威海）]

关于当前中国翻译教学研究的思考

薄振杰　李和庆

引　言

20 世纪 80 年代以来，随着翻译学学科建设的深入开展和翻译教学体系的逐步完善，我国的翻译教学研究取得了一些新的进展。一是研究论文数量明显增加。单就我国 6 家在翻译教学研究方面较具权威性的学术期刊而言，1980~1989 年间累计发表翻译教学研究论文 28 篇，1990~1999 年间发表翻译教学研究论文 100 篇，而 2000~2006 年间发表翻译教学研究论文 118 篇。二是研究主题更加多元。主题不仅包括翻译教学理论陈述与口、笔译教学实践研究，翻译技巧与错误译例分析，国外翻译教学介绍等，还包括翻译教材及其教法研究、现代科技与翻译教学研究、翻译测试与评估研究（主要是TEM8）、翻译教学师资发展、我国港澳台地区翻译教学介绍、翻译教学历史现状展望等。值得一提的是，文军、苗菊等学者对翻译教学关注的重心开始从机械的知识传授与技巧讲解转向学生翻译能力培养方面。三是研究者理论意识逐步增强。出版了《中国翻译教学研究》《中国英汉翻译教材研究（1949 - 1998）》《翻译教学：理论与实务》《口译理论与教学》《我国翻译专业建设：问题与对策》等较有理论价值的论著，从学科建设、课程设置、教材建设、师资培养、教学方法、口译教学和翻译测试与评估等角度对翻译教学进行了较为深入的理论探讨。

诚然，论文数量的增加、研究主题的多元化以及基本理论问题的探讨并不能完全遮盖当下中国翻译教学中存在的重要问题。若留心一下我国目前翻译教学的状况，便不难发现我国的翻译教学研究明显滞后于西方。就研究思路而言，一是现有成果主要表现为印象式、零散的个人经验之谈，缺乏系统研究和强大理论支持。论述虽然不乏闪光之处，但总体上难以令人信服。二是跨学科研究（尤其是跟心理学、教育学、认知科学、计算机科学等学科的交叉研究）不多，较少借鉴相关学科研究成果（如教育学和应用语言学中有关课程设置理论、教材编写理论、测试理论、教学方法论等）。三是研究方法仍以反思和经验总结为主，实证研究很少，方法论意识淡薄成为制约我国翻译教学研究发展的一大瓶颈。就研究对象而言，研究者多以文学翻译教学为主要研究对象，对法律、金融和政府公文等实用翻译教学的研究比较贫乏，严重脱离社会发展需求；研究选题多集中在翻译教学模式和方法探讨方面，翻译教材研究匮乏，口译教学研究滞后，翻译教学大纲与课程设置、翻译测试与评估、师资发展研究几乎无人问津，严重影响了翻译教学的整体发展。值得注意的是，始自 20 世纪 50 年代的国外翻译教学成果引介至今仍停留在单纯的批评和赞扬层面，而结合我国翻译教学实际，针对特定范围、不同层次的研究对象改进翻译教学或提出可行性改进方案者较少。翻译能力培养研究发展迅速，然而数量不多，理论思辨和实证研究都显得薄弱。鉴于此，我们认为，中国的翻译教学研究要进步、要发展，既要顺应社会发展需求重新审视中国传统翻译教学，加强对中国传统翻译教学研究成果的系统整理、现代诠释，又要立足于民族自身特定的文化历史，批判地借鉴和吸收西方翻译教学研究成果。具体而言，国内翻译教学研究近期至少应在以下三方面作出努力：一是扩展翻译教学研究视域，二是建构多元互补的教学模式，三是树立客观科学的教学观念。

一　扩展翻译教学研究视域

自 20 世纪四五十年代以来，随着各种与翻译研究有关的学科，诸如语言学、人类学、语言哲学、符号学、文化批评、跨文化交际学等的蓬勃发展，西方翻译理论研究在深度与广度上不断扩展，新的观点和流派层出不穷，如翻译等值论、多元系统论、目的论、后结构主义、后殖民主义、解构主义、女性主义翻译理论等，呈现出一幅色彩斑斓的多元化翻译理论景观。值得注意的是，在从最初的纯语言学翻译研究路向发展到现阶段结合文学研究从翻译所处的历史、时代、文化以及文学环境对译本选取、翻译策略、译文结果和影响等方面进行研究的文化学范式的过程中，人们逐渐认识到翻译行为离不开特定的情景，翻译是一种交际活动，译者在本质上是"交流者"。翻译能力在本质上是一种交际能力，它不仅指译者对语言规则、翻译原则等陈述性知识的掌握，而且指译者根据具体交际情境充分调动其内在知识完成交际活动的能力。20 世纪 90 年代以来，翻译能力已经成为翻译领域内的主要研究对象之一。

西方译学的研究成果为我国翻译教学研究视域的扩展提供了强有力的理论支撑。当前西方译学界将社会要求、翻译规范、学生中心、信息技术、心理过程等诸多理念融入翻译教学研究，越来越重视采用"模仿真实情境（real-life-like assignment）教学法"和"过程教学法"来培养学生的翻译能力，理论研究和教学实践均呈现出勃勃生机。具体来说，他们①注重理论翻译学、描述翻译学对翻译教学的指导作用，强调它们之间的互动关系；②注重前沿翻译理论，如文化学派、解构主义、女性主义等对翻译教学的积极作用；③注重对翻译过程中"黑匣子"的实证研究，并将相关研究成果用于指导学生翻译心理过程；④注重翻译行为过程教学，强调培养学生的电子资源搜寻和利用能力；⑤注重翻译能力研究；⑥注重翻译规范的教学；⑦注重翻译市场对翻译教学的导向作用；⑧注重学生在翻译过程中的社会化；⑨倡导建构主义，积极开展以学生为中心的翻译教学；⑩注重翻译教学评价研究。

与西方的翻译教学研究视域相比，中国的翻译教学目光比较狭窄：①注重对"物"——翻译产品——的研究，轻视对"人"——学生——的研究；②注重对语言转换基本功训练的研究，不太关注发展翻译能力的理论；③注重对传统教学方法的引申和演绎，对于如何构建完善的翻译教学原则系统以及旨在促进能力发展的翻译教学评价体系等问题鲜有问津；④以结果为导向的翻译教学研究开始尝试将理论融入其中，但理论视野不够宽广，理论与实践的结合也不够紧密。实证研究和以相关学科的最新研究成果为指导的深入研究亟待加强。

当然，在扩展研究视域的同时需要对可纳入翻译教学研究体系的相关学科进行认真梳理。毫无疑问，翻译教学的最终目标是培养翻译人才，翻译人才的培养归根结底需要落实到译者翻译能力的提高上。当然，译者翻译能力的提高并非在真空环境中进行，除了译者的自身因素外，社会因素的作用也很重要。Shreve 提出译者的翻译能力是由自然翻译（natural translation）向建构翻译（constructed translation）发展的。在自然翻译阶段，个体的翻译能力基本相似，然而随着翻译经验的积累，个体心理图示不断发生改变、重构。翻译活动的社会性使得外在因素对译者翻译能力的发展起着重要作用。译者翻译能力的发展是两者结合的结果。值得指出的是，译者翻译能力发展的复杂性决定了可纳入翻译教学研究体系的相关学科的多样性。我们认为，这些相关学科主要有：翻译学（包括理论翻译学、描述翻译学等），语言学（包括语篇语言学、对比语言学、心理语言学、认知语言学、文体学等），教育学（包括课程论、学习论、二语习得等），心理学（包括教育心理学、认知心理学等），文艺批评（包括文学批评、文艺美学等），文化理论（包括文化特质因素、中西思维差异等），计算机科学（包括计算机网络、多媒体技术等）。

二　建构多元互补的教学模式

理论视域的扩展自然会促使翻译教学模式呈现出多样性和丰富性。到了 20 世纪后半叶，翻译的题材和内容已经不再仅仅局限于文学、宗教和哲学，翻译也不再被看作纯粹的语言转换，而是跨文化的交际活动。另外，随着全球化的不断深入，社会对翻译人才（尤其是应用型翻译人才）的需求大大增加、层次不断提高。国内外翻译教学的中心从机械的知识传授与技巧讲解开始转移到学生翻译能力的培养方面，以教师为中心、以纠错为主要教学手段、以教师向学生传授翻译知识和技巧为终极目标的客观主义教学范式（the objectivist paradigm）逐渐失去优势地位，新兴的建构主义教学范式（the constructivist paradigm）日益展现出强大的生命力，其影响不断深化。

客观主义教学范式以"教"为中心，其主要优点是：有利于教师发挥主导作用，便于师生情感交流，并能充分利用情感因素在学习过程中的重要作用。其主要弊病为：学习环境主要由教师、学生和课本组成，教师主宰课堂，负责传授课本知识给学生，学生的任务只是机械记忆教师所授内容；整个学习过程比较封闭，忽视学生认知能力的个性差异，割裂学生新旧"图式"在知识建构中的联系，无法获取协作学习的诸多益处，明显不利于学生解决实际问题能力的培养。近年来，基于"外语教学"平台，以学术型文学翻译人才培养为主，重研究、轻应用，重课堂、轻课外，重相关知识与翻译技巧传授、轻翻译能力培养的客观主义取向的传统翻译教学屡遭诟病。

建构主义者反对客观主义者的"意义客观地、独立地存在于人脑之外的真实世界中""教学便是传递主义的教学（transmissionist teaching approach）"，即"老师怎样教我，我便怎样教学生"的观点，强调学生在真实情境中、在专业人员指导下，通过自主学习、合作学习，与外界环境和知识结构进行互动，进而获得翻译经验、发展能力。建构主义者反对客观主义的传统教学课堂形式，主张将"教师中心"转移为"学生中心"。如果具体到翻译教学，建构主义者注重从建构主义教育理论及建构主义外语教学理论中寻找理论支持。

在建构主义翻译教学研究专著方面，令人称道的主要是 *A Social Constructivist Approach to Translator Education*：*Empowerment from Theory to Practice*。Kiraly 是建构主义翻译教学的代表人物。在他看来，建构主义翻译教学应该具有以下特点：①基于项目的学习：从练习转移到实践（Project-based learning：From practice to praxis）；②提倡重视翻译实践的课堂；③教师是翻译项目的管理者，是学生的示范者、鼓励者和帮助者；④学生的目标是发展翻译能力、自信和专业行为。显而易见，建构主义教学范式在注重学生与外部环境互动和个体对经验的构建、发挥学生的能动性上具有积极意义。但是，有些学者在强调建构主义教学时常常否定客观主义教学。这具体表现为：过分重视直接经验而忽视间接经验，过分夸大学生中心而忽视教师导向，最终导致教师的翻译经验不能有效传递给学生，教学缺乏系统性、经济性。何克抗指出，在20 世纪末和 21 世纪初的美国基础教育领域，由于实行建构主义，教育质量不但没有上升，反而下降。这就是说，客观主义与建构主义两大教学范式的不同性质和特点决定了两者具有不同的功能和作用，我们必须客观、辩证地处理它们之间的关系。客观主义与建构主义两大教学范式具有很大的互补性。中国高校英语专业翻译教学过程究其实质应为 Objectivist-Constructivist Theoretic Approach 理论框架下的学生翻译能力的培养过程。该过程可具体分解为两个紧密衔接的子过程：一是相关知识的记忆与积累过程，二是直接经验的建构过程。前者是前提、基础，后者是方法、手段。与前者相对应的课程类型为相关知识讲座（Introductory Lecture），采用客观主义教学范式，教学内容涉及上文提到的 7 个相关学科，属于初级学习阶段。与后者相对应的课程类型为翻译工作坊（Translation Project Workshop），采用建构主义教学范式，属于高级学习阶段，学生需要在真实情境中，在教师（最好有专业译者背景）的指导下制定学习目标、选择翻译任务，与同伴合作学习、共同协商，以便在有限的课时内尽可能快速地建构起翻译经验、发展翻译能力、形成翻译自信，为其将来进入职业化工作状态奠定坚实基础。

总之，翻译教学模式的多元化是健康而正常的状态。翻译教学只能是开放的、多元互补的。一方面，翻译教学模式的多元化是对翻译教学活动不同阶段和层面更为深入细致的发掘，没有哪一个模式能够完全切合翻译教学活动的本质，反映翻译教学活动的多阶段、多层面特征。而且，将某一教学模式定为一尊，或无法实现学生直接经验的建构，或无法保证整个教学过程的系统性、经济性，最终导致学生不能在有限的课时内尽可能快速地提高翻译能力，形成翻译自信，适应社会需求。另一方面，翻译教学模式的多元化要求将翻译教学的客观主义与建构主义两大教学范式看作一个多维的构架整体，认真研究两者的不同功能和作用，研究两者对学生翻译能力培养的正面和负面影响，从而有效地指导翻译教学实践，科学预测学生翻译能力的发展。

三　树立客观科学的教学观念

扩展研究视域，建构多元互补的教学模式尚须立足于客观科学的翻译教学观念的形成。树立客观科学的翻译教学观念，从认识论上来讲，是指主观认识与客观实际相符合，是研究者对翻译教学活动自身性质和特点的正确认识；从方法论上来说，是指研究者根据翻译教学活动自身的性质和特点，努力寻找培养合格翻译人才的有效方法。这里需要正确认识并认真处理好以下三个重要关系问题。

第一，"翻译教学"与"外语教学"的关系问题。长期以来，由于深受"学好外语就能做好翻译"这一传统观念影响，"翻译教学"在我国一直被认为是"外语教学"的一个组成部分，是外语学习中较高层次的要求。把外语专业等同于翻译专业、把外语人才等同于翻译人才的片面认识比较普遍，对"翻译教学"的专门性缺乏足够重视和研究，在"翻译教学"与"外语教学"关系问题上存在着严重的认识误区。无可否认，"外语教学"积累的丰富经验有助于"翻译教学"顺利开展，学生外语能力的培养有助于我们认识和解决"翻译教学"的相关问题。然而，就培养目标而言，"外语教学"培养的是合格外语人才，而"翻译教学"培养的是合格翻译人才。就指导思想而言，"外语教学"注重外语语言技能训练，而"翻译教学"注重口、笔译实践操作能力培养。就教学重点而言，"外语教学"注重语言转换的准确性，注重单一语言现象（字词、意群、句子），常常有句无章，注重语言（语法）知识，注重结果而非过程（对完成文本的优劣进行点评），偶尔也强调文化背景，不注重对相关学科和主题的认识；而"翻译教学"注重翻译过程中信息传递的完整性、篇章整体效果及职业要求，注重过程（思维短路、逻辑失控等一切深层的翻译问题大都因不注重过程而成为顽疾），强调相关知识（专业表述方式）和术语，有的学科翻译（如医学、法律等）必须接受专业培训，注重学生翻译能力的培养。就语言要求而言，"外语教学"强调外语语言应用能力，而"翻译教学"要求外语和母语应用能力并重。就教师要求而言，"外语教学"要求教师语言运用能力较强，而"翻译教学"要求教师翻译实践经验丰富。对"外语教学"而言，"翻译"更多的是作为增强学生外语能力的一种训练手段，而不是训练目的。即使其教学大纲中规定的笔译和口译课程或许能够使学生获得一些翻译方面的基本训练，但是对于"翻译教学"来讲，这种训练无论是从质还是从量的方面来说都无法达到要求。这就是说，"外语教学"无法满足社会对合格翻译人才的需求。"翻译教学"虽脱胎于"外语教学"，却与"外语教学"有着本质上的区别。

第二，"翻译教学"与"教学翻译"的关系问题。"翻译教学"和"教学翻译"是由加拿大学者 Jean Delisle 于 1981 年首次提出并加以区分的一对译学术语。Delisle 认为，开展"翻译教学"是为了翻译，是翻译研究的一个重点，而"教学翻译"则用来检查学生对语言点的理解程度，是"外语教学"的一种工具。国内学者大多认为两者不相兼容，甚至是对立的，如林璋、黄忠廉、穆雷等。穆雷断言只有"翻译教学"才值得我们重视，"教学翻译"只能解释为什么我们在翻译研究中学术水平比较低的原因。他认为在中国"翻译教学"包括两个层面：较低层面适用于外语专业学生，较高层面适用于学习翻译的研究生。罗选民认为，"翻译教学"是由"大学翻译教学"和"专业翻译教学"组成的。前者针对非外语类的人文社科和理工科学生，后者则是针对外语专业和翻译专业的学生。值得注意的是，罗选民、徐莉娜以母语习得研究为依托，通过分析语义匹配和句法框架的关系对"翻译教学"与"教学翻译"的关系问题进行探讨。他们认为，"教学翻译"是以辅助第二语言习得为目的的教学手段，所触及的大多是语法翻译和现成"匹配"，是一种被动的双语转换行为或者说是无标记的"匹配"行为，缺乏应有的语义感知过程；而"翻译教学"的目的是传授专业学科知识，培养译者基本素质，其关注的重点是培养学生积极处理有标记信息的能力，即语义匹配能力，使得学生在双语转换失败时能够有意识并积极地完成信息加工任务。"两者不对立，是接应和互补关系"。他们提出，开展这两种"不同的教学"可以培养学生的翻译能力，增强其认知力和创造性。毫无疑问，上述讨论在澄清翻译学上的一些混淆概念方面起到了积极作用，在一定程度上深化了我们对于"翻译教学"与"教学翻译"关系问题的认识。笔者认为，"教学翻译"与"翻译教学"在教学任务和目标取向方面存在巨大差异，是两种完全"不同的教学"。审视一下目前国内外关于翻译的教学情况，我们便不难验证这一事实。刘和平在对法国近 10 所高等院校翻译教学现状调查的基础上，提出法国的翻译教学分为三种，即职业翻译培训、与其他方向配合的翻译教学和以教授语言为主要目的的翻译教学。而李红青、黄忠廉根据我国目前翻译教学的实际情况，把我国有关翻译的教学分为三个层次：纯粹作为外语教学手段的教学翻译、作为外语专业课的翻译教学以及作为翻译专业课的翻译教学。第一层次归于"教学翻译",目的是提高外语水平;第三层次归于"翻译教学",目的是培养职业译员;第二层次外语专业翻译教学是它们之间的过渡,既是"外语教学"的高级课程,也是培养翻译人才的初级课程。显而易见,作为学生外语能力培养手段的"教学翻译"和使得学生获得翻译方面基本训练的外语专业口、笔译课程教学都与以培养合格翻译人才为目标的"翻译教学"有着本质上的区别。

第三,"翻译教学"与"文学翻译教学"的关系问题。毫无疑问,"翻译教学"包括但不等同于"文学翻译教学"。然而,目前在我国"翻译教学"无论是在研究层面还是在实践层面都存在着以文学翻译理论为指导,以学术导向的教学型和科研型文学翻译人才培养为主,过分侧重理论学习和学术研究,严重脱离社会实际需求,忽略职业导向的应用型实用文体翻译人才培养的问题。具体表现为翻译教材译例的选择大多倾向于文学体裁,学生所学基本上是文学翻译的基本技巧和评价标准,就连教师布置的作业也大都是文学翻译练习。由此产生的后果就是,当学生走上社会面对一个个实用文体翻译个案时常常感到束手无策。相关研究表明,在西方国家以及我国的港澳台地区,翻译教学十分重视与市场接轨,强调满足市场需求,以职业导向的应用型翻译人才培养为主。比如在英国,职业导向的翻译教学在其翻译教学体系中占有绝对优势。为使学生尽可能快地熟悉未来职业,学校经常邀请一线口、笔译工作者来学校讲学,同时也安排学员在毕业前到校外相关机构或国际组织实习。我国港澳台地区的翻译课程设置也主要以市场需求为导向,有传统文学翻译,更多的却是实用文体翻译,学生所学能够直接应用于实践。值得高兴的是,认真借鉴国外及港澳台地区翻译教学成功经验,积极调整我国翻译人才培养类型,不断加大职业导向的应用型翻译人才培养力度,逐步完善包括翻译本科专业、翻译学/MTI硕士培养、翻译学博士培养在内的翻译人才培养体系已被提到议事日程上来,并逐渐成为学界讨论的焦点。

通过上述讨论我们不难看出,"翻译教学"以培养合格翻译人才为目的,包括"文学翻译教学",脱胎于"外语教学",但与作为学生外语能力培养手段的"教学翻译"有着本质区别。就培养类型而言,可分为学术导向的教学型和科研型翻译人才培养以及职业导向的应用型翻译人才培养两种不同类型。相对而言,科研型翻译人才培养强调理论研究,应用型翻译人才培养偏重实践应用,教学型翻译人才培养则需两者并重。就培养体系而言,包括翻译本科专业教学、翻译学/MTI硕士培养、翻译学博士培养三个层面,各层面分别具有明确的培养目标、与之相对应的培养重点以及独特的人才培养模式。需要指出的是，鉴于翻译本科专业教学、翻译学/MTI 硕士培养、翻译学博士培养目前在我国都还处于初创和试点阶段，翻译人才培养只是暂时依托"外语教学"平台。

结　语

只要有翻译人才需求，就会有翻译教学。随着全球化和我国对外开放的进一步深入，翻译人才作为沟通中外文化交流的桥梁，必将在各个领域发挥越来越重要的作用。在翻译教学研究发展的新阶段，我们需要结合我国的翻译教学实践，以更加广阔的学术视野重新审视和深入开展翻译教学研究，既要顺应社会发展需求，利用最新相关研究成果重新审视中国传统翻译教学，加强对中国传统翻译教学研究成果的系统整理、现代诠释，又要立足于民族自身特定的文化历史，批判借鉴和吸收西方翻译教学研究成果，认真梳理相关理论并将其纳入翻译教学理论体系，进一步开展翻译能力理论研究，科学构建完整的、旨在促进发展的翻译教学评价体系。在研究方法上借鉴并继承优秀的中国传统学术精神，在具体论证上运用相关学科理论并借鉴西方条分缕析的科学研究理路。我们相信，在 21 世纪中国的翻译教学事业将会进入一个空前繁荣发展的新时期。

［作者单位：山东大学（威海）　上海电机学院外国语学院］

《现代汉语类词缀研究》内容提要

尹海良

汉语词缀研究最早见于 1913 年胡以鲁《国语学草创》，之后许多学者对此也有过零散的论述。至 1979 年赵元任的《汉语口语语法》和吕叔湘的《汉语语法分析问题》，汉语的词缀研究渐趋深入。吕叔湘先生开启了汉语"类词缀"研究的先河。纵观前人时贤近百年的探索历程，研究成果比较丰富。在范围上，既有对古代汉语词缀的研究，也有对现代汉语词缀的研究；既有对方言词缀的研究，也有对普通话词缀的研究。在方法上，既有共时断代的研究，也有少量历时演变的研究。特别是研究成果数量，迄今已公开发表相关成果近二百篇。但是，在肯定前人研究成果的同时，我们也看到如下几个问题。

（1）汉语词缀研究高质量论文太少，核心期刊特别是语言类核心期刊发表的该类论文寥寥无几，说明此研究还不够深入。已发文章特别是有关类词缀的问题，在方法、角度和观点等方面都存在过多重复的弊病。

（2）研究的理论基础主要还是传统的结构主义语言学，没能及时吸收认知语言学、语法化和词汇化等理论深入挖掘汉语词缀的衍生与发展机制，更多的只是对研究对象的描写，缺乏解释。

（3）受经典范畴理论的限制，以往讨论的话题大都纠缠于"词缀""类词缀"的界定和外延具体数量、"词缀"和"类词缀"的划界，结果是建立在这个基础之上的二元分类标准始终无法解决词缀的外延划界问题，至今意见分歧。

（4）受研究视角的限制，先前的词缀研究没能注意到与此密切相关的应用课题，如自然语言的信息处理、对外汉语词汇教学等。

（5）普通语言学研究的主角是印欧语系，作为隶属汉藏语系的汉语在国外的关注度相对不够。和语法、语音相比，词法研究不是语言类型学关注的重点，因此目前还没有发现有关汉语词缀问题的专论。

另外，随着计算机科学和人工智能以及对外汉语教学的发展，与类词缀相关的应用性课题应运而生。书面汉语不同于拼音文字的分词连写，分词连写自然地将词一个个离析出来，而书面汉语没有词间标记。计算机的自然理解首先需要确知哪一个字符串是词，否则自动理解无从谈起。词缀特别是类词缀具有很强的临时造词功能，如何在动态的语境中辨别词缀并自动合成为派生词就成了计算机自然语言理解的一个重要的基础性工作。类词缀的问题在第二语言教学中同样存在，如何利用类词缀的强大派生功能进行科学合理的派生词词汇教学是对外汉语教学中的一个课题。鉴于此，类词缀研究的一个发展趋势就是对应用领域的关注，而不是仅仅进行汉语本体的理论探讨。

本书在前人研究成果的基础上，基于大规模真实文本语料库对汉语类词缀进行一次全面深入的定量定性相结合的研究。

现代汉语的构词法系统以复合为主，在其自然发展过程中逐渐产生了一些构词能力强且语义虚化了的构词成分，这类成分就是词缀。从语言类型学的研究结果看，词缀是派生能力强且语义虚化的黏着词素。然而，汉语中的很多词缀虽具有语义虚化的特点却基本不再构造新词。因此，根据语义虚化和类推功能等标准本书将汉语的词缀分为典型词缀和类词缀，其中具有语义半虚化和强大类推功能的一类是类词缀，这类成分便是本书的研究对象。下面按章节顺序分别概述本书研究的主要内容。

绪论主要阐述本课题的研究缘起与意义，介绍本书的理论基础、研究方法、语料来源及加工情况。

第一章综述汉语词缀研究的历史与现状，将汉语词缀研究分为初创期、搁置期、复苏期和繁荣期四个阶段，从纵向和横向两个角度概述词缀研究的现状并做出评述。最后提出汉语词缀研究有待解决的几个问题。

第二章主要讨论汉语类词缀的性质、判定和范围等几个基本问题。首先从原型范畴理论角度论证了"类词缀"这一术语提出的价值意义，然后论述了类词缀与典型词缀、实词素之间的联系与区别。类词缀与典型词缀的区别表现在语义透明度、语义相容性、生成新派生词的能力、与词根的粘附度等方面。在这一节的论述中本书提出了组合构词能力、生成新词能力和语义贡献度等几个概念。类词缀与实词素的区别表现在构词特点和认知基础两个方面。类词缀和典型词缀及实词素的联系为类词缀是实词素向典型词缀语法化过程中的中间过渡成分，整个类词缀的集合表现为一个连续统。通过论述三者之间的关系后指出，类词缀是语言动态发展中的，语义虚化、构词定位并能大量类推构词的一类粘着附加构词成分。其次，本章提出并论证了汉语类词缀的判定标准，即语义虚化、语义粘附、单向高搭配和构词定位。通过提出定性标准并参考穷尽统计前贤提出的汉语类词缀，划定了汉语类词缀的范围，其中前缀16个，后缀34个。最后，对汉语类词缀的几个外部特点进行了统计分析，结果表明，与典型词缀构词以双音节形式为主不同，汉语类词缀无论是前缀还是后缀其构词都是以三音节为主，二者构成的三音节词的比例分别是58%和67%。同时还对类词缀的语体分布以及词缀的叠加问题进行了统计分析。

第三章重点分析考察了汉语类词缀的类型和功能。首先，从位置、音节、来源、构词能力和使用度等五种不同角度对汉语类词缀进行了划分，对按每种标准划分的结果都进行了定量统计。其次，论述了汉语类词缀的词性标记功能和短语词化功能。最后，从认知、语法化等多种角度对汉语中几组使用度较高的同义类词缀进行了比较研究，包括表"人"同义类词缀、表"方位"同义类词缀和表"否定"同义类词缀。如以表"方位"同义类词缀的对比研究为例，本书运用认知隐喻学的理论对类词缀"头"和"面"的语义侧重点进行了深入研究，通过变换分析法和基于语料库的定量统计最后得出结论：类词缀"头"和"面"及其构成的派生词在心理视点上存在着很大不同。"头"表示前景焦点所指在背景参照物的内部，属内部视点型；"面"表示前景焦点所指在背景参照物的外部，属外部视点型。借助两个不同规模的语料库，最后统计出由二者构成的所有词语在真实语料的表现中，"头"作为内部视点所占的比例分别是62.86%和65.06%，作为外部视点所占的比例分别是20.00%和16.87%。而"面"作为外部视点所占的比例分别是67.65%和65.87%，作为内部视点所占的比例分别是20.59%和26.35%。定量统计的结果与定性分析所得出的结论互相印证。

第四章考察了汉语类词缀的发展演变等一系列问题。首先通过论述指出汉语词缀和类词缀的发展没有也不会动摇汉语以复合法为主的构词格局。然后着重阐述了汉语词素词缀化的动因，主要有社会因素、经济效率原则、语言类推机制、语言接触，以及语言使用者追新求异的语用心理等。本书认为由语言接触形成的汉语类词缀大都有很强的汉语语义基础，并不是对外语词法成分的简单对译，将汉语词缀和外语词缀直接比附，甚至认为凡是用来翻译外语词缀的汉语语素就一定是汉语的词缀是不恰当的。其次从潜显理论的角度论述了派生词的"潜"与"显"转化的问题。最后，讨论了汉语类词缀的语法化特征，主要表现为语义粘附、抽象虚化、重新分析、语义俯瞰等，并就汉语类词缀的发展做了一定程度的预测。

第五章是汉语类词缀的应用研究，包括中文信息处理和第二语言教学中的类词缀问题。第一部分是类词缀与派生词的自动识别。该部分首先开列了分词规范中收录的类词缀和处理策略，通过1998年1月份《人民日报》语料库（约184万字）统计分析了当前词法分析系统和浅层句法分析在派生词处理方面存在的问题。然后提出了派生词处理的策略，即从词库的角度扩充分词词表、增加可单独管理的用户词典。接着从词法的角度根据大规模语料初步总结出了11条类词缀和词根归并的语言学规则，这将为分词系统和自动句法分析提供一些必要的语言学知识。最后指出了类词缀和词根归并的难点。第二部分是类词缀与对外汉语教学。该部分首先从《语法等级大纲》和《词汇等级大纲》中抽取其收录的全部汉语类词缀及其相应的派生词，指出了这两个大纲在类词缀处理上存在的几个问题，如术语的规范一致问题、词缀属性信息的标注、词缀和派生词的收录与排列次序等。最后简要论述了类词缀的类推功能与汉语派生词的习得，举例论述了可以通过类词缀的类推功能提高汉语学习者习得部分派生词的能力。

结语部分对全文的思路、研究方法、理论基础和研究结论进行了概括总结，并说明了本研究存在的不足之处及今后努力的方向。

[作者单位：山东大学（威海）]

荣成市农村宣传思想文化建设
情况的调查与分析

张瑞英

为摸清当前农村宣传思想文化建设的翔实情况，促进农村文化建设的发展和繁荣，荣成市委宣传部于党的十七届六中全会召开前夕组成联合课题组，采取问卷调查、座谈走访、查阅资料等方式，对此进行了专题调研和分析。

农村宣传思想文化工作出现新气象

调查结果显示，在"对当前农村宣传思想文化建设的现状是否满意"的调查中，有11%的调查对象表示"非常满意，认为能够满足群众的精神文化需求"；有57%的调查对象认为"各项活动、设施日趋完善，群众信任度、渴求度越来越高"。说明目前加强宣传文化建设工作的各项措施能够与多数群众的所想、所盼保持一致，呈现群众渴望并积极参与思想文化建设的良好势头。

（一）农民的政治意识显著增强

随着新农村建设的不断推进，农民的思想政治面貌正在悄然发生改变。一是思想越来越活跃，更加重视民主权利的行使。在农村两委换届选举中，农民摒弃了"请来选举""不闻不问"的漠然态度，主动了解参选和选举的知识、规程，进行有效投票，真正把票选作为一项神圣的权利，以认真、积极的态度正确对待。二是民主政治氛围日趋浓厚，以主人翁的姿态积极参与农村日常事务的管理。目前，农民不再仅仅盯着自家门前事、自扫门前雪，而是主动参事、问事、议事，主动对日常事务提出自己的意见和建议，平等民主及畅所欲言的良好氛围日渐形成。三是渴望获取政策理论知识，第一时间掌握惠民信息。调查发现，目前多数农民群众积极从各类媒体中获取政策理论知识，关注国家的发展。同时，对致富信息的渴求更加提高。

（二）农村文化设施建设日益完善

荣成市现辖 12 个镇、10 个街道、826 个行政村。市委、市政府把镇级文化站、文化广场，村级文化大院、文化广场、农家书屋建设作为文化建设的重要内容之一。目前，镇级文化站、文化广场建成率达 100%，沿海村村有文化广场、农家书屋、文化大院。为使经济薄弱村、边远村农民共同享受文化成果，荣成市将 951 个村居规划成 310 个农村社区服务中心，实现文化设施全覆盖。调查显示，三年前有 91% 的调查对象认为，资金投入是阻碍农村文化设施全面覆盖的关键问题。现如今，正在实施的"双保险"文化设施建设，即一方面采取市镇结合、强村强企与弱村结合、部门与农村联建的方法，同步兴建农村文化阵地；另一方面，按照服务半径 1.5 公里、带动周边 3~4 个村、服务人口 2000 人左右的标准，将全市 951 个村（居）建成 310 个集农家书屋、文化广场、村民活动室、党员活动室、警务室、图书室、卫生服务站于一体的社区服务中心，令群众"双满意"，特别是内陆镇的群众感受更加深刻。原本对在经济薄弱村进行文化设施建设产生过怀疑、指责、担忧的群众，"双保险"让他们一夜之间由"不能"变成了"可能"，因此普遍对此表示认同和称赞。

（三）农村宣传文化活动日趋多样化

"对群众渴望的宣传文化活动内容"，30% 的调查对象欢迎以文艺汇演、农民歌手大赛为内容的娱乐形式下乡活动；35% 的调查对象认同以果树知识、养殖技术为内容的实用技术下乡活动；35% 的调查对象认同以电器维修、义诊、资料发放为内容的服务项目。这说明农民的需求越来越多样化，既希望在方法形式上推陈出新，也希望内容更加具有针对性和实效性。这就对农村宣传文化活动的多样化、生动性、便民性提出新要求。对于自办特色文化活动，群众参与度越来越高。调查显示，82.5% 的调查对象认为民间民俗文化的传承力度不够，需要不断挖掘、培育，实现多元性发展。目前，荣成市有戏村、画村、花村等 48 个文化村，收藏之家、书画之家、剪纸之家等 100 多个文化家庭，以及上庄镇院前村人和镇西里山村京剧团、虎山镇邱家村万家乐艺术团等庄户剧团，为乡土文化的传承和发展奠定了深厚基础，使农民在接受时尚文化浸染的同时，也享受着乡土文化的陶冶。

（四）农村宣传文化渠道日渐多元化

随着农村居民对宣传文化信息需求的日益增长，人们越来越需要新的信息获取渠道。多年来，荣成市有线电话网络全部实现进村入户，普及率达到100%，数字电视也实现了光纤进村。在此基础上，电视远程教育频道、文化信息资源共享工程、手持电视业务等新兴传播渠道受到群众的普遍欢迎。群众对"电视远程教育频道"的满意度达到75%，其中42%的调查对象认为互动点播方式更加灵活、更加便民；26%的调查对象认为内容涵盖范围较广、能够满足需求；32%的调查对象希望加大农业应用技术和农民技能培训方面的实用性知识。对"文化信息资源共享工程"，有55%的调查对象表示大力支持，表明该工程具有很大的潜力，将与农家书屋建设相互融合成为满足农民需求的一大亮点。"手持电视业务"受到广大渔民、司机等行业人员的认同，认为这是获取信息与流动作业的最好选择。调查显示，认为农村文化资源网络对文化生活改善较大的占被调查者的43%，认为改变不大的仅为18%，说明人们对各类文化资源共享工程寄予很大希望，并愿意接受新鲜事物，善于从不同渠道获取新知识、新信息。

农村宣传思想文化建设制约因素突出

调查发现，当前农村宣传思想文化工作仍存在以下个三方面的问题。

（一）宣传文化活动存在形式化现象

在调研中发现，一些镇村的文化活动多注重形式，内容缺乏针对性，很少给农民真正带来精神上的愉悦。调查显示，对于乡镇文化活动的开展，只有15.7的调查对象表示"满意"、34.9%的调查对象表示"基本满意"，而表示"基本不满意""不满意"的占到了49.4%。由于经费问题，各级开展的各类文化活动出现了"重城镇、轻边远农村，重大型庆典、轻日常活动，重精美培养、轻大众普及"的现象，往往也是形式上热热闹闹，没有真正送到农民心里。

（二）农民文化生活仍然比较单调

与物质生活水平的日益提高相比，农民群众文化生活的质量仍有待提高。从调查情况看，农村文化生活方式单一，农村文化生活品位依然不高。农民的消遣活动大多集中在走亲访友、串门、闲聊、打牌，84.1%受访农民的文化生活仍以看电视为主要形式。农民文化生活消费偏低，60.4%以上农户几乎没有文化消费概念。

（三）城市文化对农村形成强大冲击

在现代城市化建设中，网吧、音像店等消费型文化和健身操、拉丁舞等时尚文化元素逐渐延伸到农村，农村群众在享受城市文明的同时，传统乡村文明受到较大冲击。调查显示，75.2%的农民特别是青少年对传统乡村文化了解很少；65.4%的新型农民热衷于网络游戏、电脑上网等刺激性、虚拟性的消费型文化形式；46.8%的农村群众认为，春节、清明节等传统节庆形式在日渐淡化；65.3%的农村群众认为，与农民群众生活较为贴近的文艺活动如地方戏、灯会、庙会等日渐式微；47.3%的农村群众认为，农村自发组织的群众性文艺活动难以吸引青年人，传承问题突出。忽视传统历史文化的保护和发掘，导致目前部分乡镇、村落一些特有的历史文化遗产遭到破坏，民间传统文化出现后继无人现象。

（四）农村青年文化沙漠化现象日趋显现

调查显示，在大多数村庄，75%以上的年轻人外出经商、务工，老年人和小孩留守农村。许多农村文化活动渐渐忽略了青年人的文化需求。68.4%的受访者认为，村里的文化活动多数是一些老人的文化活动项目，年轻人喜爱的活动很少。调查还发现，多数农村青年人对农村文化采取了一种与己无关的漠然态度。

（五）农民群众喜爱的文化产品供给不足

调查显示，82.4%的被调查者认为，电视节目多数脱离农村生活实际，农村百姓喜闻乐见的节目和电视剧过少；76.8%的农村群众认为，流行歌曲面对农村的少，农民喜欢的少；57.9%的农村群众认为，体现农村生活题材的书籍等文化作品少，无法吸引群众。

农村宣传思想文化领域的问题具有多重原因

（一）基层干部观念缺位，执行不力

一是认识不足。部分基层干部思想认识上"重经济轻文化"，导致在文化

建设上出现缺位。调查中发现，35%的基层领导干部没有认识到文化已直接融入经济运行之中，成为国民经济结构的重要组成部分，思想上对文化工作不重视，行动上对文化工作不支持。部分干部认为，文化对经济促进作用不大，投入大、产出小，不像办工厂、上项目那样容易出成绩。二是执行不力。对各级政府和领导的业绩考核中，农村文化建设所占的比重非常有限，无关痛痒，造成基层农村文化工作大打折扣，在执行中走样。14.7%的镇村出现文化投入下降趋势。三是文化管理滞后。调查显示，管理部门的精力主要用于举办活动等具体事务，未实现由"办"文化向"管"文化的职能转变，不利于农村文化建设发展。

（二）对农民群众日益多元和复杂的文化需求准备不足

由于区域、文化素质、年龄等方面的不同，农民群众表现出不同的审美趣味和欣赏习惯，对文化生活的需求已从过去单纯的兴趣爱好变为现在广泛的多元化需求。调查显示，农村文化活动老年人和中年人参与多，占75%以上，青年人参与少，仅占15%；女性参与多，占65%以上，男性参与少，占35%。调查还显示，农民的文化消费随着年龄的变化而变化，50岁以上的农民中有53.6%的人喜欢看地方戏，30岁以下的农民中仅有2.7%的人喜欢看地方戏；30岁以下的农民喜欢上网的占到60.1%。同时，随着大量农村人口向城镇积聚和外来人口向镇村流动，促使农村人口出现了多层次的特性。然而，目前农村文化发展总体上与这种需求相距较远、难以适应，各村缺乏文化人才，基层文化工作形式比较单一、手段落后；文化活动内容和方法过于陈旧，缺乏新意；宣传文化活动层次也不高，缺乏吸引力、组织力、感染力，无法调动群众参与的主动性和积极性。

（三）文化产品服务农民群众的意识不强

现在电影、戏剧收入靠票房收入，图书收入靠热销。市场的趋利性带动多数文化产品生产者都在追求经济效益的最大化，导致反映农村、农民生活和农民关注问题的作品寥寥无几，有效供给相对缺乏。同时，现在的文化产品评奖办法和评奖机制，对生产通俗易懂、适销对路、贴近农民情感、合乎农民口味的文化产品缺乏扶持和激励作用。调查发现，73.7%的农民对现在的影视作品和图书的评价是"离我们太远"；45.7%的农民反映，现在的科技书籍针对性不强，法律书不够通俗，看起来很吃力。

（四）城市化对农村文化秩序和结构造成冲击

随着城市化不断推进，农村外出就业人口比例逐年增多，农村的青壮年越来越多地抛弃原有的乡村生活环境、生活方式而去追求城市化生活状态，维系农村文明秩序的核心力量和结构受到严重冲击，发展陷入困境。调查显示，47.8%的农村青少年对当地的历史人文、名胜典故、风土人情知之甚少，甚至一无所知，长此以往将导致农村宣传文化建设"断层"。

（五）农村宣传思想文化队伍力量薄弱

一是从事文化工作的人员数量偏少，兼职现象突出。镇级和村级文化设施95%以上有专人管理，但是管理人员90.6%为兼职人员。这些人员同时负责包片、驻村等其他任务，无暇顾及本职工作，显得力不从心。二是工作人员的业务素质偏低，年龄结构不合理。从调查看，部分人员既无专长，也无特长。甚至个别乡镇的管理人员毫无从事相关工作的经验，12.3%的管理人员年龄在50周岁以上，无法跟上时代和农民的现实需求。调查显示，65.8%的农村宣传文化干部没有接受系统培训，41.2%的农村文化培训经费不足，无法满足提升工作人员素质的需要。三是业务骨干流失严重，后备力量不足。文化管理和专业人员流失现象较为突出，与此同时又缺乏相应的招录补充机制，后备力量明显不足。从基层干部和群众的调查数据看，对农村管理专业人员的不满和担忧的占65%，凸显了这一问题的严重性。

（作者单位：中共荣成市委宣传部）

《中小城市集约发展的路径、模式和战略》
内容提要

石红波

城市是以人为主体，以空间、土地利用为基础，以聚集经济效益为特点，以人类社会进步为目的的一个集约人口、经济、科学、技术、文化的空间地域系统。城市的整体性、活跃性及先导性决定了集约发展是实现城市可持续发展的路径选择。

技术进步和集约发展等概念是本书研究的出发点。中小城市集约发展是基于生产要素的优化组合，依靠科学管理、技术进步和资源利用效率的提高来实现经济增长，从而推动城市全面进步的发展方式，是实现城市可持续发展的根本途径。本书的研究目的是基于技术视角，探索适合中国国情的中小城市集约发展的路径、模式和战略。

首先，本书探索了中小城市集约发展的三条基本路径。技术进步是产业结构高级化的主要源泉，从而也是城市化进程的重要推动力量。中小城市集约发展的技术进步路径，侧重于如何通过技术进步使城市相关资源要素优化整合，实现城市化质和量的协调发展。聚集经济是中小城市的特色之路；循环经济有助中小城市的持续、健康发展。基于聚集经济理论和钻石模型，本书认为中小城市集约发展的聚集经济路径是形成现代化的产业集群。基于循环经济理论和新型工业化思想，本书认为中小城市集约发展的循环经济路径是加快中小城市工业体系改造，并提出了若干对策。

其次，本书概括了中小城市集约发展的三种特色模式。中小城市的集约发展在很大程度上依赖于技术进步背景下的产业发展。昆山市走的是一条外资带动、技术引进加快产业优化升级的发展之路。寿光市通过技术进步助推农业现代化、发展蔬菜产业，实现了城乡经济、社会、人口、资源、环境的可持续发展。昌吉市形成了区域技术创新体系，发展为天山北坡经济带最具活力的地区之一。这三种中小城市集约发展的特色模式可以分别概括如下。昆山模式：凭借天时地利，引外资快速发展。寿光模式：立足特色农业，奔小康城乡共荣。昌吉模式：依托区位优势，各产业全面开花。

最后，本书分析了中小城市集约发展的三大关键因素。通过提出 T_3 战略，认为区位优势、技术进步和教育培训是主导中小城市发展的三大关键因素，并分别进行了论述。中小城市的特色战略要求城市发展不在于做大，而在于做精、做巧、做强，途径是大力发展区域特色经济。为进一步考察中小城市集约发展情况，本书对部分百强县（市）社会经济发展数据进行了分析，并初步建立了集约发展的评价模型，提出了加强中小城市集约发展的若干建议。

本书在借鉴和吸收前人研究成果的同时，也进行了有益的探索，特别是在中小城市集约发展的基础理论和宏观战略层面提出了一些自己的观点。概括来讲，即三条基本路径、三种特色模式、三大关键因素。

本书从集约发展的内涵出发，探索了中小城市集约发展的三条基本路径，即技术进步路径、聚集经济路径和循环经济路径。三者形成以技术进步为动力和主线，带动中小城市聚集经济和循环经济发展的格局。

中小城市集约发展既不是单纯的口号，也不能停留于概念水平，而应该从有关经济理论出发加以考量。为探索中小城市集约发展的技术进步路径，本书就技术进步与农业集约发展、产业优化升级和就业协同增长三个维度进行了分析，突出强调了技术进步在中小城市集约发展中的基础作用。首先，中小城市应充分挖掘生产资料的潜力，将石油农业、生态农业、生物工程农业结合起来，实现土地耕作的集约化，大幅度提高农业生产效率；中小城市必须依靠技术进步推动产业结构调整，包括主导产业的延伸，发展替代产业，技术进步带动产业升级；中小城市要以技术进步推动劳动力就业结构变化，引导农村剩余劳动力向城市及其周围的小城镇转移。其次，中小城市集约发展应选择聚集经济路径。城市发展的潜力取决于城市的竞争力，而城市的竞争力又取决于有没有现代化的产业集群。中小城市集约发展必须以专业化、现代化的产业集群为依托，更好地吸引技术、资源和人才等要素，并把要素优势转化为产业优势。为实现中小城市持续、健康发展，中小城市集约发展还应选择循环经济路径。面向中小城市推进新型工业化、发展循环经济的阶段性目标，必须遵循三个基本原则：一是技术进步推动原则，二是可持续发展原则，三是发挥比较优势原则。在此基础上，本书提出了加快中小城市工业体系改造的若干对策。综合考察上述三点，技术进步是聚集经济和循环经济的重要推动力量，三者密切联系、一脉相承，构成了中小城市集约发展的三条基本路径。

本书选择昆山、寿光、昌吉这三个中小城市，侧重从技术进步作用和集约发展路径出发，在区域层次考察了其发展历程和城市特色，初步将它们概括为中小城市集约发展的三种特色模式。

中小城市在我国城市系统中是基础性的组成部分。本书考虑不同发展阶段和水平的地区，兼顾数据选取的方便性和目标城市的代表性，客观选出江苏省昆山市、山东省寿光市和新疆维吾尔自治区昌吉市。它们特色鲜明，而在技术进步与城市集约发展的关系方面又体现得各有千秋。昆山市通过外资拉动技术进步，初步形成产业集群；寿光市靠特色农业使"三农"问题迎刃而解，并建立了技术服务体系；昌吉市营造了技术进步的中观环境，成为天山北坡经济带的亮点。此外，对三个中小城市的考察一直限定在区域（即相应上位城市）中进行。所以，本书概括的中小城市集约发展的昆山特色模式、寿光特色模式和昌吉特色模式，选取的视角或许有一定局限性，却具有较为明显的示范作用和推广价值。

本书在阐述和论证区位优势、技术进步、教育培训是城市集约发展的三大关键因素的基础上，提出了推动我国中小城市集约发展的 T_3 战略。

在分析了促进城市集约发展的诸种力量之后，本书提出了推动中小城市集约发展的 T_3 战略，认为区位优势、技术进步和教育培训是主导中小城市发展的三大关键因素，且三者与集约发展之间存在着密切联系。简单说，区位优势是中小城市集约发展的空间条件，可以吸引要素、资源和厂商；技术进步是中小城市集约发展的根本动力，可以促进农业发展、产业升级和就业增长；教育培训是中小城市集约发展的人才保障，可以提高劳动力素质和城市化（广义）水平。在论述三大关键因素的基础上，本书对昆山、阿城、昌吉三城市的崛起条件进行了分析，探讨了中小城市集约发展技术决策的影响因素，提出了中小城市加强职业教育的若干建议。 T_3 战略对技术进步的基础作用给予了较好的注解。

中小城市发展是一个具有高度综合性的话题，同许多学科领域都有不同程度的关联。截至 2009 年底，我国中小城市及其直接影响和辐射的区域总人口占全国总人口的 75.2%，经济总量占全国经济总量的 55.23%，地方财政收入占全国地方财政一般预算收入的 41.23%。研究中小城市发展，其重要性是毋庸置疑的，从管理类专业的视角来进行研究也是可以站得住脚的。通过努力，本书在这个研究方向上提炼出了有理论意义的科学问题，其成果具有一定的实践价值。

城市的整体性、活跃性及先导性决定了集约发展才是实现城市可持续发展的路径选择。从实践价值来讲，《中小城市集约发展的路径、模式和战略》一书立意新颖、视角独特，在探索城市化发展道路方面具备一定的参考价值。因此，本书可作为区域经济、城市发展、技术管理等领域研究者的参考资料，也可作为政府管理人员特别是中小城市主要领导的案头书。本书从技术进步和集约发展等概念出发，探索了中小城市集约发展的三条基本路径、三种特色模式，并指出区位优势、技术进步和教育培训是主导中小城市发展的三大关键因素。尤其在当前转方式、调结构的关键时期，本书对我国中小城市准确把握"十二五"时期改革的主线，找准城市发展定位，确保转变经济发展方式取得实质性突破具有鲜明的指导意义。

［作者单位：山东大学（威海）］

关于创业型城市建设与发展的思考

孙 波

2008 年 9 月，国务院办公厅转发了 11 个部门《关于促进以创业带动就业工作的指导意见》。该意见明确提出："要重点指导推动工作基础较好、条件相对成熟的城市，实施以创业带动就业相关扶持政策，在组织领导、创业培训、创业服务和社会参与等方面积极探索，建立以创业带动就业的创业型城市。"其核心内涵就是以积极的就业政策，带动更多就业，发挥创业带动就业的"倍增效应"。

威海市作为我国东部沿海的新兴开放城市，拥有良好的创业区位优势，各级人力资源市场体系成熟完善，具备了开展创业型城市的基础条件。本文从威海开展创建创业型城市的发展战略和创业格局的视角来审视分析，提出威海创建创业型城市的定位、性质、特色以及加快威海创业型城市建设和发展的对策思考。

一 威海的基本情况及自然区位条件分析

威海位于山东半岛的最东端。北、东、南三面濒临黄海，北与辽东半岛相对，东及东南与朝鲜半岛和日本列岛隔海相望，西与烟台市接壤，是我国最早的对外通商口岸之一。2010 年末，全市常住总人口 282 万人。全市总面积 5797 平方公里，海岸线长 985.9 公里。目前，威海已与 192 个国家或地区开展了经贸往来，与英、日、韩、美等国家的多个城市建立了友城关系。经过 20 多年的改革发展，威海已逐步成为一个初具规模、充满生机与活力的现代化开放城市。从自然区域布局体系和经济社会发展战略构架上看，威海具有以下明显优势和特征。

（一）威海是蓝色经济区的核心区

2011年1月4日，《山东半岛蓝色经济区发展规划》获得国务院正式批复，这标志着山东半岛蓝色经济区建设正式上升为国家战略。威海在这些海洋城市体系布局中，和青岛、烟台、潍坊等六市共同构成了环渤海地区与长江三角洲地区的重要结合部、黄河流域地区最便捷的出海通道、东北亚经济圈的重要组成部分，成为我国第一个以海洋经济为主题的区域发展战略城市群中不可或缺的重要组成部分。

（二）威海是一座拥有相当基础和实力的新兴工业城市

随着产品结构的进一步优化，威海培植了一批高新技术产品，发展了一批重要的产品基地。地毯、轮胎、钓鱼竿、皮革制品、木工机床、印刷机械、服装及抽纱制品、海产品深加工、造船、汽车及配套件等产品已具备较强的产业优势，成为全国重要的生产基地，为城市的容量扩张、产业转移和经济拓展提供了空间和载体。

（三）威海是连接对韩经贸的"桥头堡"

威海具有十分重要的战略地位和便利的水路交通条件。近年来，威海立足距韩国、日本较近的区位优势，把发展加工贸易作为扩大外贸出口的突破口和推进对外开放的重点，着力建设开放性的加工装配基地和出口基地。随着交通条件的不断改善以及水路、公路和空运网络的形成，特定的交通和区位优势使威海客观上处在对韩国及日本等周边国家的联结点上。一方面，使威海成为对韩往来的人流、物流、信息流以及相关资源的聚集点；另一方面，也为威海实现水运城市群功能服务网络化创造了有利条件。

（四）威海是一个适合旅游、避暑、疗养的"宜居"城市

多年来，威海依托良好的生态环境，不断丰富和提升"人居"品牌，获得了"联合国人居奖"等一系列国家级和世界级荣誉称号，被誉为"最适合人类居住和创业的城市"。

二　威海创业型城市的发展定位、性质和特色

（一）创业型城市的发展定位

要确立创业型城市的发展定位，必须配合城市现有特质，凸显城市特色

与优势。为此，威海市将创业型城市的发展定位为：以推动蓝色经济区和高端产业聚集区建设为依托，以促进先进制造业发展为支撑，以提高旅游业和第三产业等现代服务业水平为纽带，扶持一批新兴产业做大做强做优，以此促进威海创业型城市经济的持续健康增长。

（二）创业型城市的不同性质

一是把校企合作作为创业型城市的动态特征。充分发挥资源优势，依托威海职业学院、山东大学（威海）和哈尔滨工业大学（威海）建设科技园区，使其成为创业型城市和大学互动的平台，共同打造创新创业载体。按照市场为导向、企业为主体、政府作引导、院校为依托、各方要素联动的原则，共建大学科技园和战略性新兴产业创新中心，共建应用技术产品研发平台、产业成果转化与孵化平台，让高校现有科研技术和产品在威海进行成果转化或孵化，催生一批极具市场潜力的新兴行业和企业。二是把政府扶持各部门各领域参与作为创业型城市的多元化特征。为加快打造创业型城市，威海市政府要求各单位、各部门不仅要成为创业工作的参与者、带领人，还要成为创业的引导者、组织者、服务者，以激发全社会投身创业的热情，构建完善的创业型经济发展框架。三是把出台各项扶持政策作为创业型城市的纲领性特征。为推进创业型城市的发展，威海各经济主管部门要对已改制的企业搞好服务，引导其扩大规模，增加就业岗位。工、青、妇等群团组织也要围绕创业带动就业工作，组织开展系列活动，建立健全职业介绍、创业指导、创业培训有机结合的工作机制，增强创业带就业的服务功能。工商、公安、土地、劳动、卫生、环保、城管等执收执罚部门，对创业者办理证照要简化手续；涉及收费的，弹性收费能免则免，能让则让，能缓则缓，刚性收费的按国家规定最低标准收取。四是把培养站得住、走得远的创业项目作为创业型城市主客观结合的特征。一方面，着重推进现代高端旅游、休闲度假型旅游等大项目；另一方面，在威海特有的海陆"三宝"品牌上大做文章。同时，全力扶持轻纺织服装产业和具有高附加值的渔具等能突出威海特色的产品项目。

（三）创业型城市的特色

一是突出培养引进创新创业人才特色。威海在"十二五"期间，将树立积极的科教人才观，整合创新创业要素，把工作重点由招商引资向招才引智转变，由项目牵引向人才引领转变；通过政策鼓励，吸引全国各类高校在威海建立毕业生实习基地、研究生培养基地和博士后工作站；通过建立紧密的创业人才培养与服务合作联盟，共同推动高校人才培养、科学研究和科技创新实践的结合。同时，鼓励高校博士、硕士等创新创业人才在威海从事科研实践，开展技术创新，实现就业创业。二是突出实施"以港兴市"的战略特色。争当山东半岛蓝色经济区核心区域的重点城市，把海产品生产加工、船舶修造、新能源等产业的创新创业，作为城市领军的重点行业来扶持，按照突出特色、错位竞争的思路，挖掘民营企业家的资金潜力，为港口建设和发展留足创业空间，进而实现民营企业与国有控股企业的优势互补、协调发展。三是突出高端旅游服务和海产品深加工特色。通过周密规划，吸引一批社会闲散资金投资温泉、游艇以及度假区等大项目，逐步使威海的旅游业由点式观光向串珠成链的高端休闲游转变。同时，鼓励农民、渔民投资办厂，对花生、苹果、樱桃"陆三宝"和海参、鲍鱼、海胆"海三宝"进行深加工，使创业型城市的现代功能与本土经济作物和地缘产品有机结合起来，让当地的经济元素、符号落实到创业型城市建设的每一个环节。

三 加快威海创业型城市建设和发展的思考

党的十六届六中全会提出"增强社会创造活力，形成万众一心共创伟业的生动局面"的战略要求。威海具备发展创建创业型城市的基础和条件。但要把威海打造成"以创业促就业，以创业带富民，以创业谋发展"，形成遍布城乡各地、覆盖千家万户的全民创业局面，还须着力抓好以下工作。

（一）高质量编制规划，切实增强创业型城市发展的科学性和前瞻性

一是用创业型城市的理念规划构架城市的经济结构布局。要明确创业型城市发展的目标和思路，按照规划一步到位、建设分步实施的原则，一次性高水平地完成创业型城市建设的总体规划和创业项目的特色设计等，使其在同类创业型城市中具有鲜明特色和独特个性，改变目前只有扶持政策、没有整体规划的局面。二是着力体现自身特色。深入分析本地政治、经济和地缘等各种因素，找出最能体现创业型城市个性特色的东西纳入规划，并严格对创业型城市建设进行管控。规划一旦确定，就要严格执行。哪些创业项目可以上，每个项目放在哪里，每个项目的风格特色是什么，都要严格管理控制。三是认真做好创业建设用地的审批、税收优惠、工商管理等各种规划。解决好创业厂址的设计和园林绿化等相关问题，确保创业型城市建设健康、有序、科学发展。

（二）优化创业型城市体系布局，加速推进城乡一体化进程

要建设创业型城市，必须优化城市布局。一方面，要研究好威海市与辖区内各县城、乡镇之间的关系，把创业型城市建设与统筹城乡就业结合起来，在突出威海中心城市发展的同时，兼顾辖区内的其他县级城镇、开发区、旅游景点景区的开发建设，使区域内的城市之间、城乡之间相互促进、有机融合、良性互动。另一方面，要改善投资环境。降低创办创业投资公司的门槛，简化注册手续，鼓励民间创办旨在为中小科技企业服务的中小投资公司，对切实进行科技投入却存在资金损失的投资公司给予一定补贴。同时，要明确政府资金的"引导"特征，变政府直接出资成立创业投资企业为设立创业投资引导资金、跟进资金等间接方式促进创投业的发展。

（三）充分挖掘自身优势，努力形成创业型城市的个性特征

目前，威海已经规划了"一个中心城市、四个次中心城市、十三个中心镇"的组合型城市集群，推动次中心城市向中心城市对接，小城镇向次中心城市对接，农村向小城镇对接。因此，在创建创业型城市时，要充分发挥城市的个性特征优化城市布局。一是充分考虑威海环境优美的自然优势，大力扶持各类人员从事旅游产业方面的创业。在乡村，引导农民、渔民开展以农家乐、渔家乐为主的旅游创业项目；在次中心城镇，以威海"最适合国人度假、休养之地"为主题，开展以温泉休闲度假为主的旅游创业项目；在中心市区，以"威海最适合人类居住"为主题，打造"环保城市、生态城市"品牌，把目标定位于拓展国内游客群兼顾部分海外市场的大项目旅游创业产业上。二是充分发挥威海高区、经区和工业新区的作用，通过政策鼓励三区重点企业与高等院校建立产学研合作常规对接机制，围绕重点产业、核心产品和关键技术开展深度合作，为中小企业技术创新打造公共平台，扶持建立以高新产业为主体的技术联盟，构筑多层次、资源共享的科技创新型企业。三是充分抓住半岛蓝色经济区建设的历史机遇，坚持临海高端制造业和滨海现代服务业发展并重，重点扶持船舶修造和海洋工程、海洋新能源、海水综合利用、海洋生物养殖和深加工、远洋捕捞、海洋新材料等蓝色产业的创业团队，通过鼓励创业在带动高端海洋产业集聚区核心区的进程中发挥重要作用。

（四）围绕目标，抓牢项目，推进威海创业型城市建设

建设创业型城市是一项长期而艰巨的系统工程，要实现这一目标，必须

严格贯彻规划落实项目，稳步推进，加速发展。一要进一步调整和优化城乡产业布局，加快创新创业产业的集聚、整合与发展，促进城乡经济相互融合；抓好高端制造业聚集园区建设，打造一批规模过百亿元的大企业集团，形成全市产业发展和经济增长的新亮点、新优势。二要通过创业项目的落地建设，不断在创业规模、特色、内涵上实现提升和突破，围绕蓝色经济区和高端产业聚集区加快创业型城市建设步伐；要强化和完善中心市区的服务功能，引导工业企业向工业园区转移，腾出更多的空间发展第三产业。三要加快中心商业区建设，尽快迁出一些非商业设施，引进一批名企名店，将主题商场与休闲、娱乐、餐饮融为一体，形成"扎堆效应"，打造消费市场的特色品牌。四要坚持市场化运作，推进文化、体育产业与旅游业的相互融合、协调发展，打造威海的文化品牌，树立高品位的城市形象，为威海创建特色创业型城市聚人气、赢口碑。此外，还要进一步完善目标责任考核体系，把创业项目建设、招商引资、创业环境等纳入考核中来，通过各方面考核，对创业型城市有一个全面、客观、公正、准确的评价。

（作者单位：威海市人力资源与社会保障局）

县权公开试点的共同价值

梁　栋

2009 年 3 月，按照中纪委和中组部的部署，选定成都市武侯区、江苏省睢宁县和河北省成安县，在全国率先开展县委权力公开透明运行试点工作。试点县区都以决策权和用人权为核心，着力集中在厘清职权、规范程序、公开运行、加强监督四个环节上创新，各具特色的改革形成创新的共同价值，给基层政治生态建设以深刻的启示。

一　厘清职权规范运行程序

试点三县区都编制权力清单。武侯区涵盖区党代会、区委全委会、区委常委会及成员、区委各职能部门的职责和权限，比较全面。成安县以《中国共产党章程》为总依据，《中国共产党地方委会员工作条例》为二级依据，《党政领导干部选拔任用工作条例》《中国共产党纪律处分条例》《中华人民共和国公务员法》为三级依据，对照依据逐项核实确定县委、各县委常委、县委各部门及领导的职权。将县委集体职权按照全局工作、经济发展、社会事业、社会稳定、党的建设和党风廉政建设划分为 6 大类，形成县委职权构成的基本框架。按照科学合理、准确规范的要求，对每项职权的表述方式和用词进行严格界定，避免因表述不明确造成职权不清、权力交叠，确权工作更细致。共确定县委集体职权 50 项；县委常委职权 185 项，其中县委书记职权 27 项；县纪委、县委各部门职权 110 项。

三地都对职权行使做出程序规范。成安县抓住决策、执行、结果等主要环节，编制并公布权力运行流程图，针对县委 50 项职权的行使流程进行明确再造。以书记在会议上的发言顺序来说，按以往若是书记先发言，就会形成议题的导向性，给其他人的发言造成无形压力，导致会议按书记的发言思路做出决议。鉴于此，成安县在《关于县委常委会监督县委书记的实施意见》中明文规定："常委会研究议题，应先讨论后决策。县委书记不首先表态，在参会常委充分发表意见的基础上，集思广益最后表态，按照民主决策程序形成决议。""县委书记在常委会召开过程中一般不临时动议增加新的议题。"

二 制约权力创新决策机制

试点三县区都以决策权为核心推进改革。睢宁县出台《对重要项目、重点工程、重大资金使用实行议决权和否决权分离的意见》，实行政府常务会议决权与县委常委会否决权分离的制衡决策机制。重大事项不再直接由县委提出方案和建议，而由相关职能部门提出方案；经政府常务会议决通过后，交县委常委会审议；县委常委会行使否决权，若审议不通过，相关职能部门需重新制定方案，县委常委会只保留否决权，而不参与方案的修订。《县委常委会提前预告制度》规定，对适宜公开的县委、县政府常务会议题，会前发布预告，邀请部分人大代表、政协委员、群众代表列席旁听，议决结果向社会发布。每半年召开一次在县电视台、网络上全程直播的县委常委会和全委会，县委常委会报告工作，就重大事项公开决策，现场讨论，接受群众质询，县委委员现场公开票决。

武侯区在决策前，通过村民议事会、院落居民代表议事会、网络、报刊等途径，围绕着决策议题征询民众意见建议，形成专题报告。出台《会议代表列席办法》等15项会议规程，区人大常委会主任、区政协主席全程列席区委常委会，并建立由专家学者、基层群众、社区党员、机关干部、人大代表、政协委员等462人组成的会议列席人员资料库，凡涉及民生事项的决策会议向党员群众代表开放，根据议题每次抽取6至8名人员列席，议事决策与决策执行的动态信息，通过网络等媒体公开。

成安县推行重大事项社会旁听咨询制度，常委会监督县委书记和全委会监督常委会制度等做法。

三 多种形式创新选人机制

试点三县区都着力创新领导干部选拔任用机制。成安县和武侯区规定干部调整动议的前提条件：常委会根据年度考核结果、领导班子中存在着突出问题、领导职位空缺和其他特殊原因需要调整干部时，才提出干部调整动议。在动议调整时，县委书记只提方向原则不提具体职位，只提选任标准不提具体人选，只提选拔要求不提选拔范围；县委书记在机构变动或已明确个人工作变动时，不得临时提出调整干部动议，不得提出超职数配备干部动议。

成安县出台《县委书记用人行为规范》，推出全新的选人用人机制。

一是实行民主测评把关和淘汰制。凡提拔和调整干部，经单位全体人员、下属机构、服务对象和群众代表民主测评，有1/3不同意的不予提拔；干部试用期满，民意测评有1/3不同意的不能按期转正；民意测评有1/3不拥护的列为淘汰对象。

二是科级干部选拔实行常委会票决制。党政正职和重要岗位调整，由县委常委会提名，全委会无记名投票表决，现场公布结果，得票不超过应到会人数50%的不能形成任用决议。

三是推出公开操作和公开竞岗机制。公开预告副科级岗位空缺，经过考试、考察、公开答辩和差额票决竞争选拔干部，对拟调整的干部向社会公开。

四是实行公开预提名制。公开预告乡科级干部岗位空缺，领导班子集体或个人可向县委预提名拟提拔人选，程序分为初始预提名、资格审查、正式预提名、公开预提名人选、大会民主推荐等5个环节。预提名人选任用后，如发现提拔前有严重违法违纪问题及提拔过程中有违规现象，推荐人要负连带责任。

睢宁县出台《五竞争、一评议竞争性选拔干部意见》，推行举荐制、选举制、考试制等干部选拔制度，以民主推荐和公开测评形式下放初始提名权。设立毛遂论坛，有现场演讲会、网络版和与县领导约谈3种形式，开放县委书记、组织部长邮箱，实行多渠道、多样性、开放式的选人机制，对已提拔的干部实行跟踪考察。构建起既是党管干部、组织掌控，又是民意主导、群众公认的选拔任用新机制。

四　广开渠道完善监督体系

试点县区创造了多种监督形式，但表现出共性特点。

一是组成社会监督评议组织。睢宁县全委会上县委书记、县长述职，评议团现场评议，群众质询，媒体直播。党内评议团由不是四套班子领导的县委委员、县纪委委员、市党代表、县党代表、党员人大代表和政协委员等组成，党外评议团由纠风队员、非党人大代表、非党政协委员和群众代表组成，共推选评议员 3000 多人。对各部门、各镇进行评议，社会评议组本单位干部职工占 30%，驻睢宁的各级党代表、人大代表和政协委员占 30%，管理和服务对象占 40%；监督机构评议组由纪检、信访、审计等部门业务骨干组成。对经评议完不成目标任务的领导干部启动问责。

武侯区邀请 600 余名党员群众代表和人大代表、政协委员，对决策及执行进行监督评议和提出建议意见。成安县聘请 111 名社会监督员。

二是广开渠道干群互动交流。武侯区在社区聘请 323 名民情专递员，通过民情家访、开通 101 条 24 小时民情专线、设置 181 个民情专递箱等形式，广泛收集党员群众意见，做到 100% 的办复率。推行党代会常任制和党代表任期制，实行党员与党代表，党代表与区委委员双向约见制，征求党员、群众、民情专递员的意见与建议，常年接收党代表提案并负责办理。

睢宁县公开党政主要领导、副科级以上干部和重点科室负责人手机号，群众通过电话或短信反映的问题，要求责任部门当天见面，三天内办结；利用街头广场开展干群互动交流，就群众关注的热点话题进行大讨论。经群众软环境评议，有 7 人被撤职。

成安县在公开栏、办公桌、办公室门前公开领导干部的信息及联系方式，党政机关集中实行敞开通透式办公，党政机关大门向群众敞开，群众可自由进出党政主要领导的办公室。

三是广泛利用媒体公开监督。试点三县区都利用报纸、电视、电台、网络、公开栏、下发文件等形式公开监督。睢宁县出台《关于办理媒体反映事项暂行规定》，对群众通过媒体反映的各类诉求，若 48 小时之内没有回复或敷衍塞责，则公开问责。

五　动真格执行是深刻启示

有制度规定而不执行是长期以来的普遍现象。试点三县区任何一项改革新政都是动真格执行。干部喝酒是社会公认的顽疾，长期以来备受公众诟病，各地的文件规定频频出台，问题却始终没有解决。睢宁县推出工作日中午无例外禁酒政策，有位镇长到邻县招商请客商吃饭，自己喝了一瓶啤酒被人举报而免职，不到一年有 18 名干部违反禁酒令受处理，禁酒即见成效。睢宁县委常委扩大会议，四大班子成员及机关单位和群众代表 800 余人参会，专项评议最不受欢迎的单位和站所，经县委常委会现场票决，末位的县交通局党委书记、睢城派出所所长当场免职，电视台、网络等媒体全程公开。

成安县实行民主测评 1/3 不同意把关和淘汰制,有 12 名干部被免职、降职或取消提拔资格。通过评议监督,处理干部 14 人,有 1 名正职被撤职。

三地试点改革的实践证明,最管用的办法是发动群众监督,而最关键的是动真格处理,这是县权公开试点对基层政治生态建设最深刻的启示。

通过县权公开规范运行,决策和用人更加科学、民主、高效,信访量大幅下降。

(作者单位:中共荣成市委党校)

关于打造品牌节庆活动的研究

——以乳山母爱文化节为例

姜翠萍

近年来，随着改革开放和经济发展的不断深入，我国节庆活动得到快速发展，许多地方已把节庆活动作为打造地方名片、推动经济发展的重要工程。据统计，目前我国各种节庆活动有 2 万多个，具有一定规模的有 5000 多个。如何把这些节庆活动打造成品牌节庆活动，更好地推动区域经济社会又好又快发展，具有重要的现实意义。

一 节庆活动的定义、特征及分类

要打造品牌节庆活动，首先要了解和掌握节庆活动的基本内涵、属性和价值。

节庆活动的定义。节庆活动是一个地区或一个行业，以独具个性的历史文化、民俗风情、自然人文景观、特色产业和生产经营活动为依托，以行政或行政与行业协会相结合为运作手段，以文化、艺术和舆论的渲染为媒介，以全新的节日或传统节日为载体，以聚集起有益于地方社会经济发展的人流、物流、信息流、资金流、技术流、项目流为目标，从而高效提升该区域加快发展所必需的无形资产和市场价值的社会活动。

节庆活动的特征。①地方性，任何成功的节庆活动都把地方性特色视为自己的个性所在；②群众性，群众的广泛参与是任何节庆活动蓬勃开展的基础；③创新性，别开生面和创新思维是节庆活动的吸引力、生命力之所在；④文化性，任何节庆活动都有深刻的文化内涵；⑤经济性，拉动区域经济发展是节庆活动的重要目的；⑥可持续性，对于有特色的经济节庆而言，持续才能发展。

节庆活动的分类。根据节庆活动所主打的事件（事物）不同，可分以地方工业性产品为特色的节庆、以地方物产为特色的节庆、以地方自然环境为特色的节庆、以地方人文景观为特色的节庆、以地方历史文化背景为特色的节庆、以生活经营活动为特色的节庆、以休闲娱乐活动为特色的节庆等七大类。

二 节庆活动对区域经济社会发展的重要 影响和价值体现

节庆活动作为一项有组织、有目的的综合性人为事件，它的作用是客观存在的，现以中国（乳山）母爱文化节、潍坊国际风筝节、张家口草原音乐节等节庆活动为例，进行具体研究。

一是有利于提升区域形象。节庆活动被称为"有主题的公众庆典""群众参与的节日"，参与度和公共关注度非常高，是提升城市知名度和美誉度的特殊载体，更容易引起新闻媒体和社会各界的广泛关注，从而提升城市形象，打响城市名片。近年来，乳山市立足独特的母爱文化资源优势，大力发展和弘扬母爱文化，自2008年以来连续举办了三届中国（乳山）母爱文化节。每年文化节期间举办大型开幕式、文化论坛、经贸洽谈、群众性文化活动，特别是"同乐五洲""欢乐中国行——魅力乳山"等大型主题晚会的举办，吸引了央视、旅游卫视、新浪、网易、搜狐、《中国妇女报》等50多家主流新闻媒体的宣传报道，引起了全国亿万人民对文化节及乳山的关注。互联网上可搜索到"乳山母爱文化节"的信息达6万多条。每年文化节前后还有近10万中外游客到乳山，实地感受母爱文化、自然环境和城市建设，在全国打造了"母爱圣地、幸福乳山"的城市名片，使乳山这座过去默默无闻的小城发展成为全国知名的母爱之城。山东省的潍坊市，在既没有优越的地理位置条件，又缺乏自然环境优势和旅游资源的情况下，能够发展成为世界闻名的"国际风筝都"和国际风筝联合会总部所在地，依靠的就是小小风筝这一独具价值的媒介。据统计，每年风筝节期间世界各大主要新闻媒体共有200多家，不仅向世界宣传潍坊的风筝，更使得潍坊的国际知名度提升，风筝节成为潍坊名副其实的城市名片。

二是有利于打造城市文化。文化是城市的灵魂，是城市综合竞争力的重要内容，是城市的无形资产和品牌。从本质上来讲，节庆活动也是一种文化现象，既是对历史文化的传承、也是对现代文化的展示，同时也是对未来文化的创新。节庆活动具有弘扬文化的载体功能，充分展示了一个地区或民族独特文化、悠久历史和独特风貌，是催生和打造城市文化特色的重要因子，是显示群众文化魅力的生动舞台。节庆活动把区域特色文化嫁接到参与性高、体验性强的活动项目上来，吸引群众参与，进一步做大、做强文化活动特色项目，继而逐渐形成具有一定影响力的区域文化特色。过去几十年里，乳山市尽管有被誉为"母亲山"——大乳山的自然景观，有养育1000多名革命后代的母爱故事，有"三花"作品中塑造的英雄母亲形象，有母爱子孝的良好社会风气，但是母爱文化是潜显的，是不被人们所熟知的。自2008年以来，乳山市以办成全民欢乐节为目标，着手举办母爱文化节，并将每年5月份确定为"母爱文化月"，开展"十大杰出母亲"和"十大孝星"评选、优秀母爱歌曲演唱大赛等丰富多彩的群众性文化活动。乳山市对母爱文化的弘扬不仅仅限于文化节、文化月期间，还坚持长年不断在学校开设母爱教育课，编写出版《母爱无疆》文化图书，推广使用以"母爱圣地 幸福乳山"为主题的贺年片和工作名片，发行邮资封，开通电话彩铃。今年正在规划建设母爱文化广场，让母爱文化无时不在，无处不在，营造出了浓厚的城市文化氛围。

三是有利于带动三产繁荣。节庆活动展示和宣传的是一个区域或历史文化，或民俗风情，或自然人文景观，或特色产业，这一切都是旅游业发展的重要内涵。因此，许多地方把节庆活动作为旅游促销的有效手段，从而拉动商业、服务业、金融业、娱乐业、交通运输业等相关产业的发展。乳山市借助母爱文化节的影响力，引进或建设了以母爱文化为主题的大乳山旅游度假区、山东"三花"影视基地、福如东海文化园、东方如意国际城等投资过百亿元的十多个旅游大项目，开辟了"母爱文化"旅游线路及景区景点，举办了"母子赏花会""东方欢乐节""欢乐向前冲、相约大乳山"等一系列旅游互动活动，形成了知名的母爱文化旅游品牌，促进了乳山旅游市场持续火爆。

四是有利于促进产业发展。节庆活动往往集旅游观光、文化研讨、商贸洽谈、招商引资于一身，所以说节庆活动是一种文化现象，也是一种经济活动。"文化搭台、经贸唱戏"成为如今节庆活动的主旋律。乳山市借助母爱文化节举办这一平台，积极开展"走出去、请进来"系列参观考察、经贸洽谈、签约合作活动，促进产业发展。"走出去"，就是文化节前后，借助母爱文化节举办的影响力，依靠"母爱圣地、幸福乳山"城市名片，组织有关经济职能部门组成小分队，分赴国内外开展产业招商活动。"请进来"，就是文化节期间，邀请中外客商前来欢乐节日、考察洽谈、签订项目，向与会客商介绍乳山独特的区位优势、鲜明的产业特色和良好的投资环境。

三 影响节庆活动发展的问题及原因分析

目前，我国包括威海市举办的各类节庆文化活动丰富了人民群众的物质文化生活需求，促进了区域经济发展，其积极作用是不言而喻的。但与品牌节庆活动之间，还有一定差距。

一是节庆活动设置雷同，缺乏吸引力。不少地方节庆活动往往只看到别人举办节庆成功，就盲目办节、仓促办节，忽略了精心准备、科学论证的过程，从而造成内容雷同和低层次重复。

二是官办色彩较为浓厚，缺乏持久力。节庆活动离不开政府的引导和支持，特别是办节初期政府作用更为重要。但是从当前节庆活动整体情况看，更多的是靠政府在参与和运作，这种"官办"模式越来越显现出局限性。

三是群众参与程度不高，缺乏生命力。群众参与度是衡量品牌节庆活动的重要标准，但一些节庆活动，群众从开幕式到闭幕式都很难成为活动"主角"，激发不出群众的主人翁意识和参与热情，当然也就没有属于"自己的节日"的那种亲近感和认同感。这种脱离群众的节庆，缺乏活力和持久力。

四是文经结合力度不够，缺乏实效力。不少节庆活动都提出"文化搭台、经贸唱戏"的理念，就是想通过举办节庆活动促进区域经济发展，让文化与经济齐头并进。但实际运作当中，文化与经济的结合并不紧密，举办的招商引资、经贸洽谈等活动，也往往是形式大于内容，没有把节庆优势转化为产业优势，缺乏实际效果。

四 打造品牌节庆活动所需处理好的五个关系

一是特色定位与创新发展的关系。节庆活动的魅力在于特色，特色是节庆活动的灵魂，是节庆活动的民族性和地域性的集中体现。节庆活动必须张扬个性、追求特色，并善于把特色与个性附着于一定的客观载体。比如，中国（乳山）母爱文化节的特色就是母爱文化，它成为节庆成功举办的基础。它的特色和优势体现在三个方面：一、母爱文化不分国界，不分民族，是人类共同的文化，能够产生社会共鸣；二、具有永恒持久的生命力，它不像经济节庆那样，易受金融危机、市场环境等因素的影响，它始终是社会所弘扬、国家所支持的；三、乳山具有"大乳山"的自然景观以及悠久传统的母爱底蕴，与乳山地域特点进行了很好地结合。

二是弘扬文化与促进发展的关系。节庆活动具有两大属性：一、具有文化属性，充分展示着一个地区或民族独特文化、悠久历史和独特风貌；二、具有经济属性，一个节会可以拉动一个大的产业，也可以带动一个区域的整体发展，使节会成为提升区域经济核心竞争力的动力平台和招商引资的"金招牌"。对于节庆活动来说，两者是密不可分，相互促进的。成功的节会能够找到文化和经济的最佳结合点，推出既有富于地方特色和创意的文化，又有带动地方经济发展的展销活动、商贸活动，做到文中有经、经中有文。否则，就容易出现"两张皮"的现象，从而失去节庆的活力。

三是主动参与与被动组织的关系。节庆活动成熟的标志是以广大群众为主体。节庆组织者始终要把"一切为了群众，为了群众的一切"作为办节的主导思想，并以满足人们日益增长的物质与精神需求为最高追求，吸引群众自发地、自觉地参与到活动中来，真正把节庆办成群众的盛大节日。与此相反，不少节庆活动则是通过发文件、发通知等形式，使群众"被参与"，从而达到撑场面、造声势的目的。这种"被参与"的方式对节庆活动初期的启动和宣传也许会发生作用，但时间一长，群众就会产生厌烦心理。所以说，从长远发展来说，应逐渐尝试让群众主动参与，最终实现活动组织工作成功转型。

四是政府主导与市场运作的关系。节庆活动初期，采取政府投入大量人财物包办节庆活动的形式，有利于发挥政府在组织、协调方面的优势，而且也只有充分发挥政府作用，才能够确保节会成功。随着节庆活动的推进和完善，为了更好地实现效益目标，亟须进行办节办会体制创新，走"政府主导、市场运作"的路子。政府主导作用主要体现在确定节庆活动的主题及名称，制定政策，进行组织协调，搞好服务和宣传。市场运作就是将节庆活动交给中介组织办，政府退出、中介进入的市场化运作路子。比如，节庆活动的冠名权、赞助商、广告宣传等方面，都可以通过市场运作，吸引更多的企业参与。"政府主导、市场运作"是地方节庆活动发展增效的必由之路，从长远来看，这也是适应市场经济体制、保持节庆活动长盛不衰的必然要求。

五是媒体宣传与服务管理的关系。品牌节庆活动的成功打造离不开新闻媒体的大力宣传，社会各界包括新闻媒体在对节庆活动高度关注的同时，也对政府公共服务能力形成监督，对组织服务工作提出了新的挑战。所以说，地方政府在不断改善节庆硬件基础设施的同时，节庆的管理和服务一定要跟上，包括治安维稳、交通秩序、公共安全、环境卫生、信息咨询、会务接待、商务洽谈等各个细微环节。

（作者单位：中共乳山市委宣传部）

威海市耕地保护总体形势分析及对策建议

高建斋

粮食是战略物资，受政治因素影响。近年来，由于受到自然灾害影响和国际金融危机冲击，一些粮食纯出口国先后颁布了粮食出口禁令。同时，随着我国经济建设和城镇化进程的不断加快，耕地的大量占用（每年计划在350万亩左右），我国粮食自给率在不断下降（进口比例为5%，自给比例为95%）。如果我国粮食消费的20%依赖进口，那么"粮食问题"就可能发生质变，不仅给我们带来巨大的财政压力，同时还有政治压力，影响国家安全。耕地是保障粮食充足生产的命脉，保护耕地就是保护我们的"生命线"。因此，正确处理好保资源和保发展的关系，在保护资源特别是耕地资源的前提下，保障经济持续协调发展，刻不容缓。

一 威海市土地现状和耕地保护存在的问题

截至2011年底，全市土地总面积5796.98平方公里。其中，农用地669.94万亩，占总面积的77%（耕地面积为294.5万亩，占总面积的33.87%；园地面积为54.7万亩，占总面积的6.29%；林地面积为163.6万亩，占总面积的18.82%；草地面积为26.1万亩，占总面积的3.00%）。另外，建设用地124.83万亩，占总面积的14.4%；未利用土地74.78万亩，占总面积的8.6%。应该说，威海市面临的耕地资源和耕地保护形势相当严峻。

一是威海市土地禀赋先天不足，主要呈现三大特点。①人多地少。威海市总面积5796.98平方公里，在山东省排在倒数第四位，而常住人口达到282万（户籍人口为253.6万人），人口密度达到517人/平方公里。全市人均耕地面积1.14亩，不仅远低于全国1.38亩的平均水平，而且也大大低于山东省 1.21 亩的平均水平，更不用说世界 3.75 亩的平均水平了。威海市的人均耕地面积已相当接近联合国确立的人均 0.8 亩的警戒线。②山地丘陵地多，耕地少。低山、丘陵占全市土地总面积的 68.15%，平原占 27.56%，岛屿占 0.28%，滩涂占 4.01%。也就是说全市自然条件适合作耕地的土地面积不到 30%，而这其中相当一部分的好地也拿来用于城市建设和工业发展。③优质的水浇地少，劣质旱地多。全市耕地中，旱地（靠天吃饭）面积 254.3 万亩，水浇地面积 40.2 万亩，有稳定水源灌溉的高质量耕地仅占全市耕地总面积的 13.65%。从完成的全市农用地分等定级结果看，全市耕地分等定级成果总面积为 288.97 万亩，其中优等地 17.14 万亩、高等地 57.39 万亩、中等地 142.63 万亩、低等地 71.81 万亩。优等、高等地占 25.8%，中等、低等地占 74.2%。

二是耕地后备资源严重不足，且地区分布不平衡，土地开发复垦整理难度大。随着全市土地开发整理复垦工作力度的不断加大，可以开发成耕地的后备资源日益稀缺，且受地貌环境制约开发难度较大，所开发的耕地质量较差。74.78 万亩的未利用土地中，河流面积 16.3 万亩、滩涂面积 25.3 万亩、裸地面积 6.7 万亩、盐碱沼泽地面积 0.46 万亩，均难以利用。

三是占补平衡压力巨大。各市区的占补平衡压力越来越大，除文登、乳山两市目前尚能自足外，其他市区均需异地购买占补平衡指标。2003 年以来，威海市已先后异地购买占补平衡指标 7 万多亩。现在异地占补的价格也是越来越高，从前几年的几千元到现在的每亩 3 万元。

四是保护耕地的内在动力不足。一方面，政府虽然是耕地保护的第一责任人，但往往更偏重于追求经济指标，在项目建设、招商引资上，往往忽视了耕地保护和资源的合理利用，保护、把关、监督和查处均不到位。另一方面，土地使用者和所有者受经济利益的驱动和比较效益的影响，也往往乐于农用地被征为建设用地，在耕地保有上缺乏有效的经济补偿措施。

五是违法用地屡禁不止，用地秩序不规范。近几年来，虽然通过开展卫片执法检查等专项行动，全市各级依法管地用地的意识明显增强，国土资源管理形势明显好转，但从数据可以看出，威海市违法用地仍然面广量大，形势不容乐观。2010 年度威海市卫片执法检查共下发监测图斑 1899 个（涉及土地 1810 宗），面积 62747.69 亩（耕地 26087.8 亩）；2011 年度威海市卫片执法检查国家共提取监测图斑 4670 个（涉及土地 4470 宗），面积 65586.88 亩（耕地 29096.1 亩，已初步核查违法占用耕地 3000 亩）。今年与去年相比，图斑数增加 145.92%，面积增加 4.52%（耕地增加 11.53%），威海市两个市区被列为山东省 42 个违法占地过千亩的重点县（市区）之一，有的违法占用耕地比例超过 50%。

主要原因有以下几种。①部分地方政府没有正确处理好依法用地与经济发展之间的关系，政府主导项目违法用地时有发生，尤其是各类工业园、道路甚至重点工程有的还未供地就开工，有的边申报边建设，造成未批先建。②部分村集体未经批准占用本村集体土地建小产权房对外出售或出租。③以租代征违法用地较为普遍。一些镇村干部为发展本镇、本村的经济，对一些"五小"项目也不嫌弃，私下签订土地租赁、转让协议，只要收了钱，就不经依法批准，直接将农用地作为建设用地。有的乡镇干部大包大揽，对投资者提出的条件，不经科学论证、规划选址，对要用哪个村的土地不经老百姓同意就敲定。④由于威海市近郊农村多年没有审批农村宅基地，致使部分符合申请宅基地条件的农民在自家责任田或通过与别人调换的土地里建设住宅，造成违法用地的事实。

对于一旦形成事实的违法违规用地，处理起来难度很大，损失和代价也很大，对老百姓来说可能是一辈子的积蓄毁于一旦，而对政府部门来说既要处理事又要处理人。

二 保护耕地的对策、建议

一是完善基本农田保护制度，强化各级政府的保护责任，规范地方政府的供地行为，对优质耕地实行特殊保护。要把基本农田作为耕地保护的重点，完善各项保护制度，严格控制各类建设对耕地的占用，确保基本农田数量的稳定，并通过增加投入，逐步增加基本农田面积，提高质量。科学合理地规划确定基本农田保护区，采取强硬措施把一级农田控牢、控死。在基本农田的划定上，应坚持"一要吃饭，二要建设"的指导方针，充分考虑人口增长、经济发展等必须占用耕地的诸多因素，进行科学论证，合理确定耕地的近期、中期、长期保护目标，力求划定的基本农田保护区切实可行。对划定的基本农田，应作为"保命田"，采取强硬措施加以特殊保护。除涉及国防等特别重大的建设项目经国务院批准可有限度地占用外，其他建设项目一律不得占用。

二是开展高质量的土地开发整理。目前，山东省政府已批准威海市土地综合整治项目 2 个，总投资 3.4 亿元，整治规模 10 万亩；正在申报项目 1 个，总投资 1.4 亿元左右，整治规模近 4 万亩。要按照田、水、林、路、村统一规划、综合整治的要求，采取有力措施，加强部门协作，强化项目管理，确保项目质量。

　　三是探索实行耕地保护补偿机制。党的十七届三中全会通过的《中共中央关于推进农村改革发展若干重大问题的决定》指出，"要划定永久性基本农田，建立保护补偿机制，确保基本农田总量不减少、用途不改变、质量有提高"。所谓保护补偿机制，就是从每年土地收益中，拿出固定的比例，用于耕地的保护和补偿，就像粮食直补一样，直补到保护责任人。这是一种新的做法，四川成都、广东佛山设立耕地保护专项资金，重庆等地目前已开始试点，应该大力提倡。

　　四是依法规范国土资源市场秩序，坚决查处违法违规案件。①提高依法用地意识。各级政府领导干部要带头依法用地，给广大企业公民带好头、做好榜样。要建立健全国土资源执法监管共同责任机制，建立"党委领导、政府负责、部门协同、公众参与、上下联动"的工作格局，实现由"大家用、一家管"向"大家用、大家管"转变。②对违法用地，要严肃处理，绝不姑息纵容。认真组织国土、监察等有关部门，严肃查处"未报即用、未批先用、边报边用"等土地违法违规行为。对违法用地该查处、对责任人该处分的，要全力支持，不能纵容包庇。相关部门应各司其职，分工协作，通力配合，形成国土资源齐抓共管的良好局面。③加强巡查监管，严防新的国土资源违法行为发生。立足一个"早"字，抓早、抓小、抓苗头，早发现、早制止、早查处、早报告，越早越好处理，越早处理造成的损失和付出的代价越小，尽可能把各类违法行为发现在初发阶段，解决在萌芽状态，最大限度遏制违法违规行为的发生。同时，以卫片执法检查为契机，保持查处各类违法违规行为的高压态势。

（作者单位：威海市国土资源局）

我国中学历史教学发展取向的实践分析

董绍才

　　"为什么教""教什么""怎么教""教到什么程度",不仅是目前教学专业研究领域关注的重要问题,更是新课程背景下每位中学历史教师必须思考和回答的首要问题。回顾我国中学历史教学实践发展的历程,对这些问题不同时期的不同解答,也就构成了历史教学发展的基本取向和脉络。本文根据我国不同时期对这四大问题的不同解答,并结合不同时期历史教师解答这些问题所依据的主要载体,就我国中学历史教学发展的三种取向进行分析,以利于中学历史教学的科学健康发展。

一　基于历史教师经验的教学

　　在我国远古的氏族时代,历史教育常常通过婚丧祭祀、时令节日、成年仪式等场合,由长辈或巫师讲述氏族历史的形式来完成。教师的角色由老人或巫师担任,他们通过口耳相传等教学形式,将部落或氏族的历史与习俗传授给下一代。

　　夏商周时期,教师的角色开始由官吏担任,即"学在官府,以吏为师"。春秋战国时期,随着私学的兴起,私学教师与官学教师开始共存并处,"学者为师"逐步成为我国封建社会选拔教师的标准。

　　随着时代的变迁,历史教学的内容也发生了重要变化。到战国时期,王朝史逐渐代替了过去的部落、氏族史。汉代以后,由于历史教育被纳入儒家经典教育的范畴,儒家经学成为封建学校的主课。尽管经学包含了文史哲等各种学问,但涉及的历史仅局限于先秦,且经学以伦理哲学为核心,历史教育只是为了诠释经学的义理,结果只修经学的儒生普遍缺乏历史意识。此外,尽管儒家经学为当时学校教育的主要学生用书，但这些书并不是为学生特意撰写的，"其阅读对象是一切封建官员和知识分子"。教师历史素养的差异和学生用书的成人化，为不同水平的教师向学生传授什么样的历史知识和怎样传授历史知识提供了很大的自由发挥的空间，教师的自身经验决定了"教什么"和"怎么教"。

基于经验的历史教学主要存于我国古代，也就是在章节结构式简明通史体例的历史教科书出现以前。

基于经验的历史教学的主要特点有以下四个方面。①教师将课程与教学系于一身。教师成为历史教学内容的活的载体，其所具有的生活经验和历史素养成为历史课程内容的重要组成部分。"怎么教"由教师基于他所信奉的"怎么教得好"的理念和自身"有什么可以教"所决定。②教师具有崇高的地位。无论是氏族时期的长辈或巫师，还是奴隶社会的官吏和封建社会的"学者"，大多数为那个时代的"精英"，被人们奉崇，具有权威性，这就决定了基于教师经验的历史教学长期存在的合法性。③学生历史素养的提高很大程度上取决于教师自身的经验。如明清时期八股取士盛行，广大知识阶层通史意识普遍缺乏，"许多皓首穷经之徒甚至连起码的历史常识也没有"。造成读书人"不识汉唐为何朝代，贞观为何年号""不知汉祖唐宗为何物者，更无论地球各国矣"。许多教师通史知识的缺乏，直接导致学生历史素养的低下。④历史教学的随意性较大。这一时期，由于"为什么教"（即组织和开展教学的依据是什么）"教到什么程度"（教学的质量底线是什么）的问题，在国家层面上未提出详细的硬性规定，教学质量更没有底线要求，加之教学凭经验，因此也就出现了许多教师"爱怎么讲就怎么讲"，不管进度、不管效果的现象。

二　基于历史教科书的教学

我国正式的中学历史教科书产生于 20 世纪初。清末新政时期，由于新式学堂的大量出现及历史开始作为一门独立课程的开设，教师对历史教科书需求愈来愈强烈。鉴于此，一批留日学生最先把日本学者编写中小学历史教科书所采用的简明通史体，介绍到中国来。"盖自清末废科举，设学校以来，为供应学生之课本，于是稗贩自日本，而将此通史体例，间接流入中国。"辛亥革命前，我国学者"从外国翻译的或依据新体例编著的一批历史教科书，是我国最早的一代中小学历史教科书"。辛亥革命后至新中国成立前，"先后又有许多专家和学者编著或翻译了不计其数的历史课本"。新中国成立后，课程体制和教材实行了全国统编制，20世纪80年代末我国的课程教材编写制度出现了一些新变化，开始尝试从全国大一统制向多轨制转变，到90年代，中学历史教科书的体例和内容等都发生了重大变化。

历史教科书的出现和不断发展，是历史的进步。主要表现为：一是在班级授课制出现后，在历史教师教学水平参差不齐的背景下，在"教什么"的问题上，使用历史教科书进行教学，教学的内容有明确要求，教师不再凭自己的好恶施教，有利于学生整体获得基本的历史知识。二是在"怎么教"的问题上，在很大程度上克服了基于教师经验的教学的随意和低效。历史教科书不但规定了教学内容，而且对教学和评价提出了一些要求，降低了教师授课的随意性等。

但从"课程"的视域来看，基于教科书的历史教学让教师变成了教科书的忠实奴仆，历史教师的质疑、批判、反思等专业能力的发展受到限制，"为什么教""教到什么程度"尚未真正被教师践行。主要表现为以下三个方面：①将"课程"几乎等同于教科书。教师"以课本为本"，把教科书当作"圣经"，视教科书为历史知识的唯一载体，教学就是"教教科书"。如果没有了教科书，许多教师甚至不知历史"教什么"与"怎么教"，对那些专业素质较低的历史教师，对教科书的依赖几乎到了"鱼儿离不开水"的地步，对课程与教学资源的开发几乎无从谈起。②教师几乎变成了照本宣科的"教书匠"。在基于历史教科书的教学中，无论是农村的历史教师还是城市的历史教师，无论面对的是怎样的学生，也无论在什么样的学校，"应该教什么？怎样教？"几乎完全取决于历史教科书，教科书至高无上的地位是无法撼动的。清末和民国时期，历史教学的情况是"最平常的教员只会把教科书念一遍"，而教科书以外的知识却很少涉及和补充。新中国成立后，由于历史教师的匮乏和师资力量的薄弱，许多教师对教科书产生了过度的依赖，即使在新课程改革之初，还有许多中学历史教师对新课程带来的教科书更替持抱怨的心态，在他们看来，历史教科书改变了，原来他们熟悉的教学内容变了，教法也要求改革，这给他们的教学工作带来了很大的难度、增加了很多的工作量。这种对教科书的过度依赖很容易导致许多教师丧失自我，更谈不上专注自己的专业发展。③学生成为不断被灌输的容器。由于受"教科书有什么，教师就教什么""教科书有什么，考试就考什么"的影响，许多学生也视教科书的内容为定论的历史知识，他们的学习就是"学教科书"，就是记忆教科书上的历史知识，长此以往，便形成了死记硬背的习惯，批判、反思和探究等思维能力未能得到充分开发，这也是造成部分学生喜欢历史而不喜欢上历史课的重要原因。

三 基于历史课程标准的教学

综观 20 世纪下半叶世界发达国家和部分发展中国家的教育改革，不难发现，各国改革的中心是"提高学校教育的质量"。各国为加强对中小学教育教学质量的监控，纷纷立法或制定国家标准，由此产生了"基于标准的运动"。同时，伴随着教师专业化程度的不断提高，人们已经不满足于教师即教书匠的形象，希望教师分享到部分课程权力，除了关注"教什么""怎么教"以外，还需要关注"为什么教""教到什么程度"的问题。在此背景下，我国在第八次课程改革先后出台了初中和高中历史国家课程标准之后，也正在倡导基于历史课程标准的教学。

基于历史课程标准的教学是指教师"根据课程标准对学生规定的学习结果来确定教学目标、设计评价、组织教学内容、实施教学、评价学生学习、改进教学等一系列设计和实施教学的过程"。也就是说，基于历史课程标准的教学要求教师能够系统整体地思考和把握历史课程标准、历史教材、历史教学与评价的一致性问题，并在自己的专业权力范围内做出正确的课程决定。基于历史课程标准的教学给了历史教师一种方向感，既为历史教学确立了一定的质量底线，又为教学预留了灵活实施的空间。它要求历史教师根据课程标准对学生经过一个时段之后要达到的学习结果，来确定教学目标，然后根据教学目标科学处理教学内容，根据历史课程标准倡导的理念选择适合的教学方法，并做出基于课程标准的评价。

目前，我国许多地区的中学历史教师正在探索和实施基于历史课程标准的教学，且取得了显著成效。威海市从 2007 下半年全市历史教师在吸收和借鉴课程与教学论专家最新研究成果的基础上，开始了这方面的教学研究和实践探索。

一是教学目标来源于课程标准。传统历史教学的教学目标来源于教材或教学参考书，而教材和教学参考书通常只列举了教师应当教的主题，至多是学生应当学习的主题，却不制定学生的学习结果目标，且教材经常只能列举学生应当学习的部分主题，或者一些可能的内容，而不是全部主题或内容。基于历史课程标准的教学目标来源于课程标准，课程标准规定了学生的历史学习目标，教师需要深刻理解标准，把握对学生的总体期望，将标准具体化为每一堂课的教学目标，并据此来确定教学内容，选择教学活动等。由于从课程标准到课时教学目标的确定需要经过多重转换，因此，教师必须在理解课程标准的基础上，对课程标准进行解构，再在具体的教学情境中，结合教科书的内容，对课程标准进行重构或拆解和组合，形成课时目标。

以鲁教版中国历史七年级下册第八课"伟大的历史转折"的课时教学目标的制定为例。首先应确定学期教学目标，在充分理解初中历史课程标准对学生学习中国现代史的结果要求的基础上，确定七年级下学期的教学目标。其次确定单元教学目标，根据学期教学目标，确定"建设中国特色社会主义"的单元教学目标。最后，根据单元教学目标确定本单元内每节课的教学目标。但在具体的教学实验过程中，我们发现部分教师在制定"伟大的历史转折"的课时目标时，对教学目标与学生的学习目标进行了不同常规的"解读"和界定。如比较优秀的历史教师将"教学目标"看作教师能够发挥主导作用、学生难以完成的那部分学习目标，而那些学生凭自己就能完成的学习目标不列入"教学目标"之内。学生的"学习目标"一般包括两部分，即学生通过自身努力就可以完成的学习目标，以及需要在教师指导下才能完成的学习目标。这种对教学目标和学习目标重构的结果，不仅使学生的自主学习成为可能，而且也使课堂的生动变为现实。

基于历史课程标准的教学目标先于教学内容而存在，是为了让教师树立清晰的目标意识，避免教学的随意性，使历史课堂更加高效。

二是评估设计先于教学设计。传统的历史教学评估，主要用于检测学生是否掌握了教师所教的历史知识，不是用于检测学生是否学到根据目标要求应该掌握的历史知识；评估的设计通常在单元、学期、年终课程结束后进行，其功能属于终结性评价，对教师的教学过程和学生的学习过程的改进和指导作用有限；评估的设计、实施和评分常常具有较大的随意性，如许多教师自己编制的试卷常常出现目标、普遍的质量指标不明确，试题的难易度凭经验等问题。基于历史课程标准的教学评估是"结果目标驱动导向"的，是过程性评价、诊断性评价和终结性评价的有效结合，也就是说，要通过评估，让人们了解和看到：教师完成教学目标的证据是什么，每位学生在学习过程中和结束后所表现出的达到学习目标的证据是什么，学生是否了解学习目标和表现标准，是否对学生今后的学习改进有帮助。我们在实验过程中，以学校历史教研组或备课组为单位，尝试开发了不同课型的"历史课堂观察量表"，帮助教师制定和落实课时评估设计。通过教研组、学校、市区和市级四个层次的听评课活动，宣传评价理念，研讨和完善评估设计方案，推广和交流优秀的方案。实验期间，我们开展的"基于历史课程标准的常规命题研究"课题，对教师的帮助较大，不仅培养了教师的标准意识，还使教师养成了以研究的态度来对待日常试题编制的习惯。

三是让每位学生都能成为"成功者"。历史课程标准是国家对全体中学生历史学习结果所做的统一的基本要求，是精英化教育向大众化教育转变的重要体现。教师通过基于课程标准的课堂教学，让每位中学生在历史学习中都能达到规定的学习目标成为成功者、避免成为失败者，既是时代的要求，又是每位历史教师的神圣职责。在具体的实验过程中，我们的实施策略为：教师应该科学解构课程标准，让学生每节课都有清晰的学习目标；设计评估方案，帮助学生在学习中及时调整学习方法，不断改进学习质量；整合、选择和组织教学内容，帮助学生在完成历史评价任务时表现突出；有效设计教学策略，选取有效的教学方法和教学策略，使学生能够最好地进行历史学习；实施规划好的教学，把握预设和生成的关系，让学生的历史思维自由飞翔；利用学生表现的结果确定课时目标的实现程度，让学生体验成功者的快乐；对整个教学过程进行反思和改进，让学生学会反思和质疑，养成良好的学习历史的习惯。

基于历史教科书的教学取代基于教师经验的教学是历史的进步，它解决了"教什么"和"怎么教"中的随意性和低效率等问题，基于历史课程标准的教学取代基于历史教科书的教学是时代的需求，它解决了"为什么教"和"教到什么程度"等问题。但毋庸讳言，在实验中我们发现，基于历史课程标准的教学面临着两个现实难题：一是历史教师的专业素质问题，尤其是解构、重构课程标准和设计科学的评估方案的能力是历史教师普遍缺乏的；二是历史课程标准的不完善和学科专家引领的缺失问题。目前由于中学历史课程标准的部分内容还比较笼统、模糊，操作性较差，给课程标准的进一步重构带来了许多困难；历史学科专家对基于标准的教学尚未引起足够重视，尤其是基于标准的评估设计未能提供有效的专业引领，造成一线教师和教研员只能摸着石头过河，严重影响了实施成效。但我们相信，随着历史教师落实课程标准的能力增强、课程标准的日趋完善、学科专家队伍的逐步介入，基于历史课程标准的教学将会有更加美好的未来。

（作者单位：威海市教育教学研究中心）

《中国古代小说戏剧诗歌的互动》内容提要

叶桂桐

本书把中国古代小说、戏曲、诗歌这三种文体同时作为主体，来研究三者之间的关系，并且把考察的时间定于从北宋宣和年间（1119～1125，即南戏开始流行的时候）到清代乾隆中期（1763或1764，即曹雪芹去世的年代），大约六百多年的时间，这是中国古代戏剧与白话小说成型、成熟与达到巅峰的时期。因此本书无论在体例上还是时间的跨度上，都是一种创新，是一种填补空白的项目。至于具体的学术创新，则几乎在每章甚至每节中都可以见到。

这六百多年，又以元至正十九年（1359）和明万历二十年（1592，《金瓶梅》大约成书于此时）为界，大致分为三个时期：宋元时期、明代、清初中期。这三个时期，分为三编，论述了三个问题：第一编，戏剧的"小说化"；第二编，小说的"戏剧化"；第三编，小说、戏曲的"诗化"。

第一编 戏剧的"小说化"

北宋之前的中国戏剧，包括宋官本杂剧在内，只是歌舞、说唱或滑稽剧一类百戏。戏剧的"小说化"，是指戏剧的演出"小说"。正因为戏剧演出"小说"，从而使戏剧的性质、功能、体制、人物都发生了脱胎换骨的质的变化。

从宋到元，中国的戏剧在经历了"小说化"的过程之后，才真正地成熟了。这种成熟的明显标志就是众多的名家与名作的出现。南戏方面，著名的作家首推高明，作品则在《琵琶记》之外，有"荆、刘、拜、杀"四大传奇；元杂剧方面，著名的作家更多，元曲四大家"关、郑、白、马"以及王实甫等人可为代表，除上述著名作家各有代表作之外，著名的作品也很多，不烦列举。到元代，中国戏剧可以说已经进入了第一个繁荣时期。

第二编　小说的"戏剧化"

笔者以为，从元末到明代的嘉靖、万历时期，就文艺发展本身而言，戏剧对小说产生了巨大影响，中国长篇小说实际上经历了一个"戏剧化"的过程。正是在这一过程中，中国长篇小说最终走向成熟。这才是这一时期中国戏剧与小说之间的主要关系。

小说的"戏剧化"，对于长篇小说的体制产生了重大影响，这种影响主要表现在两个方面：其一，长篇小说由以往的以故事情节为主转变为以人物性格的塑造刻画为主，或谓之小说由以故事事件为中心转变为以人物为中心；其二，对于小说人物语言或对白的影响，特别是将方言引入小说。

（一）小说的"戏剧化"对于小说主体要素的影响

中国古代长篇小说由以故事事件为中心到以人物的塑造刻画为中心的转化是由《水浒传》实现的。《水浒传》是以人物为中心来结构作品的。人们称《水浒传》的结构是连环式的或板块状，其每一个环或板块集中写一个或几个人物，比如林冲、武松、鲁智深、宋江等都是这样安排的。

这种以人物为中心来结构作品的写法，到《金瓶梅》又有了新的发展与突破。《金瓶梅》塑造刻画的人物的丰富与饱满以及人物形象的立体化的程度不比《水浒传》逊色，甚至有所超越。因此完全可以说，《金瓶梅》在中国古代小说由以故事事件为中心到以人物为中心的转变过程中，是有着界碑意义的。

（二）小说的"戏剧化"对于小说人物语言或对白的影响

综观中国古代长篇小说人物语言的发展演进历程，笔者大致可以划分为以下三个阶段。

第一，从宋到元末，即《三国演义》成书之前，小说人物的语言特点是时常用间接引语，即使采用直接引语，目的也主要是叙述故事或情节，而不是塑造与刻画人物性格。第二，从元末到明嘉靖年间，即从《三国演义》到《水浒传》，小说人物的语言特点是直接引语、对白明显增多，质量明显提高，而人物的语言、对白主要不是用来叙事，而是用来塑造与刻画人物性格。第三，从明嘉靖到万历，即从《水浒传》到《金瓶梅》，小说人物语言引入了方言。

《金瓶梅》人物语言采用方言，这是作者的伟大创举，它标志着中国古代长篇小说人物语言已经达到了一个新的阶段。这一伟大创举，在其后的中国长篇小说创作中产生了巨大的影响。稍后的《醒世姻缘传》的人物语言也采用山东方言，这种影响一直及于《红楼梦》。《红楼梦》的人物语言也采用方言，而且又有新的创造，即将人物语言中的缺陷也写出来，从而使人物形象更加生动、形象、逼真。

第三编　小说、戏曲的"诗化"

中国是一个诗的国度，诗歌已有三千多年的演进史。诗歌是中国传统文学的正宗。宋元以来，小说戏曲等通俗文学的地位开始提高，极大地冲击了诗文的正统地位，但诗歌的潜在的势能是极大的。这种潜在的势能，必然会在通俗文学中有所表现。这种表现演化为从元代开始的，特别是明代后期到清代初中期的中国戏剧与小说的"诗化"。

（一）中国戏剧的"诗化"

中国戏剧的"诗化"是从元杂剧开始的。元代初期科举考试废除，汉人知识分子的地位低下，一般有才情的文人把元杂剧创作当作不朽的事业来从事，并在杂剧创作中驰骋自己的诗才。关汉卿的若干作品、白朴的《梧桐雨》、马致远的《汉宫秋》，特别是王实甫的《西厢记》，都充满浓厚的诗意。

到明代中后期汤显祖创作《牡丹亭》的时候，则更有意识地在戏剧中来施展自己的诗才。他创作歌词，讲究诗的意境，又注重炼字，把传统的诗歌创作的经验全都用到歌词创作之中。因此《牡丹亭》中的很多歌词都是精美的诗，比如《惊梦》中的《皂罗袍》等，达到了一种高超的诗的境界。

到了清初，洪昇的《长生殿》和孔尚任的《桃花扇》，更是直接继承汤显祖创作《牡丹亭》的经验，并发扬光大之。《长生殿》和《桃花扇》在戏剧诗化方面超出《牡丹亭》的地方，这两部传奇不仅追求歌词具有诗一般的意境，而且讲究全剧的整体性的意境之美，讲究整体意境的和谐统一。这两大传奇都充满着浓重的诗的意境，具有令人莫可名状的感伤气氛，完成了中国戏剧由"有我之境""无我之境"到"人生、社会与自然的浑然一体"的"诗化"的三种境界的过程。

（二）中国小说"诗化"

与对中国戏剧的"诗化"的认识不同，人们对于中国小说，特别是长篇小说的"诗化"，似乎觉察较早，这无论在小说的创作中，还是在小说的批评中都是如此。但是如果认真加以考察，我们便不难发现，迄今为止人们对于小说的"诗化"对小说所产生的重大影响的认识仍然不够深入，有必要加以更深入的研究。

在长篇小说方面，无论是被称作"累积型的群众集体创作"（最后由文人写定）的《三国演义》《水浒传》《西游记》，还是由文人所创作的《金瓶梅》，其中的诗、词、曲、赋数量都不算少，特别是《金瓶梅》。但引用现成的作品较多，属于作家自己创作的作品则很少，而且水平很一般，只有《西游记》中还有些较好的作品。

清代初期，丁耀亢在创作《续金瓶梅》的时候，已经注意到以往长篇小说中的这种引用现成诗作的现象，并且想有意识地加以纠正。但丁耀亢只是中国古代长篇小说诗化过程中的过渡人物，这一使命是由曹雪芹完成的。第一，曹雪芹是清醒地有意识地将诗融入小说之中，而且要超越前人。第二，《红楼梦》中多处有意识地表达了作者的诗歌理论，其中第四十八回"滥情人情误思游艺　慕雅女雅集苦吟诗"中通过林黛玉教授香菱写诗，比较集中地阐述了作者的诗歌主张。第三，《红楼梦》中诗、词、曲、赋齐备，曹雪芹是有意要在小说中驰骋自己的诗才，诗歌的各种体裁他几乎都尝试过，而且也几乎都是佳作，其中《葬花词》《芙蓉女儿诔》《秋窗风雨夕》等可以算代表作。

对于曹雪芹在中国古代长篇小说诗化过程中所做出的创造性贡献，我们从以下三个方面就不难看出。

第一，《红楼梦》不仅注意到一首独立的诗作要有意境，而且注意到整部小说的整体意境及其统一协调。《红楼梦》全书中"悲凉之雾，遍被华林"的气氛、浓重的感伤情调，就是作品中的诗歌的总体意境。脂砚斋的所谓"妙处皆从诗词句中泛出"，已经明白地指出了《红楼梦》中的诗词歌赋的价值。

第二，曹雪芹用诗词结构小说。在《红楼梦》中曹雪芹用诗、词、曲、赋构成了一个光彩夺目的七宝楼台，这个七宝楼台可以说是《红楼梦》的基本骨架。这种用诗词来结构长篇小说的写法，始于《金瓶梅》，而在《红楼梦》中得到发扬光大，臻于化境。

第三，曹雪芹用诗、词、曲、赋塑造刻画人物性格。在《红楼梦》中，曹雪芹把诗词歌赋作为塑造与刻画人物性格的重要手段，塑造了一大批栩栩如生的鲜活人物，其中以林黛玉最为典型。

中国古代文学，从宋代开始，经过了小说、戏剧、诗歌的互动之后，不仅其他文体得到长足的发展，各种文体本身也更加完善。到了曹雪芹创作《红楼梦》的时代，已经做到各种文体的完美融合。长篇小说也有了诗的意境，有了诗一般的节奏和韵律，有了浓重的抒情色彩，有了鲜活的戏剧般的立体的人物。戏剧则由滑稽剧变为社会剧，面向社会现实，面向人生，有了更加曲折生动的故事情节和戏剧冲突，有了诗的意境。诗歌也有了新的拓展与突破，可以更加生动细腻多侧面、多角度地塑造刻画立体的人物。至于这种互动背后的内在的原因，笔者认为是中国人的特殊的思维方式和特殊的表达方式，具体说来即中国人独特的深层民族心理意识和独特的语言文字，也就是独特的民族文化。

从学术的角度而言，本书属于断代文学史；就成果形式而言，是理论专著。但因为本书论述的主要内容是小说、戏曲这样的通俗文学，所以读者的面还是非常广泛的。

国学大师、中国民俗学泰斗钟敬文先生不止一次地对本书作者说过："越是普及性的著作，越需要专家来撰写。"这是至理名言。

《2011年度山东省社会科学规划研究项目课题指南》中增加了"社科理论普及研究项目"，其选题中有"弘扬优秀传统文化通俗理论普及作品"与"贴近百姓实际生活，弘扬科学精神、人文精神，传播人文社科知识，倡导科学健康的生活观念、生活态度、生活方式，雅俗共赏的各类人文社科普及作品"两项课题。这本理论专著正可以算作这一类的专著之一。专家们可以从书中看出作者的若干新的学术见解，比如中国长篇小说从什么时候开始使用方言，为什么要使用方言；女演员扮演戏剧中的女性角色的意义；书商与下层文人对明清小说思想的影响；戏曲诗化过程中的三种境界是"有我之境""无我之境""人生、社会与自然的浑然一体"；《红楼梦》中林黛玉的原型是女诗人叶小鸾等。而一般的读者，可以从书中了解中国小说、戏曲、诗歌互动的发展演进过程，了解中国古代著名的长篇小说主题思想的演变，以及学习如何欣赏中国古代最著名的长篇小说与最著名的戏剧作品的艺术特色等。

这本专著，作为断代文学史专著，它深沉厚重，不乏新的见解；结构清晰，便于把握；语言通俗流畅；风格上也真正做到了雅俗共赏。它不仅在中国读者中会拥有广大的读者，而且在日益升温的"中国文化热潮"中，对于以各种方式学习中国文化的普通外国朋友，也会有很多帮助，因为文学艺术乃是中国文化的重要组成部分。他们不仅可以从中了解中国最重要的文学样式小说、戏曲、诗歌的演进历史，也可以学习到如何欣赏中国最著名的小说、戏曲作品，所以本书对于他们而言将是一种非常适合的教材。

（作者单位：山东外事翻译学院）

《威海市环翠区军事志》内容提要

赛自泉　梁佳明

环翠区原为县级威海市。1987 年 6 月，威海市升格为地级市。因此，将原县级威海市的行政区域设为环翠区。环翠区是地级威海市的中心区，位于山东半岛东北部，地跨北纬 37°15′~37°34′，东经 121°51′~122°24′。东、西、北三面濒临黄海，南面毗陆，东与朝鲜半岛隔海相望，东南与荣成市为邻，西南与文登市接壤，北与旅顺口遥相对峙，历来为我国海防重地，素有"京津的锁钥与门户"之称，战略地位十分重要。刘公岛横列威海港中，形成天然军事屏障，为不沉之航母，清朝时曾为北洋水师的重要军事基地。一百多年来，帝国主义列强多次从这里入侵中国，在未来反侵略战争中，环翠区也将是敌人从海上进犯的主要方向。

一

环翠区史称威海卫，从设卫之初就注定了其军事地位，是重要的海防重镇。明清时期就有大量驻军，1888 年（清光绪十四年），北洋海军成军驻泊刘公岛，并建北洋水师提督衙门、水师学堂、码头炮台等军事设施，是我国著名古战场之一。1895 年（清光绪二十一年），中日甲午战争后，日本占领威海，胁迫清廷签订《马关条约》。1898 年（清光绪二十四年），日军撤出威海卫，英军接踵而至，强迫清政府在北京签订了《中英议租威海卫专约》，从此威海卫被英国强租了 32 年，是闻一多先生笔下同香港齐名的"七子"之一。

1930 年（民国 19 年）10 月 1 日，国民政府收回威海，设威海卫特别行政区，直属国民政府行政院。1938 年（民国 27 年）3 月 7 日，威海卫又被日本侵略军占领，直到 1945 年 8 月 16 日才获得解放，设威海卫市，由胶东区行政公署管辖。1948 年 3 月，改为县级市，归东海专区管辖。

中华人民共和国成立后，1950 年 5 月，胶东行政区撤销。同时，撤销威海卫市，改称威海县，隶属文登专区。1951 年 3 月，撤销威海县，恢复威海卫市。5 月，改称威海市，属文登专区。1954 年 10 月，威海市由专区辖市改为省辖市（县级），由文登专区督导。1956 年 2 月，文登专区撤销，威海市改属莱阳专区管辖。1958 年 10 月，莱阳专区更名为烟台专区，专员公署迁烟台市。同年，威海市由省辖市（县级）改为专区辖市，属烟台专区。1967 年 2 月，烟台专区更名为烟台地区，威海仍属之。1983 年 8 月，撤销烟台地区，设烟台市（地级），管辖区域不变。同年 11 月 1 日，威海市改为省辖县级市，由烟台市代管。

1987 年 6 月 15 日，《国务院关于山东省威海市升为地级市的批复》（国函〔1987〕105 号）批准，威海市升格为地级市，以境内名胜环翠楼之义将原县级威海市的行政区域设为环翠区。经地级威海市批准，中共威海市环翠区委于 1987 年 8 月 24 日召开了第一次区委常委扩大会议，宣告环翠区正式成立。

环翠区辖鲸园、环翠楼、竹岛 3 个街道办事处，张村、羊亭、孙家疃、草庙子、桥头、温泉 6 个镇，190 个村民委员会，71 个居民委员会。至 2005 年底，全区总人口 32.4550 万人。

二

环翠区人民质直淳朴，勤劳勇敢，重义守信，历来富有反抗强暴、反对外来侵略的革命斗争精神和爱国主义的光荣传统。

1406 年（明永乐四年）倭寇侵占刘公岛，并登陆骚扰卫城，被守军击退。1555 年（明嘉靖三十四年）倭船自胶州湾至威海栲栳岛（褚岛）附近骚扰，被明军歼灭。1894 年（清光绪二十年）8 月 1 日，甲午战争爆发。8 月 10 日，日本军舰 21 艘侵入威海海面，炮击刘公岛和南帮、北帮炮台。9 月 17 日，北洋舰队同日本联合舰队在鸭绿江口外黄海海面进行主力决战。北洋舰队爱国将领、致远舰管带邓世昌，率舰猛冲日舰吉野，全舰将士 250 人大部壮烈牺牲。战后，李鸿章下令北洋海军退守威海卫。10 月，清廷调青州驻防兵 500 人来威海卫协助防守刘公岛。10 月 18 日，北洋舰队返回威海卫。11 月 30 日，日舰 30 艘入侵威海卫被击退。

1895 年（清光绪二十一年）1 月 20 日至 22 日，日本侵略军第二军团 34600 人在荣成龙须岛附近海岸登陆，分兵两路进犯威海卫。1 月 25 日，清陆军总兵孙万林率军在白马河（今属荣成）击退 3 倍于己之日军。30 日，日军攻占威海湾南岸各炮台，其少将大寺安纯被清军击毙于摩天岭。2月1日，孙万林部再次率军在孙家滩与日军激战，日军死伤500余人。3日，日军占领威海卫城，北岸各炮台相继陷落。10日，北洋海军右翼总兵刘步蟾愤然自杀。11日，日军在长峰村抢掠，群众奋起抗击，村民17人惨遭杀害。12日，北洋海军提督丁汝昌、护军统领张文宣、镇远舰管带杨用霖拒降，先后自杀殉国。14日，威海卫水陆营务处候补道牛昶昞与日本联合舰队司令伊东祐亨，在日军旗舰松岛号签订《威海降约》。17日，日军占领刘公岛。4月17日，中日签订《马关条约》，其《另约》规定，一个旅团的日军驻扎威海卫，以此胁迫清政府履行《马关条约》。

为抵御外来列强侵略，威海自土地革命时期就创建了中共党组织，不断发展壮大地方武装。20世纪30年代初，中国共产党的影响已波及威海，马列主义进步思想开始在民众中传播。"九一八"事变激起民众的义愤，抗日救亡运动高潮迭起，为威海党组织的建立奠定了思想和组织基础。1932年春，威海第一个党小组建立后，革命的星星之火在威海大地扩展蔓延。

三

抗日战争爆发后，威海党组织在中华民族生死存亡的紧急关头，坚定地站在抗日救亡最前线，发动和参与了威海起义，共产党员和进步青年走向武装抗日第一线。1938年（民国27年）1月15日，中共胶东特委在部分国民党军政官员配合下，于威海卫管理公署大院内发动武装起义，取出公署库存枪百余支和部分军需品，组成一支抗日队伍，开赴胶东特委驻地文登县沟于家村。3月7日凌晨，日本军舰10余艘开进威海港。下午，在4架飞机掩护下，日伪军500余人由东码头登陆，威海卫沦陷。3月11日午夜，威海卫保安大队（郑维屏部）和文登县保安大队（丛镜月部），趁侵威日军立足未稳之际，攻入城区，袭击设在北大营的日军司令部，拂晓撤出。毙、伤敌70余名。丛部第二大队长赵善斋战死，官兵伤亡40余人。10月，中共威海卫特区支部在桥头区雅格庄村重新建立，并在附近村庄秘密发动群众成立抗日组织。

自1939年1月威海特区委成立至1942年底，党组织在抗日斗争极为艰苦的形势下，迅速发展并先后建立了人民抗日武装和抗日政权，开辟敌后根据地。自1943年1月中共威海县委成立至1945年8月，党组织在抗日烽火中不断发展壮大，领导威海军民向日伪军发起反攻。

1944年8月19日至9月6日，在秋季攻势中，人民抗日武装和地方民兵攻克24处日伪据点，歼敌400余名，解放296个村庄。10月8日，国民党鲁东警保总队威海警察第二大队，在后峰西村被威海、文西独立营和威海卫公安局特工队围歼。11 月 5 日，刘公岛伪海军 600 余人，杀死日军 17 人，于夜间乘同春号等 3 艘舰船在双岛港登陆，投奔八路军。

1945 年 5 月 18 日，威海卫行政办事处发布布告，动员广大人民群众立即行动起来，投入反"扫荡"斗争。8 月 1 日，东海独立团和文登、荣成、威海三个独立营联合作战，次日晨攻克长峰和北竹岛日伪据点。8 月 10 日，日本政府宣布无条件投降。8 月 14 日，胶东军区向驻威日伪军三次发出通牒，限 24 小时内投降。东海独立团从东、西两面向市区推进，占领塔山和金线顶。1945 年 8 月 16 日威海光复，成为人民抗日武装在全国收复的第一座城市。

抗战胜利后，威海市委、市政府在发展健全党政各级领导机构的同时，领导威海人民接收日伪政权，整顿社会秩序，反奸诉苦，进行土地改革，发展生产和各项事业，巩固了人民民主新政权。1947 年 4 月 9 日至 20 日，国民党军舰在威海东、北海面上，多次抢劫商船和渔船，炮击沿岸村庄。4 月 20 日，威海卫市政府发布《告威海卫城市同胞书》，号召全市人民加强备战，随时准备打击敢于进犯威海的国民党军队。8 月 18 日，国民党军舰在皂埠嘴、靖子头以北的海面上，发炮 60 余发，轰击沿海村庄。9 月 1 日，威海卫市政府发布紧急备战的训令，全市军民加强备战。11 日，威海卫市政府发布戒严通令和关于随时准备打垮国民党军进犯威海的紧急动员令。党政机关、工业企业和中等党校等，开始向农村转移，全市坚壁清野，全面备战。12 日至 26 日，破获国民党保密局青岛站威海组特务案，逮捕特务分子，缴获两部电台和其他特工器材。10 月 3 日，国民党军整编 25 师 108 旅 322 团沿烟威公路向威海进犯，在牟平遭到我东海军分区独立团的阻击，即窜回烟台。6 日，国民党军一部乘舰进犯威海港，占领刘公岛，并登陆骚扰。13 日，国民党军整编 25 师 108 旅 322 团在合庆半月湾和黄泥沟一带登陆，占领棉花山以东地区。17 日，东海部队和威海地方人民武装，对棉花山国民党军发起反击战，次日拂晓撤出。11 月 17 日，国民党军整编第八师组成两个加强团进犯古陌岭，东海部队和威海地方人民武装予以反击。

整个解放战争时期，威海既是老解放区，又是内战的前线，担负着支前和保卫家乡的双重任务。威海广大军民全力以赴，参军支前，为解放战争的胜利做出了巨大贡献。

四

中华人民共和国成立后，基层人民武装一律改称民兵，基本组织分为基干民兵和普通民兵。1951年，中央军事委员会发出《关于加强民兵建设的指示》，遂改自愿参加民兵组织为普遍民兵制度，将18～35岁的青壮年分别编为基干民兵和普通民兵。1953年1月，根据政务院颁布的《民兵组织暂行条例》，各县将18～40岁的合格公民全部编入民兵组织。1955年，《中华人民共和国兵役法》颁布后，环翠区建立了预备役制度，对复员退伍军人和应征公民开始实行预备役登记。

环翠区人民自古就有拥军优属的光荣传统。1940年，威海卫行政办事处成立时，就设立了"一科"，负责发动群众开展拥军优属活动，支援抗日战争。解放战争时期，环翠区人民为支援解放军，在极端困难的条件下，节衣缩食，把节约下来的钱物捐送给部队。中华人民共和国成立后，每逢元旦、春节和"八一"建军节，党政机关都召开拥军慰问大会，组织军民联欢活动，邀请驻军负责人座谈，征求意见，改进工作，组织慰问团到部队驻地慰问指战员。英勇的环翠区人民居安思危，心存国防，在大力发展经济的同时，时刻不忘被奴役的历史。据统计，自1994年开始，全区共有10余人次被授予威海市"关心国防建设十佳人物"，另有多人被授予山东省"关心国防建设十佳人物"，为保一方平安做出了贡献。

（推荐单位：中共威海市环翠区委宣传部）

基于云计算的手机图书馆服务研究

师晓青

引　言

　　手机图书馆是指图书馆针对手机用户开设和提供的诸如信息查询、信息咨询等服务的简称，是图书馆现代信息服务的延伸。云计算是一种新兴的共享基础架构的方法，云端服务器具有超强的计算能力和存储能力。随着手机上网人数的激增，手机终端将成为用户接入云计算的主要方式。云计算环境下手机图书馆服务将是图书馆信息服务的重要阵地。

1　云计算概述

1.1　云计算定义

　　所谓云计算，是指在分布式处理、并行处理和网格计算的发展基础上提出的一种新型计算模型，是一种新兴的共享基础架构的方法。在云计算中，用户所处理的数据保存在互联网的数据中心里而不是存储在本地计算机内，用户所需的应用程序运行在互联网的大规模服务器集群中而不是运行在用户的个人电脑、手机等终端设备上。云计算服务提供商负责管理和维护数据中心的正常运作，因此可以为用户提供足够大的存储空间和足够强的计算能力。而用户只需接入互联网，就可以通过电脑、手机等终端设备在任何地点方便快捷地使用数据和服务，实现低配置设备享受高性能的计算服务。如目前戴尔已推出"云计算解决方案"项目，对外提供数据中心设计、硬件设计及相关服务。

1.2 云计算的特点

云计算以用户为中心，提供安全、快速、便捷的数据存储和网络服务，使互联网成为每一个用户的数据中心和计算中心，使用户从以桌面为核心使用各项应用转移到以 Web 为核心进行各种活动。

云计算的特点主要表现在以下四个方面：①可靠的数据存储。云计算提供了可靠的数据存储中心，数据可以自动同步传递，并可通过 Web 在所有的设备上使用，避免了用户将数据存放在个人电脑上而出现的数据丢失或感染病毒等问题。②方便、快捷的云服务。云计算时代，用户不需要安装和升级电脑上的各种应用软件，只需要具有网络浏览器就可以方便、快捷地使用云计算提供的各种服务。③强大的计算能力。云计算为网络应用提供了强大的计算能力，完成普通计算难以达到的各种业务要求。④经济效益。云计算服务提供商的存储成本、带宽成本、计算处理成本等加起来也只有机构自身运营数据中心成本的几分之一，这将有助于一些机构以比较低廉的架构成本进行运作。

2 基于 3G 的手机图书馆服务现状分析

基于 3G 的手机图书馆服务是基于宽带 CDMA 技术，将无线通信与国际互联网等多媒体通信结合的新一代移动通信系统。3G 通信技术能够提供更大的系统容量和更高的数据传输速率以支持无线因特网接入和无线多媒体业务。

2.1 国内外手机图书馆服务接口方式

基于 3G 的手机图书馆，就国内而言有两种接口，即基于点对点通信的短信服务接口和基于无线网络的 WAP 服务接口。在国外，手机图书馆服务发展比较早，技术也比较成熟。其中日本和韩国处在前列，日本的北海道大学图书馆、东京大学图书馆、福冈大学图书馆都应用日本 NTT DoCoMo 公司推出的无需拨号总是在线的 i-Mode 手机上网模式。韩国的釜山大学图书馆和江西大学图书馆则采用 IDB（Internet Database）Engine TM 的无线数据库的核心技术接口服务。澳大利亚国家图书馆和爱沙尼亚塔尔图大学图书馆采用 Wi-Fi 无线连接。

2.2 国内外手机图书馆服务内容

基于短信和 WAP 两种接口，采用点对点通信技术和无线流媒体技术，图书馆可以开展到期提醒、超期催还提醒、预约到书提醒、违规提醒、账户款项提醒、图书馆公告、查询、检索、续借、预约、荐购、电子资源访问、视频点播、实时咨询、在线阅读、图书定位、虚拟付费等服务。另外，图书馆工作人员还将手机广泛应用于图书馆的采购、编目、图书清点、跟踪服务、系统远程维护等工作中。目前国内手机图书馆服务的主要提供方式是短信服务，而国家数字图书馆、重庆大学图书馆、成都理工大学图书馆、台湾地区的科技大学图书馆则是率先开通 WAP 无线网络服务的手机图书馆服务领先者。在国外，手机图书馆服务发展比较早，技术也比较成熟，服务方式和内容也远远超过国内水平。其中，日本的福冈大学图书馆服务比较全面，包括通知、图书检索、新书介绍、设施利用、联系电话、信息咨询等。韩国釜山大学图书馆开通手机图书馆目录查询服务、身份认证服务、信息公告服务等。

2.3　我国基于 3G 的手机图书馆服务弊端

国内 3G 通信技术起步较晚，基于 3G 的手机图书馆服务在国内逐步展开，发展却很不平衡。技术的不兼容性给手机图书馆服务造成一定不便。一是基于 3G 的手机终端存储和处理能力有限，WAP 所依赖的无线信道带宽有限，手机图书馆视频点播等、在线咨询等服务对硬件提出了更高的要求。二是手机作为图书馆终端服务设备和图书馆工作人员的系统维护工具，还需要安装相应的软件。三是电池技术未能同步发展，以及操作系统和中间件都是基于 3G 的手机图书馆应用制约因素。四是市场竞争也是影响手机图书馆服务的一大因素，当前 3G 的三大标准 WCDMA、CDMA2000、TD-SCDMA 分别在中国电信、中国联通、中国移动演进过渡。图书馆要开展全面手机用户服务，必须同时与三家通信运营商签订网关协议，给服务器带来负担，而且用户无法随机组合不同标准的定制业务，对手机图书馆服务开展形成障碍。云计算在通信系统的应用可以使其运作简便、快捷。

3　云计算环境下手机图书馆服务优势

3.1　统一移动通信标准

目前世界上的 3G 手机的三大标准 WCDMA、CDMA2000、TD-SCDMA 仍无法改变全球不同国家地区使用不同制式和无线频段的现状，而随着经济全球化的发展、人们生活水平的日益提高以及国际交往的日益增多，用户全球漫游的需求不断增长，解决不同制式和无线电频段的国际漫游，就需要云端的统一数据传输方式。有了云端的统一接入方式，使个人终端能够在全球范围内的任何时间、地点，与任何人用任意方式高质量地实现信息的移动通信与传输，同样可以访问图书馆云端的数字资源。

3.2 降低终端设备要求

随着3G技术的日益成熟与应用，国内三大运营商（电信、移动、联通）也根据自身的3G牌照情况，致力于推出自己的移动终端操作系统和基于该系统的手机终端，可谓三足鼎立于通信市场。而云计算将最终解决这种鼎立局势，云端移动互联网将提供给用户各类特色的移动服务，做到真正的即连即用、即需即用。手机终端只需要具备与云端相同的数据传输接口，无须再安装烦琐的各类软件，通过网络就可以轻松使用这些软件的在线服务。手机终端只需简单地显示手机操作桌面，软件的计算、运行、更新都在未知的云里完成。

4 云计算环境下手机图书馆服务内容

云计算时代各类掌上电脑、手机成为重要的接入终端，用户通过手机访问数字图书馆，定制需要的服务。手机图书馆的应用与用户便携设备的交互可以真正带给用户"图书馆无处不在"的体验。

4.1 云环境下手机图书馆为适时参考咨询打开新局面

目前，基于互联网的图书馆数字参考咨询服务（Digital Reference Service，DRS）是以互联网为信息传输介质，以网页、留言板、Email、Chat Tool、BBS等电子方式为服务手段，以用户为中心，通过信息加工、处理、分析、再现等工作来满足用户信息需求的一系列参考咨询服务的总称。大多以定制模式实现，是一种静态、单向的模式。云计算环境下用户参与的特性是开放多种DRS个性化服务方式，如博客、播客、移动博客、维基、威客、社会化网络服务（SNS）等，通过采用云计算技术为用户提供个性化的发布与交流空间，以满足用户追求个性化的交流圈，而且云计算环境下这些通过集成的多种个性化服务，都可以通过手机终端来完成，更好地体现了个性化服务的社会性、开放性与适时性的特点。一方面，手机用户利用该种模式不仅仅可以获得单向的检索或定制服务，还可以自由发布信息，将自己所掌握的隐性知识转化为显性知识；另一方面，在同其他用户进行知识交流与共享的过程中，用户间可以互为启发，从而实现知识的创新性创造。

4.2　云环境下手机图书馆为推广阅读拓展新空间

伴随着现代生活节奏的加快与大学生就业压力的增加，尽管以 Internet 为代表的信息技术使阅读形式发生了翻天覆地的变化，诸如数字阅读、移动阅读、手机阅读、多媒体阅读我们都并不陌生，但是网络信息的繁杂与庞大反而冲淡了经典阅读。最佳的阅读是深浅阅读相结合的，是掘进式阅读，在信息时代，我们既要了解实时信息，又不能丢失传统的经典阅读。笔者在 2010年读书节针对大学生阅读倾向的调查中，70% 的学生认为自己在阅读中遇到的最大问题是学习没有时间，还有 40% 的学生在阅读中遇到的问题不知如何选择。云计算为手机图书馆带来新的服务空间，图书馆可以为读者量身定制最个性的阅读计划，并适时提供在线阅读与数字资源的下载，让读者在有限的空闲时间内实现有效阅读，以弥补因不知如何选择和时间紧迫而错过阅读的最佳时机。

4.3　云环境下手机图书馆为传统服务带来新机遇

在以信息引领一切的时代，图书馆服务已经从传统的手工借阅成功过渡为以信息、知识为主的服务手段。在这样的环境下，传统服务似乎被弱化，在很多图书馆传统的一线服务几乎与信息服务完全处于隔离状态。实际上长期直接面对读者的一线馆员对读者的阅读倾向、阅读心理以及阅读习惯都比较了解，积累了宝贵的经验。中国出版研究所公布的第七次全国国民阅读调查结果显示：2009 年我国 18～70 周岁国民中，对包括书报刊和数字出版物在内的各种媒介综合阅读率为 72.0%，其中接触过数字化阅读方式的国民比例达 24.6%，很显然仍有 47.4% 的国民以传统纸质媒介作为首选阅读资料。云计算环境下手机图书馆将传统服务与信息服务很好地融为一体，一线馆员可以通过手机为读者提供穿越时空的阅读咨询服务，在推荐、导读、咨询等方面可发挥不可小觑的作用。同时，也可以与其他业务部门取得联系，使得图书馆业务采、编、流通与咨询成为一个适时在线的整体。云计算创造了移动传统服务平台，当然也对一线馆员提出了更高的业务要求。

5　云计算环境下手机图书馆服务面临的问题

5.1　安全问题

云计算时代的数字图书馆将不必再购买和安装本地自动化管理系统，而是采用网络服务的形式由供应商直接提供便利的软件服务；通过 Web 云接入，可以实现超大规模的计算和存储服务及无处不在的访问，从而克服目前数字图书馆服务器访问限制的瓶颈；将分布式存储的数据库和一站式检索界面结合起来，进行数字资源的整合、组织、关联、导航，甚至是可视化服务，以实现不同"云"之间的互操作及全方位的网络扩展服务等。手机终端访问图书馆也变得简单易行，通信技术和网络技术在云端优化融合。然而数字图书馆目前存在的知识版权问题仍然是云环境下手机图书馆服务的最大问题，而且图书馆云被企业托管后还会引发关于知识产权界定的新问题。甚至图书馆云的数据存储的安全保密性问题、数据传输的安全保密性以及数据交换过程的安全保障都是非常棘手的问题。

5.2　电池瓶颈问题

随着手机业务的扩展，对手机电池的供电能力提出很高的要求。功耗越来越大，大大减少了电池的使用时间。目前电池供电能力已经成为 3G 终端发展的一大瓶颈，也是制约手机图书馆开展业务的一大问题。

受限于体积和便携性的要求，手机的处理、运算和存储能力的提升都存在瓶颈，但是云计算时代将会让 Internet 与通信网达到最优融合，3G 时代的通信运营商要做的就是成为"一朵云"，并通过 3G 网络为手机用户提供原本无法想象的服务。图书馆也将成为海量信息中的"一朵云"，利用远端"云"的高速处理能力，即使手机本身性能不高，但只要满足与远端"云"的输入输出数据交换，手机终端用户足可以享受无缝访问图书馆数字资源服务，手机图书馆服务无疑将跨上一个新的台阶。

[作者单位：山东大学（威海）]

培植沃土挖掘典型

——环翠区"典型养成"工作法的实践与思考

姜文秋

先进典型是时代的航标、社会的榜样、思想的先导，发挥着服务群众、凝聚人心、促进和谐的作用。随着经济发展和人民生活的改善，人们的价值取向、生活方式、思想观念等日趋多元化，因此，在新形势下如何挖掘、培养、宣传典型，让先进典型更加可亲、可信、可学，成为亟待解决的重要课题。对此，环翠区在工作实践中，经过不断探索，提出了"典型养成"工作法，对开展典型挖掘、培育、推广及运用等系统性工程（以下简称典型工作）进行了积极有益的尝试。

一 "典型养成"工作法的探索与形成

随着形势的发展，以往的一些典型工作法所存在的问题就日益显露出来，主要表现在这样几个方面。一是典型工作缺乏系统性。将典型工作简单地等同于一般的宣传工作，没有把整个工作视为一个有机整体，缺乏系统性部署和通盘考虑。表现在工作上就是不顾客观实际，盲目上马，每每遇到重大宣传活动、重大宣传任务时，没有做好科学定位和长远思考，结果往往由于仓促上阵，推出的典型得不到人们的认可。二是典型产生缺少群众性。没有载体和平台让群众推出自己身边的典型，这样就往往造成一些典型脱离了群众，要么得不到群众的认可，要么让群众不能可学可比，使典型成为一个艺术加工的产物，起不到应有的效果。三是典型推介缺乏连续性。功利性的思想严重，主要表现在重数量，轻质量；重宣传，轻培养；重当前，轻长远；往往是轰动一时的"速成型""短期型"典型多，而恒久性、生命力俱佳的"共鸣式""经典式"典型少。没有把工作的连续性列入考核，没有机制保障、制度约束，容易半途而废。四是典型形象缺乏时代性。"以不变应万变"，将同一个典型在不同时期、不同场合反复运用，结果是典型疲惫不堪，群众却不买账。五是典型宣传缺乏协调性。报纸、电视、广播、网络等媒体，拿到素材一哄而上，同样的故事报纸说完电视说，电视说完广播说，从文字变成图像，从图像变成声音，变来变去没有任何新意，缺乏统一组织协调，没有形成宣传合力，没有形成舆论强势，降低了典型宣传的效果。

针对这种情况，环翠区不断创新实践，丰富内涵，扩大外延，提炼出典型工作的新概念、新方法和新成果，"典型养成"工作法也就应运而生。"典型养成"工作法是指通过构建和谐的人际关系和良好的成长环境，实现典型与周围人的良性互动，从而达成典型与所影响人群的共同成长的目的。它的设计和实施与典型的形成和发展如同土壤与植物的依存关系，方法造就的环境促进了典型的孕育和发展，典型的成长又丰富和完善了方法，它们相辅相成、相得益彰。在"典型养成"工作法的运用实践中，先进典型的不断涌现就不再是一时、一地的偶发现象，或仅仅是得益于若干权宜性举措，而是具有更深层次的原因。重视"典型养成"的运用实践成为内生动力，这也使得环翠区在典型选树工作上可以站得更高、看得更远、做得更好。

二 "典型养成"工作法的具体实践

与传统典型工作方法相比，"典型养成"工作法认为每个人都具有典型潜质，把每个人都作为典型来培养，培养的对象是面，典型则是面上开花这一工作的结果。因而，"典型养成"的工作成果更显著，社会意义更大。对此，环翠区灵活运用"典型养成"工作法，初步形成了党委统一领导，宣传部门牵头组织，各级、各部门、各行业广泛参与，上下衔接，左右联动，多层次、全方位的"典型养成"工作新格局，相继推出了国家级典型人物潘文海、杨正权、邹树君、戚恩雨，省级典型人物陈文堂、姜远威，国家级文明单位和示范点竹岛办事处陶家夼村、环翠楼办事处东北村居委会，国家级行业典型环翠区环卫局，省级文明单位和示范点工商环翠分局、环翠区建设局、鲸园办事处菊花顶居委会，打响了全国唯一的"歌咏之乡"文化品牌，为各级、各部门、各单位开展典型工作、践行社会主义荣辱观和推进"四德"工程建设树立了新样板。突出表现在以下几个方面。

（一）关口前移，由"坐等"典型转变为"养成"典型

在"典型养成"的理念中，"典型"如同森林中的大树，只是承受了合适的阳光雨露的滋润。反过来，只要给予合适的阳光雨露，森林中的每一株树木都可能成材。在具体工作中，环翠区以深入实践社会主义荣辱观和实施"四德"工程为契机，打造四个道德品牌，营造了浓厚的健康向上的典型成长氛围。一是组织开展了"志愿深化感恩教育""志愿全运进社区""雷锋志愿服务""低碳生活人人行""关爱空巢老人""关爱农民工子女"等多种志愿服务活动，打造社会公德品牌；二是在机关、企事业单位和城乡居民中分别开展了以"忠诚事业"为主题的"三比"（比廉洁勤政、比创新创优、比服务群众）活动、以"诚实劳动"为主题的"三诚"[诚信服务我践行、诚信生产（经营）我能行、诚信表率我先行]活动、以"诚信待人"为主题的"六个一"（给每一位陌生人一个善意的微笑、给每一位身边的人一声亲切的问候、给每一位需要帮助的人提供一点力所能及的帮助）活动，打造诚实守信品牌；三是开展了"为家庭尽心、为单位尽力、为社会尽责"主题实践活动，教育引导各层面干部群众以优异的工作成绩和创业成果实现自身价值，更好的回报家人和社会，打造个人品德品牌；四是大力开展"孝心献父母"、"好媳妇、好婆婆评比"、邻居节等活动，打造家庭美德品牌。通过一系列道德品牌打造活动，优化孕育环境，典型就有了生存的"土壤"、成长的"平台"和关爱的"阳光"。通过这些环境的孕育，一些老的典型焕发了新的活力，一些新的典型也脱颖而出。其中，"好人"杨正权就是一个比较突出的案例。2003 年，围绕贯彻落实《公民道德实施纲要》，全区重点在工商个体户中树立起党员个体户杨正权这个典型，实施了立体化的宣传工程。通过层层推荐，杨正权被中央宣传部、省委宣传部列为重大宣传典型，中央十大新闻媒体对其进行了集中报道，同时协调拍摄了以其事迹为素材的纪事剧、广播剧和五幕话剧在国家、省、市有关媒体进行了广泛播放，并高质量地编辑出版了《好人杨正权》一书，使杨正权不仅成为工商个体户中的一面旗帜，而且成为全区公民道德建设的一面旗帜。在荣誉面前，杨正权并没有沉浸在过去的荣耀中，而是一如既往地投入诚信经营和回报社会的实践中，在全区"四德"工程中成为领头兵。2009 年，杨正权最终荣获全国第二届诚实守信道德模范。杨正权是环翠区道德建设土壤的辛苦耕耘者，也正是环翠区丰厚的道德建设土壤孕育出这样一个特点鲜明的典型。

（二）重心下沉，由"守株待兔"转变为"主动出击"

"典型养成"工作法强调发挥人的主观能动性，进一步完善典型宣传推出程序，要求典型宣传工作者重心下沉、主动出击、提前介入、靠前宣传，有意识、有针对性地去倡导、引导一种社会行为或精神思想，在社会公众逐渐适应这种社会行为或精神思想的过程中，选出其中的优秀代表，使其成为典型，缩短发现典型的时间，促进典型的迅速成长。环翠区在运用实践中，一是强化阵地、拓展空间。重点建设了义河北村、社区教育学院、义工教育基地等20个各具特色的"四德"工程建设示范点，提高了典型宣传工作的渗透力和影响力。同时，积极拓展工作对象，增加群众参与程度，扩大典型宣传的覆盖面，增强典型工作发展后劲。二是深入基层、聚焦群众。发动宣传工作者经常深入基层开展调研走访，把目光投向基层，聚焦群众，了解熟悉基层单位和基层群众的工作实际、工作动态和思想状况，善于从普通群众中发现典型、树立典型，让人们从身边凡人小事上看到不平凡的精神境界，近距离地感受到榜样的人格力量，更好地指导和开展典型工作。三是立足身边，选树典型。举办"推荐身边好人"活动，开设"好人榜"，储备典型资源，不断引导广大干部群众发现身边的好人，推荐身边的好人，学习身边的好人。近两年来，经过层层推荐和投票推选，50名好人入选全区的"好人榜"，他们当中有保洁员、护理员、民警、保安、教师、医生、社工、工人、渔民、企业家、个体户等，涵盖各行各业、方方面面。在此基础上，本着广泛性、优质性和长效性原则，按照严格的评选程序，从推选出的50名好人中又选出25名"环翠区首届道德模范"，由区委、区政府予以表彰。其中，"此生情怀只为民"的好民警——戚恩雨就是一个比较突出的典型。1999年8月，戚恩雨由一名副团职军官转业到公安机关，在城里派出所担任社区民警；2002年7月，调到分局警务督察大队工作；2007年3月，经他主动申请，调到竹岛派出所担任社区民警。他干工作肯下功夫，想点子；他真心实意地为社区群众服务，塑勇士形象，保人民平安；他拒腐蚀、永不沾，树立一个社区民警的良好形象。长此以往，戚恩雨在群众中的形象越来越明晰，在社会上的认可度越来越高。在典型推荐的过程中，戚恩雨不仅得到了所在部门的有力支持，而且越来越多的群众更成为他坚强的支持者。继获得"全省人民满意公务员"、"全省公正执法标兵"、"全省优秀人民警察"、第二届"全省我最喜爱的十佳人民警察"之后，又先后获得"全国公安机关爱民模范"、环翠区首届和威海市第二届"敬业奉献道德模范"等荣誉称号。

（三）定位贴切，由"曲高和寡"转变为"曲高和众"

"典型养成"工作法以"三贴近"为原则，注意"民生性""平民化""人情味"，做到"曲高合众"，摆脱以往典型形象无限拔高、过于完美、"曲高和寡"的现象。在宣传报道中让客观事实说话，让身边群众说话，从群众中来，到群众中去，使先进典型形象鲜活、生动、平实、感人，使典型树得起、叫得响、过得硬。在选树典型过程中，环翠区主要把握好以下三点。一是选树的典型具有时代特征。典型是一个社会特定历史时期先进思想的杰出代表，具有鲜明的时代特征，在推进社会发展的进程中，体现着时代精神。环翠区始终坚持用发展的眼光、辩证的思维，联系实际选树典型，用他们的精神去激励和感召人们。借助"八一"建军节的有利时机，推出"为了一个患尿毒症的生命——潘文海一家"的典型事迹，用潘文海一家拯救战士的感人事迹，深刻挖掘当代社会军民情深这一主题，弘扬军民鱼水情，在全国引起巨大反响。借助创建全国文明城市的有利时机，相继推出了创建全国文明城市示范点——环翠区东北村居委会、全国文明村——陶家夼村和"城乡环卫一体化"——环翠区环卫局的典型。二是选树的典型符合政治要求。典型宣传是党的宣传思想工作的重要组成部分。为此，环翠区选树典型始终保持较强的政治敏锐性和鉴别力，真正把那些政治坚定、思想过硬、组织认可、群众信服的先进典型推到前面来。在和谐社会建设中，着力推出邹树君作为基层群众文化工作者的典型。30多年来，邹树君同志为发展基层文化事业、繁荣社会主义先进文化贡献了全部精力。在他和同事们的努力下，威海市的群众歌咏活动广泛开展，水平飞速提高。海魂合唱团、黄海合唱团、老年大学合唱团、霞光合唱团、百花合唱团等十多支合唱团相继诞生；"5·23歌咏音乐会"成功举办38届、广场纳凉晚会连续举办21届，群众性歌咏比赛此起彼伏、经久不衰。2003年，中国音乐家协会授予环翠区"全国歌咏之乡"的称号。2006年，邹树君被山东省文明委确定为"和谐山东建设"重大个人典型。2007年，他被中宣部确定为"劳动者风采"重大个人典型，中央电视台新闻频道《劳动者之歌》栏目、《人民日报》等国家级主流媒体做了深度报道。三是选树的典型具有带动作用。先进典型能够调动和激发广大干部群众的积极性和创造活力，使精神的力量转化为推动改革发展和现代化建设的强大动力，促进经济社会又好又快发展。环翠区在推出了全国文明村陶家夼村典型后，立即发动全区各行政村开展学习陶家夼村活动，做到以点带面，全面开展创文明村（居委会）竞赛活动。各镇、街道办事处分期分批组织下属村（居委会）学习陶家夼村，对比先进找差距，制定创建文明村（居委会）的总体规划。每批参赛村（居委会）经过一至两年的努力创建，大都被评上文明村（居委会），全区基层创文明水平普遍提高。同时，为促进全区文明小城镇建设的发展，环翠区还设立了张村镇这个示范点，并将他们的事迹进行归纳整理，在全市精神文明建设工作会上进行交流，把他们的经验在全市进行推广，促进了全区文明小城镇建设进程；为推进农村未成年人思想道德建设向纵深发展，围绕乡村学校少年宫建设，全区在张村镇千山路小学、温泉镇温泉小学进行了先期试点，不断完善其硬软件建设。在2011年全市乡村学校少年宫现场经验交流会上，这两所学校的建设经验在全市得到了全面推广，中央文明办专职副主任王世明来我区巡察相关工作时，对他们的做法给予好评。在这两所学校的带动下，农村中小学全部建成了形式多样的乡村学校少年宫，取得了"以点带面、全面开花"的实际成效。

（四）机制保障，由"单一工程"转变为"系统工程"

传统的典型工作法，就是挖典型、推典型、抓典型、学典型的单一工程，而"典型养成"工作法则认为典型培养是一个长期的过程，中间包含孕育、发现、养育、示范、升华等系列工程，并将建立健全典型工作保障机制作为做好典型工作的重要条件。对此，环翠区重点加强了"四个体系"建设。一是典型挖掘体系建设。一方面，组织宣传干部深入基层发现典型，精心采编，多次挖掘，注意寻找在细微中存在的伟大，注意适应各行各业、各类人群的需要，既宣传好工人、农民、军人、党员干部和知识分子中的先进典型，又注意宣传好在社会变革中出现的各类新兴社会阶层中的先进典型，扩大先进典型的覆盖面和影响力；另一方面，建立群众反映机制，发动群众反映存在于日常生活中和身边的典型人物、事迹。二是典型协作体系建设。典型人物或单位确定后，新闻外宣部门先头带动，积极联系报纸、电视台、电台等媒体，组织采访团，迅速扩大宣传面；宣传文化部门负责组织文化战线的力量用歌咏会、演讲比赛、征文比赛、纳凉晚会等形式深入宣传典型事迹，弘扬典型精神；精神文明部门，根据需要适时授予荣誉称号，增强典型的享誉度；理论教育部门，结合时代精神、群众需要，进一步深入发掘典型身上存在的深层次内涵，从理论的高度阐述典型的精神和意义。三是典型推广体系建设。设立专职工作人员，具体负责和落实上下联系，推进推广工作，上下联动、左右配合、形成合力，在更高层次、更高水平上扩大宣传，增强影响力。四是典型深化体系建设。重点做好典型的连续性、持久性宣传，保持其影响的长久性。对先进典型取得的新成绩、新经验以及由此带来的新思想、新变化，从不同角度、不同侧面进行及时宣传报道。加强对典型宣传的日常管理，切实把典型工作作为一项系统工程来抓，力求使典型成功推出，并始终保持先进性。其中被誉为塔山社区"飘扬的旗帜"的殷树山就是这一"典型养成"系统工程运用实践的典型案例。85 岁的殷树山扎根塔山社区服务了 20 年，他用日积月累、年复一年的行动，用一个个平凡、细小的举动，践行着全心全意为人民服务的宗旨。对殷树山先进事迹的最初报道源于 20 世纪 90 年代末，在随后的十多年当中，环翠区组织各级媒体，从社区管理、志愿服务、关心下一代、党员义工、帮扶空巢老人、"五老"典型等方面深入挖掘殷树山的先进事迹，先后在人民网、新华网及中央、省、市电视台等重要媒体分别以"飘扬的旗帜""塔山不老松""生命不歇，奉献不止""为人民服务一辈子""莫道桑榆晚，为霞尚满天"为题广泛开展宣传报道，使殷树山这一典型形象得到升华，始终保持典型形象的生命力和先进性。他本人也在不同时期、不同领域得到了群众的认可，先后荣获"全国离退休干部先进个人""全国志愿者先进个人""全国好邻居标兵""全省关心下一代先进工作者"等荣誉称号。

三 "典型养成"工作法的启示与思考

通过对"典型养成"工作法的运用实践，笔者认为只有切实把握这项工作方法的特点，才能确保典型工作的深入、持久、有效开展。

（一）坚持"典型养成"的系统性，做到统筹安排，有序推进

"典型养成"是一项工作流程十分严谨的系统工程。从典型养成开始启动到推动典型升华成为新典型，犹如一粒良种的诞生，不仅需要和煦的阳光、肥沃的土壤，还需要育种人科学的栽培和管理，更需要收获后的甄别筛选和推广使用。其工作之繁杂、程序之严密，没有强烈的责任心和事业感不可能胜任此项工作，顾此失彼或敷衍塞责也不可能做好此项工作。必须把整个工作作为一个有机整体，在党委的统一领导下进行，宣传部门总体负责，部署安排计划，做好人力、物力供给。同时，积极协调动用各种力量，如媒体、上级业务部门、当地文化战线以及所有相关部门等，形成合力，统筹安排，有序推进，确保"典型养成"成效最大化。

（二）坚持"典型养成"的长效性，做到持之以恒，常抓不懈

"典型养成"是一个较为艰辛和复杂的过程，一个典型的形成绝非一朝一夕的事情，需要我们为此付出辛劳。一方面，必须抛弃功利性的思想，决不能就典型抓典型，而是立足于"养"，逐步提高全民的思想道德素质；另一方面，必须克服浮躁的心态，因为"典型养成"的"药效慢"，不易看到显著成绩，不能仅凭一时脑袋发热想干就干，不想干就算。特别是开展典型养成工作的领导干部一定不能因为是"前任组织的工作""政绩显现不明显"等原因，就让"典型养成"夭折。因此，在部署工作时把它作为一项重要任务，在检查工作时把它作为一项重要内容，在考核工作时把它作为一项重要指标，只有锲而不舍、常抓常新，才能推动"典型养成"工作法取得更大成效。

（三）坚持"典型养成"的创新性，做到因地制宜，与时俱进

"典型养成"工作法作为一项新的机制，处于初创阶段，不可能包罗万象、面面俱到，需要不断汲取营养、发展创新。在运用中，一方面，要因地制宜，按照不同地域、不同职业、不同年龄受众人群的各自特点，制定工作计划、典型实施方案，切忌在实际工作中不加消化，死搬硬套。另一方面，要与时俱进，紧紧抓住典型的鲜明时代特征，在"典型养成"工作中要顺应时代发展的潮流、体现时代发展的方向，使"典型养成"工作在与时俱进中不断完善。就现在而言，"典型养成"也是现在广泛开展的道德养成的一种实现途径和方法，因此工作中既要注意与道德养成工作相互衔接，又要注意借鉴道德养成的工作方式方法，进而不断提高"典型养成"工作的实效性。

（作者单位：中共威海市环翠区委宣传部）

关于金融支持威海海洋渔业转型升级的思考

谭先国　赛志毅

一　研究背景

威海拥有丰富的海洋资源,全市海岸线近千公里,约占山东省海岸线长度的1/3、全国大陆海岸线总长度的1/18,沿海大小岛屿114个,拥有1万多平方千米的海洋国土面积;近海生物资源丰富,经济生物种类300多种,鲍鱼、海参、对虾等海产品驰名中外。依托先天优势,威海连续多年渔业产能居全国地级市首位,但近年来,威海海洋渔业面临转型升级的巨大压力。按照威海蓝色经济区发展规划,威海海洋渔业的产业升级路径是"大力发展品牌渔业、生态渔业、高效渔业,实现海产品产量适度增长;加快推进以海洋食品、海洋药品、海洋保健品为重点的精深加工,提高海产品综合开发和高效利用水平"。从目前来看,威海海洋渔业的品牌效益偏弱,经营效率偏低,产业链条的纵深发展层次不高,与产业转型升级要求还存在一定差距。

海洋渔业是威海产业框架中的重要组成部分,在产业转型升级发展中需要大量的资金投入。但从目前情况看,威海海洋渔业得到的金融支持力度不够,金融供给与需求之间存在一定错位。如何纠正错位、实现资金的有效融通,是一个具有实际意义的课题。

二　理论基础

产业转型升级是产业经济学的研究范畴。按照产业转型理论,产业转型过程就是对资本、劳动力、技术等要素在各个产业之间进行重新配置的动态调整过程。而金融作为现代经济的核心，是调节资源有效配置的重要媒介，产业发展与金融支持密不可分，这也是渔业金融理论的重要研究方向。

从现有文献看，对金融支持渔业转型升级的实证研究不多，渔业金融研究重点集中于渔业经济发展的通用对策、建议等，鲜有从产业转型升级角度进行的专门金融研究。李娟分析了渔业生产的融资渠道，提出以商业银行的渔业信贷为主体，以合作金融和市场融资为补充，并辅之以渔业保险、渔业租赁的渔业融资发展总体思路的建议；尚平泽认为，金融系统要转变服务观念，并在渔业借款利率上给予适当的优惠；王迅分析了金融支持海洋渔业发展中的不适应性表现，并针对此适应性的表现提出了对策建议；王世表、李平等重点探讨了渔业信贷中存在的问题，认为通过优化渔业信贷投向、完善多元化投资体系、加快渔业信用体系建设等措施促使渔业信贷走上良性发展道路；杨子江提出政府要协调银行积极配合渔业主管部门，搭建银行与水产加工企业、渔民金融信息交流的平台，为渔业提供金融服务，并给予渔业行业协会一些资金和政策支持。

随着威海蓝色经济区战略的持续推进，对金融支持渔业转型升级的研究日益受到重视，产业转型理论和渔业金融理论是相关研究的理论基础。

三 威海海洋渔业概述与金融支持现状

（一）海洋渔业特征分析

狭义上，海洋渔业仅包括海水养殖业、海洋捕捞业和海产品加工业，而广义的海洋渔业还包括渔船、渔网制造、水产品贮运、销售、渔港建筑、栏鱼、过鱼工程以及水产科研、教育、推广、管理、服务等辅助产业。在威海蓝色经济区发展战略下，海洋渔业还融合了海洋生物科技、休闲渔业等产业概念，形成了一个完整的生产体系。

在海洋渔业的发展中，主要有以下三大特征。

一是区域独占性。海洋资源拥有强烈的区域选择属性，由于地理位置、生态环境等方面的差异，各区域形成不同的海洋生物种群结构，在海洋资源方面形成一定独占优势，而这也导致了海洋渔业的发展具有明显的区域特性。

二是生产季节性。在不同季节，海洋生物有不同的生存规律，这也决定了海洋渔业生产要遵循海洋生物的季节性规律。捕捞业要根据鱼类的季节性洄游规律选择捕捞区域，养殖业要根据鱼类不同季节的生长繁殖要求做好生产计划。

三是经营不稳定性。海洋资源存在人工控制程度差、海洋环境变化大的特点，造成海洋捕捞及海水养殖经营存在很大的不稳定性，而这又传导至海产品加工等其他环节，造成海洋渔业整个产业链条相对脆弱。另外，受人类行为影响，海洋生态平衡系统趋于脆弱，渔业资源已呈现出衰减迹象，加剧了海洋渔业经营的不稳定性和不可持续性。

（二）威海海洋渔业现状分析

威海位于我国环渤海经济圈与黄海经济圈及南北分界线的结合部，地理位置优越，海洋渔业资源丰富。作为最早开放的沿海港口城市之一，威海发展海洋渔业经济拥有先天优势。在威海大农业经济框架中，海洋渔业具有举足轻重的地位，渔业产值占威海农业总产值的比重一直保持在50%以上，近年来，威海海洋渔业存在产业结构调整预期，主要体现在以下三方面。

一是产业发展相对速度慢。渔业产值增速落后于农林牧渔总产值增速，二者之间的剪刀差逐渐放大。2004年至2011年，威海农林牧渔总产值增长83.84%，渔业产值增长54.8%，低于农林牧渔总产值29.04个百分点，二者之间的产值差距从2004年的67.46亿元扩大至2011年的157.44亿元（见图1）。

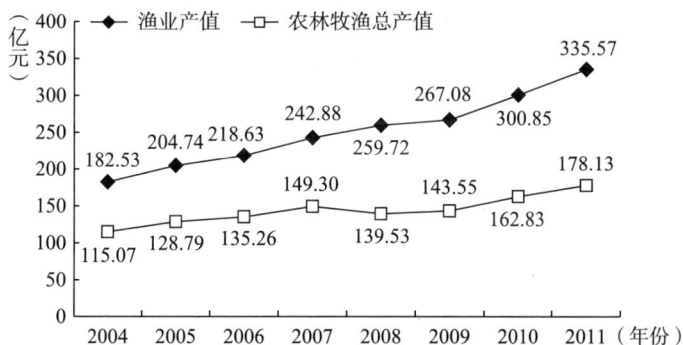

图1 威海渔业产值趋势

注：图中威海海洋渔业仅指第一产业。

资料来源：威海统计公报，下同。

二是产业结构单一。从威海海洋渔业的发展方向来看，广义的海洋渔业要实现三大产业的有效融合、合理均衡发展，在传统的海洋捕捞、海水养殖、水产品加工三大产业之外，大力发展海洋育苗、海洋生物科技、休闲渔业等新兴产业。从目前情况看，威海海洋渔业经济结构较为简单，三大产业占比一直保持在70%左右，其余构成主要为渔业机具制造、水产流通等产业，休闲渔业产值占比不足3%。而在海洋育苗、海洋生物科技等新兴领域，尚未形成产业规模（见图2）。

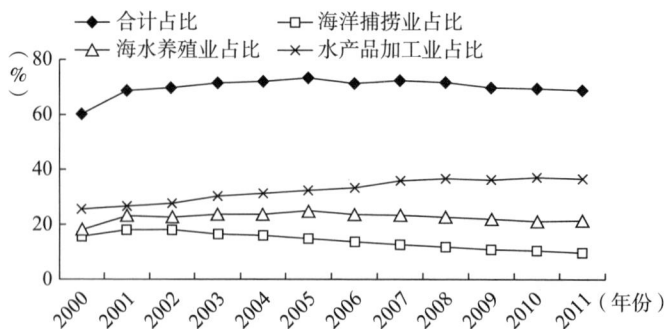

图2　威海海洋渔业三大产业产值占比趋势

三是产业发展持续性不强。从产业发展结构看，威海海洋渔业仍以传统的海洋捕捞、海水养殖、水产品加工三大产业为主，经营粗放，资源依赖性强，发展持续性不强。从水产品加工业看，2009年至2011年，水产品加工产量增幅超过40%，产值增幅不足20%，单位产量产值从1.26万元/吨降至1.06万元/吨，突出表现为加工精细化程度弱，资源综合利用不合理，产值附加率不高；从海洋捕捞业看，2000年至2011年，海洋捕捞产量年均增幅不足2%，且2011年产量微降，占比持续走低，由于近海资源日益短缺，远洋捕捞发展滞后，海洋捕捞业成为海洋渔业体系中的明显短板；在海水养殖方面，2000年至2011年，海水养殖面积增长约26%，产量增长接近40%，产值增加320%，呈现出养殖结构优化、养殖效益提升的特点，但受养殖面积增长有限、养殖方式落后等因素影响，产量增长潜力尚未充分释放，对产值提升形成制约瓶颈（见图3）。

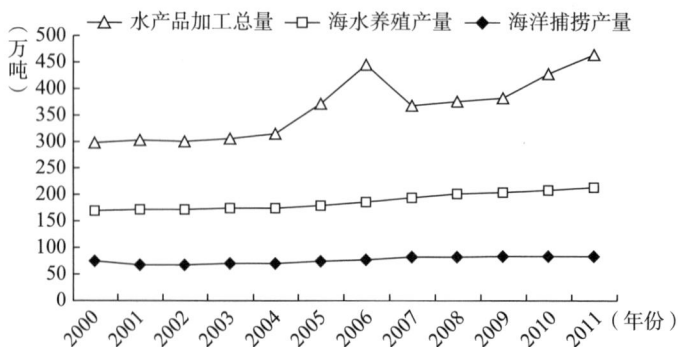

图3　威海海洋渔业三大产业产量趋势

随着海洋经济的发展，海洋渔业将逐步实现从传统渔业向现代渔业的过渡，表现在三个方面，一是对海洋资源的开发利用更具理性和可持续性，二是生产方式的科技含量逐步提高，三是生产发展主要依靠质的提升而不是量的增长。而这正是威海渔业转型升级的方向。

（三）金融支持威海海洋渔业的现状分析

海洋渔业是海洋产业的重要内容之一，作为国际上公认的风险较大的产业之一，国内海洋渔业普遍面临金融支持力度不足的问题。威海金融支持海洋渔业发展面临以下三方面突出问题。

一是金融支持结构单一。渔业金融支持体系包括政策性、商业性、互助性三类。政策性支持手段主要包括财政补贴、税费优惠等，由于实施范围窄、连续性差、支持力度弱、配套不健全等原因，威海政策性渔业金融体制尚不完善，尤其在渔业产业化养殖方面存在一定漏洞。互助性支持主要是指通过成立渔业互助协会或渔业共同发展基金等形式实现一定范围内的资金融通及风险共担，由于缺少明确的制度安排及监管指导，威海渔业互助体制尚不健全，从互助保险的实施情况看，支持力度略显薄弱。目前海洋渔业发展中的主要融资渠道为商业融资，结构较为单一，整个渔业金融体系存在一定失衡，对威海海洋渔业的整体发展形成制约。

二是信贷支持力度不够。目前，威海海洋渔业的商业融资渠道主要为向金融机构借款。由于风险、收益的不对等，相对于其他产业，金融机构对海洋渔业的支持态度并不积极。尤其是融资需求大、风险系数高、担保不足的渔民及中小渔业企业，普遍面临融资难度大、融资成本高、融资满足率差的问题。从威海各金融机构的贷款情况看，对海洋渔业的支持主要集中在规模较大的水产品加工企业，结构不合理，且总量不足。

据统计，截至 2011 年末，威海市海洋渔业贷款余额约为 278 亿元，约占全市各项贷款余额比例的 20%，远低于海洋渔业产值占全市经济总产值的比重；在贷款投向上，主要集中在好当家集团、靖海集团、荣喜水产集团、朱口集团等大型渔业综合性企业及船舶、渔具制造企业；在散户渔民及流通领域，信贷支持力度明显偏弱。

三是银行融资品种单一。基于当前国内外复杂经济金融形势及海洋渔业的高风险特性，商业银行对创新海洋信贷服务缺乏热情，对海洋渔业的支持方式简单、粗放，主要为担保贷款产品。在担保方式上，商业银行往往要求足值的抵押担保，两渔船抵押、海域使用权抵押等新型担保方式由于未得到有效推广，融资受到较大限制；在业务品种上，现有信贷产品与海洋渔业的经济特点不相适应。以海水养殖业为例，其生产周期一般在 2 ~ 5 年，而商业银行的贷款期限一般在 1 年以内，信贷产品难以满足渔业经济需求。

威海作为海洋经济城市，海洋渔业对全市经济发展具有重要意义。从目前情况看，威海市渔业金融工作积累了一定经验，重点推动海产品加工业从初级简单加工逐步向精细化深加工过渡，同时也存在一些问题。由于缺乏系统的制度安排，未制定统一、有效的金融支持策略，对产业链的整体支持力度偏弱，且存在结构性失衡情况。

四 金融支持威海海洋渔业转型升级的实证分析
——以好当家为例

（一）好当家集团概述

好当家集团有限公司（以下简称好当家）始建于 1978 年，位于山东省荣成市。由单一的海洋捕捞起家，经过十几年的发展，成功实现了产业转型升级，如今发展成为集海洋捕捞、海水养殖、海产品加工、仓储物流、海洋生物、休闲渔业等产业为一体的多元化企业集团。集团现有职工 12000 余人，在全国布局 200 多家连锁专卖店，拥有全国最大海珍品养殖基地，在海产品加工方面达到国际先进水平，并成立专门的食品研究所进行深加工产品研发，属于威海海洋渔业龙头企业。在蓝色经济区发展战略下，好当家开始实施新一轮的产业转型升级战略，主要有以下几点成功经验。

一是对上游海洋资源的控制。20 世纪 80 年代，面对海洋捕捞资源日益短缺的危机，好当家集团开始调整产业结构，大力投入海水养殖业，以海参养殖为主线，目前拥有 4.3 万亩海珍品养殖基地和 8 万平方米的工厂化养殖基地，形成了规模化、标准化的海水养殖产业格局，这为好当家的持续发展注入了生命力。近年来，为了实现产能与规模的持续扩大，好当家加大对海水养殖技术的研究，积极试验深海养殖及立体养殖技术，进一步提升海水养殖的精细化程度。

二是产业链的精细化延伸。依托海洋资源作为发展基础，好当家大力发展海产品精细深加工业。自 1990 年开始，好当家利用外资 5000 多万美元，配备全球领先的海产品加工生产线，年加工能力达到 10 万吨，不仅大大提高了产品附加值，而且创造了新的消费需求，加快了海外市场开拓，目前成为好当家的支柱产业。近年来，好当家的深加工产能已经接近饱和，为了深度挖掘产品附加值,好当家进一步延伸产业链,加大对海洋生物科技的研发应用,为企业发展带来新的增长点。

三是配套产业的合理布局。随着产业链的做长、做大,好当家逐步启动多元化发展战略,按照主次分明、相辅相成的原则,在海洋渔业产业基础上,适度发展现代物流、材料包装、热电联产、船舶修造等配套产业;在对周边村落进行整合规划后,投资发展休闲旅游业,进一步提升了社会效益和品牌效益。根据企业发展规划,好当家将始终以海洋渔业的发展为核心,以产业链延伸为主轴,对配套产业进行适度布局。

近年来,好当家保持了良好的发展态势。在产业发展战略上,好当家保持了对海洋渔业的专注,多元化的产业选择始终围绕传统的海洋渔业领域。从传统海洋捕捞产业开始,在相关的产业领域进行多元化发展,向海洋渔业的产前(种苗研究、培育、饲料等农业物资的生产)和产后(水产品深加工和销售等)延伸,并主动做大、做强产业链条,实现海洋渔业从第一产业向第二、第三产业过渡,形成大渔业体系。

通过加大对产业链条的科技注入,好当家制定了明确的产业转型升级方向:一是加大深海养殖技术研发应用,提高海水养殖产量、质量;二是扩大实施远洋捕捞战略,解决捕捞资源不足的问题;三是大力发展海洋生物产业,研发生产海洋保健食品及药品等;四是加强育苗技术研发,加强源头安全控制。

(二) 好当家集团的融资问题分析

在产业转型升级的实施过程中,好当家由于业务跨度大、各产业发展程度不一,企业面临一定的融资问题,具体表现在以下三个方面。

一是融资方式单一。好当家的融资主体主要集中在集团本部及其下属上市公司山东好当家海洋发展股份有限公司,融资方式主要为银行融资、股市融资及政府补贴等。由于政府补贴等政策性金融支持力度偏弱且连续性差,股市融资手续烦琐且周期较长,银行融资成为好当家的主要融资方式。根据企业提供数据,2008 年至 2011 年,好当家的银行融资规模增长 75.78%,银行融资占各类融资的比例一直保持在 80% 以上。

二是新兴产业融资不畅。当前,好当家获取的银行信贷支持主要集中在传统的渔业生产部门及附属产业领域,包括电厂用煤、渔船用油、食品加工原料等的采购等。在育苗、海洋生物科技领域,由于生产的专业性、风险的不可控性及市场的不确定性等因素,银行信贷一般难以介入,好当家对此主要以自有资金进行生产研发。据企业介绍，好当家每年在海洋生物科技方面的研发资金投入 1000 余万元，资金占用明显，且后续资金需求巨大；而在育苗领域，企业总的投资计划超过 3 亿元，由于现有资金不足，产业战略尚未启动。融资不畅在一定程度上制约了好当家的产业升级战略。

三是融资分配不合理。根据好当家的核心竞争力优势和产业发展思路，当前融资需求应主要集中在海水养殖及远洋捕捞方面。根据发展计划，在远洋捕捞方面，好当家计划投资 3.8 亿元建造 20 艘远洋渔船；在海水养殖方面，好当家计划建造 20 万亩的深海养殖区。当前每年研发及海域使用费用在 1500 万元左右，后期在苗种采购、生产运营维护等方面资金需求巨大。从融资资金使用情况看，好当家在深海养殖及远洋渔业方面未获得足够资金支持，当前主要依靠自有资本积累经营，对银行融资占用较大的项目包括传统渔业生产经营，肉蔬产品加工、造纸、发电等附属产业，下游销售市场拓展等。资金使用分配与产业战略实施存在一定错位。

作为威海海洋渔业的领跑者，好当家的融资渠道相对顺畅。但在产业转型升级过程中，对好当家的金融供给与产业升级需求存在一定错位，渔业金融支持政策、企业发展战略与产业转型升级路径三者统一性不强，未形成合力，制约了企业的产业战略实施。这对研究威海海洋渔业转型升级中的金融支持策略具有典型启示作用。

五 政策建议

由于威海海洋渔业存在经营整合度差、发展集约程度弱、风险防控水平低等问题，在金融支持策略上具有一定复杂性。根据威海海洋渔业的转型升级方向，建议坚持"有扶有控、适度调整"的金融支持策略，积极调整金融工作方式，加强政府、银行、企业、个人四方合作，选择代表海洋渔业转型升级方向的优势产业加大支持力度，并不断创新金融支持方式，以点带面，选择金融支持与产业升级相融合的最佳路径。具体政策建议如下。

一是充分发挥金融对资源配置的导向作用。传统的海洋渔业为劳动密集型行业，近年来，受劳动力价格上升、海洋资源短缺、市场竞争激烈等因素影响，渔业企业普遍存在多元化经营倾向，部分企业偏离传统渔业经营优势，跨行业、跨领域经营，产业布局不合理，容易出现发展规划不明晰、产业导向不明确、业务经营不持续等问题。金融作为调节资源配置的有力工具，要引导资源合理配置到优势产业、核心产业中，推动产业战略的有效实施。对渔业企业转型进入非渔业关联性产业的，要对原有渔业经营退出形成的资源损失进行合理评估，从产业发展角度审慎给予金融支持，尤其对涉足"两高"、房地产等行业的，要给予一定的金融限制；对企业延伸渔业产业链经营的，要对产业链条各环节的先进性进行评估，择优支持技术水平突出、产业链稳定性强的企业，优先支持在产业链延伸方面存在刚性需求、与原有渔业经营延续性好的成长性企业。在个体渔业经营方面，要加强区域金融指导，针对海洋渔业的不同区域布局，实施有区别的区域金融支持策略，通过可行的金融手段引导渔民合理从事渔业经营，推动形成海洋渔业的区域品牌及规模优势。

二是加强对深海养殖、远洋捕捞及海洋生物科技三大领域的政策性金融支持。远洋渔业作为威海产业转型的主导产业，易受海洋环境、涉外政治、经济等因素影响，存在较高风险隐患；深海养殖技术的研究推广有助于全市海水养殖产业的价值提升，但由于缺少政策资金支持，且存在初始投入大、后期维护成本高等问题，准入门槛偏高；海洋生物科技作为海洋渔业发展的新兴领域，是现代海洋渔业的重要组成部分，科技含量高，研发周期长，产业成长难度大。根据当前的发展现状，上述三大领域具有很大的成长性，且对全市海洋渔业发展形成巨大的正外部性作用，建议加大财政补贴实施力度，通过实施持续的正外部性补偿，推行常态化补贴管理，推动企业在产业升级战略上尽早布控；同时完善渔船保险、渔民保险、养殖保险等政策性保险制度，降低产业升级的准入门槛，增强渔业企业转型升级的积极性。在支持策略上，根据企业的经营实力、主业特点及转型升级路径选择，实施差别化金融支持，通过税收、补贴、渔业保险、渔业基金、风险补偿金等不同政策性工具的搭配使用，引导企业合理制定发展战略，引导资源合理配置，引导产业合理布局。

三是加强对信贷支持海洋渔业转型升级的策略研究。第一，研究渔业产业链融资业务。威海渔业资源整合力度不强，在育苗、养殖、加工、销售等各个环节分散经营，相互独立，未能形成良性互动的渔业经济发展产业链条。尤其在海水养殖环节，各养殖单位大多为传统独立生产经营，有限的渔业资源未得到有效整合，产品附加值相对较低，市场竞争力不强。建议商业银行研究推广渔业产业链融资业务，以信贷推动渔业龙头企业对上游渔业养殖户、渔民及下游物流商、销售商等资源进行整合，以实现渔业产业链的有机衔接。同时依托龙头企业的经营实力，对产业链条上的各个中小经营单位提供融资支持，既可满足散户经营的融资需求，又最大程度上保障了信贷安全。第二，改善金融服务。针对当前渔业信贷投入少、产品单一、不良率高等问题，商业银行要加强业务创新，对渔业经营加强提前介入，针对渔业经营特点，制定营销方案，并提供专业性咨询服务，引导经营单位科学捕捞、科学养殖，最大限度实现增收增效，实现集约化经营；在担保方式上，对渔船抵押、海域使用权抵押、联合担保等担保方式进行研究推广，并探索创新渔具设备抵押、仓单质押、滩涂使用权抵押等方式，最大限度防控风险，改善渔业信贷的融资环境；在信贷投向上，对养殖加工一体化项目、远洋捕捞与加工一体化项目、企业技术改造项目及水产品加工基地项目等，加强与重点客户建立战略合作关系，推动品牌渔业建设。

（作者单位：威海市商业银行　课题组成员：唐彬彬
景鲁勇　王　蓉　姜彦杰）

当前威海市小微企业发展情况调研报告

王　晓　范平海　周永平

一　基本情况

目前，全市登记注册小微企业 24229 家，占全市企业的 95.41%，占全市中小微企业的 96.28%。其主要特点：涉及范围广，主要分布在工业、农林牧渔业、建筑业、批发零售业、交通运输业、餐饮住宿业、软件和信息服务业、房地产业等各行业领域，与人民群众生产生活关系密切；经营活力足，全市小微企业完成营业收入占全部企业的 53.28%，占中小微企业的 71.74%；吸纳劳动力多，全市小微企业用工 45 万人，占全市企业的 46.84%，占全市中小微企业的 63.79%；发展前景好，各级、各部门对发展小微企业重视程度进一步增强，不断加大扶持力度，深入落实各项税费减免政策，不断优化服务措施，为小微企业发展奠定了良好的基础。

二　主要困难和问题

受国际金融危机、欧债危机、汇率变动、持续通货膨胀等因素的影响，当前企业面临的困难和问题复杂而严峻，但不同行业、不同规模的企业表现不一。从威海小微企业的情况看，主要存在以下困难和问题。

（一）家纺、食品等传统微利行业生存艰难，淘汰转移升级速度加快

传统小型微利企业规模小，产品技术含量不高，应对困难和危机能力弱，普遍出现融资困难、用工短缺等问题，企业利润大幅下降，部分企业被迫停产或转移。据调查，文登市 750 家小微家纺企业，同时面临"融资、用工、

涨价"几大困难，大部分面临停产、转产或转移。以外贸订单生产为主的小微家纺企业，因汇率波动大，导致许多小微型外贸企业再次陷入迷茫，企业主反映"越干越没有钱，接订单是找死，不接订单是等死"。目前已有15家小微家纺企业倒闭，其他大部分企业不敢主动扩大生产规模。以出口加工为主的食品类小微企业普遍面临资源匮乏、成本上升难题。文登兴和食品公司主要从事海产品出口加工业务，由于近年来海洋渔业资源日趋减少，企业发展难以持续。

（二）电子汽车等龙头配套企业困难加剧，影响整个产业发展

小微配套加工企业大多自主创新能力差，缺乏核心竞争力，受制于龙头大企业因素较多，受到原材料价格上涨、终端市场压价、贷款成本上升、大企业延期交款等因素"上下挤压"，目前大部分企业效益下滑甚至亏损，生存面临极大困难，直接威胁整个产业健康发展。三星电子今年1~9月份实现营业收入69亿元，同比略有下降；利润4亿元，同比下降20%。受资金链影响，50余家本地配套企业有40%亏损，50%效益下滑，预计到年底将有20余家配套企业不能维持生产。如果大批配套企业停产转移，势必会反过来影响到三星电子等龙头企业的发展。中航黑豹由于产品设计不符合国家规定，被工信部要求停产停售，资金链暂时出现问题，导致68家本地配套企业年内无法回收货款，资金难以支撑。

（三）科技创新型小微企业活力充足，但受人才紧缺制约严重

科技型小微企业大多拥有自主知识产权，科技含量高、发展潜力大、成长性好。威海火炬高技术产业开发区（以下简称高区）在电子信息、生物工程、新材料、高端装备制造等高技术和新兴领域的小微企业发展迅速，仅创业中心孵化企业总数已达到230多家。目前高区具有高新技术认定的科技型小微企业21家，2011年1~9月份共实现营业收入3.6亿元，同比增长20%。易霸科技是高区从事智能设备研发生产的科技型小微企业，仅有员工32人，资产总值400万元，今年预计实现营业收入1500万元，同比增长200%。科技型小微企业普遍反映高科技人才引进难、留住更难，制约了企业进一步做大做强。高区文润测控设备有限公司开出1.5万元的月薪都招不到合适的专业人才。锦富信诺精密塑胶有限公司上半年员工流动性高达50%。威海经济技术开发区（以下简称经区）东舟医疗器械、高科医疗设备、翔宇环保等企业均反映高科技专业人才招聘困难，导致研发能力不足。

（四）小微企业普遍感觉资金短缺，但多数资金链尚未影响到整个金融环境

①融资难度大。由于银行资金普遍紧张，小微企业信贷投放受到明显挤压，加之小微企业自身规模小、可抵押物少，在市场风险、信用风险等方面普遍存在短板，银行从防范风险角度考虑，对小微企业信贷投放更加谨慎。2011年9月底全市金融机构各项贷款余额1237亿元，其中小微企业贷款余额272亿元，占企业总数95%的小微企业贷款余额只占总数的22%，融资缺口很大。②融资成本高。近年来威海信贷利率一直处于山东省较低水平，每年可为企业节省财务成本十几亿元。但今年以来受资金供需矛盾影响，威海企业融资成本大幅上升。小微企业银行贷款利率一般要比基准利率上浮10% ~ 50%。除了利率上浮以外，部分金融机构还要加收额外的财务咨询费、管理费等，致使小微企业实际融资成本大幅提高。今年以来威海已发生2起因企业资金链断裂无力偿还银行贷款引发的诉讼案件，但全市金融环境目前整体平稳。③融资渠道窄。据初步统计，威海小微企业资金来源除通过投入自有资金和向亲戚朋友借款外，主要通过银行贷款。另外约有2%的小微企业采取民间借贷方式融资，小微企业融资受货币政策变化影响很大。

（五）对小微企业的服务力度还需进一步加大

近年来，威海坚持"企业创造财富，政府营造环境""院内的事自己干，院外的事政府办"的服务理念，营造了促进企业发展的良好环境，但各种政策扶持和服务内容主要针对重点行业和规模以上企业，致使部分小微企业感觉"找不到娘家"。今年以来，受各种不利因素影响，小微企业负担的税收和收费相对偏重，严重影响企业发展，大部分小微企业迫切希望政府在提高增值税和营业税起征点、延长减半征收所得税期限、延期征收企业印花税、扩大专项资金规模、取消和减免部分涉企收费方面给予扶持。另外，文登、荣城、乳山三市和工业新区部分小微企业反映政府应在电力、道路等基础设施配套建设方面加大投入力度，减轻企业负担，优化企业发展环境。

三　主要原因

（一）外部原因

①汇率波动大。今年以来，人民币兑换美元年内升值3.8%，对威海以外

贸出口为主的家纺、服装和电子产业产生直接影响。②货币政策紧缩。今年以来，由于央行六次上调存款准备金率，收紧流动性，银行业新增信贷规模有所缩减。9月底全市金融机构各项贷款余额1237亿元，较年初增加85亿元，同比少增47亿元。③原材料价格上涨。今年以来，物价水平整体快速上涨，部分行业原材料成本较去年上涨20%至50%，纺织服装行业原材料价格甚至上涨30%至80%。④劳动力价格上涨。去年威海将最低工资标准由760元提高到920元，今年又提高到1100元。从调查的50家企业情况看，今年职工工资普遍上涨20%至50%。

（二）内部原因

①产业层次低。大部分小微企业处于产业链低端，产品技术含量低，同行竞争激烈，抵御风险能力差。②规模小、信用低。大部分小微企业缺乏足够的抵押资产，财务管理不规范，信用等级偏低，造成多数商业银行对其产生"惜贷"现象。③重出口、轻内销。内销挣钱多，但建立销售网络成本较高，不少企业认为做出口省事，不愿费时、费钱、费精力去开拓国内市场。④重生产、轻品牌。威海小微企业大多从事来样加工或贴牌销售，不重视争创自主品牌。全市现有渔具企业1200多家，目前只有20余家规模以上企业注册了商标，大部分小微渔具企业长期给国外企业贴牌生产，从中赚取微薄利润。

四　对策建议

一是进一步加大政策扶持力度。国务院出台了财税金融支持小微型企业发展的9条政策措施，要尽快研究制定出台威海的配套措施，加大落实力度。设立"小微型企业发展专项资金"，并抓好专项资金的落实、管理和使用。

二是加大引导企业转型升级力度。加快完善小微型企业自主创新配套政策，在企业技术中心认定、技术创新资金、工业设计奖励项目安排等方面适当向小微企业倾斜。大力实施品牌战略，引导小微企业重专利、创品牌。加快产业集群和特色产业镇发展，推动小微企业结构调整和产业升级，形成一大批特色鲜明、竞争力强的现代化产业体系。按照"扶强不扶弱、扶新不扶旧、扶优不扶劣、扶活不扶死"的原则，加大对符合国家产业导向、科技含量高、成长性好的小微企业的扶持力度，对技术含量低、市场竞争弱的劳动密集型企业通过市场手段促其逐步淘汰、转型。

三是努力拓宽企业融资渠道。加大对小微型企业的信贷支持力度，进一步扩大科技支行试点，增设小额贷款公司，探索成立村镇银行，培育一批民间投资联盟和产业投资基金。引导银行业金融机构放宽对小微企业贷款限制，允许企业通过政府担保、股权抵押、设备抵押、订单抵押、知识产权抵押等方式获得贷款，降低贷款成本。研究设立小微企业"临时拆借专项资金"，为企业提供临时资金拆借服务。积极鼓励小微型企业建立互助基金，以骨干企业为主体，开展互助性信用担保。大力支持和扶助具有一定规模、发展前景好的科技型小微企业上市融资。加快拓展集合票据、债券、股权等多元化融资渠道。

四是积极打造小微企业创新发展平台。威海资源短缺、人口少、生态脆弱，只有把创新作为第一动力，才能推动经济实现持续快速增长。要坚定不移地按照市委、市政府提出的"三区"建设要求，积极搭建产学研合作平台，引导企业与高校院所进行合作，加速科技成果产业化步伐，促进小微企业实现内生式增长。大力推广高区建立创新创业基地、经区建立科技创新服务中心的做法，建立"市级科技型企业孵化器"，吸引国内外高科技人才到威海创业。

五是进一步优化企业发展环境。规范有关部门的执法行为，建立执法监督体系，对涉企收费能减则减、能免则免，切实提高服务效能。加大领导分包和企业特派员制度覆盖面，为更多小微企业排忧解难。建立健全有关法律法规，防止大企业垄断和不公平竞争。鼓励小微企业参与政府采购，扩大内需市场。加快构建政府公共服务、公益性服务和商业性服务三位一体的小微企业社会化服务平台，鼓励引导社会力量、民间资本创办各类服务机构，提升综合服务能力。采取委托招工、定点招工、校企合作等方式，积极帮助企业解决一线工人、技术工人不足的问题。加大高科技专业型人才引进力度，对高层次人才给予补助。加强企业内部管理，开展小微企业家培训活动，不断提升企业经营管理水平。

（作者单位：中共威海市委办公室）

威海蓝色体育发展研究

张　颖

"21世纪是海洋的世纪，海洋资源的开发越来越引起世界各国的重视，海洋经济日益成为一个国家或地区发展的重要增长极。"站在海洋文明激荡的潮头，蓝色经济战略的航船已经拔锚启航。这是蓝色意识的又一次觉醒，必定带来经济、社会、文化的深刻变革，蓝色体育应运而生。

一　蓝色体育及其功能

（一）蓝色体育的概念、特征与发展趋势

蓝色体育是指以海洋运动项目为基础，以大众海洋休闲健身为目标，以涉海体育产业和运动基地为平台，融经济、文化、健身于一体的各种体育活动的总和。

蓝色体育与蓝色经济、蓝色城市、蓝色消费、蓝色产业等相伴而来，同时，它又与休闲体育、大众体育、竞技体育、军事体育、城市体育和学校体育等体育形态一样，既是体育科学发展的结晶，也是社会经济、文化和人的全面发展的必然要求。蓝色体育是把现代体育理念与海洋生态文明相结合，把休闲健身与区域体育文化产业、体育基地建设相融汇，竞争性与休闲性相交叉，自主性与自足性相统一而形成的现代体育活动形式。其主要运动形式包括：海洋水上运动、海洋水下运动、海滩运动、海空运动、蓝色体育运动基地活动及蓝色体育文化节庆活动等。蓝色体育具备以下特征：涉海性、休闲性、生态性、文化性、时代性、国际性和大众参与性。

随着蓝色经济区（以下简称蓝区）建设的全面展开，蓝色体育将呈现快

速的发展趋势，即蓝色体育项目的普及化、商业化，蓝色体育行业职业化与休闲旅游融合化，蓝色体育发展的规范化、规模化、国际化和蓝色体育项目的多样化等。

（二）蓝色体育的经济功能

体育的功能是多方面的，其经济功能是其重要功能之一。一方面，体育与社会生产实践相伴随。体育活动本身就存在着经济活动和经济过程，也就是说蓝色经济区建设过程必然与蓝色体育实践活动相互渗透、相互融合。另一方面，体育发展离不开体育产业的繁荣。在蓝色经济区战略背景下，蓝色体育产业将成为其新兴产业。从一定意义上说，蓝色体育的发展必将成就一个与之相称的产业集群。

1. 蓝色体育赛事与体育基地对蓝区建设的引领功能

体育发展的历史，就是体育与市场经济交融与渗透的过程。无论是大型国际赛事，还是体育职业联赛，抑或各种体育俱乐部，越来越市场化，越来越与市场经济形成互动关联。一方面，蓝色体育赛事的成功举办必然依赖良好的经济条件和社会物质保障；另一方面，它又能以自己特有的方式引领社会进步，促进社会经济发展。

（1）举办蓝色体育赛事，能够明显带动蓝区基础设施的完善。无论是2008年北京奥运会青岛奥帆赛的成功举办，还是近几年威海国际铁人三项赛，抑或2012海阳亚沙会，既需要满足举办地、比赛场地（所）、运动员及教练员住宿以及观众的消费需求，还需要与大型赛事运动相关的运动器械、运动服装等体育用品的保障，与此同时，更需要赛区内各项基础设施的配套与完善，如道路、交通、港口、通信设施等。这些都在客观上带动了蓝区基础设施的完善。

（2）举办蓝色体育赛事，能够有效拉动蓝区第三产业的发展。与大型体育赛事相伴随的交通运输、广播、电视、网络媒体、现代物流、旅游、金融、保险、餐饮服务等第三产业的发展完善是其成功的服务保障。实践证明，每一个大型国际体育赛事的成功举办，都在一定程度上拉动了蓝区第三产业的发展，创造了更多的就业机会，促进了蓝区经济的繁荣。

（3）建设蓝色体育运动基地，能够极大促进蓝区社会各项事业发展和体育人才储备。目前，蓝色体育运动基地发展迅速，国家级、省级基地不断在蓝区落户。较早建立的有山东省威海体育训练基地、山东省青岛体育训练基地等。近几年，随着蓝区战略的实施，蓝色体育运动基地呈现出快速发展的趋势，如国家体育总局与青岛合作打造的水上运动基地等等，不仅为蓝色体育事业的发展提供了良好的平台，也为各种体育人才的聚集提供了难得的机遇。

2. 发展蓝色体育对打造蓝色经济区的特色产业功能

（1）蓝色体育产业的概念与特点

蓝色体育产业是指所有从事与蓝色体育活动有关的生产经营活动的行业的总和。蓝色体育产业，既有与其他产业相同的共性，又有区别于其他产业部门的特性。其特性主要表现为：一是与蓝色体育的依存性，二是产业的国际标准性，三是与体育事业的融合协调性，四是明显的区域性，五是较强的竞争性和高成长性。蓝色体育产业是蓝色经济区建设的重要组成部分，发展蓝色体育产业也是蓝色经济区的一个重要的产业特色。

（2）蓝色体育产业的分类

体育产业包括体育组织、体育场馆和其他体育三个门类。国务院《关于加快发展体育产业的指导意见》明确提出了六大任务：一是要大力发展体育健身市场，积极培育体育健身市场，培养群众的体育健身意识，引导大众体育消费；二是要努力开发体育竞赛和体育表演市场；三是要积极培育体育中介市场，鼓励发展体育中介组织，大力开展体育信息咨询、体育保险等中介服务；四是要做大做强体育用品业，进一步提升我国在世界体育用品业中的地位，增强我国体育用品的国际市场竞争力；五是要大力促进体育服务贸易；六是要协调推进体育产业与相关产业互助发展。

上述六大任务，实际上是要求建立六个不同层次、不同类型、多样性、各具特色的体育产业市场，实质上是在构建具有中国特色的体育产业市场体系，既为蓝色体育产业的发展指明了方向，也为划分蓝色体育产业类别、实行分类指导提供了理论依据和实践支撑。体育市场是体育产业发展的先导，市场又在体育资源配置中起基础性作用。六大任务应用到蓝色体育，可划分为六大产业：一是蓝色体育健身休闲产业，二是蓝色体育竞赛与表演业，三是蓝色体育旅游业，四是蓝色体育用品业，五是蓝色体育服务业，六是蓝色体育相关产业等。

3. 各类蓝色体育的发展及对蓝区发展的助推功能

健身休闲娱乐产业。主要包括各种健身俱乐部，体育休闲型、体育社会团体、职业体育俱乐部等经营性活动及非营利性活动等。通过开展各种新兴的海上运动、沙滩运动、水下运动等项目的经营活动，大力发展具有海洋地域特色的体育健身项目，依托海洋资源优势，积极引进国外趣味性强的健身娱乐项目与设施。

　　竞赛与表演业。主要包括开展国际国内各个层次的帆船比赛、沙滩球类赛等，如近年来青岛举办的奥帆赛、2010 年威海举办的海御 19 威海杯 HOBIE 世界帆船锦标赛和威海长距离铁人三项世界杯系列赛、2007 年日照举办的水上运动大赛、2012 年举办的烟台海阳亚沙会等，既有激烈的竞技性，又有很强的观赏性。这些赛事的举办与表演，较好地将蓝色体育的竞技性与大众参与性结合在一起，积累了体育赛事的市场化运行经验，吸引了当地知名企业的参与，扩大了社会影响，其赛事的品牌效应和国际知名度也得到了扩展。

　　体育休闲业。社会生产方式的现代化导致现代生活方式的极大变化，在各种物质生活得到极大满足的前提下，休闲成为衣、食、住、行之后人们的主要追求。广泛的休闲化趋势，表现在现代人群多种多样、五花八门的休闲活动类型。体育休闲包含参与慢跑、游泳、足球、篮球、羽毛球、乒乓球等项目的传统休闲；从事骑马、网球、高尔夫等高端项目的贵族休闲；进行滑翔伞、攀岩、野外生存、蹦极、冲浪等运动的时尚休闲。体育健身类休闲，明显反映出人们所参加的体育活动项目，已不再只是集体组织的拔河比赛、跳绳比赛等，也不再仅仅是对技术要求较高的、带有对抗性甚至危险性的篮球、足球等比赛，人们开始追崇体能消耗少、经济负担小、忘却烦恼、锻炼轻松化的"轻松体育""快活体育"。休闲体育的兴起标志着群众体育的与时俱进，不仅适应人们日益增长的体育需求，更注重精神调节与心理调适，既健身又悦心，而且日益呈现出社会化、休闲化的趋势。

　　体育旅游业。世界知名滨海度假地丰富多彩的体育专项活动使海滨度假充满了活力，增强了旅游吸引力。据悉，为丰富海上运动项目，西班牙成立了 300 多家航海俱乐部，马略卡岛将帕尔马港建设成帆船港，一年四季举办帆船比赛，同时承办环法自行车赛。夏威夷已成为著名的世界水上体育运动中心，许多世界级大型水上运动比赛都在这里举行，每年体育比赛给夏威夷带来 2 亿美元到 3 亿美元的收入。2011 中国体育旅游博览会在海南省海口市举办，这是海口第二次承办中国体育旅游博览会，2012 年将继续在海口举办。至今，中国体育旅游博览会已在上海、成都、哈尔滨、海口等城市举办了 5 届。

　　体育用品业。体育用品产业是蓝色体育产业的龙头与骨干，主要包括蓝色体育比赛用品业、健身用品业、体育旅游用品业及表演用品业等。比赛用品业又可分为器械用品业和服装用品业。一般说来，健身用品业、体育旅游用品业及体育表演用品业等都可归为器具产业和服装产业。蓝色体育用品产业的一个鲜明特色就是其用品绝大多数具有海洋地域性。比如帆船制造业、游艇制造业、渔具行业等，无一不是与海洋休戚相关。

渔具产业已经成为威海的特色产业之一，产业聚集明显，质量、品牌知名度不断提升，出口数量不断增加，基本具备了国家体育总局《国家体育产业基地管理办法（试行）》中所规定的体育产业基地标准条件。据统计，威海的渔具产业基地主要包括三大产业平台，一是钓鱼竿产业，二是鱼线轮产业，三是碳纤维材料及配件产业。渔具产业基地企业总数为200多家，其中钓鱼竿生产企业100多家，鱼线轮生产企业20多家，以及配件企业100多家。

当前，体育用品产业正面临着难得的发展机遇。一方面，随着生活水平的提高，人们的体育健身意识不断增强，大众体育活动需求不断提升，对体育用品产业提出了更新、更高的要求；另一方面，经过前些年血拼式的发展，体育用品产业亟须转变经济发展方式，调整经济结构、产业结构和消费结构，蓝色体育用品无疑成为蓝区发展的一个新的经济增长点。

体育服务业。它主要包括体育中介服务行业、体育场馆服务业、体育赛事组织、信息咨询、体育保险服务、体育法律服务，体育医疗服务等等。发展体育服务业，不仅能够扩大就业，加大第三产业的份额，还能够引领和促进蓝区整体服务业提高层次和水平，其中一个重要的课题是如何将体育公共服务与市场化服务有机结合。体育公共服务是公共产品，无疑应由政府提供，而体育市场化服务则应由市场发挥其配置体育服务资源的基础性作用。

体育相关产业。蓝色经济区与蓝色体育的深度融合、联动效应就是蓝色体育产业与相关产业的互动促进。蓝色体育与文化产业、创意产业、旅游产业、网络信息产业、网络物联产业等相互渗透、相互融合，必定推进蓝区战略型新兴产业的形成和发展。

二 蓝色体育已经蓬勃兴起

体育运动与人类的生产、生活始终是息息相关的，会随着经济、科技、生活水平的发展而不断进步。蓝色经济蓬勃发展也必然带来蓝色体育的蓬勃兴起。

1. 水运会——蓝色体育的传统渊源和重要支柱

位于山东半岛蓝区的日照市已连续举办了两届中国水上运动会。为推进中国水上运动的发展，国家体育总局实施了重点突破田径、游泳和水上三个大项的"122"工程，各地也在为水上项目的发展贡献力量。地处黄海之滨、距离青岛仅100多公里的日照，凭借其得天独厚的水域资源，20世纪末就从城市发展战略的高度提出要打造"水上运动之都"，一项全新的赛事——中国水上运动会（简称水运会）也在这里诞生。

水运会由国家体育总局、山东省人民政府主办，日照市承办，这也是我国继全运会、城运会、大运会之后创立的又一项国家综合性体育赛事。日照成功举办 2007 年中国水上运动会之后，又于 2010 年成功举办了第二届中国水上运动会。

2. 亚沙会——蓝色体育发展的新阶段

亚洲沙滩运动会（Asian Beach Games）与亚洲运动会、亚洲冬季运动会和亚洲室内运动会并列成为亚洲体育四大赛之一，每两年举办一次。参赛国家和地区 45 个以上，共设置沙滩运动、水上运动两大类十个项目，如沙滩排球、沙滩足球、沙滩手球和滑水等项目。

中国山东海阳代表中国成功获得了 2012 年第三届亚洲沙滩运动会的举办权，这是亚沙会赛事首次进入中国，也是山东蓝色经济区首次举办亚洲最高级别的综合性体育赛事。自 2011 年 12 月 16 日，海阳市从穆斯凯特（Muscat）第二届亚沙会闭幕式上接过亚奥理事会会旗后，中国体育历经 6 个月的亚沙会"海阳周期"，在 2012 年 6 月 16 日的第三届亚洲沙滩运动会上共有 45 个国家、1601 名运动员参赛。本次大会共举行 13 个项目的 43 场比赛，包括沙滩排球、沙滩足球、沙滩篮球、沙滩手球、沙滩藤球、沙滩卡巴迪、龙舟竞赛、滚轴溜冰、运动攀登、木球和动力滑翔伞等。

3. 海洋运动会——蓝色体育的重要实践

海洋体育是一种面向海洋，充分利用和开发海洋资源，结合海岛民间民俗文化而形成的体育项目。继青岛海洋节中的海洋体育项目异彩纷呈、如火如荼的展现后，中国首届海洋体育节也隆重上演，只不过上演的地点是同样具有海洋资源优势的沿海省份——浙江。

浙江省首届海洋运动会开幕式于 2011 年 5 月 25 日在岱山鹿栏晴沙景区举行，其中将安排约 1 小时的文艺演出；闭幕式于 7 月 23 日在岱山秀山岛举行，与第七届中国秀山岛"我为泥狂"海泥狂欢节有机结合，当中穿插闭幕式和体育颁奖。本届运动会立足海洋海岛特色，将设沙滩、水上、陆地和泥上等时尚、休闲项目，充分展示海洋体育魅力，促进全民健身与文化节、旅游的有机融合。

4. 海洋节——蓝色体育的摇篮

中国目前尚没有以国家的名义设立海洋节。青岛海洋节作为青岛市的重要节庆品牌，创始于 1999 年，举办时间定在每年的 7 月。海洋节依托风光秀丽的海洋风景带，发挥青岛"中国海洋科技城"的优势，荟萃现代节庆之精华，活动内容丰富，涵盖开幕式、海洋科技、海洋体育、海洋文化、海洋旅游、海洋美食、闭幕式等几大板块、数十项活动，成为 7 月青岛一道亮丽的风景线。

中国青岛海洋节是国家海洋局、青岛市人民政府主办的海洋节，至今已举办了七届。青岛海洋节创办伊始，就以"拥抱海洋世纪，共铸蓝色辉煌，人类与海洋共生息"为主题，以保护海洋、合理开发利用海洋资源和实现人类经济与社会可持续发展为目标，在倡导科技创新、发展海洋经济和国际友好合作等方面做出了积极不懈的努力。

5. 海洋文化节——蓝色体育的深厚文化底蕴

蓝色体育的形成与发展，得到了海洋文明的引领和海洋文化的滋养。中国海洋文化节的成功举办，也为蓝色体育的健康、持续发展铸造了深厚的根基。中国海洋文化节由中国海洋学会、中国海洋报社、浙江海洋学院共同主办，岱山县人民政府承办。整个海洋文化节历时近一个月，活动从岱山海岛的实际出发，按照学术研究和文化娱乐两大主线，面向长三角的游客和专家、学者、大学生，挖掘海洋文化，打造新品牌。

2005 年 6 月 16 日，首届中国海洋文化节在浙江岱山县举办。文化节开幕式定于每年 6 月 16 日（东海区休渔第一天）举行。以东海区休渔为背景，以民间谢洋仪式为特色，主要有千帆（渔船）归港、海龙飞舞踩街大巡游、祭海谢洋、休渔养海等活动。

三　全力打造威海蓝色体育的新局面

体育是人类共同的文化财富和精神滋养。近代以来，威海在经历中华民族百年沧桑的同时，也见证了中国近代体育的发展历程。"威海得山海之胜，朝日乐舞、樵歌渔唱，自古即为一天然的健身娱乐场。"（《走过百年的威海体育》）甲午战争后，威海沦为英国租借地，欧美流行的大多数体育活动都相继登陆威海并逐渐引领时尚，成为威海体育的主流。20 世纪初，在英国殖民统治的影响下，威海形成了健身、娱乐、竞技三位一体的体育观念，游泳、赛船、潜水、垂钓、跳水、划船、皮划艇、滑水板、沙滩游戏、海岛探险、远足、野游等娱乐体育蓬勃开展，特别是帆船运动。据考证，"1918 年英国驻威军政当局组建了鸳鸯帆船俱乐部，在威海湾开展欧式帆船运动"（《走过百年的威海体育》）。虽然英国殖民者在威海引入和推行西方体育是服从和服务于英国殖民统治的需要，但威海人民在传承中华传统体育的同时，也积极吸取西方体育的精华，由西方人所带来的体育项目、运动技能、组织管理方法等则推动和促进了威海近代的体育事业发展。

改革开放以来，威海体育逐渐进入了全面普及、全面提高的快车道。全民健身蓬勃开展，人民体质不断增强，运动设施配套完善，竞技水平持续提升。先后两次被命名为"国家高水平体育后备人才基地"，连续三届被国家体育总局评为"全国群众体育先进集体"。1995 年成立了威海市游泳协会，1998 年 3 月组建了威海游泳队，1998 年成立了威海市钓鱼协会，2001 年组建了威海市皮划艇、赛艇队。威海蓝色体育高端赛事接连不断：2000 年 7 月 28 日~8 月 6 日，举办了全国中学生业余体校手球联赛暨沙滩手球公开赛；2003 年 8 月 7 ~ 10 日，举办了全国沙滩排球巡回赛；2008 年 6 月 3 ~ 10 日，举办了全国青少年帆板锦标赛；2008 年 9 月 6 ~ 7 日，举办了"奥赛杯"全国铁人三项锦标赛；2010 年 8 月，举办了海御 19 威海杯 2010 年 HOBIE（霍比）世界帆船锦标赛；2010 年 9 月 25 ~ 26 日，举办了 2010 年威海长距离铁人三项世界杯系列赛；2011 年 6 月 11 ~ 12 日，举办了威海国际铁人三项洲际杯赛暨全国铁人三项冠军杯系列赛；等等。

良好的社会基础和蓝色经济区建设的大战略，赋予了威海人民发展蓝色体育的大好机遇。站在时代的潮头，廓清发展思路，构建发展大局，推动蓝色体育大发展、大繁荣，已经成为时代赋予我们的历史重任。

（一）构建威海蓝色体育发展"一二三四五"新格局

"一二三四五"新格局，即"一个品牌""两个中心""三大平台""四个基地""五大产业链条"。

"一个品牌"，就是打造威海蓝色体育国际知名城市品牌。在突出蓝色城市魅力的基础上，整合各种体育资源，找准城市体育文化功能定位。

"两个中心"，即建设海上运动项目中心和陆地运动项目中心。海上中心运动项目包括大型海上体育赛事、海上垂钓、游泳、潜水、帆船、帆板、游艇、摩托艇、皮划艇、龙舟、动力牵引划水、海上冲浪、风筝冲浪等等；陆地中心运动项目包括与海上结合的项目，如铁人三项、沙滩足球、沙滩排球、沙滩手球、沙滩篮球、藤球、木球、卡巴迪、沙滩游乐、沙滩摩托、沙雕、公路轮滑、海滩垂钓、高尔夫、攀岩、拓展与野外生存等。

"三大平台"，一是设立蓝色体育发展国际论坛，并努力打造成国内外有广泛影响的、定期举办的大型论坛；二是由体育局、教育局、旅游局、文广新局等部门牵头，广泛组织开展不同层次、不同规模、形式多样的国际蓝色体育文化交流活动；三是开展蓝色体育文化节庆活动，丰富荣成渔民节、文登樱桃节、乳山母爱文化节等节庆活动中的体育休闲、娱乐内容，进一步增加活力，增强吸引力，扩大影响力。

"四个基地"，一是打造国际帆船休闲运动基地，二是打造垂钓休闲运动基地，三是打造刘公岛体育训练基地，四是打造沙滩休闲运动基地，从而形成威海蓝色体育巩固的发展基础和广阔的发展前景。

"五大产业链条"，就是根据威海在蓝色经济区发展中的产业布局和功能定位，大力发展蓝色体育产业，着力打造蓝色体育健身休闲产业、蓝色体育竞赛与表演业、蓝色体育旅游业、蓝色体育用品业、蓝色体育服务业等五大产业链条。特别是要下大力气落实国家体育总局发布的《体育产业"十二五"规划》，积极申报国家级体育产业基地，全面推进威海体育产业的发展。

（二）强化威海蓝色体育发展的促进机制

1. 在蓝色体育事业发展方面，发挥政府的主导作用

发展蓝色体育事业，政府的主导作用十分重要。一要积极引导市民的体育消费观念，引导和鼓励市民参与各项蓝色体育活动，并通过各种公共信息平台为大众参与蓝色体育提供支持和服务。二要充分发挥政府的管控功能，做好自然生态环境和海洋文明规划建设与协调管理，为市民参加各项体育活动提供优良的自然环境和社会人文环境。三要进一步做好蓝色经济区建设体育事业发展的规划和指导工作，注重蓝色体育优势资源的整合、开发和利用，做好蓝色体育发展与城市建设规划结合的文章，不断提高蓝色体育的特色竞争力。

2. 在蓝色体育产业方面，发挥政策引导与调控作用

一是充分发挥市场在配置体育资源中的基础性作用，制定优惠政策，吸引和鼓励企业、社会资本投资蓝色体育项目，发展蓝色体育产业，努力打造蓝色体育产业基地和蓝色体育高端产业集聚区。二是进一步加强对蓝色体育产业的支持力度，在企业融资、税收政策优惠、社会资金投入、蓝色体育产品市场开发、消费理念及消费结构的调整等方面给予引导和扶持。三是强化蓝色体育基地的建设，加大蓝色体育基础设施的社会化投入，精心培育蓝色体育运动项目，在基地建设和精品项目培育的过程中，带动城市建设、产业壮大及经济社会全方位的进步。

3. 在蓝色体育理论研究与人才培养方面，加大鼓励与助推力度

一是采取积极有效的措施，鼓励蓝色体育的研究，成立蓝色体育研究所，设立蓝色体育论坛，开设蓝色体育网站［目前威海市体育局、山东大学（威海）校区已开设］，承揽与蓝色体育相关的学术研讨会。二是强化蓝色体育人才的引进与培育，围绕构建蓝色体育发展"一二三四五"新格局的迫切需要，打造人才高地，为蓝色体育快速、持续、健康发展，提供充分的智力保障。

随着蓝色经济区战略的实施，威海的现代化、国际化步伐将不断加快，蓝色体育也必将伴随蓝色文明的发展进步，带着浓浓的海洋特色和海洋文明载入史册。

［作者单位：山东大学（威海）　课题组成员：戚俊娣
李小谦　宫淑清］

威海临港产业集群发展战略研究

何青松

经济全球化浪潮席卷世界，但企业的生产活动没有在全球范围内趋于均衡分布。与之相反，空间上的产业集聚现象与日俱增，并成为支配当今世界经济版图的重要因素，其缘由在于产业集群是发展区域经济的主要组织形式。中国改革开放 30 多年以来的实践也证明了这一点，威海也不例外。威海制造业集群通过生产要素价格较低的比较优势加入全球价值链分工，承接国际，尤其是韩国制造业生产环节的转移，推动了区域经济的快速增长。

威海产业集群在发展过程中也暴露出许多问题。从微观层面看，竞争力强的企业主要利用初级资源生产服装、食品、消费类电子、机械简单组装加工等劳动密集型产品，其产品附加值随着市场竞争的加剧持续下降。这些微观问题反映到宏观层面上，就表现为经济发展方式粗放、经济结构不合理、经济增长严重依赖资源投入等现象。在世界经济持续低迷、国内消费长期疲软的背景下，尤其是在资源与环境的双重约束下，威海产业迫切需要向价值链高端攀升。作为一个港口城市，威海产业集群如何依托港口实现快速发展是一个亟待研究的问题。

1 产业集群在发展过程中面临的困境

1.1 企业在地理上"扎堆"，没有获得真正的集聚效应

与一个地区所拥有的要素比较优势相比，集聚效应才是加强区域经济活力的不竭源泉。一方面，初级生产要素的竞争优势会由于创新、技术进步而被高级生产要素所取代。另一方面，生产要素中的劳动力、知识、资本是可

以流动的，具有良好投资环境但缺乏资源的地区，可以吸引流动的高级生产要素在当地集聚，从而形成强大而持久的区域经济竞争力。也就是说，具有吸引生产要素集聚的机制远比拥有生产要素更为重要。不具备良好的发展环境，即使拥有资源优势也常常难以充分利用。有了好的集聚环境，资源可以从无到有，创新可以层出不穷，进而摆脱初级生产要素的限制，顺利实现产业升级。因此，无论是政府官员还是学者，都对产业集群的发展津津乐道、趋之若鹜。

在许多地方，只要某些相关企业在特定地域"扎堆"，就把它称之为产业集群。事实上，这是一种误解。单纯的地理"扎堆"并非一定就是产业集群。产业集群是大量的相关企业按照一定的经济联系集中在特定的地域范围，形成一个类似生物有机体的产业群落。这一界定具有四个方面含义：一是在产业集群中集聚着大量的相关企业以及中间组织和支撑机构；二是集群内各企业和机构之间形成紧密的有机经济联系；三是这些企业和机构集中在特定的地域范围内，一般多为市域内某个区、县，甚至乡镇；四是通过有机联系、合作互动和社会化网络，形成一个类似生物有机体的产业群落。因此，产业集群成为一种特色经济，其核心是可以获取集群经济效益，这种集群经济效益是集聚经济、专业化经济、产业关联经济和学习经济的有机整体。也就是说，集群经济 = 集聚经济 + 专业化经济 + 产业关联经济 + 学习经济。正是由于这种集群经济效益的存在，才使得产业集群具有持续的竞争力和创新力。

所以，企业之间基于地理邻近而没有物质上的产业联系的现象，广泛见诸各类工业园区，但不见得实现了集群经济。建立各类工业园区，并引导相关企业向园区集中，只能说是解决了企业在地理上的集中问题，而并非一定都能获得集群效应。"园区化"仅仅是"集群化"的初级阶段，只有那些条件较好的园区才有可能逐步发展到集群阶段。

1.2 打造产业链的冲动与盲目

很多学者与官员提出"延长产业链"的战略，他们往往把某个地区的经济发展问题归结为本地"产业链"短，认为只要"产业链"得以延长，园区就自然会形成产业集群，区域经济的竞争力就会增强。在传统的产业联系中，有形的物质联系比较重要。降低成本是存在物质联系的企业之间相互邻近的主要原因，从这种物质联系的现实出发，充分发挥前后向关联效应，是 20 世纪 60 年代"增长极"战略的主要理论依据。"拉长产业链""打造产业链"的战略，无论是其理论基础，还是其预期目标，都与"增长极"战略有很大的相似之处，但在经济全球化程度日益加深的背景下，这种区域经济发展战略已经落后。

首先，当今的生产分工呈现全球化特征。发达国家的许多跨国公司，将原来在国内所从事的生产制造活动大量地外包给其他企业，自己仅从事高附加值的战略环节，从而获取更多的利润。正如生产链上的不同环节不一定要纳入同一个企业一样，由于各生产环节所需要的生产要素不同，不同区域具有不同的比较优势，因而不同生产环节也不一定要布局在同一个区域。任何一个区域为实现经济发展，都必须在这个全球生产链中找准自己的位置，重点发展与自己发展阶段相适应的具有比较优势的价值环节，并且根据变动的比较优势适时转移发展重点。同样的道理，产业集群的发展战略也要适应这种全球化的趋势。

其次，产业集群强调企业之间在地理上的接近与组织之间的相互合作。产业集群战略不仅包括上下游企业之间的合作，还包括横向竞争企业之间的联系与合作，同时还通过服务中介机构，加强企业之间的相互协作，使之成为产业集群战略的核心。而"延长产业链"则主要强调本地产业链条过短，重点不是放在加强横向企业之间的协作，而是放在增加生产环节的数量。

再次，产业集群战略的最终目标是通过企业之间的相互协作，提高群内企业的集体效率，使本地生产环节能够获得价值增值。因此，产业集群始终与提高生产效率联系在一起。"延长产业链"只是孤立地强调延长本地的生产链，这种思路虽然可能增加本地就业、增加经济总量，仍然属于一种外延式扩张模式，企业的劳动生产率与竞争力不会有显著的提高。

最后，是否强调技术创新是与"延长产业链"战略的又一重要区别。产业集群战略特别强企业以质取胜、以技术创新取胜。"延长产业链"思路考虑的重点不是技术创新对本地经济的重要性，而是还局限于过去注重规模扩张的传统思路。

产业集群虽然强调本地产业关联对集群发展的重要性，但这并不等于产业链的所有生产环节都需要、也都能够在一个特定集群内完成。一个集群是否可以利用现有的产业基础延长产业链，取决于两个因素：一是地理区位与要素禀赋等静态比较优势，二是产业集聚效应。两个因素都具备的地区，必然受到企业的青睐。既没有比较优势，也没有集聚效应的地区，在因果累积循环机制的作用下，发展会越来越落后。具有产业集聚效应，但缺乏静态比较优势的地区，只有在前者的吸引力大于后者的分散力的时候，才能通过"延长产业链"实现更大规模的产业集聚。因违背这个规律而失败的前车之鉴屡见不鲜。例如，威海市经信委与哈尔滨工业大学（威海）2010 年共同调研了绍兴纺织产业。绍兴县纺织产业产值占工业总产值的近 20%，但所创造的利润不到 5%，在行业不景气的时期，印染业约 1/3 的企业亏损。为了改变这一状况，绍兴政府决定打造新的产业条。在"恨铁不成钢，恨布不成衣"的认识下，绍兴政府决心借助于已有的产业基础与集群优势，引导部分企业从纺织生产环节向服装设计与制造环节转型，并出资兴建服装设计城，通过办公场地租金减免等政策优惠加大招商力度，引进服装设计企业入驻绍兴，以打造服装设计创意环节。从集群效应的角度看，绍兴已经成为世界最大的纺织中心，有企业、有产品、有市场，这似乎应该成为发展绍兴服装设计业的一个重要支撑力量。但绍兴政府忽视的一个问题是，设计创意行业要求设计者具备对消费流行趋势的洞察力，与相距半小时车程的杭州相比，绍兴显然缺乏发展设计创意行业的吸引力。在市场客观规律的支配下，绍兴政府精心打造的服装设计城始终门庭冷落，绍兴本地企业的服装设计任务大多仍外包给杭州的企业完成，打造服装设计产业链的规划失败。

尽管随着科技进步与世界经济贸易体系的变化，运输成本不断下降，生产要素流动加快，体现为规模经济等动态比较优势的作用不断上升，资源、地理区位等静态比较优势的作用逐步下降，但这并非意味着进行区域经济规划时，可以忽视静态比较优势的作用。如果完全违背一个地区现有的地理环境与现有发展基础，试图打造或延长集群的产业链，虽然符合"大而全""小而全"的传统观念，却是不切实际、违背科学的主观臆断。在大浪淘沙的市场竞争中，一个集群究竟承担产业链中哪几个生产环节，只能由市场机制来决定，违背经济发展规律的"被延长产业链"最终将被市场淘汰。任何一个产业集群要持续发展，都必须在全球生产链中找准自己的位置，重点发展与自己发展阶段相适应的价值链环节，并且根据比较优势的变动适时转变发展重点，实现价值链升级。忽视自身的比较优势，盲目占领价值链高端，对集群的发展可能产生误导性的后果。总之，产业链哪些环节可以打造，哪些环节不能随意打造，必须经过务实的调研并加以科学的研究分析才能得出正确判断，由此制定出的战略规划才切实可行。

1.3 集群缺乏市场势力，处于全球价值链低端。

威海制造业的很多企业遇到了共同的发展瓶颈。一是依赖低成本。工业用地低价格，劳动力低工资，加上政府的各种政策优惠，使产品的竞争优势主要建立在低价格的基础上。随着大规模产业集聚造成的要素成本上升，如土地、能源和劳动力价格的上涨以及各种优惠政策的取消，企业竞争力下降。二是产业发展层次低，利润微薄。目前威海企业很多集中在劳动密集型的生产环节，产品附加值不高，技术含量低，价格低廉，企业规模增长主要靠价低量大取胜。从产品价值链的角度看，目前企业大多呈现出一种"中间大、两头小"的菱形组织结构，即赢利较少的生产制造环节较强，而利润丰厚的研发、设计以及市场营销、品牌等环节较弱。这说明，企业的竞争优势还局限于产品价值链的低端部分。由于众多的中小企业在生产制造环节过度竞争，靠产品数量多和价格低取胜，由此导致利润摊薄，大量企业处于微利甚至亏损的边缘。三是自主品牌缺失。很多企业都采取贴牌的方式进行生产，不少企业缺乏自主品牌。一些企业家认为，给企业取个名字、注册了商标就算建立了自己的品牌。这种认识上的误区导致企业难以进一步发展壮大。四是自主创新不足。企业要么没有创新的动力，要么没有创新的能力。

国际生产分工的形态导致了上述困境的发生。当代国际生产网络体现的分工是以特定产品的价值增值链为纽带，由不同国家的企业共同参与，在不同生产环节上形成的分工。这种基于"环节"和"链"层次上诸要素整合后的国际产业分工，虽然也使参与其中的企业得益，但由于发达国家的跨国公司通常处于主导地位，因此在利益分配上发展中国家的企业一般处于不利地位，且在分工上受制于低端"锁定效应"和引进技术的"依赖效应"，自主创新能力弱，国际竞争力难以提升。

构建市场势力是改变上述困境的必要条件。市场势力即企业通过对产品价格的影响与控制所体现出的支配市场的力量，包括企业的经营控制、市场渠道控制、产业的组织化程度及企业联盟等。市场势力可以防止企业创新被迅速模仿及利润受损，其作为企业创新的利润实现与利益分配的关键影响因素，在经济全球化的今天尤为重要。具有市场势力的创新才能得到超额利润作为回报，如果企业的市场势力得不到有效构建，企业的创新成果就不能以垄断租金的形式得到回报。没有利润，企业的创新能力与品牌建设能力受到制约，在路径依赖规律的作用下，最终形成"缺乏市场势力→价值链低端代工→生产微利化→缺乏足够的资本进行品牌营销、销售渠道建设与自主创新→价值链升级能力不足→市场势力进一步丧失"的恶性循环（见图1）。

1.4 集群区域层面与企业层面的比较优势缺乏有机结合

一个区域的主导产业是否具有竞争力，关键取决于其优势产业的竞争能力大小，而这种优势产业的竞争力是由宏观层次的地区比较优势和微观层次

```
┌─────────────────────┐
│     市场势力不足     │◄────────┐
└─────────────────────┘         │
          │                     │
          ▼                     │
┌─────────────────────┐         │
│   全球价值链低端代工   │         │
└─────────────────────┘         │
          │                     │
          ▼                     │
┌─────────────────────┐         │
│  创新得不到利润回报   │         │
│   生产利润空间狭窄    │         │
└─────────────────────┘         │
      │         │               │
      ▼         ▼               │
┌────────┐ ┌────────┐           │
│自主创新 │ │没有足够资金│          │
│能力丧失 │ │建立品牌 │           │
└────────┘ └────────┘           │
      │         │               │
      ▼         ▼               │
┌─────────────────────┐         │
│   价值链攀升能力不足   │─────────┘
└─────────────────────┘
```

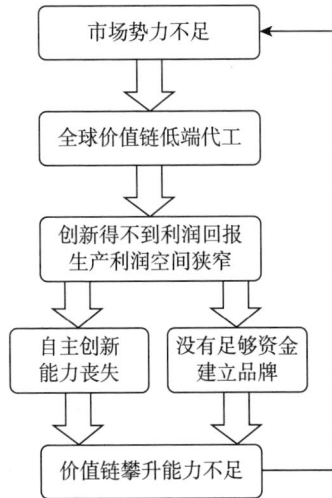

图 1　市场势力与集群升级的互动机制示意

的企业竞争优势共同决定的。企业优势是指企业在产出规模、组织结构、劳动效率、品牌质量、信誉、新产品开发以及营销技术等方面所具有的各种有利条件。区域比较优势只是一种潜在的优势，要使这种潜在的优势真正转化为现实的经济优势，关键是要依赖这种优势，培育、创造并维持企业的竞争优势，以保证区域产业发展在未来的市场竞争中能获得较大的控制市场的势力。

随着科技进步，企业竞争优势在区域产业竞争力形成中的作用显得十分重要。相反，由于运输成本不断下降、生产要素流动加快，自然资源禀赋的作用不断下降，区域比较优势的提高取决于一些软的要素，如观念、技术、人才、品牌、发展战略等。日趋软化的区域比较优势与企业竞争优势日趋融合、相互影响。一方面，区域比较优势最终通过企业竞争优势才能体现出来；另一方面，企业竞争优势一旦形成，又将进一步加强与巩固区域比较优势。对一个地区来说，要提升其产业竞争力，就必须以整合地区比较优势和企业竞争优势为重点，积极培育一批具有竞争力的优势产业。也就是说，要把地区主导优势产业的规模做大，综合实力和竞争力做强，发展层次和技术水平做高，并最终形成具有持续竞争力的产业集群，必须将区域优势与企业优势结合起来（见图2）。

区域优势与企业优势的脱节影响了威海经济发展的动力。海港是威海突出的区域优势，但在威海多年的经济发展过程中，将海港这一区域优势与企业自身竞争优势相互结合起来形成市场势力的企业少，更没有通过这样的企业集聚而成的产业集群。这种状况与威海港建设的相对滞后不无关系，然而

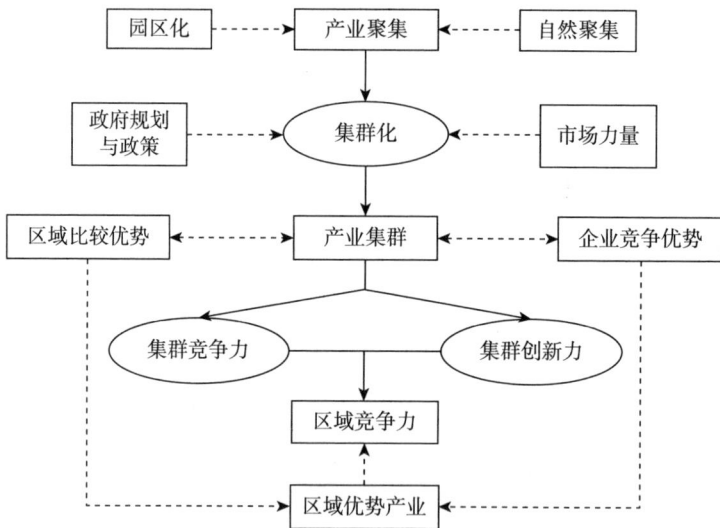

图2 集群竞争力形成示意

海港建设速度与规模的不尽人意也与威海发展临港产业集群的战略失误紧密相关。

2 国内外海港城市产业集群发展的规律与经验

2.1 国内外海港城市产业集群发展的规律

根据世界典型港口城市的发展历程及特征，可将现代港口城市的成长分为三个阶段。一是港口商贸运输阶段。港口城市的发展动力来自海港的运输功能。处于初期阶段的港口直接服务于运输装卸、货栈、仓储等功能，海港城市的经济以海洋运输和商业贸易为核心。二是临港工业集聚阶段。港口功能除了运输功能外，工业制造功能相继在港口产生，工业布局从内陆移向沿海地区。钢铁、石化、大型机械装备制造、造船等制造业充当主角，临港工业聚集强化并形成临港工业区，带动港口城市的人口、用地规模和产业的扩张。这一阶段是港口城市发展最快的阶段。三是临港工业与服务业互动发展阶段。港口信息服务业与港口贸易服务业的发展促进了港口集装箱物流业的繁荣。随着临港工业规模化、集约化、高科技化，港口城市聚集了大量为临港产业服务的金融、保险、法律、会计、海关、税务等服务业，同时由于人口聚集规模加大，港口城市不断壮大和发展，进一步刺激了学校、医院、文化娱乐、商贸服务等生活性服务业的发展。此外，其他相关的非经济基础部门也呈乘数规律持续增长。这不是一个港口经济产业的简单升级过程，而是代表着港口城市向区域经济中心城市过渡、港口向港口的最高层次——国际航运中心的过渡。目前世界上知名海港城市很多都已进入这一阶段。

2.2 国内外海港城市产业集群发展的经验

国内外发展经验表明，港口产业集群现象日趋明显，如荷兰鹿特丹形成临港产业集群，美国密西西比河与欧洲莱茵河沿岸地区形成了临港产业带，而伦敦与香港则形成了以航运服务为主体的航运服务产业集群。我国内地沿海港口，尤其是大型港口周边也已形成一定规模的产业集群。

国外港口的发展。①欧洲的门户荷兰鹿特丹。鹿特丹依托综合性国际大港打造港城一体化城市，成长为荷兰最大的工业城市。第二次世界大战前，鹿特丹主要发展造船业和水工产品制造业。"二战"后利用20世纪50年代的世界"廉价石油"时期和自身海运大国的比较优势，大规模发展石化工业，鹿特丹迅速崛起为世界三大炼油基地之一。此外，鹿特丹大力发展造船业、机械制造、制糖和食品等临港工业，通过建设物流园区、国际航运中心以及庞大的临港冷藏和冷冻设施，为荷兰的食品加工与贸易提供了强大的物流服务。在发展临港工业的过程中，鹿特丹很好地贯彻了"城以港兴、港为城用、港城互动发展"的思想，成为最具有经济实力和影响力的欧洲城市之一。②临港重化工业发展的典范东京湾横滨。日本工业通过向大城市聚集的路径迅速崛起。日本的四大临海工业地带只占国土面积的2%，却创造了日本30%的工业生产总值。横滨是日本临港经济圈的重要组成部分。"二战"后横滨大规模兴建临海工业区，建立了以石化、造船、机械、化学工业为主，电器、食品、金属制品、火电共同发展的大型临港产业群，其产值占区域工业产值的86%。为了整合城市资源，发展滨海旅游与休闲产业，横滨启动了"未来港口21计划"，打造一个开放性的海洋人文环境和休闲空间，吸引本地市民和周边旅游者前来休闲度假，并规划建设了大批造型独特的办公大楼、高层公寓和商场，吸引了大型公司总部及相关机构进驻，促进了总部经济与现代服务业发展。③以港兴城的样板旧金山湾奥克兰。奥克兰市是美国西海岸加利福尼亚州的第四大城市，也是全美第六大都市区"旧金山—奥克兰"地区的心脏。奥克兰港口是世界上首批使用集装箱运输的港口，同时也是首批专门从事集装箱多式联运的港口之一。为适应未来航运业不断发展的需要，奥克兰持续投资新建、扩建旧港等基础设施建设项目。经过多年的经营和多方合作开发，港口现已拥有布局合理的码头、先进的装卸设备和完善的公路、铁路、机场等港口集疏运基础设施。由于奥克兰靠近世界贸易的国际航线，逐渐成为美国西海岸重要的工商业城市与国际贸易中心，目前已经成为美国第四大集装箱港口，也是美国西海岸最大的国际货运中心。此外，奥克兰历史悠久、景色优美，为充分利用港口天然的旅游资源，奥克兰与市政府共同制定了奥克兰港口开发计划，为城市兴建了滨海公园和休闲广场，著名的休闲旅游项目马丁·路德·金海岸、杰克伦敦水族中心、海口公园、中港海滨公园、海岸公园、杰克伦敦广场已成为奥克兰市丰富的旅游资源，为城市旅游业的发展做出了突出的贡献。

国内港口城市的发展。①洋山港。洋山港是上海港重点建设的集装箱深水港区，集装箱综合通过能力达到 1350 万标准箱，是世界集装箱第一大港，港口货物吞吐量也位居世界第一。为加快确立国际航运中心地位，上海市依托已具有的规模性物流、资金流和信息流优势，将重心转向贸易、金融和信息服务，发展专业性交易市场的贸易服务，提供航运融资、保险等金融服务，以及航运、价格指数等信息服务，逐渐形成了港口与生产性服务业集群相互促进发展的良好态势。②天津港。天津港是中国北方最大的综合性港口，在近年累计投入 600 多亿元的基础上，吞吐量居全国主要港口第四位。天津港努力打造国际航运中心和国际物流中心，现已建成我国北方最大的散货主干港，规模最大、开放度最高的保税港区，环渤海地区最大的综合港和世界一流大港。港口功能的提升，对天津市特别是滨海新区的经济社会快速发展发挥了重要作用，港区周围迅速形成了电子通信、石油开采与加工、海洋化工、现代冶金、机械制造和生物制药六大主导产业集群，吸引了世界 500 强企业中的 15 家企业落户创业，成为全市最大的经济增长点。天津港的发展得益于政府政策的扶植。例如，港区企业的所得税以 2001 年的数额为基数，基数内的所得税全额返还天津港集团，超基数部分上交地方。天津港集团缴纳的海域使用金除按规定上缴国家部分外，其余部分全额返还港口，用以促进港口发展。③青岛港。青岛市将港口明确定位为我国沿海区域性中心港口、集装箱干线港口及能源、原材料运输的重要枢纽，主要以集装箱运输为重点，全面发展原油、铁矿石、煤炭等大宗散货中转运输，建成多功能、现代化的综合性大港，形成东北亚国际航运中心的核心。围绕这一目标，青岛港与英国铁行、丹麦马士基以及中国中远集团联合签署协议，共同打造中国最大的集装箱码头。经过多年的更新改造，青岛港已建成现代化新型海港，跨入世界亿吨港行列。2011 年，青岛港外贸吞吐量达到 2.67 亿吨，列全国第三位。在港口的带动下，青岛市在造船、石化、家电、机械等行业形成了规模强大的临港产业群，港口经济已成为青岛城市经济发展不可分割的重要组成部分。④日照港。日照市是1989年从县升格的地级市，日照港正处于青岛港和连云港两大港口的夹缝中，于1986年开港。"十五"期间，日照市抓住国家对港口管理权下放的机遇，高起点规划、超常规建设、跨越式发展，将港口定位为多功能、综合性、现代化的国际大港，以煤炭、矿石和原油等大宗散货中转运输为主，兼顾集装箱等其他运输，逐步拓展港口的服务功能，形成东北亚国际航运中心的骨架。目前，日照港已建成国内最大的矿石与粮食码头、吃水最深的集装箱码头和原油码头，年吞吐量增速多年保持全国第一，已跃居全国沿海十大港口行列。2011年，日照港年吞吐量突破2.5亿吨。日照市紧紧抓住港口在生产链、物流链和价值链方面的巨大优势，大力加快临港产业集聚和转型升级，激活临港产业价值链。目前累计开工建设的大型临港工业项目达上百个，已成为全市经济发展新的增长极，实现了港城互动发展的目标。⑤烟台港。烟台港是我国沿海主要港口和发展综合物流的重要港口，是胶东半岛和辽东半岛客货运输通道重要枢纽、北方地区重要的集装箱支线港，重点发展矿石、煤炭、原油和集装箱运输。2011年，烟台港完成货物吞吐量2.43亿吨，同比增长16.8%。其中，位于烟台港芝罘湾港区的烟台保税港区，是我国第一家以出口加工区和临近港口整合转型升级形成的保税港区，是我国目前层次最高、政策最优惠、功能最齐全、区位优势最明显的海关特殊监管区域。为适应烟台市建设现代化、国际性港口城市战略目标的需要，烟台港正大力加快港口建设和发展步伐。目前，烟台港正在进行西港区建设，打造未来烟台港的核心港区，并计划到"十二五"末，将被城区包围的芝罘湾港区整体搬迁至西港区，实现港区与城市和谐相处、共同发展。

2.3 港口及临港产业集群发展趋势

20世纪90年代前，港口经济主要限于港口的直接功能，即货物装卸、仓储、运输，为城市发展提供物资服务。进入90年代后，随着全球经济一体化进程的加速，港口经济开始向临港工业延伸，并通过临港工业集群与港口城市紧密相连，港口及临港产业集群出现了一些新的发展趋势。

港口经济发展模式的变化。一是发展重点从单纯的港口装卸业到发展临港产业集群，且更加注重与城市经济互动协调。成功的港口一般都以港口为依托发展出具有一定规模的临港产业集群，通过加快临港产业集群发展为城市经济发展增加新的经济增长点。二是更加注重产业链延伸和配套产业发展。

从扩大码头吞吐能力到寻求物流产业链延伸，如依托港口发展港口商务、港口地产，提供增值服务，将具有更大的经济效益，不仅可以拓展港口业务，更重要的是可以进一步增强港口的服务功能，进而提升其竞争力。我国正处于重工业加速发展的工业化中期阶段，大多数港口处于以临港工业集群为支柱产业、航运服务业为辅的发展阶段。

临港工业向构建新型临港工业产业集群转型。临港产业发展是港口经济的重心。在国际产业转移范围更广、规模更大、层次更深的背景下，在我国转变经济发展方式、扩大内需、产业结构升级的新形势下，我国临港工业也发生了巨大变化，逐步向构建新型临港工业集群转型。一是东部沿海地区规模化重化工基地加快建设。受自然资源不足的制约和基于国家建设现代化、规模化的工业基地要求，国家正选择具有发展空间并具备建设大型深水港的区域布局重化工基地，新一轮重化工业加快东移趋势明显，如河北建设曹妃甸循环经济工业园、山东打造日照精品钢基地等。二是东部沿海地区临港工业产业集群转型升级加快。受城市发展空间制约和基于我国经济转型升级要求，临港工业集群由原先的重化工业和传统制造业向重化加工制造和高端制造转型，如发展船舶、汽车等研发、制造和配套，以及精细化工、电子信息等专业化临港产业集群；由第二产业发展向第二、三产业协调发展转型，大力发展生产性服务业。三是临港工业集群将实现在更大空间范围内的产业延伸布局，实现临港工业集群与城市产业以及区域产业更深层次的融合，实现临港工业集群及港口产业链，形成链式互补、错位发展，进而推进区域港口群的资源合理配置和一体化发展。

3　依托威海港口发展临港产业集群

拥有强大的港口企业，对于一座城市发展区域经济、提升竞争力，将起到"一港带全局"的放大效应，为城市经济的发展带来契机。依托威海港发展临港产业集群，是威海将园区经济提升为集群经济、科学延伸集群产业链、构建集群市场势力、将区域比较优势与企业比较优势有机结合的战略方向。

3.1　依托港口资源，确定威海产业集群的主导产业

集群竞争力是指集群中企业在设计、生产和销售产品与劳务，参与市场竞争的综合能力，这种能力是集群自身所拥有的竞争优势所决定的。除此以外，其他的一些外部因素如区位条件、劳动力与资金供给、文化习俗观念、

经济体制以及政府政策，对集群竞争力的形成也具有重要的影响。产业集群理想的发展战略是将区域比较优势与企业竞争优势相结合的战略。

威海产业集群的主导产业如何定位呢？一种思维方式是从比较优势来选择产业。本地有什么比较优势就发展什么产业，没有比较优势就不发展产业。另一种思维方式是从全球的市场需求中确定自己的产业。某一产业，全球需求量很大，但没有企业做，或做得不够，这样的产业就可以成为一个地区的产业定位。至于生产中使用的资源，可以到别的地区去买。在交通不发达时，资源运输不方便、成本高。在物流全球化与运输网络化的背景下，许多资源可以跨省、甚至跨国运输，成本并不高。因此，交通越发达，资源对地方产业选择的制约就越小。由此看来，不论从哪条思路分析，港口等运输枢纽的建设对威海集群主导产业的选择都构成了至关重要的因素。

威海理想的发展战略是选择既具有较大区域比较优势，又具有较大企业竞争优势的战略。在大多数的情况下，需要在区域比较优势并不突出的条件下，积极培育创造企业的竞争优势。但是，不应该主观臆断，违背区域的比较优势盲目发展区域经济所不适宜发展的主导产业，主导产业的定位需要综合考虑产业发展的特性、区域经济的具体条件等多方面因素。海港是威海的区域比较优势，通过政府引导发展临港产业，培育龙头企业，形成区域优势与比较优势相结合的产业体系，是威海产业集群的一个重要发展方向。

威海主导产业的选择，要将海港建设与全市产业体系发展有机结合起来，通过海港的建设来提升城市功能，带动临港产业、物流贸易中心的建设，形成以先进制造业和现代服务业为龙头的现代产业体系。在发展区域产业的具体过程中，可以考虑"先存量造优，后无中生有"的战略。首先，根据自身的条件和优势，控制具有优势的产品增值环节，尤其是优势核心环节，扩散转移那些不具有优势的环节，构建开放型的一体化优势产业链。通过控制产品价值链的优势核心环节，来控制整个产业链，提升园区的产业竞争力，即先从本地区已有的产业中挑选几种比较有优势、比较有发展前景的产业重点扶持，然后以此产业来发展产业集群。其次，实施无中生有，即本地区并没有什么产业，通过招商引资，通过本地民营企业的发展，寻找新的产业，再以新的产业为基础发展产业集群。具体来讲，威海要依靠深水港口、临港工业基地为平台，大力发展重化工业为重点的项目，形成以石化、钢铁、船舶制造、仓储物流、机械加工、商贸、旅游产业为特征的港口产业集群，延伸港口产业链，实现"以工兴港"。与此同时，港口要按照既定的功能定位，重点为临港产业集群服务，同时增强港口的辐射力和带动力。

3.2 围绕临港产业，提高集群的产业关联度

港口主导产业及大量相关产业集中在港口区域周围，其产业布局有据可循。如图 3 所示，可将港口产业集群按照地理范围划分为几个层次。

首先是集群核心区。港口产业集群是依赖港口的交通便利条件而产生的，其核心区域就是货物集散的作业区域——中心港区。港口产业集群核心区中聚集着大量的港口主导产业，其主要活动为船舶停靠、货物装卸、船舶燃料供给、提供港区基础服务的港口企业，保持航道适航条件的航道疏浚与管理公司以及为船舶靠港服务的牵引靠泊公司等。港口产业集群核心区是港口功能充分发挥和提高港口竞争力的基础。港口的建设需要大量的基础设施建设，其初始规划建设和选址需政府的介入。一旦港口的基本条件完善后，相关的企业便会自发地聚集在核心港口作业区的周围，为港口提供服务，形成港口产业集群的核心能力。

其次是集群次核心区。港口产业集群的次核心区主要进行的是物流活动、制造活动和贸易活动，主要集聚的是大量港口相关产业，如船舶及船用设备维修制造业、港口建设业及港务工程业、内陆集疏运、船用油类仓储、机电设备批发零售业、航运相关金融保险、信息服务、教育培训科研机构、商贸机构。这些港口相关产业聚集在次核心区内，环绕着核心区为港口主导产业提供各种必要的配套服务和技术支持。另外，此区域也存在大量的集群内的行业组织，他们对完善集群内的关系结构起着重要作用。由于次核心区内的企业的运转一般需要良好的商业环境，因此它们所处的地理位置不会是港区，而是位于港口城市的核心商业区内。次核心区的形成主要来自内生构建。在港口物流能力的吸引下，大量的企业会为了寻求相对的竞争优势而自发地聚集在港口城市。当然，政府也起到了一定的引导作用。

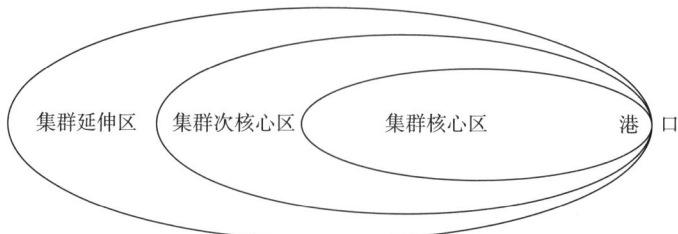

图 3 临港产业集群布局示意

最后是集群延伸区。港口是水陆运输的交汇点，依托港口发展产业可以

降低运输成本。随着港口产业集群核心区和次核心区的发展完善及港口经济的不断发展，一些为港口主导和相关产业提供原材料和服务的产业以及需要依靠港口运输的产业，也会慢慢聚集在港口城市的郊区甚至是港口腹地城市，接受港口产业集群的辐射作用，提供或者享受低成本、高质量和便捷的服务。例如，钢铁、化工、机械制造等相关联的产业在港口的腹地集聚，形成港口产业集群的延伸区。它出现的最主要的原因是港口的存在，因此可以认为临港产业集群现象是港口产业集群的延伸。延伸区一般是政府确定开发临港产业，并改善相应的生产条件和商业环境，相关的企业在政府的引导下或者自发地聚集过来形成的。

临港产业是围绕海港建立起来的，它们天然具有产业的共性与紧密的产业关联特性，可以促进威海集群产业关联度的提高，增强集群竞争力。港口业的影响力系数约为 1.6，能够带动多个产业的发展。港口生产经营与其他相关产业及间接诱发经济贡献比为 1 ∶ 5，港口提供的就业拉动比为 1 ∶ 9。

在临港产业集群中的五个主要活动包括货物装卸活动、运输活动、物流活动、制造活动和贸易活动。港口的首要功能是运输枢纽、货物装卸与储存，良好的港口服务可以为贸易双方提供价值增值。制造业、加工业需要大量上游产业为其提供各种原材料和配套产品，与国民经济各产业部门有着广泛而密切的联系。同时，制造业、加工业本身的发展又进一步带动了相当大一批产业的发展。例如，造船产业的集群化发展，就是以大型造船企业为龙头，同时在同一区域内形成一批船用配套企业，而大力培育和健全相应的配套体系，是发展和完善船舶工业产业链、提高船舶工业的整体竞争力的有效途径。一方面，制造加工业在港口集聚，为港口建设提供了基础设施，提高港口的运输能力以及对外联系的能力，加强产业集群内部的相互联系与交流，增强港口对于外商停泊的吸引力，从而提高港口整体的竞争能力，并带动了贸易、运输业等的发展；另一方面，在其他条件不变的情况下，靠近港口这一运输中心可以实现大批量运输，减少原材料或产成品的中转次数，降低单位成本，这对于那些原料需要大量进口或产品需要大量远销的企业更为重要。此外，经由信息网络，制造加工业可以获悉世界上先进技术、装备、中间产品等的相关信息，并通过贸易和运输等获取先进的技术、装备和中间产品，实现自我完善与发展，强化了相互协作的关系。贸易活动是联结其他港口活动的无形纽带。一方面，对外贸易使得港口的重要性日益凸显，带动了装卸、运输和物流产业的发展。另一方面，贸易活动为港口经济发展提供信息支持，建立信息网络。通过对外贸易，可以了解国际经济发展动向以及世界各国生产技术的优势与劣势，有助于引进先进的技术和设备，实现其他产业整体业务能力的提升；通过集群内部的贸易，可以加强企业彼此之间的联系，提高相互信任度，降低交易成本，维持长期的贸易往来。

3.3 威海港是建设专业化市场的一个潜在有利条件

专业化市场的建设为一个地区产业的发展提供一个更大的市场需求空间，产业发展与专业化市场的建设形成良性互动发展的关系。在激烈竞争的市场经济社会，不仅产品需要品牌，企业需要品牌，就是一个城市、一个地区也需要品牌。产品的品牌表明产品独特的性能和质量，区域品牌则表明区域的产业优势和产品特点。改革开放以来，中国许多城市都在办节，如洛阳的牡丹节、大连的服装节、青岛的啤酒节、深圳的荔枝节等，数不胜数。办节的目的是扩大城市的影响、创城市品牌。正如品牌影响力大的产品能获得更多的消费者，品牌影响力大的区域能吸引更多的经销店、供应商、投资者以及各类人才的集聚，专业化市场建设有利于创立区域品牌。一提到家电，人们就想到顺德；一提到五金，人们就想到永康；一提到打火机，人们就想到温州；一提到领带，人们就想到嵊州；一提到纺织，人们就会想到浙江绍兴。绍兴对于国内外的服装企业来说，意味着规模最大、品种最全、价格最低、运输最快、服务最好的面料采购地。只要采购面料，他们第一个想到的就是绍兴。对于那些计划创办纺织业及相关产业的投资者来说，绍兴意味着较好的投资场所。在这里投资，市场信息传播快，配套环境完善，成功率高。对于供应商来说，绍兴意味着较大而且较为集中的市场，大家都会将最好的设备、最好的原料、最好的设计送往绍兴。对于纺织类的人才来说，绍兴则意味着有施展才华的最好舞台。目前，绍兴作为中国纺织业的一张名片，其影响力已经由国内扩展到全球。随着专业化市场的建设和区域品牌影响力的进一步提高，市场需求从国内开拓到国外，地区的特色产业将会得到更快的发展。当今的专业化市场形成了专业化交易网络，伴随着电子商务、现代物流、会展经济等新兴商业形态的出现，专业化市场的竞争越来越激烈，在中国沿海发达地区的专业化市场已呈现分化、整合、转型与提升的趋势。专业化市场借助电子商务这一新型的交易方式，依靠较为完善的物流配送网络，通过实施品牌战略以逐步实现市场功能、交易主体、交易规模、交易范围、交易方式与手段的提升与创新。威海依赖已有的一些优势产品，可以建立专业化市场，这个市场可以是有形的，也可以同时采用电子商务等无形的市场，但这必须根据不同行业的特征区别对待，需要加以深入分析。专业化市场不仅扩大了市场规模，而且通过提高集聚程度，进而促进劳动分工，由此带来的生产效率的提高将进一步扩大市场需求与专业化市场的规模。整个过程表现为正反馈因果累积过程（见图4）。

专业化市场 ⟶ 生产要素集聚 ⟶ 分工深化 ⟶ 生产效率提高 ⟶ 市场需求增加
建设与扩大

图4 专业化市场扩大市场规模的机制

具体到威海的情况，依托电子商务可能是发展专业化市场的首选途径。但海港是人流、物流、资金流、信息流的汇集点，具有建设专业化市场的天然有利条件。海港作为建设专业化市场、形成威海新经济增长点的作用不应被忽视。

3.4 依托威海港，打造龙头企业，构建集群的市场势力

龙头企业是构建集群市场势力、带动产业集群发展、实现区域产业转型与升级的主要力量。实践证明，大项目是支撑区域经济发展的重要抓手。日照市立足港口优势，依托重大项目拉长产业链，促进产业集聚。森博浆纸、日照钢铁、大海油脂、新良油脂等一批大项目先后建成投产，累计开工建设临港工业项目上百个，完成投资300多亿元。日照临港工业实现销售收入占规模以上工业销售收入的52%，全市9个销售收入超过10亿元的企业中，有8个是临港企业。青岛市也高度重视发展与港口、海运关联度高的特色经济和相关工业产业，打造家电电子、石油化工、汽车机车造船、新材料等四大工业基地，培育了海尔、海信、澳柯玛、朗讯等一批闻名中外的名牌企业。每年全市工业产品集装箱进出量达300多万标箱，约占港口集装箱吞吐量的60%，四大工业基地2011年完成的工业总产值占全市规模以上工业总产值的54%，港口经济和工业经济成为支撑青岛市经济社会发展的重要力量。大企业是在激烈的市场竞争中发展起来的，它们不只是规模大，更主要的是龙头企业一方面具有较强的产业带动作用，另一方面具有一定的垄断定价权，可以提高产业集中度，构建市场势力。所以，围绕临港产业打造龙头企业是港口发展经济的重要举措。

总体上看，目前威海企业规模较小，市场集中度偏低。威海应该充分利用港口与临港工业和城市经济的互动发展关系，抓住经济全球化过程中发达国家产业加速向我国沿海地区转移的机会，发挥拥有深水良港的优势，积极发展具有支撑作用的临港产业，确保港口重点工程项目建设，做大做强临港经济。通过大项目建成投产，带动相关投资，构建企业的市场势力，力争在

新一轮区域竞争中占据有利地位。

3.5 发展临港产业集群，推动港口建设，实现港城互动发展

产业集群可以借助港口的优势增强其市场势力与活力，同时，临港产业集群的发展也将促进港口的发展。所以，港口的发展也不能就港口而论港口，需要在集群与港口的良性互动中实现其跨越性发展。

港口有利于临港产业（造船、石化等）的发展，这些产业通过产业关联带动相关产业（机械、电子、化工等）的发展，并使公共部门、服务产业（例如物流、金融、保险、咨询业等）、战略性新兴产业得到发展，外贸活动增加，这又促进了区域的产业结构优化与技术进步，由此带动区域经济的增长，一方面增加就业，为市场创造新的消费需求；另一方面则增加地方财政收入，地方政府可以拥有更多的财力来开辟临港工业区，建设码头仓储等基础设施，提升港口竞争力。在港城联动的发展过程中，临港产业集群不断发展壮大，港口在区域中的竞争力也日益增强，从而实现了港城的良性互动发展。图 5 描述了港口与临港产业集群之间的联动发展关系。

威海只有从港口经济或港口城市的角度出发，将围绕航运的大量服务活动集聚起来，形成临港产业集群，才有可能实现快速发展。国内外发展成功的港口城市，港区范围往往涵盖城市的多个功能区，形成港城一体。从港城一体的角度看，威海应该是由航运网络 + 海港 + 临港产业集群 + 物流贸易中心组成。港口与临港产业的发展，不仅仅是威海港的兴衰问题，更是威海市的兴衰问题。

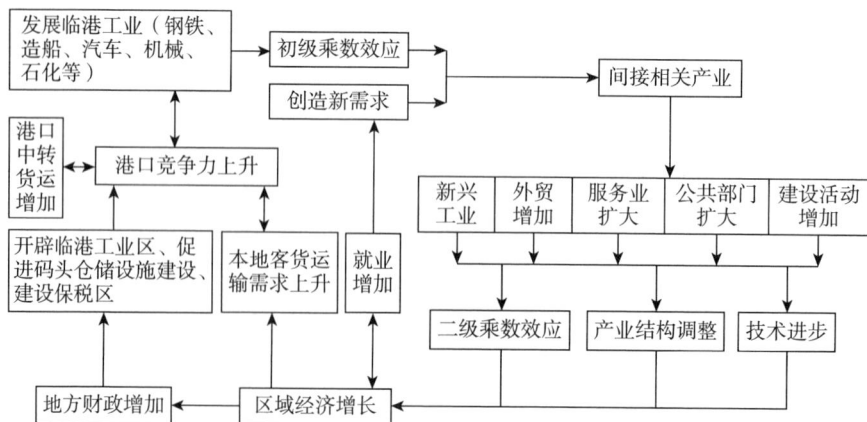

图 5 港口与区域经济互动发展机制

4 实现海港建设与威海产业集群良性互动的政策建议

不论从港口对区域经济应起的作用看，还是与周边港口的发展速度相比较，威海港的建设都显得相对滞后。与沿海发达地区相比，威海临港产业集群的发展也同样滞后。相比之下，威海产业集群的发展与港口的发展相互制约的互动关系则更为严重。这种发展态势一方面不利于科学延伸产业链、构建市场势力、扩大集聚效应、打造集群竞争力等问题的解决，阻碍了城市经济发展与产业升级；另一方面使得威海港自身的发展也处处受到制约。究其原因，在区域经济发展过程中，港口与产业集群之间的有机联系被严重割裂，步履维艰，进而形成港口与临港产业集群之间的恶性互动。在"十二五"新的发展时期，正确地分析、认识港口与城市之间的发展关系，科学地确立海港在区域经济中应有的地位与作用，积极地制定并实施以建设海港为依托、打造临港产业集群为手段、实现港城互动为目标的战略规划是亟待解决的课题。

4.1 加快港口自身现代化建设步伐

要加快港口自身现代化建设的步伐，就要加大威海港口建设投入力度，吸引国内外大型港口集团投资合作，鼓励民间资本对威海港口及相关配套设施建设进行投资，改善威海港集团资产负债情况。威海港物流业务水平也应该在巩固原有优势的基础上，引进现代化物流技术，加大力度进行港口物流产业整合，积极引导现代物流企业的转型。

4.2 强化政府的科学规划引导，完善政策机制

在宏观规划上，政府应对高技术服务业的发展提供正确引导，完善相关的政策机制。如制定产业发展的专项规划，建立规划的执行体系，完善规划实施的考核监督体系和产业发展评价体系；制定适应细分行业发展的产业扶植政策，鼓励更多技术服务业企业享受高新技术产业优惠政策。同时，政府也应加强关于临港产业的理论研究，重点研究国际、国内临港高技术产业的发展形势和特点，跟踪发展动态，为政府宏观决策提供依据。

第一，围绕临港产业，威海的产业链哪些应该延长，哪些不应该或者不可能延长，这个工作应该基于威海的产业基础、区位条件、发展战略以及产业之间的技术经济关联特性，组织政府相关部门、企业与高校共同研究、分

析，才能得出科学的规划。在此基础上，科学延伸临港产业链，打造威海临港产业集群。沿海港口城市都视港口为城市和所在区域经济发展的重要战略资源，实施加快港口战略，推动城市经济发展，提高港口在城市经济发展中的地位和作用。威海港应该积极争取威海市政府的支持，尽快完善港口的现代化硬件设施建设，为临港产业的发展提供更为便利的交通运输条件，真正起到吸引优势产业的作用，科学延长产业链条，逐渐建设威海的临港产业集群。

第二，根据政府的城市规划，科学制定相应的港口建设规划和港口发展规划。政府将港口作为最核心的资源，强调"以港兴市、港城联动"，统筹考虑、科学编制城市总体规划。为了加强海港规划与城市规划相协调和统一，威海港应该根据政府的城市规划，科学制定相应的港口建设规划和港口发展规划，合理利用港口资源，以满足城市发展的需要。为了保证港口区域的健康快速发展，充分发挥港口对城市的辐射带动作用，港口应努力在港口基础设施建设、产业布局、功能配套和环境保护等方面与所在城市紧密衔接。同时，海港地区在规划建设中应实施滚动开发的方式，给港口的发展预留土地和空间，以适应未来港口规模扩大的需要。把潜在优势迅速转化为现实的经济和竞争优势，争取新跨越。

第三，合理规划港口与产业园区，保证区域优势与企业优势的有机联系。威海市在进行城市规划和发挥港口优势的实施过程中，应充分考虑到各区的比较优势，在规划产业园区的过程中，应大力发展临港产业，同时做好园区内企业之间的合作沟通，发挥集群的产业关联效应。

第四，建立多元化的投融资体系，提供资金保障。政府应制定扶持计划，着重加大对企业的支持力度；设立产业扶持资金，确定重点扶持的细分产业和企业选择标准；建立和完善临港高技术服务业领域科技经费管理制度，提高财政资金使用的规范性和有效性；鼓励企业间开展金融互助合作，合理引导和规范企业内部集资、入股；鼓励各商业银行开展金融创新，强化政策性银行对高技术服务业企业的资金扶植；鼓励企业利用融资租赁等间接融资方式，搭建企业与各类金融机构信息交流平台；大力发展民间金融，利用地方中小金融业的信息成本优势，给予临港产业强有力的金融支持。

第五，加强创新人才的开发和引进，形成智力支撑。政府应加大对技术领域带头人和高技术服务业企业家的培育；鼓励企业与高校共建面向需求的在职人才培训基地；建立重点行业人才引进目录，制定并落实相关引进政策；建立高技术服务业人才智囊库、统计分析系统和综合性人才服务体系；推动企业建立科学的人才评价体系和灵活、高效的激励机制，增强企业对人才的吸引力和凝聚力，真正做到引进来、留得住、用得好。

4.3　加强区域协作，实现错位发展

随着区域经济一体化进程明显加快，区域内的城市会出现市场融合、基础设施对接的趋势，而产业同构是制约地区经济发展的重要因素。要真正实现区域比较优势，关键是实现区域内的协调与合作。建立区域内的协调机制，加强与周边城市在人才、技术等方面的交流，吸引现代服务业人才向区域内部集聚；同时，着重发展具有比较优势的重点行业，将不具备比较优势和不符合城市功能定位的行业向其他地区转移，以加强城市的核心竞争力，形成与周边城市的错位发展模式。

［作者单位：哈尔滨工业大学（威海）　课题组成员：张积珊　王继东　郭艳丽　张　艳］

提升责任竞争力

——企业社会责任在威海：现状与对策

许春燕

前　言

2008 年以来，与"冰冻灾害""汶川地震""三鹿奶粉""金融危机""富士康十一连跳""力拓在华贿赂案""日本核泄漏危机""欧洲毒黄瓜"等事件并行的一个关键词，叫"企业社会责任"。

在"黑煤窑""毒奶粉"之后，在富士康几乎已经成为"员工自杀"和"血汗工厂"代名词和标志之后，国人有更多的反思将责任与企业的品牌和软竞争力，与信任、信誉和信心直接相关联。人们对企业社会责任的理解，正在超越履责内容多寡的单一维度考虑，而努力从履责动力、内容、方式及追求目标等多个维度全方位给予把握。中国企业在社会责任面前，书写着艰辛与辉煌，经历了迷茫和思考，承受着考验与挑战。

企业社会责任（Corporate Social Responsibility，CSR），以消费者权益、劳工利益和环境保护三大公众利益为核心，以劳工运动、消费者运动和新环境保护运动为主要内容，伴随着跨国资本在全球化进程中逐步扩张引起的一系列社会矛盾在一些发达国家逐渐出现。在经济全球化和 ISO26000（社会责任指南标准）已经颁布的今天，CSR 作为国际贸易的普世价值，逐渐成为国际社会普遍接受的企业行为准则，企业进入全面责任竞争时代。

中国社会各界逐步认识到积极承担相应的社会责任与实现经济效益最大化具有高度的一致性。遵循社会责任国际标准，是企业提高持续竞争力的内在要求，也是作为"世界工厂"的中国企业无法规避的选择。中国企业必须认清这场席卷全球的"道德革命"的实质，从战略高度转换竞争战略战术，提升责任竞争软实力，谋求在有限的资源和激烈的竞争中实现可持续发展。

本报告就是在这样一种背景下，参考大量国内外 CSR 研究文献，结合国际、国内 CSR 现状及发展趋势，基于对 187 家各类威海本埠企业的实证调研和 CSR 现状分析，尝试提出提升责任竞争力、促进企业可持续发展的可行性建议。

一 竞争和利益相关者利益驱动，全球企业进入全面责任竞争时代

企业社会责任运动是市场经济和市场竞争发展的必然结果。

（一）CSR 的实质是企业权益在各种利益相关者之间的合理配置

企业社会责任主要源自消费者和市民社会向企业的施压，要求他们以一种对社会负责任的方式追逐利润。在发达国家，这等同于要求企业"对社会负责不仅意味着履行法律责任，更要求除了遵守法律之外投资于人力资本、环保以及维系与利益相关者的关系"。

1. 企业社会责任的概念

企业社会责任，是指企业在创造利润、对股东承担责任的同时，还要承担对员工、消费者、社区和环境的责任，强调企业在生产经营过程中对人的价值的关注，强调对消费者、对环境、对社会等其他利益相关者的责任和利益的兼顾与贡献。

在国际通用的定义里，"企业社会责任"是指一个企业对自己的股东和股东以外的企业利益相关者的责任。它意味着"一个企业必须为自己影响人们、社会和环境的任何行为承担责任"，它要求企业在追求自身盈利的同时，关注生态环境、劳动者权益、商业伦理和自然资源。

2. 企业社会责任的推动因素

CSR 概念早在 19 世纪末 20 世纪初就已经由西方发达国家提出，尤其是 20 世纪 70 年代以来，全球化浪潮以及全球化政治和公民运动将这一概念推到了商界前沿。

企业社会责任的推动因素至少包括以下四个方面。

（1）公民日益增强的环保意识

不仅在发达国家如此，快速工业化进程使得发展中国家的环保问题也尤为迫切，全球变暖是关注的焦点。在遏制全球气候变暖这件事上，任何国家

都不能自视为一个孤立的存在而免于承担责任，跨境索赔已经获得了越来越大的合法性。

（2）跨国企业跨国经营的母国担忧

跨国企业常常通过将他们的生产转移到管制松散的其他国家，尤其是发展中国家，来逃避严格的母国劳工、环保管制。这同时引起了跨国企业母国及接受国公民社会的忧虑。

国际劳工权利基金协会（International Labor Rights Founds，ILRF）2006年针对沃尔玛的一则诉讼便是一个例证。诉讼的主要内容是沃尔玛没有要求发展中国家的供应商遵守相关的劳工待遇准则，要求沃尔玛更深入地实施其向客户和社会做出的承诺，敦促沃尔玛采取有效的措施来反对违反准则的供应商。

（3）社会和环境中存在的威胁

全球化一方面增加了世界市场的流动性和波动性，另一方面也将环境危害传递至各个国家，使得整个世界面临更大的不确定性。华尔街市场的主宰人物之一乔治·索罗斯曾警告，大量不规范的跨境资本流动会给世界带来巨大的风险。2008年金融危机就是该警告的一个真实脚注。环境方面，国际社会已经开始认识到，即使在世界最偏远的角落发生的小事情也能够积累起来，产生巨大的影响，环境危机会波及每一个国家。所有这些因素都促使公民和社会要求企业，尤其是跨国公司，采取更负责任的方式运作他们的业务，以使世界免于重大的社会和环境灾难。

西班牙是欧洲的菜园，德国、英国及意大利餐桌上的黄瓜、西红柿等果蔬绝大部分来自西班牙，西班牙果蔬每年出口额达数十亿美元。西班牙既是欧盟一体化自由市场体系的受益者，也是这个市场体系的责任者。

在刚刚过去的6月份，由"毒黄瓜"等受污染蔬菜引起的肠出血性大肠杆菌疫情肆虐欧洲，世界卫生组织用"非常巨大、非常严重"形容这次疫情。在"毒黄瓜"风波一周内，西班牙果蔬订单一大半被撤回，很多国家均向西班牙果蔬关上了大门。受此影响，西班牙一周之内至少损失了2亿美元，整个农产品出口业遭到毁灭性的打击，国家因"毒黄瓜"而贸易受损。这是压垮脆弱的西班牙的最后一根稻草，西班牙誓言要欧盟和德国赔偿。

（4）商业模式的范式转换

全球化开辟了新的竞争前沿。作为对日益增长的全球公民社会觉醒的回应，企业可以围绕着企业社会责任构建自己的商业机会，并利用它作为争夺市场份额、获得更好的公共关系以及更有效的处理风险的工具。此外，全球化也使顶尖人才参与到国际竞争之中，为劳动力提供更好的待遇，可以作为吸引最优秀员工的竞争工具。当主流的经济和商业模式受到挑战，当全球化出现停滞的风险，我们除了需要拓展认识、增加灵活性和韧性，还需要承担更多的社会责任。

3. 企业社会责任的内涵

根据联合国工业发展组织的一份报告，企业社会责任的概念发展可分为三代（见表1）。

表1　企业社会责任的概念发展

	第一代	第二代	第三代
项目	慈善活动，博得公众好感	将企业责任整合到商业策略中，资源用企业责任寻找商业机会	积极追逐公共利益，视为企业固有目标的一部分
负责的对象	法律上的和传统的利益相关者	直接的利益相关者，短期影响	广义的利益相关者，长期影响
商业因素	止疼剂——减缓痛苦	符合成本—收益原理	战略整合
参与程度	遵守法律责任	损害最小化	创造社会价值
影响的程度	市场行为	市场重塑	政策影响

资料来源：联合国工业发展组织（UNIDO，2002）。

当前，企业正处在从第一代向第二代转型的过程中，第三代尚未到来。第一代CSR被视为企业的被动反应；第二代需要更多的有意识的行为来实现对于不同的利益相关者的关心，将CSR与一个精心设计的商业策略相整合，重新塑造市场；而第三代要求企业有意识地采取给公众带来福利的行为。

4. 企业社会责任的实质

当今社会中最有效的价值创造者，无论是在中国还是在西方，都是企业。企业的多重角色赋予它巨大的权能，而与权能必然相伴而来的就是责任。

不幸的是，花旗、雷曼兄弟等公司的系列事件和随后金融体系的崩溃，不仅造成了全球性的危机，而且大大削弱了公众对企业及其领导者的信任。现在企业所承担的责任、其所有制和领导者的经营管理，都在招致前所未有的质疑。

遗憾的是，大多数经理人，包括中国的许多高管，并不想在讨论这种"不切实际"的问题上"浪费"时间。他们对此拥有一个明确的答案：公司的目的是盈利，并使利润最大化。

已故的诺贝尔奖获得者米尔顿·弗里德曼的模式目前仍起主导作用："公

司的目标和宗旨是实现股东价值的最大化，人是理性的且其行为只出于自身利益，对法规的服从是因为无法避免政府的管制，任何事物都是有价格的并且市场是决定其价格的最优机制，精简和严苛的组织会带来更低的成本、更高的生产率、更大的灵活性和更好的结果。"那么，当看到贪婪和股东价值最大化成为个人和企业行为的主要驱动力时，我们将不会感到意外，当然也不会在看到走捷径、开后门成为习惯，逃税、避税成为艺术，做假账成为本领，外包贿赂成为常规，欺骗性广告成为技能等种种现象时感到吃惊。

企业社会责任向这种定位发起了挑战。这种颠覆性的理论指出利润只是达到目的的一种手段，而将其作为一种企业的终极目标将产生不利后果。

企业社会责任的核心在于对利益相关者利益的广泛关注（见表2）。

表2 不同竞争阶段的企业社会责任的核心

竞争阶段	单纯市场竞争阶段	环境导向竞争阶段	全面责任竞争
经营目的	对股东负责	对股东和环境负责	对包括股东在内的利益相关方负责
竞争法则	对顾客负责的优质产品与服务	对环境负责的优质产品与服务	对利益相关方负责的优质产品与服务
鼓励对象	产品	产品＋环境	产品＋环境＋人
管理目标	产品改进	产品改进＋环境改善	产品改进＋环境改善＋人文关怀
管理体系	ISO9000（1987年发布）	ISO9000＋ISO14000（1997年发布）	ISO9000 ＋ ISO14000 ＋ ISO26000（2010年发布）全面质量管理体系
经营理念	股东公司	股东环境公司	利益相关方公司

今天，股东以外的消费者、媒体与金融、政府、公众等其他利益相关者已经形成了一个与跨国公司命运生死攸关的巨大压力集团，跨国公司必须按照他们形成的共同的价值观来调整经营行为，否则就会被公众所抛弃。跨国公司社会责任的本质是企业利益相关者对跨国公司利益实现机制的重构。

企业承担社会责任本质上也是企业权益在各种利益相关者之间的合理配置问题。换言之，在当今企业价值最大化观念的支配下，企业在关注股东权益的同时，也应该关注以人力资本投入者为代表的非股东利益相关者权益，即承担社会责任。

（二）CSR在提升企业竞争力和推动可持续发展中的作用

企业社会责任可以在如下几方面创造商业机会。

1. 节省成本

企业投资提高环境利用效率的举措，诸如污水处理设施和节能设备，往往能够通过节约成本而带来高回报率。这类投资通常比商业投资效果要好，尤其适合参与清洁生产的企业。

今年6月份以来，众多媒体对于哈药集团制药总厂多年来产生的怪味问题进行了连续报道。其中，"硫化氢超标1150倍""广告费是治污费的27倍"等焦点问题更是引起了社会各界的广泛争议。有理由相信，尽管哈药集团制药总厂2010年营业收入180亿元，5年上缴70亿元税金，顶着当地"著名利税大户"的光环，"底气十足"，但在"公众的追问，舆论的追问，人大、政协的追问"下，哈药的"污染门"迟早会被关上。

2. 提高声誉

在和可持续发展利益相关者诸方面关系表现良好的企业，会由此积累良好的声誉，否则定会损害其品牌价值。这对于品牌价值较高的零售型企业尤其重要，他们经常是媒体、社会活动以及消费者关注的焦点。

在欧美国家，越是知名的企业，越是谨言慎行、如履薄冰。家乐福中国区负责人强调："我们进入任何市场，严格遵守当地法律法规是我们开展工作的基础，所有行为都要在法律法规允许的范围内进行。"但近年来，家乐福超市在中国市场出现的违规受罚案例或者负面新闻屡见不鲜：2003年，由于不满被收取高额进场费，正林等多家炒货企业暂停供货；2007年，重庆市沙坪坝区家乐福超市举行店庆促销活动，发生踩踏事故；2010年12月，家乐福超市价格欺诈事件曝光；2011年7月3日，因"立即辞退"员工，被判近7万元解除劳动关系经济补偿金……腾讯网专门开设了一个《家乐福怎样在中国"变坏"》的话题。

3. 增强企业招募、培训以及挽留雇员的能力

良好的利益相关者关注，可以让员工对于成为企业的一部分而感到自豪，能够提高士气和员工忠诚度。

4. 对于风险准确的预期和管理

在一个日趋复杂的市场环境下，通过增强监管以及增强利益相关者对公司行为的监督来管理风险，是企业成功的关键。

5. 与政府部门保持良好的关系

对于许多希望寻求业务扩展或者在前景不明确的环境中运作的企业而言，获得正式或非正式的"经营执照"至关重要。企业勤于满足社会以及环境的标准，能够使企业和政府部门有更好的合作关系，减少官僚主义造成的延误。

6. 学习和创新

学习和创新不只是身处知识密集、发展迅速行业的企业，也是所有企业

成功和生存的关键。可持续发展要求企业和许多个人以及组织打交道，其范围远远超出传统商业联系。

（三）全球化背景下 CSR 竞争已经成为跨国公司竞争的最高表现形式

20 世纪 70 年代以来，伴随经济全球化的迅猛发展，面对全球气候异常、贸易争端、劳工问题、能源危机等挑战，人与能源、环境等的共同协调、可持续发展成为全球的共同呼声，企业进入全面责任竞争时代。

就全球范围而言，当前企业社会责任的发展突出表现为两个方面。

1. 推进企业社会责任的力量多元化、企业社会责任认识和实践不断深化

国际组织和非政府机构、政府和社会公众，日益重视和积极推进企业社会责任，多方重要力量推动 CSR 运动从欧美发达国家逐步扩展到发展中国家，从跨国企业延伸至中小企业。

2. 促进企业履行社会责任的综合机制正在形成

发端于跨国公司行为的西方 CSR 运动，后来上升到联合国以及欧盟等多边国际组织和国际消费者组织和环保组织、人权组织等众多非政府组织、美国等国家政府的政策，以国际劳工标准为代表的国际社会责任标准逐渐演化为一种重要的国际贸易新规则，以美国为代表的欧美发达国家坚持将劳工标准与贸易挂钩，形成"粉色贸易壁垒"。熟悉并自觉遵守这些规则的企业就能获得越来越多的订单而日益壮大，反之则被淘汰或无法进入国际市场。

为了适应来自国际组织和非政府机构、政府和社会公众的巨大压力，越来越多的跨国公司声明遵守 UNGC（United Nations Global Compact，联合国全球协议）、GRI（The Global Reporting Initiative，全球永续性报告协会）非财务事务披露规范以及 SA8000（Social Accountability International Standard，社会责任标准）等国际社会责任规范和标准，同时着手制定本企业的行为规范，用来规范自身和供应商行为。全球有家乐福、阿迪达斯等 400 多家跨国公司制定了自己的社会责任守则，要求辖下生产商、供货商遵守守则，并将此与企业订单挂钩。以 IBM、耐克、沃尔玛为代表的跨国公司，陆续开始定期向社会公开发布企业社会责任报告，向消费者和公众展示其社会责任的活动，成为履行和实践社会责任的标兵。

越来越多的媒体，也开始致力于监督企业的社会责任表现。《财富》和《福布斯》等权威媒体开始在企业评比排名上加入"社会责任"标准。"道德革命"势不可挡。

（四）ISO26000"启动梦想"，推动"共担责任，实现可持续发展"CSR 运动

基于 20 世纪初企业社会责任的提出、20 世纪与 21 世纪之交社会责任标准化的探索、全球性企业社会责任几十年的充分实践，基于全球化浪潮对组织（包括企业及其他组织）、社会和环境的影响日益深刻，基于组织面临各种挑战性局面提出的可持续发展要求，基于组织的利益相关方对组织的压力，2010 年11 月 1 日，国际标准化组织（ISO）在瑞士日内瓦正式发布了主题为"启动梦想"（The Launching of a Dream）——"共担责任，实现可持续发展"的ISO26000《社会责任指南》，这是继 ISO9000 和 ISO14000 之后，ISO 发布的第三个国际标准，也是首个国际社会责任标准。

ISO26000 特别强调各种形式或性质的组织，不仅仅是企业或经济组织，还包括其他组织，如学校、医院、学术团体、中介机构或一般意义上的政府机构（不包括政府在制定和实施法律、履行司法权威、贯彻建立公共政策或信守国家国际义务的职责方面的主权作用）等，均是社会责任主体，都要尊重人权、关心员工、爱护环境、公平竞争、保护消费者、为社会及社区的可持续发展做贡献。

ISO 26000 的颁布，意味着国际社会责任探讨的焦点已经从"是否应该"实施国际社会责任标准转移到"如何实施"国际社会责任标准。同时表明，社会责任不再局限于产品、服务和技术等传统领域，还包括劳工、人权、环境等敏感性问题。

ISO26000 回避了既有标准的"壁垒"责难，其开发目的在于"鼓励全世界的组织改善他们的可持续发展关键绩效指标，同时有能力改善它所在的社区的生活质量，进而有助于组织为可持续发展做出贡献"。而 ISO26000 的定位，排除了基于认证、法律和合同角度的"壁垒"特性，完全着眼于推动组织及利益相关方的社会责任，推动全球视野下的可持续发展。

二　国内企业社会责任竞争已上升到"内在化"发展新阶段

在中国，CSR 概念的引入与中国融入全球化浪潮密切相关，分为三个阶段。

第一阶段为 1996～2000 年，主要从跨国公司对他们的中国供应商的审核开始引入 CSR 概念，代表性事件是 1993 年深圳致丽玩具厂火灾。不过这只限于与外界接触频繁的少数企业，政府机构、学者、媒体整体上并不知晓这一概念。

第二阶段为 2000～2004 年，中国供应商忙于应付国外企业包括 SA8000 和各大跨国公司制定的数百个生产守则在我国出口企业的广泛认证与频繁的审计要求，同时还要满足发达国家客户的其他要求，这引起了包括劳动与社会保障部、商务部等政府部门的关注。不过他们主要是担心 CSR 被用来作为中国出口的非关税壁垒，中国官员和学者对 CSR 仍然采取观望的态度。

第三阶段从 2004 年开始，企业、政府、媒体、学者致力于将 CSR 介绍到中国并付诸实施。商务部着手制定中国自己的 CSR 标准，国家电网、宝钢等一些大型公司，定期发布他们的 CSR 报告或可持续报告已达数年之久。以《中国新闻周刊》为代表的媒体也开始通过举办 CSR 国际论坛等各种活动，致力于推动 CSR 在中国的传播。2005 年论坛开始颁发"最具社会责任感公司"奖，大部分获奖者为跨国公司在中国的经营机构，国内的联想集团、国家电网公司也赢得过这个奖项。

2006 年堪称我国企业社会责任元年。2006 年 1 月 1 日，《中华人民共和国公司法》修订案正式施行，要求企业要承担社会责任。2006 年 3 月 10 日，国家电网公司发布第一份中国本土企业的企业社会责任报告，标志着中国企业社会责任发展已由"以劳工为关注起点和中心的理念辩论阶段"上升到"内在化"发展新阶段，主要体现在以下五个方面。

（一）处于"世界工厂"供应链上的中国企业通过自律或主动开展认证，应对跨国采购商验厂审核或认证要求

迫于国外"反血汗工厂"为代表的消费者运动压力，跨国公司自 20 世纪 90 年代开始在我国启动社会责任审核机制。进入 21 世纪，国内外向型的加工制造业企业，主要是处于跨国公司供应链上的企业频频遭遇验厂、审核和认证要求。在中国，沃尔玛在还深圳、东莞等地设立专门的劳工监督小组，监督所有供货商均要在薪酬、工时、禁用童工、工作环境保护等方面遵守所在国的适用法律和美国法律。我国出口到欧美国家的服装、玩具等产品，都遭遇过 SA8000 的认证要求。

为了获得出口"通行证"，国内许多出口企业主动或被动地进行企业社会责任自律，改进自身的生产条件，善待劳工和环境，接受有关环境保护、职业安全卫生以及企业社会责任的标准认证活动。2000 年以来，国内沿海地区至少已有 8000 多家企业接受过跨国公司的社会责任审核，表现良好的企业获得了更多的订单，"没有改善诚意" 的则被取消供应商资格。截至 2006 年 6 月 16 日，全世界共有 52 个国家的 968 家组织获得了 SA8000 认证证书，其中我国有 127 家企业通过认证，占 13.1%。

（二）官方机构引导，多方力量积极推动，各种 CSR 对话日趋活跃

自 2004 年始，有关官方机构积极指导企业应对 CSR 标准带来的新的贸易规则与壁垒。广东省劳动和社会保障部门向社会公布血汗工厂黑名单，出口大省浙江的永康市、义乌市政府指导本地出口企业按照法律法规和 CSR 标准要求进行改进，河北省商务厅在欧盟资助下着手实施 "河北省出口型企业社会责任战略试点及推广" 项目，中国纺织工业协会于 2005 年 5 月建立了 "中国纺织企业社会责任管理体系 CSC9000T"。

中国政府参与和推进 CSR 的力度也持续增强。2008 年 1 月，国资委以 2008 年 1 号文件发布了第一个由国家部委出台的企业履行社会责任的规范性纲领文件《关于中央企业履行社会责任的指导意见》，要求企业把社会责任理念纳入公司治理，有条件的企业要定期发布社会责任报告或可持续发展报告。2008 年 9 月 9 日，商务部发布了《外商投资企业履行企业社会责任指引（草案）》，为跨国公司在中国履行社会责任设立了底线标准。

外向型经济发展最快的广东省，早在 2003 年就成立了 30 多人的课题组进行 CSR 专题研究，设立了全国第一个 SA8000 专业网站和专业数据库。全国第一个省级 CSR 专业学会——广东企业社会责任研究会，于 2007 年 1 月 4 日成立。

尽管适合我国国情的 CSR "国标" 尚未出台，但以浙江义乌为代表的各地不断推出了地方 CSR 标准。深圳市政府为 CSR 进行地方立法，常州市也出台了地方 CSR 标准。上海市质监局早在 2008 年 11 月 25 日就发布了 DB31/T421—2008 上海市《企业社会责任》地方标准，开设有专门的浦东新区企业社会责任网站。

国家标准委表示将参照 ISO 26000 的内容，研究并制定符合国情的中国社会责任标准，以促进我国企业社会责任工作健康、有序发展。

（三）国内企业发布 CSR 报告出现 "井喷"

早在 1999 年，壳牌（中国）公司就发布了第一份中文的企业社会责任报告。之后，包括国家电网、中石油、宝钢等众多企业纷纷发布了 CSR 报告

（有些称为企业环境报告）。中国企业发表报告的数量一直保持增长。

标志性事件有 2006 年 3 月 10 日国家电网公司向社会发布了第一份中国本土企业的 CSR 报告；2006 年 6 月 23 日上海浦东发展银行公开发布了中国银行业首份《企业社会责任报告》；民营企业碧桂园在 2007 年成立十周年之际，发布了国内第一家民营企业的 CSR 报告；2007 年 11 月 2 日，浙江金融职业学院发布了我国第一份学校《社会责任报告》。

2008 年，在中国大陆发布的各类社会责任报告达 169 份，2009 年则高达 582 份，是 2008 年报告总数的 3.44 倍，呈现"井喷"式增长态势，占全球 CSR 报告总数的比重也由 2008 年的 5% 左右增长到 2009 年的约 15%。《WTO 经济导刊》在《中国企业社会责任报告研究（2001—2009）》中分析认为，这显示出越来越多企业认识到发布 CSR 报告在全球化中通行商业语言的巨大价值，开始把报告作为企业与利益相关方沟通的重要平台。联想开设有 CSR 网站，蒙牛开设有公益网站，青岛啤酒等企业也在网站首页开设 CSR 专栏。

在"企业社会责任报告"浪潮的推动下，2010 年 12 月 1 日，上海浦东新区发布了中国第一个地方政府名义的《上海市浦东新区区域责任竞争力报告 2007—2010》社会责任报告。2011 年 6 月，中央企业中已有 50 多家企业发布了社会责任报告。国资委要求 121 家中央企业在 2012 年都要对外公布社会责任报告。

（四）烟台开发区率先在国家级园区中探索建立 CSR 机制

2009 年 6 月 10 日，山东省企业信用协会召开第三次会员代表大会，更名为"山东省企业信用与社会责任协会"，成为全国首家省级 CSR 协会组织，标志着山东省企业社会责任建设工作从宣传教育阶段正式转入规范管理阶段。

2009 年 7 月 27 日，山东省企业信用与社会责任协会在烟台召开全省 CSR 评价试点工作会议。2009 年 9 月 25 日，由商务部《WTO 经济导刊》杂志社、中德贸易可持续发展与企业行为规范项目办公室、山东省工商局共同主办的全国首届"塑造区域责任竞争力——地方政府推进企业社会责任研讨会"在烟台开发区召开。烟台开发区管委会率先在国家级园区中探索建立的 CSR 考核评价机制以及全面激发企业履行社会责任的主动性、积极性引起了入会者的关注。

烟台开发区围绕深入贯彻科学发展观、构建和谐社会，把推动企业落实社会责任作为突破口，从 2007 年起，本着"重点事项有刚性，鼓励事项有导向，制约事项态度明，主次轻重安排清"的原则，确立了 8 项企业社会责任的考评内容和 33 项考核细则，彻底改变了以往以"经济指标"为核心的企业激励机制。烟台从 2008 年初开始在全国率先建立实施了企业社会责任考核评价体系，引导企业增强责任意识，争做新型企业公民，实现了市场经济下政府对企业监管方式的根本转变。

（五）青岛建章立制，强化 CSR 监督

近年来，青岛市委、市政府开始把企业社会责任纳入对国有企业的监督考核体系，于 2009 年 6 月推广《全市企业社会责任评价试点工作方案》（青工商合发〔2009〕153 号），实施了 CSR 企业自评和协会他评等行之有效的系统工程。

首先是建章立制。青岛市委、市政府在有关青岛市市直企业党委、董事会、总经理和监事会的四个工作细则中，从环境保护、安全生产、质量管理、诚信守纪等多个层面，对企业履行社会责任从制度上进行了约束。

其次是典型引路。青岛市委组织部、宣传部等部门，从环境保护、诚信建设、安全生产、质量管理等方面，通过树立典型、参观学习、大力宣传，教育企业树立社会责任意识。

再次是完善奖惩考核机制。青岛在出台的国有集体企业负责人经营业绩考核与薪酬管理办法中，把企业在环境保护、诚信、安全生产、质量管理等社会责任方面的表现，与企业负责人的薪酬直接挂钩。

最后是加强培训。三鹿奶粉事件发生后，青岛市委组织部、市政府国资委专门邀请一些内部控制体系比较完善的企业现身说法，邀请专家学者，从企业的决策方式、内部制度流程、对人员和资金的控制、责任追究制度等多个方面组织企业培训，全面解决企业容易出现的事前无法控制、事中无力控制、事后根本不控制的问题，使青岛国有企业的内部控制水平普遍迈上新台阶。

青岛市通过建章立制、典型引路、完善奖惩考核机制、加强培训等多种措施，强化对国有企业和企业家的社会责任监督，使企业普遍树立起较强的社会责任意识、诚信意识和质量意识，出现了海尔集团、青岛啤酒等履行企业社会责任的典范。海尔集团、青岛啤酒先后于 2009 年发布了各自的首份 CSR 报告，青岛啤酒 6 次入选"中国最受尊敬企业"，青岛由此两度荣获"中国品牌之都"美誉。

三 威海本埠企业初具 CSR 意识，履责
手段多停留在慈善层面

（一）项目实施情况

为了解威海本埠企业责任的现状，围绕企业应承担什么社会责任、如何去承担，政府等相关利益相关部门在其中又该扮演什么角色等话题，本课题组于 2009 年 6 月、2011 年 6 月先后组织 2 次威海本埠企业 CSR 调研，分别对位于环翠区、火炬高技术产业开发区（以下简称高区）、经济技术开发区（以下简称经区）的 69 家、118 家威海企业实施了有效调研。

基于先期案头调研尚未发现威海本埠企业开设有专门的 CSR 网站，除了出身于威海的净雅食品股份有限公司 2010 年首度在北京发布了"企业社会责任报告"之外，也未搜索到威海本埠企业发布 CSR 报告的相关信息。因此，问卷没有设计有关 CSR 网站与 CSR 报告的问题。

对威海本埠企业 CSR 现状的分析，主要基于 2011 年 6 月份的实证调研。

（二）被访者基本情况

受访企业中民营企业所占比例最大，为 59.8%。竞争态势激烈的占比最高，为 58.2%；36.8% 的企业近三年年均销售额集中在 100 万元~1000 万元之间；服务行业占比最多，为 35%，拥有的员工人数 50~200 人占比最多，为 35.9%。被访者中，50% 以上为部门经理；受访者的岗位以营销居多，占 39.8%；受访者以大专和本科学历的人居多，分别占 39.8% 和 38.1%。

（三）调研基本结论

1. 受访者及企业对企业社会责任（CSR）的认知取向信息

（1）知道或了解企业社会责任的所占比例为 64.1%，不知道的为 10.3%。

（2）受访企业被提及企业社会责任的内容，按比例由高到低排序占比较高的前三位，2009 年为诚信经营、公益事业、环境污染，2011 年则为捐款、诚信纳税、救灾；顾客权益、员工权益等内容在前五位中没有被提及。

（3）两次调查发现，大部分企业认为企业履行社会责任有利于提升企业形象。2011 年的调研还发现，"增强企业招募、挽留员工的能力"位列第二，占比由 2009 年的 4.3% 提升至 29.5%（见图1、图2）。

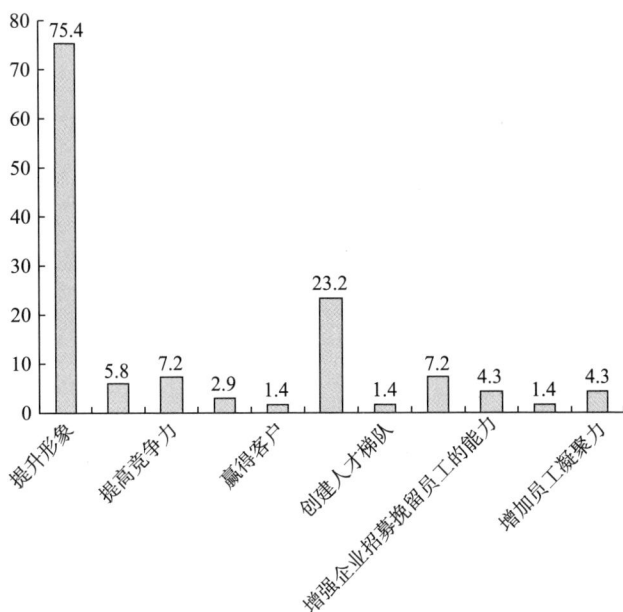

图1　企业履行社会责任对企业经营的影响

资料来源：2009 年 6 月 CSR 调研。

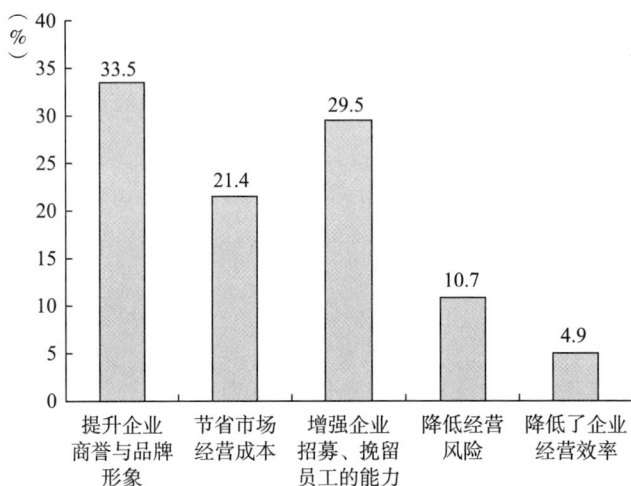

图2　企业履行企业社会责任对企业经营的影响

资料来源：2011 年 6 月 CSR 调研。

分析发现，2011 年 CSR 调研受访企业与 2009 年相比，能更多地认识到企业履行社会责任对企业经营带来的正向影响。其中，认为通过履行企业社会责任可以降低企业经营风险的占 10.7%，但同时认为可能会降低企业经营效率的也占 4.9%。

（4）在所列举的企业社会责任包括的内容中，所调查企业按其重要程度排序，2011 年调研的结果中产品质量、安全生产占比分别位于前两位，各占比 28.7%、24.8%；参与公益活动占比则由 2009 年的 68.1% 下降为 2011 年的 14.8%；同时知识产权占比 15.2%，位列第四。两次调研结果数据上的差异，部分原因在于 2009 年是开放式问题，而 2011 年同样的问题则采用了封闭式选项。

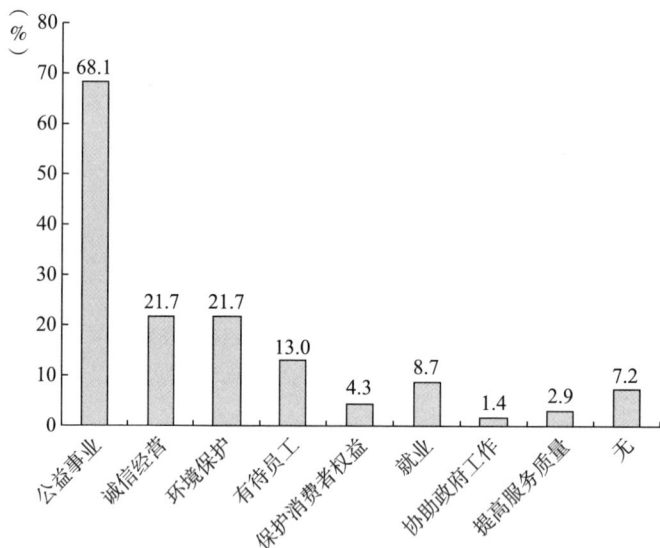

图 3　企业履行社会责任的举措

资料来源：2009 年 6 月 CSR 调研。

（5）2011 新增的一项有关 CSR 标准的调研发现：受访企业中分别有 39.5%、21% 的企业知晓 ISO9000、ISO14000 是与企业社会责任有关的指标，知晓 ISO26000 的也占 15.9%，了解 SA8000 的占 14.9%。

2. 受访者及企业履行企业社会责任（CSR）信息

（1）55.6% 表示已制定企业社会责任规划。

（2）65.8% 表示 2010 年参加了公益活动，其中 47.4% 是以捐款的形式参加的。

（3）2010 年度由于各种原因未能参加公益活动的和没有参加的分别占 19.7% 和 14.5%。其中，担心公益活动后可能被过多无端地打扰或拉赞助的占 29.7%；找不到合适的公益项目占比也相对较大，为 20.9%（见图 5）。

（4）在回答对客户承担的责任的选项中，企业向顾客提供完整、真实、

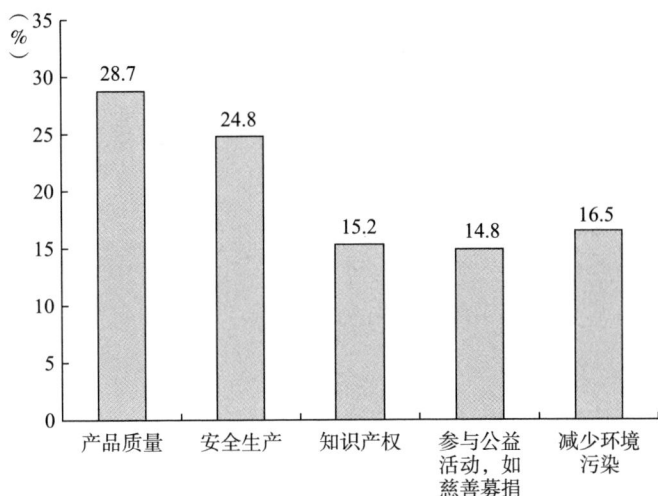

图 4　企业履行社会责任的举措

资料来源：2011 年 6 月 CSR 调研。

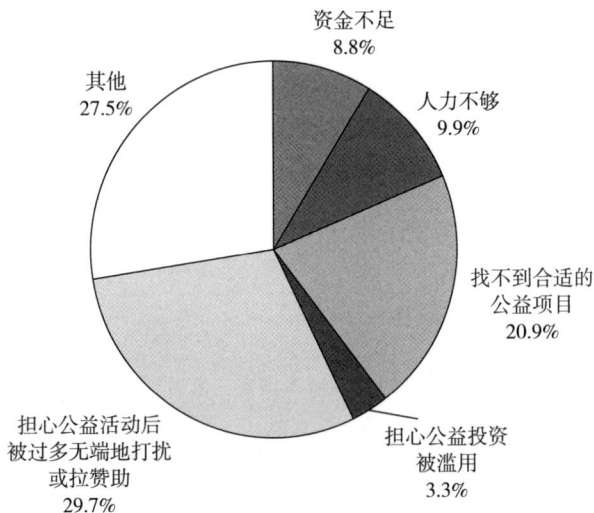

图 5　企业没有参加公益活动的原因

准确的产品服务信息所占比重较大，为 32.1%；向顾客提供合格的产品、采用有效的渠道向顾客提供产品或者服务信息所占比例也较大，分别为 27.7% 和 22.7%。可以看出受访企业大多比较注重产品和服务。

（5）关于是否进行过客户（消费者）满意度方面的调查，发现 46.2% 的被访企业进行过制度化的满意调查并没有改进机构，没有调查的占比 9.4%。

（6）在对供应商承担的责任调查中发现，40% 的被访企业能够依法采购、依法签订执行合同，约有 30% 的被访企业选择了制定合理采购价格、并按期付款。

（7）在对员工提供福利保障措施方面，2009 年调研结果为"福利"选项之比最高，为 76.8%。2011 年选项之比最高的为"不拖欠工资"，为 46%。而员工培训等内容基本没有涉及。

（8）在对同行承担的责任当中，企业在依法公平竞争、杜绝价格联盟以及尊重竞争对手、主动维护公平竞争环境方面，所占比例较大，分别为 47.9% 和 50%，说明各个企业都试图维护公平的竞争环境，以便获得更多的发展机会。

（9）在对社区所承担的责任中，"把社区居民当成好邻居"的比例最大，为 56%（见图 6），但在基础设施投入方面比例较小，可能与资金实力或认为这是政府的义务有关。

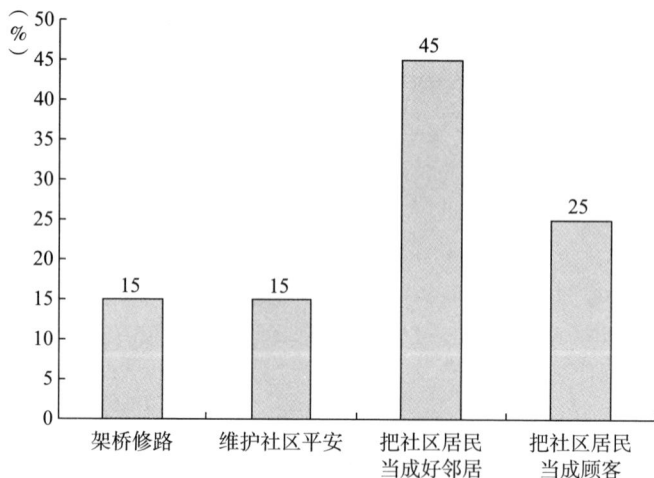

图 6　对社区所承担责任的调查

3. 受访者及企业履行企业社会责任（CSR）规划

（1）受访企业履行 CSR 的困难，资金不足占比最高，都达到 41% 以上；其次为政策因素，占比近 20%。两个选项 2009 年、2011 年两次调研结论基本一致。

（2）对未来履行 CSR 的规划和展望，2009 年被访企业中有 27.5% 表示参与公益事业，2011 年则有 70% 的企业表示愿意多做慈善活动。

（3）未来做慈善事业的措施选项中，2009 年 50.8% 的企业选择捐款，2011 年表明捐款、捐物的占比 32.7%。可以看出这些措施比较单调、传统，并且缺乏长效机制。

（4）对政府的期望选项中，2009 年、2011 年两次调研，分别有 52.7%、56% 的企业希望政府给予政策和资金方面的支持。同时 2009 年调研也有 17.4% 的企业认为履行社会责任是自己应该做的，对政府没有要求。

综上所述，通过 2009 年、2011 年两次威海本埠企业 CSR 调研分析，浏览威海慈善总会官方网站 54 家威海市慈善总会会员单位名单及相关企业慈善资讯，浏览威海"慈心一日捐"相关慈善动态，不难发现，三角集团、威高集团、金猴集团、天润曲轴等公司成为首批单位创始资金捐赠企业，表明以这些企业为代表的威海本埠企业不仅具有 CSR 意识，而且通过设立企业慈善基金等途径付诸实际行动，切实履行企业社会责任。部分中小企业、包括私营企业，也在相当程度上具有 CSR 意识，知晓相关 CSR 国际标准，通过一定手段履行企业社会责任。

目前为止，威海本埠企业履行 CSR 停留在临时性的、主要参与公益事业，且通过捐款捐物的单一传统手段状态的居多，部分企业把公益事业当作企业作秀的工具。另有相当比例的企业还存在对 CSR 认识模糊、企业经营行为唯利是图、严重危害消费者利益，甚至严重损害企业员工利益，包括无视伤害社区居民合法利益的现象。个别企业一方面对外大举慈善，对内却克扣员工；有的企业甚至出现了被社区居民自发堵截商家停车场达一周之久的极不和谐音符。这表明大部分企业还停留在利润最大化的价值追求阶段，没有认识到 CSR 对企业可持续发展的战略意义，缺乏履行 CSR 的长期战略规划，也就谈不上有与之匹配的内外并举的多元 CSR 战术策略相呼应，因此也就更不善于将企业社会责任与企业的商业机会整合运营。实现可持续发展需要的企业构建 CSR 的企业治理结构、定期发布 CSR 报告、建立专门的企业 CSR 网站、自主加强与多方利益相关者相沟通，对大多威海本埠企业来说还有不小的距离需要跨越。

当然，部分企业在履行 CSR 的过程中面临经营困难、资金不足，加上地方政府在衡量企业绩效时往往只考虑企业交了多少税、取得了多少利润，没有把企业的社会责任状况纳入到企业的考核之中，缺乏政府的有力引导和机制激励，同时缺乏一个良好的社会舆论环境，都或多或少地制约了本埠企业的 CSR 履行。

四 倡议威海本埠企业将履行 CSR 提升到经营战略高度，内外并举

根据威海本埠企业社会责任现状，我们认为 CSR 的有效推行，需要企业

自身、政府职能部门、媒体及各利益相关者通力协作。当然履行 CSR 的主体是企业，倡议本埠企业将履行 CSR 提升到经营战略高度，内外并举，推进企业可持续发展。

（一）观念上，厘清 CSR 的核心是合理配置利益相关者权益，内外并举

1. 正确解读企业社会责任的概念和内涵

零点调查的数据显示，中国民众对于企业社会责任的履行要求包括五个方面，其重要性依次如下：产品安全责任、环境保护责任、公众安全责任、依法纳税责任、公益事业责任。我们可以看到，参与公益事业、对社会进行相应捐赠不过是履行企业社会责任的最低一层次，而在最高一层次即产品安全责任上，企业却失去了遵守的力度与道德。

三鹿奶粉引发的一系列危机事件让我们看到了企业与公众对社会责任的理解存在显著偏差。当前中国企业对社会公益责任认知度最高，有意或无意地将企业社会责任片面等同于公益捐赠。其次是经济责任，但在法律责任、环境责任以及企业文化责任上认知偏低。而在对普通社会公众进行的大样本随机抽样调查中发现，公众对企业社会责任的理解集中在环保、员工权益保护、产品质量和售后服务方面。而对于几乎所有企业都极为重视的慈善捐助，公众的反应却相当冷淡。因此才出现了三鹿、蒙牛等企业每年数千万元高调做慈善，同时却在产品质量层面出现软肋的现象，忽视了企业最基本的社会责任，也因此才有了公众对万科王石汶川地震"捐款门"和陈光标高调善举的广泛关注和议论。

由此可以判断，相当一部分企业对社会责任的理解和履行并没有充分考虑到公众的需求，没有将"以人为本"的原则放在首位，这样就无法实现履行社会责任的真正目的。

2. 致力于消除对企业社会责任的各种怀疑

有许多不实标签贴在企业社会责任上面，诸如它是一个没有实质内容的时髦词汇（公司没有责任，只有个人才有），代价过于昂贵（而我们的利润是如此微薄），只是慈善而已（我们已经这样做了），一个"西方"的概念（不适用于中国文化），一个噱头（装点企业形象的"门面"），自己找罪受（如果我的竞争对手不会参与的话），为未来准备的小玩意（当我们有钱了而不用为生存奋斗的时候）等。

事实上，国际、国内各类跨国公司、大型企业，包括许多中小型企业已

有很多实例，可以用来解释企业社会责任可以产生双赢，甚至多赢的效果，它不是一种噱头或时髦，也不是财富力强的企业的奢侈品或昂贵投资的沉没成本，更不是慈善事业的新形式。

同时，中国的企业环境已加大了公司履行企业社会责任的压力：政府正在提倡"和谐社会"；国资委正在敦促国有企业重视企业社会责任，并通过法规强制实施；民间通过当地社区、媒体和非政府组织，正在推动企业社会责任的发展；国际社会也在通过国际组织规范和准则向各相关方施加压力；外国客户和投资者提出的标准也包含了质量、知识产权与环境等更多的责任内容；一些股东也在通过其投资行为，传递着责任信息。

这些事实有很多战略寓意：首先，企业社会责任将不会再是一个选择，而变成了一种必要；其次，企业社会责任将被视为一项战略蓝海、一项变革的战略因素、一种管理模式、一种能提升企业形象与声誉的实践活动，以及一个可能有助于吸引和保留员工的双赢战略。

此外，我们还了解到，创新往往与受社会责任驱动的企业相伴相随，而且尊重和履行社会责任的企业也从越来越多的"负责任的消费者"那里得到丰厚回报。

3. 合规，是企业社会责任的首要责任

一个企业如果涉及商业贿赂或其他严重违规，往往一朝覆亡。企业一定要清晰地意识到，履行 CSR 最为关键的是要回归消费者责任本位，即向社会提供质量合格的优质产品和服务，这是一个企业的最基本的责任。否则，再高的慈善或捐赠最终可能会变成可悲的笑柄，三鹿覆亡就是一个例证。

但我们又必须看到，不少企业对强化合规经营、遏制商业贿赂还认识不足、措施不力，甚至听之任之。我国一些企业在商业贿赂违规经营方面存在着相当严重的问题。外资企业在华贿赂时有发生，不少内资企业存在严重的商业贿赂问题，房地产行业以及包括高速公路在内的基础设施成为商业贿赂的重灾区，严重毒化了我国商业环境。

历史证明，企业做大做强难，做久更难。长盛不衰的"百年老店"，无不是合规经营和负责任的企业。企业应该回归企业社会责任底线——合规经营。

（二）战略上，将履行 CSR 当作企业的一项长期投资，谋求可持续发展

在《财富》500 强的网站中，企业社会责任处于网站中很重要的位置。在美国受到飓风袭击的时候，我们为之感动的是率先拯救居民的不是政府，

而是沃尔玛、GE 这样的公司。

我国企业也开始认识到与企业社会责任关联的价值和商机。但企业履行社会责任决不能陷入炒作或仅限于公关宣传的手段，它需要企业长远谋划和脚踏实地地推进。在中国企业 CSR "热"的背后，应该有更为理性的冷静思考。

真正的企业社会责任需要彻底的业务变革——赋予企业社会角色以全新的定位，以保持可持续性发展为起点。企业必须认识到企业社会责任是来自众多他们无法控制的社会领域的需求——政府、消费者和合作伙伴，这些压力在未来可能会持续甚至增加。因此，企业要主动制定社会责任战略，并将其纳入企业的战略目标管理。在企业战略框架中不仅有促进发展生产、提高效益的理念，还要体现尊重人权、劳工标准、保护劳动者权益、环境保护、诚信、改善就业、热心公益事业和促进社会稳定等方面应尽的责任，促进企业的可持续发展。管理层要探索企业社会责任与公司战略关系，从战略高度建立健全社会责任工作体系，促进社会责任与组织管理体系的有机融合，形成社会责任工作的指导原则、管理制度和业务程序。

（三）战术上，建章立制，将履行 CSR 纳入企业常规经营管理

企业自身的组织保障和内部制度建设是影响 CSR 履行效果的重要因素。

1. 学习借鉴外资企业重视 CSR 活动的持续性和可操作性

组织保障到位使得活动的追踪落实以及后续的服务工作都有更为成熟和系统的管理方法，因而所产生的社会效应也更为广泛和显著。例如，在公益慈善活动上，外资企业通常有明显的活动领域和指向，一般以项目形式来运作，注重与权威部门的合作，有专人全程监控和进行效果评估。如同一个投资经营项目管理相当严格，在管理体系和管理措施方面普遍给予高度的组织保障，并在战略规划上有明确的位置。外资企业的 CSR 表现更为正规化、日常化、专门化。

2. 完善企业 CSR 管理机制

企业社会责任切实持续地开展，需要企业内部管理制度的支持，需要从以下几个方面努力。

（1）将企业社会责任理念纳入企业整体经营理念中，同时设立阶段性目标和最高目标；将社会责任投资预算纳入企业整体预算中；定期发布《企业社会责任报告》，增加企业社会责任信息披露透明度和及时性，有利于政府和公众全面地了解企业社会责任履行情况。

（2）提高企业管理层管理理念和能力，既要满足外部利益相关者的利益需

求，更要满足内部员工的利益需求，除了能引进优秀的人才外，还需留住人才，应加强对员工在职培训和福利保障，加快企业社会责任理念在企业内部的推广。

（3）加强企业各部门间的合作协同能力，更好地履行企业社会责任。鉴于企业社会责任内容的多样性和复杂性，笔者建议在企业内部设立专门的企业社会责任部门，条件成熟的企业建议设立企业社会责任官这一职位，协调各部门间的运作，以提高社会责任履行效果。

五　尾声：　热话题与冷思考

今天，您在 Google 中输入"企业社会责任"一词，可以搜索到超过1180万条的相关信息，"企业社会责任"热可见一斑。

但现实中，企业必须冷静地认识到履行企业社会责任不应是企业发展顺利时的一时冲动，也不仅仅是企业在奄奄一息时的救命稻草，而是企业保持基业长青、谋求可持续发展的必要选择。

有必要再次申明：

（1）CSR 不是企业办社会；

（2）CSR 推进不能一刀切；

（3）CSR 不只是善举，不等于作秀；

（4）CSR 要内外并举，不仅要满足顾客等外部相关者的需求，更要首先满足员工等内部利益相关者的利益需求；

（5）不要让 CSR 报告亵渎企业社会责任；

（6）合规，是企业社会责任的首要责任。

（作者单位：威海职业学院　课题组成员：刘　波
连志强　祝　萍　张军涛）

威海构建中日韩经济合作先行试验区的重点领域及对策研究

崔宇明

前　言

中日韩三国经济往来密切，已形成相互依赖与合作的经济格局。海关统计数据显示，2011 年中日双边贸易总额达 3428.9 亿美元，中国已成为日本第一大贸易伙伴、第一大出口目的地和最大的进口来源地；中韩双边贸易总额达 2456.3 亿美元，韩国成为我国第三大贸易伙伴国、第三大出口国和第二大进口国。中日韩三国产业各具特色，资源优势互补，加快区域合作的呼声不断涌现，三国政府也积极推进自贸区建设的进程。三国经过 10 年努力，2011 年底结束了自贸区产官学联合研究，为三方启动自贸区谈判提供了理论支撑。2012 年 5 月 13 日，《中日韩三国政府关于促进、便利和保护投资的协定》在京正式签署，为中日韩三国投资者提供更为稳定和透明的投资环境，进一步激发三国投资者的投资热情，必然产生投资对贸易的创造效应和促进机制；同时带动技术、人力资源等要素更为便利地流动，将有力推动区域经济合作向更高层次和更广范围延伸，为各自国内产业的发展提供新的动力，这将有力推动中日韩自贸区建设的步伐。

2011 年 1 月，山东半岛蓝色经济区作为以海洋经济为主题的区域发展上升为国家发展战略规划。其中"建立中日韩区域经济合作先行试验区"是"建设国家海洋经济改革开放先行区"战略的题中要义。蓝色经济区 2011 年 6 地市 GDP 达到 21065.65 亿元，占山东经济总量的 46.4%；利税贡献占山东省利税总额七成以上；全省近 80% 的进出口额在"蓝色经济区"完成。因此，通过在该区域建设中日韩经济合作试验区，支持在海洋产业合作、投资贸易便利化、跨国交通物流、电子口岸互联互通等方面先试先行，为中日韩自由贸易区建设积累经验；同时，试验区的建设也为蓝色经济区的产业发展提供了有利的外部环境，有助于推动海洋产业集聚和区域联动发展，优化海陆产业空间布局，构建现代海洋产业体系。

威海作为"蓝色经济区"核心城市之一，与日韩经济合作交流密切，理应在构建中日韩经济合作先行试验区方面率先取得突破。

第一章 威海构建中日韩经济合作交流先行 试验区的产业选择及空间布局

一 威海与日韩经济合作的产业选择原则

威海建设蓝色经济区，要有效提高海洋资源的开发利用水平，以增强对国民经济可持续发展的资源支撑；要加快构建完整的现代海洋产业体系，从而促进发展方式的转变。因此，在经济全球化趋势下，对外经济合作，就是要利用国外的各种要素资源和市场，即利用国外充裕的资本、先进的技术、海洋经济开发的成功经验和技术标准规范等我们稀缺的要素资源，改造、带动现有优势产业的转型升级，并培育发展高端战略性新兴产业；同时，也要十分重视国外的产品市场。基于此，与日韩经济合作交流，在产业选择上，坚持以下三个原则。

（一）巩固日韩市场，推动贸易结构转型

威海要继续发挥与日韩地理位置优势、交流密切的基础，首先要稳定传统产业方面的经济合作和贸易规模；同时，要以加快出口结构调整为目标，在积极引入资本投资的同时，重点加强科技和产品技术标准交流，通过深加工延长产业链，增加产品的附加值和提升产品品质，从而促进贸易结构转型和升级。

（二）突出蓝色经济，重点发展海洋产业合作

构建现代海洋产业体系是打造和建设好蓝色经济区的核心任务。威海作为"蓝色经济区"核心城市之一，发展的最大优势、最具潜力和主导选择的产业就是海洋产业。构建现代海洋产业体系，提升地区海洋产业国际竞争力，必须加强海洋产业的国际合作，引进资本、先进技术、管理经验和智力资源，加快海洋经济和海洋产业的发展。

（三）以绿色、循环经济为方向，培育海洋优势高端产业

蓝色经济区规划中提出，培育海洋优势产业，实现海洋经济发展方式的

转变，建设海洋高技术产业基地和高端海洋产业聚集区、海洋经济改革开放先行区和海洋生态文明示范区。因此，加强蓝色经济区与日韩经济合作要坚持"绿色、循环、低碳"方向，要发展海洋优势产业、海洋高端产业为目标，利用日、韩先进技术和经验，围绕海洋生态保护的环保产业、滨海特色农业的绿色发展、海水低碳养殖、工业生产资源的循环利用以及海洋新能源产业发展做好做大产业化文章。要把发展资源节约型、环境友好型经济作为转型升级的重要着力点，促进传统渔业、工业制造业产业向现代海洋产业发展转变，特别是在海洋战略性新兴产业发展上加强合作，促进整个海洋产业结构的优化提升。

二 威海与日韩经济合作先行先试的重点产业选择

（一）现代海洋渔业和海洋生物产业

目前，国际海洋生物技术及其产业正沿着三个应用方向迅速发展。一是海水养殖，其目标就是要提升传统养殖产业，促使海水养殖业在优良品种培育、病害防治、规模化生产等诸多方面出现跨越式发展；二是海洋天然产物开发，其目标是探索开发高附加值的海洋新资源，促进海洋新药、高分子材料和功能特殊的海洋生物活性物质产业化开发；三是海洋生物资源保护，其目标是保证海洋生物资源可持续利用和产业可持续发展。

1. 现代水产养殖技术、海产品质量安全检测体系的合作

威海有着广阔的海洋资源，要努力以建设全国重要的海水养殖优良种质研发中心、海洋生物种质资源库和海产品质量检测中心和出口海产品安全示范区为目标。在建设海洋牧场中，加强与日本在鱼类选种培育技术、环境改善修复技术和渔业资源管理技术方面的合作与交流。在海产品标准化生产、健康养殖、完善水产品质量安全控制体系、提高产地环境和产品的监视监测能力方面，加强建立与日本质量检测安全体系上的互信互认机制，以提升产品质量安全管理能力。

2. 海洋生物资源保护和远洋渔业工程方面的合作

荣成是蓝色经济区重点建设的远洋渔业基地。在黄海、东海等海域实施海外渔业作业，要加强与日韩海洋渔业部门的信息沟通，建立渔业纠纷坚决合作机制，维护我国海洋渔业资源和作业权益。同时，要巩固日韩渔业消费市场，推进远洋渔业产品精深加工和市场销售体系建设，把荣成石岛打造成国际性渔业产品重要集散地和流通中心。

3. 海洋生物产业

除海水养殖和海洋生物资源保护外，发展海洋生物产业主要聚焦在海洋天然产物开发方面，利用生物技术的最新原理和方法开发分离海洋生物的活性物质、测定分子组成和结构及生物合成方式、检验生物活性等，将会明显促进海洋新药、海洋保健食品、海洋营养食品、生物酶、高分子材料、诊断试剂等新一代生物制品和化学品的产业化开发。威海要努力成为国内一流的海洋生物产业基地。因此，通过加强与日韩在海洋生物技术研发、海洋生物产业化方面有实力的大企业的引进合作，促进海洋生物技术成果产业化集群式发展。加快推进迪沙工业园、华夏药业生态园、达因工业区、南海医药生产园区等项目。

（二）船舶制造业

威海海岸线汇聚了三星重工、三进船业、成东造船、伽耶船业等世界知名船舶企业，建立起包括科研、生产、配套、维修在内较为完整的船舶工业体系，船舶产业带已经初步形成。2011 年 9 月威海被命名为 12 个国家级船舶出口基地之一，威海开发区、荣成市是"蓝色经济区"仅有的 6 个船舶工业聚集区的其中两个。"十一五"以来船舶制造业发展不仅实现了从千吨级到万吨级的飞跃，同时豪华游艇等新兴产业得到长足发展。但是，必须清晰地认识到我们海洋装备制造业发展的现状和存在的深层次问题：产业规模不大，劳动密集型、加工型和价值链低端产品多；科技创新体系不完善，配套体系不健全；管理方式粗放，造船企业对国际新标准准备不足，不适应现代化造船生产要求。

未来发展合作的目的是要提升产业层次，开发附加值高的新产品，实现错位发展，增强竞争力。重点发展常规船舶、特种船舶及零部件等类产品，加大研发投入，依托重点工程和重点领域，加快研发一批大型散货船、万箱级集装箱船、豪华游艇、豪华帆艇等高新技术产品。

（三）新一代信息技术产业

目前，以通信、计算机及软件产业为主体的电子信息产业成为当今世界最主要的战略性产业之一。信息化与工业化融合进程的加快，为信息产业发展提供了广阔的市场空间和发展机遇。威海的传真机、打印机等计算机外设产品特色鲜明，优势明显，产业国际竞争力进一步提高。但是，从国际电子信息产业发展整体水平来看，区内产业深层次问题仍很突出，主要是龙头企业少，产品构成在国际产业分工中处于价值链低端，附加值低；产业结构不合理，表现为软硬件比例不协调，基础软件和软件技术服务比重偏小，软件外包企业国际市场竞争力不强，自主研发能力较弱，特别是在集成电路、基础软件和大尺寸液晶面板等方面缺少核心技术。

韩国在产业技术领域走在世界前列，特别是在信息通信领域，拥有世界领先的技术实力。蓝色经济区发展要充分发挥我国市场需求巨大的优势，围绕通信网络设备与产品、集成电路、高端计算机、新型显示和高端软件等产品，加强日韩两国在高端电子信息技术领域的联合研发，在产业国际分工方面开展合作。坚持引进、消化、吸收、创新与产业化相结合，引资、引智、引才并重，以增强新产品开发能力和品牌创建能力，加快提升产业技术水平和市场竞争力。

（四）海洋新能源和节能环保产业

新能源和节能环保产业是战略性新兴产业，其产业链长、吸纳就业强。威海要抓住机遇，围绕海洋新能源和节能环保产业两个战略性新兴产业，利用区内已有的产业基础、国内广阔的市场空间，加强与日韩企业间的合作，发挥日韩在这些领域的技术优势和发展经验，促进区内产业升级。

1. 海洋新能源产业

风电产业是产业链较长的产业，以风力发电设备制造为产业链主体，可带动上游的零部件生产、钢材、有色金属、复合材料、电力电子元器件和下游能源、机械制造、机电一体化、电力电子等相关行业发展。威海风能资源十分丰富，要依托海岸、海域诸岛的风力资源和经济优势，加快建设以成山头为代表的风力发电场，与半岛其他地区一起打造具有国际领先水平的沿海风能产业带，带动风电机组关键部件和核心技术研发与风能装备制造产业发展。

威海潮汐能资源较丰富，成山角至乳山市沿岸沿黄海段潮差较大，有良好的纳潮海湾，建潮汐电站条件优越。山东省已经规划包括威海在内要大力开发推广海水源热泵供暖技术，加快推动潮汐能发电、波浪能发电、海水温差发电和海流能发电技术研发。

2. 节能环保产业

节能环保产业，包括节能产业、资源循环利用产业和环保产业。发展节能环保产业，对节能环保技术与装备，节能产品和服务等提出巨大市场需求。初步预测，到2015年，我国节能环保产业的总产值将达到4万亿元以上。吸纳就业人口4200万人。我国已经将绿色产业和节能环保产业作为吸收和利用外资的重点领域。

日本是目前节能环保产业发展最具代表性的国家之一。日本不仅有着世界领先的节能环保技术，而且在洁净产品设计和生产方面，如绿色汽车和运输设备生产居世界前列。发挥日本在节能环保领域的先进技术和国内广阔市场为两国经贸合作创造出最佳的合作空间。

威海围绕开发节能、节水、海水淡化、污水净化等关键技术，欢迎日本等国外企业通过投资、联合研发、技术交流、人员培训等多种方式参与节能环保产业发展。通过积极与日韩开展建设循环型城市、建立环保示范园区等方面的合作，尽快提升企业的原始创新能力、集成创新能力和引进消化吸收再创新能力，实施好蓝星万象城光伏建筑一体化示范工程，抓好高效产油海藻及利用海藻生产燃料乙醇技术开发、海水淡化和利用海水替代淡水资源工程、远洋船舶压载水物理净化设备研发及产业化等项目建设，已形成一批优势骨干企业和企业集团。

（五）新材料产业

新材料是发展先进制造业和高新技术产业的基础、先导和重要组成部分，属于战略性新兴产业。目前威海拓展公司和威海威高集团等龙头企业为代表的高性能纤维新材料已经在全国乃至世界形成竞争优势。接下来要以国家"863"新材料成果产业化基地为依托，加快推进医用高分子材料、碳纤维复合材料、铝镁合金材料、钛合金材料、功能玻璃、化工新材料、子午线轮胎、高耐磨新材料等特色材料产业化基地建设，重点研发生产复合材料、结构材料、功能材料、金属材料，并加快相关产品的产业化进程，不断延伸产业链，集聚国内外相关企业在区内研发和生产，建设我国重要的高性能纤维、特种高分子的研发和生产基地，以满足航空航天、高端装备制造等领域的需求。

（六）现代服务业

现代服务业发达程度是衡量地区综合竞争力和现代化水平的重要标志。在产业融合的大趋势下，制造业发展到一定阶段后其附加值和市场竞争力的提升更多靠服务业支撑。

1. 现代港口物流业

威海定位为"蓝色经济区"四大临港物流中心之一。未来要加强与日韩在发展港口物流的合作，有效整合港口物流资源，发挥好出口加工区作用，在组建大型物流企业、建设一批现代物流园区、完善国际物流体系、建设物流信息平台等方面加强与日韩的合作。具体而言，要依托港口基础，充分发挥毗邻韩日、已开辟21条国际国内航线的优势，坚持客货运并举、近海与远洋并举、综合运输与专业运输并举，大力发展海上运输业，重点巩固并拓展面向东北亚地区的海上客运市场。加快建设荣成冷链物流基地、中外运冷链保税物流园区和威海国际物流园区，争取成为全国重要的海产品物流中心。

2. 海洋文化旅游业

发展文化旅游业，要突出海洋特色，推动文化、体育与旅游融合发展，把威海打造成国际知名的滨海旅游目的地。重点培育和完善度假旅游、观光旅游、海上旅游、文化节庆旅游、体育健身旅游等五大系列旅游产品。在此发展过程中通过加强与日韩合作，一是可以吸引日韩的投资，二是借此吸引日韩游客资源。

3. 涉海金融服务业

金融是现代经济的核心。蓝色经济区实体产业发展，尤其需要更高层次的金融保障，需要许多专业化的金融机构来提供专业化的金融服务，例如船舶保险机构、政策性金融机构等。到目前为止，国内对海洋经济的支持，更多还是由非海洋经济专业性的商业银行、保险公司等来提供。缺少专业化海洋金融机构，使得涉海金融的发展水平难以得到大幅提升。

威海远洋捕捞作业多，应加强与日韩银行、保险等金融机构的合作交流，吸引更多的日韩银行、保险等金融机构在山东半岛蓝色经济区设立分支机构，开发服务海洋经济发展的保险产品。设立蓝色经济区产业投资基金专项产业子基金，面向日韩资本募集，并可定向服务于中日韩高端产业合作项目，引导蓝色经济国际化合作。

4. 涉海商务服务业

我国正处于工业化进程中，生产性服务业发展刚刚起步，涉海商务服务业整体水平比较低，人才队伍短缺，服务生产分工处于价值链低端。海洋经济发展对涉海商务服务业提出了新要求，我们面临着发展软件信息、创意设计、中介服务等新型服务业态以及改造提升商贸流通业的重任。要加强与日韩等生产性服务业发达国家在人才、产业方面的合作，依托威海等软件园，大力发展软件外包，建设有较强国际影响力的软件出口加工基地；鼓励发展涉海创意和工业设计产业，建设创意设计产业集聚区；加快培育涉海业务中介组织，如海事代理、海洋环保、海洋科技成果展览、交易等新兴商务服务业；运用信息技术改造提升传统商贸流通业，大力发展新型流通方式及相配套的高效物流配送体系。

三 威海构建中日韩经济合作交流先行试验区的产业空间布局

依据威海市海洋产业及关联产业的空间分布，坚持海陆统筹、联动发展，以促进产业高端化、高端产业聚集化为目标，积极实施高端高质高效产业发展战略，通过加强与日韩经济合作，科学开发海洋资源，培育海洋优势产业，确定以"六大基地、十大园区"为载体，构建中日韩经济合作先行试验区。

（一）"六大基地"规划为中日韩海洋优势产业合作示范基地

1. 海产品生产及精深加工基地

以发展品牌渔业、生态渔业、高效渔业、突出特色的原则，通过加强与日韩技术合作，在荣成的荣成湾、桑沟湾、爱莲湾、靖海湾和环翠区的远遥嘴至双岛湾浅海海域，推行名特优品种筏式养殖、名贵鱼类网箱养殖、鱼贝藻混养、间养与轮养；在文登、乳山和荣成西南部利用沿海丰富的滩涂资源，侧重发展池塘健康养殖和滩涂贝类精养；在环翠区和荣成北部近海基岩和沙砾底质区，推行鲍鱼、海参、海胆、虾夷扇贝等海珍品养殖。加快推进以海洋食品、海洋药品、海洋保健品为重点的精深加工，重点构建环翠区沿海、荣成桑沟湾以北沿海、石岛湾、靖海湾沿海、文登五垒岛湾沿海、乳山沿海六大加工产业带。

2. 船舶修造及配套产业基地

强化政府的调控引导作用，在对岸线进行科学规划、严格控制的基础上，进一步优化船舶修造业布局，大力发展船舶配套业，推进造修船业聚集发展，最大限度地节约岸线资源。重点加快建设皂埠湾、俚岛湾和石岛湾三大造修船业聚集区：皂埠湾造修船业聚集区，重点发展新船重工、三进船业、新泰源船业、东海船舶等企业，主要以10万吨级以下的汽车运输船、集装箱船、散货船、油轮、游艇、化学品船的造修和板材加工配送为主；俚岛湾造修船业聚集区，重点发展三星重工、伽耶船业、百步亭船业、西霞口船业等企业，主要制造各种运输船、海洋工程船、船用配套设备、船段加工和钢结构等；石岛湾造修船业聚集区，重点发展黄海造船、神飞船舶、荣成造船工业公司、荣成大荣船业等企业，主要建造20万吨级以下的运输船、大型客滚船、远洋捕捞船、石油工程辅助船和钢结构与舾装件加工。

3. 港口物流基地

以东北亚地区为主要目的地，以沿海港口为核心，着力构建海陆相连、港城联动、空地一体的临港物流体系。威海湾港区作为威海港主体港区，以集装箱、能源物资运输为主，同时发展城市旅游、客运、物流、临港工业等；石岛港区主要承担集装箱、客货滚装和水产品出口运输任务，并考虑油品中转运输，逐步发展成为大型综合性港区；龙眼湾港区以石油及制品、集装箱、客货滚装运输为主；蜊江港区以煤炭进口、水产品出口为主，兼顾当地的件杂货运输；靖海湾港区近期主要为当地的经济社会发展服务；乳山口港区主要为当地的经济社会发展服务。远遥中心渔港、石岛中心渔港重点建设大型水产品批发市场，充分利用与台湾海上直航的便利条件和石岛国际渔货贸易区、威海海产品批发市场的集散功能，形成连接海峡两岸暨香港、澳门，辐射东北亚的海产品贸易的重要基地。

4. 滨海旅游休闲度假基地

依据滨海生态人居示范区的战略定位，坚持严格保护、合理开发、依法管理、永续利用的原则，重点实施"一线六板块"的旅游产业发展战略。

"一线"，即千公里海岸旅游线，发展度假、观光、生态、渔业、高尔夫和民俗风情旅游，将沿线20多个有特色的乡镇、办事处打造成旅游卫星镇。

"六板块"，即①中心城市旅游板块，重点打造双岛湾旅游度假区、北海度假区、刘公岛风景区、里口山郊野休闲区、华夏城旅游区、泊于临港产业服务区等休闲旅游度假区；②好运角旅游板块，重点建设好运角旅游度假区、朝阳港海岸地质景观区、天鹅湖旅游度假区、圣水观风景区；③荣成次中心城市旅游板块，重点开发建设桑沟湾、绿岛湖等旅游项目；④石岛渔家民俗风情旅游板块，重点开发建设石岛渔港风景区、好当家休闲度假区、赤山法华院、苏山岛、槎山和朝阳山6个景区；⑤文登道教温泉旅游板块，重点开发昆嵛山景区、南海旅游度假区、温泉疗养等旅游项目；⑥大乳山福地养生旅游板块，重点建设大乳山福地养生旅游区、潮汐湖旅游区、多福山养生文化城、福如东海文化园、岠嵎山、南黄岛、宫家岛等旅游项目。

5. 新能源及配套产业基地

充分利用威海海岸线长、地质构造稳定、站址良好的优势，合理布局、有序开发核电、风电、潮汐发电、水电等项目，稳步发展海洋潮汐能、海流能、潮流能和波浪能，建设全国重要的海洋新能源基地，支持新能源装备制造业园区建设。

6. 现代石化基地

依托良好的区位、岸线等优势，在荣成镆铘岛、南海新区规划建设大型石化基地项目。

（二）"十大园区"打造为中日韩产业合作先行示范区

按照高效配置产业资源、促进产业聚集发展的原则，鼓励产业基础好、发展优势突出的园区，加强与日韩的国际合作，积极拓展发展空间，形成经济（技术）开发区、高新技术产业开发区、海关特殊监管区域各有侧重、相互配套的发展格局。更好地发挥国家级开发区、省级开发区的产业承载和聚集功能，按照国家级、省级园区政策，积极推行园中园和一区多园模式，支持建设特色海洋经济园，加快推进威海科技新城（初村）、威海临港工业园（崮山）、威海临港科技产业园、石岛工业园、乳山台湾工业园等临港临海产业园区发展。推进符合条件的园区扩区和区位调整，探索不同园区之间合作交流、政策叠加和区域整合的有效方式，支持符合条件的园区升级为国家级园区。

强化政策支持和要素保障，积极支持有实力的大企业自办园区，重点推进威高集团以高端医用植入器械为重点的医疗器械园区；拓展公司万吨碳纤维产业化园区；三角集团低碳、绿色、环保、高效全钢载重子午线轮胎园区；华东数控集团重型数控机床工业园区；以新北洋特种打印机研发制造基地为主体的 IT 产业园区；新船重工整船研发及零部件配套生产园区；黄海造船整船研发及零部件配套生产园区；东安黑豹、天润曲轴汽车及零部件配套生产园区；南海新区新能源设备制造园区；环翠区羊亭新能源汽车产业园区等十大高端产业园区建设，成为促进和推动蓝色经济区建设的重要引擎。

第二章　威海与日韩经济合作交流先行先试的产业合作方式

一　"引进来""走出去"，是国际经济合作交流的基本方式

区域产业发展的国际化合作，是经济全球化的基本特征。随着全球一体化的深入，各种双边、区域自由贸易区的建立，跨国公司的对外直接投资从市场导向提升资源配置效率导向，即在全球范围内根据要素比较优势，通过收购和外包重新配置供应链和价值链，提高资源配置的效率和效益。

我国经过改革开放 30 多年的发展，依托引进来和出口替代的发展模式，成为"世界工厂"，对外贸易依存度超过 70%。在此情况下，从国家层面，必须考虑通过提高引进外资质量和扩大对外投资两个轮子，主动在更广阔的空间进行产业结构调整和优化资源配置。在保持制造业优势的同时，向产业链高附加值环节迈进，提升中国在国际分工中的地位。从企业微观层面而言，通过对外投资，可以主动从全球获取资金、技术、市场、战略资源。在跨国公司利用自己实力、重组中国优势的同时，中国有实力的企业也应利用跨国公司产业结构调整的机会，以自己的比较优势重组他国产业和企业，主动参与国际合作与竞争，以获得市场份额和技术开发能力。尽管我们很多方面难与国际先进行业相提并论，但由于巨大的国际市场和需求结构的差异，我们可以通过将技术成熟、品质稳定的产品推向国际市场，建立营销网络、设立

研发中心、学习先进管理经验，提高竞争力，从而在国际上占有一席之地。

威海与日韩的产业合作也是一样。一方面，我们要利用日韩的技术、资本和管理经验，促进区内产业发展；另一方面，"蓝色经济区"内已有不少具有一定国际竞争力的企业，它们也可以通过到日韩投资合作，获得资金、技术、市场、战略资源。

二 "引进来"，以高新区和开发区为主阵地，建设蓝色产业国际聚集区

以高新技术开发区和经济技术开发区为主阵地，通过引进日韩相关产业项目，建设蓝色产业国际聚集区。并以此为基础，同时打造成海洋产业区域联动发展平台。根据蓝色经济区规划主体区和联动区在发展阶段、产业结构上的差异性，以海洋产业链为纽带，以海洋产业配套协作、产业链延伸、产业转移为重点，优化海陆资源配置，在联动区建设一批海洋产业联动发展示范基地；加强联动区与主体区的对接，搞好海洋资源开发、科技研发、重大项目建设。

（一）高新区，倾力培育以蓝色高技术为特征的产业体系

威海火炬高技术产业开发区是 1991 年 3 月由国家首批批准、科技部与山东省政府、威海市政府"三方共建"的国家级高新产业开发区，是全国三个火炬（还有中山、厦门）高技术产业开发区之一。

威海高新区内已经形成以三星数码打印机有限公司为代表的电子信息、以威高集团为代表的生物医药和医疗器械、以华东数控有限公司为代表的光机电一体化、以拓展纤维有限公司为代表的新材料等四大高新技术产业。其中多功能激光一体打印机占全球市场的 35%；接触式图像传感器占国内市场 90% 以上；一次性使用医疗器械国内市场占有率达 20% 以上。

威海高新区与日韩建立了紧密的经贸、科技合作关系。如韩国三星、日本三菱、伊藤忠等世界 500 强跨国公司在区内建立生产基地。创业孵化平台方面，也与韩国庆北大学共同创办了"威海—庆北大学中韩科技企业创业中心"，与韩国光州科学园、大邱—庆北地区孵化器协会、大邱移动技术商用化中心签订了合作协议，孵化器的专业化、国际化、集群化步伐不断加快。

（二）开发区，海洋工程与装备制造为龙头的海洋工业体系

威海经济技术开发区是 1992 年 10 月经国务院批准成立的国家级开发区，与威海出口加工区实行"两区合一"的管理体制，总面积 198 平方公里，常住人口近 20 万。规划建设了崮山工业园、泊于工业园、环山路工业园和出口

加工区等特色园区，形成了船舶及零部件、汽车及零部件、通用与专用设备、电子信息、食品医药、电力能源、新材料、轻纺服装八大工业支柱产业，成为山东半岛重要的先进制造业基地。其中，船舶及零部件制造业聚集了中航威海船厂、韩国三进船业等整船制造企业 4 家、游艇和船舶配套企业 70 多家，是山东省命名的六大船舶工业聚集区之一。汽车及零部件制造业聚集了世界上钢丝帘线产能最大的贝卡尔特钢丝帘线公司等骨干企业。通用与专用设备制造业重点扶持华东数控、华东重工、华东重型装备、豪顿华工程等龙头企业发展，打造国内领先、国际一流的大型数控和风电、水电、核电设备制造基地。食品医药产业已聚集中国医药百强企业迪沙药业集团和华夏药业、紫光科技园等企业 40 多家，形成食品医药产业基地。新能源产业重点依托中国华润集团、华电集团、华能集团、中玻光电等龙头企业，开发风能和太阳能资源，打造新能源产业基地。

三 创新"园中园"建设，促进产业国际融合

从前述高新区和经济开发区发展可以看出，都是一区多园布局。园中园建设，实际就是"大项目—产业链—产业集群—产业基地"的发展新模式，引进一个大项目，培育一批配套企业，形成一个完整产业链。产业集聚效应扩散，就构建起规模化的产业基地。

因此，与日韩产业合作在方式选择上，发挥高新区和经济开发区主阵地作用，还要进一步创新"园中园"建设，积极搭建产业创新支撑平台，努力把"两区"建成产业国际融合示范区。

四 "走出去"，融入高端领域，扩大国际市场占有份额

（一）抓住市场机遇，融入相关产业国际高端领域

当前世界经济增长放缓，发达国家市场不景气，有技术实力和知识产权储备的公司都面临经营困境，它们正力图通过向海外销售产品、向国外转让技术、在国外建设高新产品装置以拓展市场，来保持其市场地位和生存发展空间。在后危机时代，日韩两国都面临着产业结构调整升级和产业转移的任务，"蓝色经济区"企业要利用好这个机会，通过收购兼并、参股合作等多种形式，融入日韩的高端制造业领域，通过扩大双向投资促进中日韩产业纵向合作。

2012 年 2 月 15 日，海尔在日本发布了 AQUA（亚科雅）品牌系列新产品，并宣布将在日本成立海尔亚洲总部和研发中心，进军白电国际高端市场

2012 年年初，山东重工下属的潍柴集团与欧洲最大的豪华游艇制造商意大利法拉帝有限公司主要债权人达成协议，收购法拉帝 75% 的控股权，从而进入全球顶级豪华游艇市场，成为全球领先的高端豪华游艇产品及推进系统供应商，使业务模式由投资拉动的装备制造业向消费拉动的高端奢侈品拓展。

（二）积极参与境外经贸合作区建设，企业海外发展新模式

境外经贸合作区，是指在境外有条件的国家或地区建设或参与建设的基础设施较为完善、产业链较为完整、带动和辐射能力较强、影响力较大的工业、农业或服务业园区，以吸引中国或其他国家企业投资兴业。目前，我国企业正在 13 个国家建设 16 个国家级境外经贸合作区。其中，亚洲 6 个国家 7 个合作区，韩国韩中国际产业园区就是其中之一。

韩中国际产业园区位于韩国西海岸南部的全罗南道务安郡，由中方和韩方分别持股 51% 和 49%，计划投入 1.76 万亿韩元，兴建占地面积为 1773 万平方米的产业园区和中国城等。韩国政府于 2009 年 9 月 21 日召开市道经济协议会，决定将务安韩中国际产业园区指定为"外国人投资区"。按照韩国有关规定，如被指定为外国人投资区，园区建设费用的 50% 将由政府预算划拨，而且入驻企业 7 年免缴法人税（企业所得税），之后的 3 年法人税减半。韩国政府的上述决定，表明其接受了中国政府以在务安郡建立由中国企业园区和中国城等构成的综合生产基地方式进入韩国市场的战略。几年前，务安郡（省）的有关部门还曾经组织代表团来山东威海等城市进行招商宣传。

合作区带来的积极效应：从经济层面看，可有序转移我国具有比较优势的产能，有利于转变贸易发展方式，有效利用国外资源，开拓海外市场；从政治层面看，有利于巩固国家间友好关系，促进双边互利合作；从企业层面看，为中国企业对外投资搭建了平台，提供了比较经济、可靠的海外发展基地，有利于形成贴近市场的产业链和产业集群，可降低企业海外投资经营成本。建设合作区是新形势下发展对外投资合作新探索，是推动我国企业在海外可持续发展的新模式。

第三章 促进威海与日韩经济交流先行先试的发展对策

一 争取国家级战略资源在蓝色经济区布局

（一）国家级海洋科技教育资源战略布局

蓝色经济区内拥有以海洋科技教育和研究为特色的丰富的科技教育资源。

国家应统筹考虑这些科技资源与区域经济发展的结合，提供相应的衔接机制和衔接渠道，推进产学研的一体化发展，为这些国家级科技教育资源的转化提供空间，也为蓝色产业体系自主创新能力的提升注入能量。可从以下几个方面，优化国家科研教育资源在蓝色经济区的战略布局。

1. 加强海洋专业学科建设，构建特色海洋学科应用专业体系

由教育部牵头，从改革人才流动和资源分配的相关机制体制入手，优化整合全国科技教育资源，加强围绕海洋产业科技教育资源在区内的集聚，构建门类齐全、基础厚实、优势明显、特色突出的海洋学科体系。因为区内高校、研究机构分属不同部委和地方政府管理，依靠地方政府推进教育资源整合，难度较大；而以教育部牵头，地方政府乐意支持，其他部委所属研究机构也会积极参与地方经济科技发展，资源整合相对容易。

威海应以山东大学（威海）、哈尔滨工业大学（威海）和哈尔滨理工大学（荣成）三所大学以及威海职业技术学院为核心，整合与海洋产业学科教育和研究的相关资源，重点发展与海洋经济密切相关的特色海洋学科应用专业。鼓励和支持这些高等院校，组建蓝色威海高校联盟，就学科专业设置、师资队伍建设、科研联合公关、复合型人才培养等方面加强沟通与交流。积极鼓励和支持这些高等院校和研究机构与世界知名大学和科研机构建立合作院校、联合实验室和研究所，为海洋经济科技发展培养创新型人才和科技成果。

2. 强化科技创新平台建设，促进海洋科技创新、成果转化

由科技部牵头，整合技术资源，在威海分别围绕海洋生物、新材料、海洋装备制造技术等优势领域组建国家级和省级工程（技术）研究中心。通过国家科技计划、公益性行业科研专项等现有政策渠道，加大对相关单位开展海洋科研工作的支持力度，形成一批具有自主知识产权的科技成果。完善国际科技交流合作机制，进一步加强与日本、韩国等国家和地区的海洋科技交流合作。

威海结合山东省的相关规划，出台具体措施，配套支持企业与高校、科研院所建立多种模式的蓝色经济产学研合作创新组织，推动企业与科研机构建立产业技术创新战略联盟。积极努力利用国家给予的蓝色经济区优惠政策，实行支持自主创新的财税、金融和政府采购等政策，完善企业自主创新的激励和投入机制；制订和实施扶持中小科技企业成长计划，健全创业投资和风险投资机制，引导企业增加研发投入。

加快建设海洋科技成果中试基地、公共转化平台和成果转化基地，组织

实施一批高技术产业化示范工程，促进海洋高技术产业在威海集聚发展，择优建设海洋产业国家高技术产业基地。

（二）加快构建半岛海陆相连、空地一体现代综合交通网络

1. 建立和完善中日韩国际性跨海立体交通体系建设

国家层面要建立和完善国际性跨海交通体系建设，开展威海中韩陆海联运汽车直达运输，加速推进威海中韩海底隧道前期研究论证工作。

完善服务，建立山东半岛航空港体系。威海机场要在已有规划建设的基础上，搞好各项服务配套设施建设，努力开辟更多的日韩航线，增加航班密度。同时，加强与日韩航空公司的合作与交流，吸引日韩航空公司在威海设立分支机构。

扩大中韩陆海汽车直达联运。充分利用威海地理位置得天独厚、港航基础设施优良、中韩滚装客货班轮运输经验丰富的有利条件，按照中韩两国签订《物流领域合作谅解备忘录》的要求，进一步推动威海港口与韩国仁川、釜山、平泽等港口开展中韩陆海汽车直达联合运输，为山东半岛与韩国物流合作搭建平台。

建设中韩海上火车轮渡。针对我国和韩国有关研究机构及专家，提出建设中韩海上火车轮渡设想，引起中韩两国有关部门重视的实际，要充分发挥威海与韩国仁川是建设中韩海上火车轮渡理想之地的优势，进一步加强与韩国仁川的合作，争取尽快开通威海与韩国仁川的火车轮渡，打通与韩国的快捷物流通道。

2. 建设和完善辐射带动黄河流域发展的综合交通网络

蓝色经济区发展肩负联动省内其他地区发展、连接京津冀地区与长三角地区东部沿海一体化发展、辐射带动整个黄河流域发展的重任。

区内加快青—烟—威—荣城际铁路、济—烟—威动车直通工程建设进度；建设公路、铁路、航空、水运等多种运输方式一体化、无缝对接的现代化综合运输枢纽工程。

二　协调布局，错位竞争，坚持三组团共赢战略

（一）在"蓝色经济区"内，要协作布局，错位竞争，一体发展

威海着力打造中日韩经济合作先行试验区，首先要建立健全与"蓝色经济区"其他城市协调联动机制。在基础设施建设和公共服务提供上，要按照交通同网、市场同体、环境同治、产业联动、信息共享的要求，构筑优势互补、合作共赢的区域发展新格局。强化在交通、水利、能源、信息等重大基

础设施建设方面的合作，统筹基础设施布局与建设；统筹产业协调发展，促进区域内部产业错位发展；打破行政区划界限和条块分割，探索建立区域经济利益分享和补偿机制，制定促进区域一体化发展的指导意见，加快形成资源共享、优势互补、服务均等的区域发展新格局。与此同时，要鼓励和促进民间团体的交流，积极组织和支持企业、社会团体间的合作交流，推动区域内海洋经济文化的合作交流。

威海要发挥与日韩贸易紧密优势，大力发展现代海洋渔业和滨海旅游业，发展外向型经济，促进海洋高端产业集聚发展，建设成为全国重要的海洋产业基地、对外开放平台和我国北方富有魅力的滨海休闲度假区。

（二）在市域内，认真落实"一核一带三组团"布局战略

1. 强化威海中心城市的经济集聚和扩散功能

中心城市作为全市蓝色经济区建设的核心区。要坚持市区一体化发展原则，引导中心城区主体向南拓展，加快与工业新区对接，向文登城区延伸，与南海新区相向发展，逐步形成中部工业城市走廊；东翼重点建设临港产业服务区，并与荣成北部沿海对接发展，打造文化、科技、旅游等高端服务业聚集区；西翼加快推进科技新城和双岛湾休闲旅游度假城建设，全面构建"大威海"的城市新框架。

环翠区。重点发展滨海旅游、临港物流、金融保险、商贸流通等涉海现代服务业，大力发展船舶配套设备、新能源汽车、装备制造、电子信息、新材料等先进制造业，规划建设张村机械电子产业园、羊亭新能源汽车产业园和桥头威海临港科技产业园，积极发展海产品养殖及加工、水产良种推广、优良种质研发、远洋捕捞等现代渔业，打造服务蓝色经济区的中心商务区、临海先进制造业聚集区、滨海生态人居示范区和滨海旅游休闲度假区。

高技术产业开发区。重点发展新能源及设备制造、新材料、新信息、生物医药等海洋高技术产业，改造提升渔具等传统优势产业，着力发展旅游休闲度假、文化创意及服务外包等现代服务业，打造海洋高技术产业孵化基地、海洋高技术产业基地，成为山东半岛海洋高技术产业发展示范区。

经济技术开发区。因地制宜发展滨海特色农业，加快发展海洋文化旅游、海洋运输物流、韩国特色服务、游艇服务、涉海金融等为主的现代海洋服务业，发展壮大船舶及零配件、高端装备制造、新能源及配套、海洋生物医药等先进制造业，打造威海市临港先进制造业中心、现代商贸中心、物流集散中心、商务运营中心。

工业新区。重点发展新材料、精密机械、电子信息、海洋生物工程、汽车和船舶配套等产业，现代物流、金融商务等现代服务业，建设生态化工业新城、先进制造业聚集区和承接日韩产业转移的先行区，成为拓展中心城市框架的经济增长极和新兴城市板块。

2. "三组团"与中心城市的产业发展和基础设施建设要相互衔接

荣成市、文登市、乳山市与中心城市的产业发展和基础设施建设相互衔接，形成以成山片区—荣成市区—石岛城区、文登市区—南海新区、乳山市区—银滩旅游度假区为区域中心的组合型城镇集群和产业发展极。

荣成市。实施"一城两带三片区"城市空间发展战略，加快改造提升老城区，打造沿海人居产业聚集带和内陆村庄聚合带，建设荣成经济开发区、石岛管理区、成山镇三个发展片区。重点发展现代渔业、海洋食品及生物技术、修造船及零部件、汽车及机械、滨海旅游、港口物流、核电装备制造、能源石化等产业，打造蓝色经济区先行区、国际滨海旅游度假特色城市及现代渔业、造船、食品、冷链物流、新能源等国家级海洋产业基地。

文登市。实施"两大板块三大功能区"城市空间发展战略，加快建设以经济开发区为主体的高端产业示范区、以城市文化商务区为主体的现代服务业聚集区，把南海新区建设成为海洋经济新区。重点发展海洋生物制药、先进装备制造、新能源和节能环保、汽车及零部件、机电工具、现代海洋化工、海产品精深加工等临海临港产业，海洋运输物流、滨海文化旅游、度假养生康疗等现代服务业，打造山东半岛蓝色经济区引领区、山东省对日韩深层次开放的试验区、全国重要的滨海养生度假示范区。

乳山市。实施"两城两区"城市空间发展战略，高标准改造提升老城区，高水平打造银滩新城区，高起点建设经济开发区和海湾新区。重点规划建设五大海洋产业功能区：海产品养殖加工区主要发展特色养殖、海产品精深加工及海洋保健品研发，打造安全食品产业园；临港产业区主要发展特种船舶修造、汽车零配件、现代物流等产业；旅游休闲养生区主要打造面向国内及东北亚地区的滨海休闲养生度假目的地；绿色能源产业集聚区主要发展风电、核电、潮汐发电、天然气发电等新能源产业；乳山湾海洋高新技术产业开发区主要建设高档商务区、高科技人才居住区和科技成果转化区，努力建设现代海洋产业集聚区。

（三）整合资源，科学规划，充分发挥政策效应

威海应整合经济开发区和工业新区一体化发展，充分发挥经济开发区和出口加工区的政策效应。

威海市区面积较小，山在城中，可开发面积有限，仅辖环翠区一个行政区，但是拥有高新区和经济开发区（2000 年 4 月，经国务院批准，在开发区内设立威海出口加工区，面积 1.34 平方公里，与开发区实行"两区合一"的管理体制）两个国家级开发区。后来为了承接日韩产业转移搭建一个更大的承载平台，也为了促进与代管县级市文登市的融合发展，经山东省政府批准，于 2007 年 4 月在威海市区南部设立威海工业新区（见图 1）。工业新区内碳纤维材料产业园、汽车配套产业园、船舶配套产业园、机电工具产业园等一批项目区、三角工业园、台湾工业园相继建立。工业新区的设立，吸引了一些外商投资企业在园区集聚，但是由于城市发展，园区内不少企业是由原在经济开发区西部陆续搬迁到工业新区的。由于经济开发和工业新区分属国家级和省级，园区政策有差异。两个园区的分设，限制了国家级开发区的政策效应的发挥。因此，可以借鉴青岛、烟台的做法，整合经济开发区和工业新区，充分发挥经济开发区和出口加工区的政策效应。

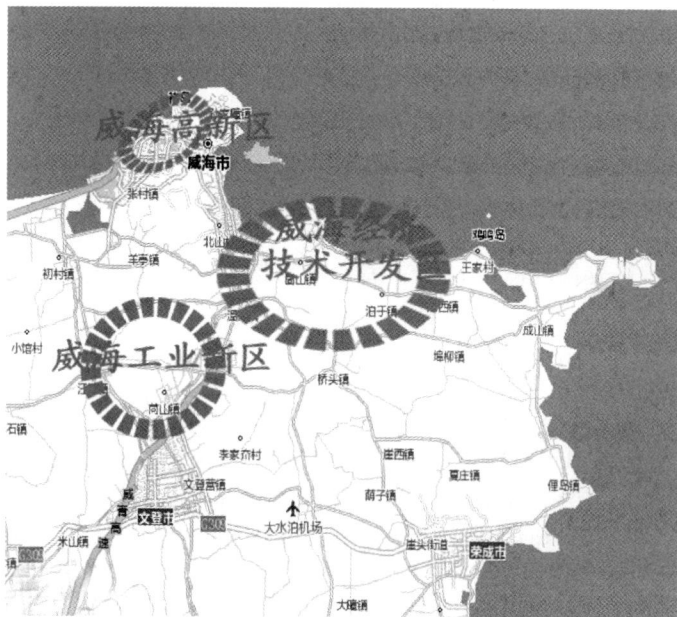

图 1 威海高新区、经济技术开发区、工业新区位置示意

三 海关特殊监管区域为改革突破前沿，努力向自贸区转型

威海出口加工区作为海关特殊监管区，第一，要充分发挥其承接国际产业转移、连接国内国际两个市场的特殊功能和政策，充分发挥特殊监管区域的"筑巢引凤"效应，即项目规模大、辐射强的龙头企业入区发展，可以带

动其配套企业的发展，其产业链上下游的厂商也会纷纷聚集周边投资设厂，使得经济技术开发区、高新技术开发区、海关特殊监管区域实现各有侧重、相互配套、区港联动的发展格局。第二，积极争取在威海港口设立保税港区，周边设立一批出口加工区，构建保税物流体系。充分发挥保税港区的功能优势，通过互动合作、功能叠加、政策延伸，实现区港联动、区区联动发展，形成覆盖山东省的多元化保税物流和保税加工网络。在现有威海出口加工区开展叠加保税功能试点，拓展各类海关特殊监管区在保税、通关、物流、服务贸易等方面功能，开展研发、检测、维修业务。

第四章 威海中日韩经济合作试验区建设的支撑体系

一 充分发挥已有三国各层级合作交流机制作用，积极搭建国际合作新平台

（一）充分发挥已有的三国各层级合作交流机制作用

随着经济全球化进程加快，为了促进中日韩经济的进一步合作和共同应对全球化经济竞争和风险，三国加强和完善了政府、民间合作管理机制，建立了多层次多部门的合作交流机构，极大地推动了中日韩经济一体化合作进程。威海要积极发挥目前中日韩三国及中韩、中日双边间建立的不少民间经济合作交流机制的作用，如中日韩经济发展协会、中日韩商务论坛、中韩高层财经界对话会、中韩绿色经济合作论坛、中日节能环保综合论坛等现有的民间交流机制，协调"蓝色经济区"威海产业和企业的国际合作。

（二）搭建威海中日韩产业合作交流新平台

通过构建非官方、高层次、开放式的有影响的经贸对话与合作平台方式，邀请日韩及国内富有权威和影响的政界、经济界和企业界人士及知名专家参加，共同研讨威海蓝色经济区建设的重大问题，从而扩大威海的国内外影响。

建立蓝色经济区行业协会与日韩产业协会跨界论坛。例如，为了进一步加强中日韩三国造船协会之间的交流，增强三国造船界在国际海事界的话语权，由日本造船工业协会（SAJ）提议的第一届中日韩造船协会三边会议于2011 年 7 月 28 在日本召开。会议就中、日、韩三边对各自造船工业的发展情况、国际船舶市场的变化、造船市场的影响因素等问题进行了交流，并就各自就关心的新型船舶技术开发、本币升值、产业调整、劳动力数量、统计口径、外协工管理等问题交换了意见。三方一致认为，IMO 有关环境问题的一

系列规则对造船业的影响越来越大，从长远来看，应当反映亚洲造船业的心声，为此需要中日韩三国造船协会加强交流，建立三边会议交流平台。

（三）搭建威海中日韩海洋科技创新与人才培养合作平台

发挥国际海洋科技优势，平台建设至关重要，要积极推进创新资源整合，在大型科学仪器与试验基地、科技文献、科学数据、自然科技资源和网络科技环境等方面，建立信息共享平台。如在威海搭建中日韩海洋产业科技创新平台，可以发挥国家重点基础研究计划（973 计划）、国家高技术研究发展计划（863 计划）、国家科技支撑计划项目等国家级科技创新平台的引领作用，通过省级、市级科技创新公共服务平台建设，在海洋生物、信息技术、新材料、海洋装备制造等领域建立一批中日韩联合实验室、工程（技术）研究中心，发挥三国在该领域的科技人才的研发水平。在此过程中，特别要强化企业在科技创新中的主体作用。

政府要鼓励和支持中国海洋大学、山东大学、中国石油大学（华东）等高等院校，在发展特色海洋学科专业、培养高层次海洋人才方面，积极开展海洋教育国际合作交流，与日韩等国家的海洋专业院校和科研机构建立合作院校、联合实验室和研究所，以作为培养海洋科技人才的重要平台；要支持海洋职业技术教育学校与日韩的职业教育机构、"蓝色经济区"内日韩企业合作，在"蓝色经济区"内建立涉海专业的教学、实习和科研基地，以作为培养专门技能型人才的重要平台。建立健全人才培养、引进、使用、激励机制，在"蓝色经济区"青岛市培育专业性海洋人才市场，以建设东北亚地区的海洋人才集聚中心和交流中心。

二 积极探索中日韩经济合作的互信互认机制建设

（一）积极试点威海中日韩人才互认机制建设

试点"蓝色经济区"威海中日韩学分互认体系。教育互认主要是通过学分互认实现的。威海鼓励驻地高校联合日韩一些高校，借鉴 ECTS（欧洲学分互认体系），建立"蓝色学分互认体系"，实现学分互认，鼓励学生跨国交流。这将有利于高等教育学生寻求更多渠道和机遇，获得更高层次的学习资源，促进教育资源的优化配置；有利于中日韩的职业教育的合作交流和技能人才的跨国流动。

加快建立"蓝色经济区"职业教育资格认证体系。借鉴韩国在职业资格证书体系中的学分库制度，在威海职业资格证书体系建立中日韩统一的职业资格认证体系学分库制度，有利于三国在威海的合作和交流，有利于促进终身学习型社会的建立，从长远来看会促进社会人力资本存量的提高和经济增长。

（二）试点推进威海与日韩无纸化贸易环境建设

借鉴中日韩三国在利用信息通信技术和互联网推进便利化方面的成功经验和良好基础。如在海关程序方面，中国已经在某些海关关区试行无纸通关，日本已经实现了海关关税和消费税的网上银行支付，韩国则引入了网上海关清关系统。在政府采购领域，中日韩三国都建立了自己的电子采购系统。在商务人员流动方面，三国都运用了国际航班载运人员信息预检预录系统（API）。因此，应把在中日韩之间建立无纸贸易环境作为威海市构建中日韩互认机制的一项重要内容。

（三）积极探索威海市与日韩互认新领域

努力推动与日韩两国签订一致化评定程序互认协议。为检验产品是否符合相关标准和技术法规，各国都要设立相关的合格评定机构。威海应在一些有条件的产品部门努力推动与日韩签订一致化评定程序互认协议，这不仅可以使本地出口产品避免重复的一致化检验，以降低产品的出口成本，提高产品竞争力；还可以作为威海与日韩两国市场监管机构信息交流的平台，有利于提高在标准一致化方面的信息透明度，共同营造一个更加稳定的和具有可预见性的贸易环境。同时，威海可以通过这一平台加强与日韩国家市场监管机构的交流与合作，并学习和借鉴其在产品标准和技术法规的制定和实施等方面的先进经验。

大力加强威海贸易技术基础设施建设。相关技术基础设施的落后是制约发展中国家参与标准一致化合作的瓶颈。许多发展中国家和地区由于技术水平落后或缺乏相关技术基础设施（如相关的实验室和检测机构等）而无法与其他国家和地区建立一致化评定程序互认协议。威海应联合青岛、烟台，与日韩率先合作，根据与日韩贸易产品的数量种类，设计不同产品标准互认的时间进程表，在此基础上建立这些产品的东北亚地区标准及技术法规共享平台，如实验室认可问题。蓝色经济区与日韩跨区域实验室国际认可，主要内容包括制定互认协议、组织实验室之间技术能力的比对、接受认可申请、制定 EAL 通用指南、出版和发行资料和对外交流。

推进"单一窗口"电子口岸信息互认，促进电子商务和物流体系建设。"单一窗口"是指参与国际贸易和运输的各方，通过单一的切入点提交标准化的信息和单证，以满足相关法律、法规及管理要求的平台。通过构建威海与日韩的"单一窗口"，使威海电子口岸建设具有一个门户入网、一次认证登陆和"一站式"服务等功能，集口岸通关执法管理和相关物流商务服务为一体的大通关统一信息平台。电子口岸互联互通，具有港航信息、报关单信息、舱单信息和手册信息四个方面的功能，可以满足中日韩企业查询口岸通关和物流信息的需求。同时，联合"蓝色经济区"其他城市，积极探索与日韩间电子口岸（单一窗口）数据交换标准建设，建立三地电子商务认证体系和物流配送体系。2011 年 6 月，威海港等"蓝色经济区"部分港口与韩国釜山港签署战略联盟运行章程，致力打造东北亚国际物流航运中心就是具体行动。

充分发挥市场化检验组织对检验检疫的互认机制。威海要积极培育市场化检验组织，探索中日韩双边或多边检验检疫合作机制，并加强进出口贸易、食品安全及相关领域的互信互认合作。检验中介组织作为独立于产品制造方、销售方和产品使用方的具有法人地位的第三方检测机构，普遍被认为是现代服务业的一种类型。应当积极推进市场化取向的检测机构改革，加快检测机构机制改革步伐，鼓励"蓝色经济区"质检系统具备条件的实验室通过优化组合，独立走向市场，转制成为完全市场化的、独立的、第三方的检验中介组织。

［作者单位：山东大学（威海） 课题组成员：师晓青 王 洋 白 霜］

持续推进农业科技创新的金融服务
问题研究

王文祖

"提升农村金融服务水平"——新世纪以来，连续第九个聚焦"三农"的中央一号文件《关于加快推进农业科技创新持续增强农产品供给保障能力的若干意见》再一次对金融机构服务"三农"提出了明确要求。与以往不同的是，此次"提升农村金融服务水平"的战略重心放在了农业科技创新上。

文件指出，"当前，国际经济形势复杂严峻，全球气候变化影响加深，我国耕地和淡水资源短缺压力加大，农业发展面临的风险和不确定性明显上升，巩固和发展农业农村好形势的任务更加艰巨"。强调"实现农业持续稳定发展、长期确保农产品有效供给，根本出路在科技。农业科技是确保国家粮食安全的基础支撑，是突破资源环境约束的必然选择，是加快现代农业建设的决定力量，具有显著的公共性、基础性、社会性"。提醒"全党要始终保持清醒认识，绝不能因为连续多年增产增收而思想麻痹，绝不能因为农村面貌有所改善而投入减弱，绝不能因为农村发展持续向好而工作松懈，必须再接再厉、迎难而上、开拓进取，努力在高起点上实现新突破、再创新佳绩"。要求"加大农业投入和补贴力度""提升农村金融服务水平"。这为本课题的研究提供了理论和政策依据。

一 威海市农业科技创新问题研究

（一）农业科技创新的现状

近年来，威海市各级党委政府以农民增收、农业增效为目标，以科技促进农业发展为方向，不断加大财政投入力度，积极推进农业科技创新及其应用推广，农业科技支撑能力不断提高，农业农村经济发展活力持续增强，现代农业发展水平显著提升。

1. 农业新品种、新技术的引进与研发

经过多年的引进、创新、研发和培育，威海市已创新培育和引进筛选出适合自身气候特点、种植条件的农作物新品种 80 多个，涵盖蔬菜、甘薯、草莓、桃、小麦和花生等种类；研发新技术 73 项，组装集成配套技术 32 套，涵盖农作物高效栽培、测土配方施肥、病虫害综合防治、沼气综合利用、动物饲养等多个领域。同时还大力推广先进农机技术和机具，截至 2011 年，全市综合农机化水平达到 87%。

2. 农业科技示范基地的建设

为加快农业新品种、新技术的应用与转化，各级政府围绕威海市优势作物和特色果蔬，以市场需求为导向，立足资源特点、区位优势、产业基础，建设优势突出、特色鲜明的农产品试验示范基地近 40 处，涵盖小麦、玉米、花生、甘薯、果树、蔬菜等多类农作物，面积近两万亩。通过在基地配套使用新品种、新技术，辐射带动周边乃至全市种植业品种的更新、产量的提高、品质的提升、效益的扩大，引领全市现代农业产业的发展。

3. 新型农民科技培训工程的组织实施

组织实施阳光工程，围绕农业发展方式转变和新农村建设的需要，面向农业产前、产中、产后服务和农村社会管理领域的从业人员，通过理论培训和实践操作相结合方式，开展了种植业生产服务人员、农业经营管理和农村社会管理人员、涉农企业从业人员，渔业生产服务人员，农机服务人员和畜牧生产、兽医服务人员四大类别培训。仅 2011 年就培训农民近 9000 人，提高了农民就地就近就业能力和辐射带动能力，促进了农业劳动力向农业产业延长链转移，为现代农业发展、农村经济繁荣和新农村建设提供人才支撑。

4. 送科技下乡活动的开展与推广

政府有关部门根据农时和生产需要，通过开展科技活动周、举办培训班、深入田间地头指导及赶科技大集等多种形式，组织科技人员和执法人员开展苹果提质增效管理技术、测土配方施肥工程、沼气产业提升工程、果园鼠茅草示范种植、玉米高产创建暨"一增四改"技术、农产品质量安全知识、植物病虫害防治技术、农业标准化生产技术等各种农业技术服务工作。

5. 农业科技推广与转化服务体系的建设

目前，全市共有基层农业技术推广机构 100 个，其中县级 33 个，镇级

（办）67 个，全部为财政全额拨款事业单位。机构编制 1015 人，其中县级 246 人、镇级（办）769 人；在编在岗人员 717 人，其中县级 226 人、镇级（办）491 人。县级农业技术推广机构全部隶属农业局系统；镇级推广机构为 2008 年机构改革中整合农业、水利、林业、农机、渔业等部门技术推广力量设立的综合服务中心，人、财、物归镇（办）管理。

（二）制约威海农业科技创新的主要因素

从建设现代农业、推动农业科技进步、增强农产品市场竞争能力、提高农业生产效益和有效增加农民收入的总体目标来说，农业科技推广体制不健全、农业科技经费投入不足、农业科技人员队伍素质不高、自主创新能力相对薄弱和务农人员整体素质下降等因素，已成为目前制约农业科技创新与推广工作发展的突出问题。

1. 农业科技自主创新能力较薄弱

统计数据显示，除大宗粮棉油等主要农作物育种外，我国 50% 以上的生猪、蛋肉鸡、奶牛良种以及 90% 以上的高端蔬菜花卉品种依赖进口；70% 以上的先进农产品加工成套设备依赖进口，大多数国产农机产品仅相当于发达国家 20 世纪 70 年代水平。

就种业为例，由于种子市场准入门槛较低，种子企业普遍规模小、实力弱。再加上原有的企业多以经营为主，尽管在科技创新上有一定投资，但由于对科研重视不够、投入不足，取得创新成就的企业还很少。大部分农作物品种依靠引进，自主选育能力薄弱。

另外，虽然全市农民专业合作组织数量发展较快，达到 1255 家，但整体水平不够高、科技创新能力较低；涉农民营科研机构数量少，科研能力还很有限；农业高新技术产业总量不大，总体实力偏弱，在人才、技术等方面的竞争中趋于劣势，缺乏促进产学研合作的配套政策、协调机制。

2. 农业科技推广机制不够健全

威海市 2008 年乡镇机构改革，将农业、水利、林业、农机、渔业等农业技术推广部门进行整合，设置镇（办）农业综合服务中心，实行定编、定员，全面负责农业技术推广工作。从运行情况看，由于镇（办）农业综合服务中心农技人员人、财、物归乡镇政府管理，现有农技人员平时主要忙于镇政府的临时性和阶段性的工作，严重脱离了本职工作岗位。各级农业技术推广机构联动性很差，成为影响农业科技创新与推广工作的重要因素。

3. 农业科技创新与推广经费投入不足

主要表现为公益性农业科技推广机构普遍存在着办公设施条件落后、人员知识老化等现象，尤其突出的是70%以上的镇一级农技推广部门无试验基地，80%以上没有技术推广及办公必备的试验仪器，不能较好地开展试验、示范和推广工作。对农产品更新换代和产业技术升级产生重大带动作用的科技项目无法实施，从而导致农业科技创新成果数量不足，成果档次不高，应用科技成果的普及率偏低，不能有效地带动和促进农业科技的发展。

4. 农业科技成果转化率不高

"十一五"期间，我国农业科技成果转化率只有40%左右，远低于发达国家80%以上的水平。就威海市而言，由于受到农业科技推广应用体制不顺、渠道不畅、手段不多、经费不足等因素的制约，加上农业科研、技术推广与农民需求对接不紧密，近年来威海市的农业科技成果转化率一直处于较低水平，许多科研成果难以从实验室走进大田，一些新品种、新技术没有得到及时普及。

（三）持续推进农业科技创新的路径

把握农业科技创新方向、突出科技创新重点、完善科技创新机制、改善科技创新条件。面向产业需求，着力突破农业重大关键技术和共性技术，切实解决科技与经济脱节问题。强化政府主导的公益性农技推广，支持经营性社会化农技服务，着力抓好种业科技创新。

1. 突出涉农企业等农业主体的主导地位

农业龙头企业、农民专业合作社、农民种养专业大户等农业市场主体，是发展现代农业的决定力量，是农业科技创新的核心所在。扶持各类农业市场主体不断发展壮大是促进农业科技创新的必经之路。长期以来，我国农业科技创新一直被视为政府及其部门的职能，如种业发展一直延续着育种以科研教学单位为主、种子企业主要从事生产销售的模式，致使有限的种质资源、种业人才和扶持资金等大都集聚在国有科研教学单位，严重制约了种业企业的发展壮大和创新能力的提高。而从发达国家的情况看，80%以上的种业科技人员在企业。因此要持续推进农业科技创新，必须在制度和政策的设计上，更加突出农业主体的地位，充分发挥其在科技成果研发、转化与推广应用等农业产业化经营方面的主导作用。

2. 加大对农业科技创新领域的资金投入力度

目前，无论从社会总投入还是从公共财政投入看，全市农业研发投入水平远低于科技的平均投入水平。由于农业科技创新有着周期长、区域性强、风险较大等特点，如果仅仅依靠公共财政的资金投入，难以保证农业科技创新的资金需求，因此，要加强农业科研体制的创新性研究，在继续加大公共财政投入力度的同时，更要鼓励引导城市资本、工商和民营企业投资开发农业，将丰富的民间资本和先进的工业理念注入农业科技创新与推广，为持续推进农业科技创新提供有效的资金保障与支持。

3. 加快农业科技推广体系建设的步伐

特别是要健全基层农业技术推广体系，解决"最后一公里"的问题，要能够服务于生产，要能够进村入户上田头。

首先，加强公益性农技推广体系建设。健全乡镇或区域性农技推广、动植物疫病防控、农产品质量监管等机构，明确其公益属性，严格聘用者的从业条件及岗位责任。落实其工资政策及待遇，健全绩效考评机制，推行县直部门、乡镇政府、农民三方考评，将农技推广实绩和农民满意度作为主要考核指标。

其次，扶持社会化农技推广体系建设。坚持社会化和多元化，积极支持和引导合作组织、技术协会、龙头企业、基层供销社、邮政物流、农资企业、院所高校等农技推广主体，形成公益性与市场化服务同步发展的格局。对重大科技推广项目实行政府订购、定向委托、招标投标等，鼓励企业和社会组织参与竞争和承担任务。实施科技特派员农村创业行动，鼓励农技人员通过资金入股、技术承包等方式与农民结成利益共同体，创办协办科技型企业和合作组织。

4. 建设农民教育培训长效机制

随着城镇化、工业化、农业现代化等"三化"进程的不断加快，加快农业人才的培育，主要是解决将来谁来种地的问题。因此，在现有培训资源的基础上，要进一步构建并完善与城乡统筹发展相适应的农民教育培训网络，整合农民教育培训资源，以涉农院校、科研院所、农业广播电视学校、农科教中心、就业培训中心、职教中心、技工学校、农村基层服务站、农村远程教育网点为依托，统筹推进农村职业教育、农业科技教育、成人教育和农民终身教育等农民教育培训工作。积极引导教育机构、企业、科研单位和其他社会力量参与农民教育培训，进一步完善政府主导、面向市场、国有与民办相结合、企校合作、工学结合、灵活开放、有特色、多元化的农民教育培训网络，引导威海教育培训机构资源共享，优势互补，共同发展。

二 持续推进农业科技创新的资金供需问题研究

（一）持续推进农业科技创新需要多元化的资金投入机制

"加大农业投入和补贴力度""提升农村金融服务水平"是 2012 年中央一号文件对持续推进农业科技创新在资金供给方面提出的明确要求。同时也意味着，持续推进农业科技创新的多元化资金供给机制将进一步健全与完善。

基于农业科技创新的公共属性，需要建立公共财政投入持续稳定增长机制。农业是自然风险和市场风险并存的弱势产业，加上农业生产的高度分散性，使得农业科技创新不但具有较强的公共属性，还具有高度的需求多样性，因此稳定的农业科技投入增长是农业科技进步与创新的重要前提。为此，2012 年中央一号文件明确提出，要"持续加大农业科技投入，确保增量和比例均有提高""发挥政府在农业科技投入中的主导作用，保证财政农业科技投入增幅明显高于财政经常性收入增幅，逐步提高农业研发投入占农业增加值的比重，建立投入稳定增长的长效机制"。这为威海农业科技投入政策提供了重要依据，为农业科技投入的稳定增长建立了牢固的制度基础。

基于农业科技创新的基础属性，需要完善多元化、多渠道的资金投入体系。农业科技创新虽然具有显著的公共性、基础性、社会性，但并不表示只能由公共财政作为投入主体。因此，政府通过加大对农业科技投入的引导与支持力度，推动企业、风险资本、个人等各种力量投入农业科技，形成政府投入为引导、企业投入为主体、金融信贷与风险投资为支撑、社会投入为补充的农业科技融资体系。通过税收优惠和财政补贴等政策引导和鼓励企业增加农业农村科技投入，使其成为科技投入的重要组成部分。

基于农业科技创新的社会属性，需要加大金融的对社会化创新主体的支持力度。鼓励和引导政策性和商业金融机构加大对农业科技的支持力度，积极开展科技开发融资、担保和保险服务。一方面，要"加大农村金融政策支持力度，持续增加农村信贷投入，确保银行业金融机构涉农贷款增速高于全部贷款平均增速"；"继续发展农户小额信贷业务，加大对种养大户、农民专业合作社、县域小型微型企业的信贷投放力度。加大对科技型农村企业、科技特派员下乡创业的信贷支持力度，积极探索农业科技专利质押融资业务"。另一方面，"扩大农业保险险种和覆盖面，开展设施农业保费补贴试点，扩大森林保险保费补贴试点范围，扶持发展渔业互助保险，鼓励地方开展优势农产品生产保险”。

（二）威海市农村金融服务供给状况

1. 金融系统发放“三农”贷款情况

近年来，受中央和地方“三农”政策的指引，威海市的各银行业金融机构不断加大对“三农”的资金支持力度，为社会主义新农村建设、农业的发展、农民收入的持续增加做出了积极的贡献。课题组经调查发现，近三年来，威海市银行业金融系统向“三农”领域发放涉农贷款的数量呈逐年递增的趋势，投向“三农”的信贷增幅均超过了全市信贷平均增幅。仅 2011 年就新增涉农贷款 72.57 亿元，增幅超过全部贷款平均增幅 8.13 个百分点。涉农贷款余额增长 17.35%，占全部贷款的比例为 40.86%。从发放贷款的对象看，借款人种类比较集中，主要是各类涉农企业、种植和养殖户、农民专业合作社等；从贷款用途看，用于生产环节的贷款数量较大，多是流动资金贷款，其次是用于购置生产工具，包括农机具、交通运输工具等；从贷款期限看，以短期贷款为主；从担保方式上看，抵押登记率不高，主要以农户联合保证的方式提供担保。

2. 农村金融服务供给主体现状

银行业金融机构数量和类型丰富。全市政策性银行 1 家，国有大型商业银行 5 家，股份制商业银行 3 家，城市商业银行、农村商业银行、农信社、村镇银行等地方法人银行业金融机构 7 家，全市包括分行、支行以及网点在内的各类银行业机构总数达到 500 多家，从业人员 8000 多人，初步形成覆盖城乡、网络健全、管理规范、运行高效的银行业服务体系。截至 2011 年末，全市银行业金融机构本外币各项存、贷款余额分别达到 1810 亿元、1259 亿元。

保险业加快规范、健康发展。市级保险公司达到 36 家，共设立 53 个支公司、140 个营销服务部以及 4 家保险专业代理公司和 1 家保险公估公司。2011 年末，保险业累计支付赔款与给付 47.15 亿元，全市保险深度和保险密度分别达到 2.23% 和 1813 元。

新型金融机构不断涌现。小额贷款公司和融资性担保公司成为区域金融业发展的新兴力量。全市小额贷款公司发展到 14 家，注册资本金 14.1 亿元，2011 年累计发放贷款 24.2 亿元；融资性担保公司发展到 13 家，注册资本金 9.6 亿元，在保余额 29 亿元。

3. 农村金融服务需求的现状

伴随着农业发展方式的转变、农村经济结构的进一步调整与优化，威海农林牧渔等相关产业进入了快速发展期。其中，花生、苹果、蔬菜等传统优势特色产业的不断做大做强，茶叶、草莓、蓝莓、西洋参、樱桃等新兴特色产业也迅猛发展；远洋渔船作业范围不断扩大，健康养殖业快速发展，畜禽养殖形成适度规模饲养，休闲农业、民俗旅游业和农村服务业迅速兴起并快速发展，农业标准化生产推行，农民专业合作社不断壮大等，尤其是从田间到餐桌、从原料到成品、从生产到消费，产加销一体化经营，第一、二、三产业融合发展的现代农村产业体系的建设，都对金融信贷资金的供给产生了更大的需求。

4. 农村金融服务的风险控制体系建设状况

首先是信贷资金担保体系的建设。受银行业金融机构信贷资产风险控制的制约，资金的安全性、流动性、营利性始终是金融机构关注的焦点，即使对于国家鼓励和支持的涉农贷款也不例外。为提高金融机构提供贷款的意愿，威海市已设立40余家股份多元化的担保公司；同时，为了鼓励担保公司提供融资担保，政府也采取了一定的扶持政策，如财政补贴等。但是担保公司受逐利性的影响，从其担保的对象上看，主要以中小企业为主，涉农融资担保基本处于空白。其次是涉农保险体系建设。威海市有两家为"三农"提供金融服务的政策性保险金融机构。受其经营思路的影响，加之政府扶持和补贴力度的不足，现存的保险金融机构的承保的范围比较狭窄，保险种类比较单一，一方面不能满足银行业金融机构化解涉农贷款风险的需要，另一方面，对农业经营风险的保障深度与广度也无法满足发展现代农业的需要。

三　持续推进农业科技创新的金融服务问题研究

（一）农村金融供给中存在的问题分析

威海市各涉农市场主体融资的主渠道是银行信贷，但目前银行信贷投放用力不均，大部分信贷资源集中在规模以上企业，导致中小微企业和"三农"等领域融资难的问题长期未得到缓解。特别是部分发展潜力的科技型中小企业，由于缺少有效的抵质押物以及风险估值等问题，难以获得银行支持，在风险投资、创业投资不足的情况下，融资问题成为制约现代农业发展面临的重要障碍。

1. 金融业规模较小，农村金融供给者少

从银行业机构数量看，目前，青岛、济南、烟台等山东省内周边城市市级银行机构分别达到44家、28家、21家，而威海市只有12家。全省除中农工建交5家国有大型商业银行已覆盖到威海市以外，在山东省内设立机构的11家股份制银行中只有2家在威海设立了分支机构，仅占18%。全省已设立4家期货公司、2家信托公司，而威海市尚属空白。从产业水平上看，去年全省本外币存款余额近47000亿元，本外币贷款余额达到37500亿元，威海市分别只占3.8%、3.6%，在全省分别列第10位和第16位，排名相对靠后；全省信贷余额新增5029亿元，威海市新增110亿元，占2.1%，占比较小，体现出经济体量和金融活跃度有待提高。

另外，我国虽然已建立政策性的农业保险制度，鼓励商业性保险公司开展农业保险业务，但由于农业保险起步较晚，政府重视程度不够，农民保险意识和保险承受能力差，保险公司经营能力不足等因素的影响，导致了农业保险越来越萎缩。而各金融供给主体之间效率的不平衡性也在一定程度上扭曲了农村金融市场的供求平衡。同时，现有的财政制度不能很好地满足金融机构的需要，也影响了其投身于新农村建设的积极性。

2. 农村金融服务的供给品种单一

即使在有限的农村金融服务供给者中，供给品种仍以传统的存贷业务为主。目前，各金融机构仍主要维持"存贷汇"老三样业务，服务功能不全，未能有效拓展代理保险、代收代付、理财咨询等中间业务，更不用说提供先进的理财、信息咨询等金融服务了。当大中城市金融机构一个个推出金融服务品种时，农村金融市场却依然如故。除金融结算和少数乡镇开通的针对单位的代收水电费之类的中间业务外，代销国债、基金、银行卡等科技含量稍高的业务几乎没有。正如群众所说，现在水路、电路、公路及广播电视通了，然而发展经济离不开的结算汇路却不畅通。

贷款方式单一，不能给贷户提供管理和信息上的服务。农商行一般仅提供小额农贷，当农村资金需求出现多样化、农业产业化需要大量资金投入之时，则显得无能为力。在贷款方式上，除对少数已评级农户以信用方式发放小额贷款外，其余贷款一般都得提供相应的抵押或质押，且抵押的品种仅有机具、房屋等有限品种。农村金融信贷服务品种创新的缺乏，造成了农民贷款难的现象，阻滞了农村经济发展速度，更谈不上对农业科技创新的贷款支持。

3. 农村金融服务的供给动力不足

对风险的控制、考核以及对利润的追求，抑制了农村金融服务供给的动力。

首先，从信贷需求角度看，由于农村经济基础差，发展先天不足。要贷款，首先要有抵押，大多数企业和自然人没有足够的抵押，没办法贷款。其次，从信贷供给角度看，农村金融信贷发放受到抑制。金融机构为了控制风险，对企业信用等级的评估严格。对于信用贷款，金融部门各专业银行的信用等级评估要求尤其严格，信贷准入门槛高，级次较低、规模较小、经营状况一般的农村中小企业很难入围。而各银行出于自身利益和资金需求矛盾考虑，对信用等级的评估工作没有积极主动的动力，自然地影响了信用贷款的发放。最后，政府对农村金融机构缺少具体支持措施，即使有支持措施，也在落实中大打折扣，对金融机构取多予少，税费项目多、环节多，银行交易成本很高，影响了农村金融机构服务地方经济建设的积极性。

4. 农村金融服务的供给环境较差

主要表现为信用缺失、信用担保工具缺失及银政间存在"条块"矛盾。

首先，农村贷款对象的信用缺失。在非农信贷业务中常用的信用风险控制手段运用于农贷业务时失灵。在贷款发放方面，由于申贷主体（主要是农户）往往缺乏规范的财务报表和收入、支出、资产等原始单据，使金融机构难以估计贷款的潜在风险；在贷款发放后，金融机构也往往难以获取有关申贷主体经营活动的私人信息，或无法承受过高的信息采集成本。在金融机构与申贷主体之间信息不对称十分严重的情况下，前者很难依照一般的信贷风险管理流程进行操作。

其次，信用担保工具缺失。在现行的金融管理体制下，为了确保贷款的安全性，几乎所有的商业性金融机构的贷款都设置相应的财产抵押。一般来说，农户所拥有的比较值钱的"财产"主要是没有完整产权证明的住宅和只有使用权的耕地，而按照现行的《担保法》，耕地的使用权不具备抵押效力，农民的住房不能办理房产证，也不能作为抵押品。除此之外农户所拥有的农产品、农业生产资料等财产由于价值评估麻烦且难以变现，大都不能够被金融机构认可为合格的贷款抵押品。由于农户很难满足商业性金融机构对合格抵押品的要求，故一些即便在未来有还款资金来源的农户，也过不了商业性金融机构的审贷关。在不能提供合格的抵押品时，商业性金融机构通常也可以接受担保方式的贷款申请，然而由于目前农村的信用担保体系几乎是空白，需要贷款的农户也很难找到担保人。据调查，农村因为找不到担保人没有合法的抵押物而得不到信贷支持的占 70% 以上。"抵押难、担保难、贷款难"的现象不能有效解决。

最后，银政间存在"条块"矛盾。从支持地方经济发展的角度出发，政府部门往往要求银行放宽贷款条件，加大信贷资金投入力度；但金融部门从风险控制角度考虑，又不能贸然放贷。同时，地方政府认为防范金融风险是银行内部问题，而金融部门又认为发展经济责任不在金融部门，不应为此而过分承担放贷风险。这一矛盾增大了农村金融服务的协调难度，严重影响了农村金融生态环境的平衡和优化，也影响到了农村金融供给。

（二）增加对农业科技创新金融服务供给的对策与建议

"加大农村金融政策支持力度，持续增加农村信贷投入，确保银行业金融机构涉农贷款增速高于全部贷款平均增速。"——这是 2012 年中央一号文件对提升农村金融服务水平、持续推进农业科技创新的明确要求。

1. 进一步完善农村金融服务政策机制

在金融支持与财政扶持并重的同时，逐步建立并完善信贷支农的政策机制。在进一步巩固、完善和加强支农惠农政策，加大财政支农力度的同时，逐步建立信贷支农的财政贴息、税收优惠、风险补偿、中介服务等政策机制，设立政府牵头、农户集资、用于农户的担保基金，为农村科技创新的金融服务创造良好的政策环境。

（1）继续深化农村金融体制改革。引导并强化各金融机构服务农业科技创新的功能，进一步完善农村商业银行管理体制和治理结构，增强农村金融机构经营实力和服务能力。另一方面，按照建立多元化、广覆盖、可持续的农村金融服务体系目标，在条件成熟的地方积极筹备设立村镇银行、贷款公司、农村资金互助社，改变农村金融服务组织体系单一的格局，促进农村地区形成投资多元、种类多样、治理灵活、覆盖全面的金融服务体系。

（2）尽快出台配套的农业科技信贷政策。农业科技金融拥有广阔的市场空间，要引导金融机构认真研究农村金融市场现状，找准切入点。农村金融市场由高到低划分为三个层次，大型农业产业化龙头企业、农业基础设施建设、农村城镇化项目等构成高端市场，县域地区中小企业、乡镇企业等构成中端市场，农户小额贷款构成低端市场。因此，各金融机构应当根据自身特点，在多层次的农村金融市场中找准定位，扬长避短地发挥作用。要以农业为主开拓业务，重点研究农村基础设施、优秀涉农科技企业、优质种养农户等的信贷投入，比照城市大型基础设施、中小民营企业和个人客户的贷款情况，采取政府补贴、市场化运作和农民互助互保等模式，继续做好农户小额信用贷款和农户联保贷款。

总之，农村金融的重要地位和特殊作用，决定了我们按照"多予、少取、放活"的原则，采取多种措施来改善农村金融的政策、法律环境。通过打造政府、金融监管部门、金融机构密切协作的平台，促进中国金融业承担相应的社会责任，积极参与构建和谐社会并发挥积极作用，全面促进威海市农村科技金融和农村经济实现又好又快发展。

2. 加快发展多种形式的新型农村金融组织和以服务农村为主的地区性中小银行

着力改变当前农村金融机构匮乏的状况，就要加速扩充农村金融供给主体，培育竞争性的农村金融市场。发展多种形式、分工合理的农村金融服务组织体系，建立起"政策性+商业性+合作性+自发性"农村金融体系，真正让农民通过政策扶持维持简单再生产，通过合作性金融实现初步致富和初级层次的扩大再生产，并在商业性金融和自发性金融的竞争环境下，实现高级层次的扩大再生产，从而带动产业结构的城镇化和非农化，实现"生产发展、生活宽裕"这一发展目标。

(1) 引入竞争机制。为适应农村金融市场的准入门槛，逐步消除农村金融市场的进入壁垒，政府应从完善各类制度和政策入手，引导和鼓励民营的小额信贷银行、合作银行、私人银行等多种形式的农村民间金融机构，使其合法化、公开化和规范化，并纳入农村金融体系中加以监管，以增加农村金融的服务供给，满足"三农"多层次的融资需求。在此过程中，需要我们注意的是，民间金融改革的关键就在于建立市场的准入机制，不能比照城市设立商业银行的标准设立，应根据实际情况，因地制宜地制定准入标准，并加以严格执行。

(2) 大力发展合作金融。从严格意义上说，合作金融是指按照规范的合作制原则建立起来的资金互助组织，它可以利用从银行或政府机构获得的资金或社员股金、存款向合作成员提供贷款。合作金融一般是在较小的具有利益相关性的团体中开展，由成员自愿入股组成。在农村和农业领域以合作金融的方式开展金融服务，可以充分利用合作成员所在地域比较接近、彼此信息比较透明、成员之间能够信用互保以及在组织中自我雇佣等优势，以较低的成本向农户发放低利率、无抵押的小额信用贷款，解决农户临时性、季节性、分散性的资金需求。目前，无论是发达国家还是发展中国家都普遍存在着合作金融组织（如德国、美国、日本、马来西亚、印度尼西亚、巴基斯坦、印度、尼泊尔等国家的信用合作社、贷款协会、小额信贷组织等），它们对于促进农村经济的发展发挥了巨大的作用。

(3) 组建和发展农村民营金融。我国农村经济主要以民营经济为主。农村金融机构要为农业服务，也就是为民营经济服务。当前农商行经营体制对于民营经济而言是外生的，并不是所有的农商行都能通过改造之后和民营经济实现对接。支持民营经济的融资机制只能从民营经济的资金活动中生成，它不可能从当前的农商行体制中找到生长点。也就是说，应当让民营经济通过内部资金融通来缓解资金供求矛盾。民营金融的产生应当市场化、多元化。以民营银行为例，可以从头开始，让具备条件的民营企业发起成立民营银行，也可以在原有的农信社基础上改组为民营银行，还可以在国有商业银行县以下机构的基础上吸收民间资本组建民营银行。民营金融促进竞争，增进福利。应打破国有或准国有金融机构在农村金融市场的垄断或准垄断地位，从而提高效率。

3. 引导县域内银行业金融机构将新吸收的存款主要用于当地发放贷款

要大力培育和发展县域担保等中介机构，切实解决县域担保难问题，切实强化县域金融生态（信用）环境建设。良好的农村金融生态环境，是金融服务"三农"的重要基础。优化农村金融生态环境建设，必须着重抓好以下几方面的工作。

（1）加强农村信用担保体系建设。建立主体多元化的信用担保体系，成立由政府引导、市场化运作的行业担保机构；鼓励建立民间出资的商业化担保公司和会员出资的会员制担保公司；发展壮大农村互助担保组织；推进农村抵押担保制度创新，探索建立便捷的农村土地使用权抵押、农村动产抵押登记制度，扩大农村有效担保物范围。探索发展大型农用生产设备、林权、水域滩涂使用权等抵押贷款，规范发展应收账款、股权、仓单、存单、农业科技专利等权利质押贷款；建立企业联保机制，推行小企业联保、生产经营户联保、农户多户联保以及"公司＋农户""公司＋中介组织＋农户""公司＋专业市场＋农户"等联保形式，为县域中小企业贷款和农户贷款提供担保。

（2）积极推进农村信用体系建设。加强诚信建设，建立符合农村实际的征信体系，尽快建立农户信用档案和信用数据库。开展农村信用工程建设，积极开展信用村、信用农户、信用企业、信用个体户评选，通过实施贷款利率优惠、扩大贷款额度等激励措施，促进农民和中小企业提高信用意识。加强企业及个人信用行为的规范与约束，建立和完善守信激励机制和失信惩罚机制。严厉打击恶意逃废债务行为，加大对失信行为的惩处，运用法律手段和行政措施对破坏金融生态的行为予以制裁。积极引导广大农民树立诚信意识，创建良好的金融生态环境。

4. 优化农村金融环境

优化农村金融生态环境是发展农村经济的需要，也是服务"三农"的要求。

（1）建立起政府主导、横向联动和金融服务"三位一体"农村金融生态环境建设机制，并构建农村金融生态环境状况综合评价体系，加强农村金融生态环境的评价和监测，对农村金融生态环境进行量化考核，并不断健全金融生态环境法律基础，优化农村金融生态的外部生存环境。

（2）建立农村金融风险补偿机制。要加快农业保险制度建设，发挥对农业经济的补偿作用。要把农业保险纳入农业经济发展的总体规划，考虑组建政策性农业保险机构，或者委托政策性银行开办农业保险业务，运用财政、税收、金融、再保险等经济手段支持和促进农业保险发展。

（3）打破并转变金融机构"嫌贫爱富"的服务思路。要引导各类金融机构把工作对象放到广大农民身上，要为大多数人服务，这种服务不仅是存款的服务，而且更是贷款的服务。"穷人也能用好贷款"是孟加拉"乡村银行"十几年的实践证明了的一个重要结论，这一结论不仅适用于十分贫困的国家，同样适用于中等收入的国家甚至发达国家。中国在过去的十多年里先后开展了几百个小额贷款试点，这些试点都证明即使是贫困地区的贫困农民也能用好贷款、还好贷款。

（4）健全金融法制建设，为农村金融体系的运行创造一个良好的制度环境，加强对农村债务人的约束；执法部门应完善执法环节，强化公平执法，提高执法力度，保护农村金融债权，维护农村金融秩序。

（作者单位：中共威海市委党校　课题组成员：郑玉婵
胡　静）

我国外派劳务人员工伤损害求偿法律
适用问题研究

姜爱丽　朱颜新

我国在加入世界贸易组织后，融入世界劳务市场的脚步不断加快，每年向境外派出的劳务人员以迅猛的速度递增，国际劳务合作业务呈现繁荣发展的态势。但是我国外派劳务人员在境外提供劳务过程中遭受工伤损害后难以获得充分和有效赔偿的事件也越来越多。工伤损害赔偿纠纷涉及外派劳务人员生命健康和财产权益的保护，对外派劳务人员的劳动积极性和外派劳务合作业务的顺利开展具有重要影响。因此，预防和妥善处理外派劳务人员与境外雇主或外派企业的工伤损害赔偿纠纷具有积极意义。

一　我国外派劳务人员工伤损害求偿问题的特殊性

（一）外派劳务人员工伤损害求偿问题具有涉外性

我国外派劳务合作业务是由具有外派劳务经营权的企业（以下简称外派企业）、境外雇主与外派劳务人员三方共同参与完成。外派企业与境外雇主签订外派劳务合作合同，由外派企业按照合同规定在国内招聘劳务人员并经培训合格后派往境外提供劳动和服务。境外雇主负责办理外派劳务人员入境手续，安排其工作，并提供劳动保护和有关社会保险及福利待遇。外派企业按照外派劳务合作合同的规定与外派劳务人员签订劳务合同，由外派企业向外派劳务人员收取服务费用，并负责对外派劳务人员进行组织和跟踪管理，协调与雇主的纠纷，保护外派劳务人员的合法权益。外派劳务关系中主体一方为境外雇主，并且外派劳务人员提供劳务的地点与工伤事故发生地点常常在境外。因此解决外派劳务人员工伤损害问题通常要与劳务所在国家和地区的法律发生密切的联系。

（二）外派劳务人员工伤损害问题的解决取决于外派企业解决争议的态度和行为

当外派劳务人员在境外为雇主提供劳动过程中发生工伤事故时，往往会因得不到赔偿或得不到合理赔偿而与境外雇主产生纠纷。由于境外雇主熟悉当地法律政策和社会环境，在纠纷中常处于较为有利的地位，而外派劳务人员则因为经济实力薄弱，加之对当地法律、语言了解有限，在纠纷中常处于不利地位，合法权益容易受到侵害。由于外派劳务人员与境外雇主之间未签订合同，不存在直接的合同关系，当工伤事故发生后，只能按照外派劳务合作合同寻求解决方法。外派劳务人员利益的取舍、合法利益的保障主要取决于外派企业解决争议的态度和行为，如果外派企业怠于向境外雇主索赔，则外派劳务人员的利益必然受到损害。我国外派劳务合作的制度安排，导致了外派劳务人员工伤损害求偿问题的复杂性。

（三）外派劳务人员工伤损害求偿的法律适用问题具有特殊性

迄今为止，各国之间以及国际劳工组织尚未制定专门针对外派劳务人员工伤损害赔偿问题操作性强的国际条约或协定，WTO的《服务贸易总协定》只是将自然人移动纳入服务贸易的形式中，未就劳务工人在境外提供劳务过程中遭受的工伤损害等具体问题做出任何的规定。由于外派劳务法律关系具有涉外性，根据我国法律规定和外派劳务合作合同的约定，处理工伤事故时适用的法律既可能是中国国内的法律，也可能是雇主所在地的法律，还可能是与合同有最密切联系国家的法律。因此，在处理外派劳务人员工伤损害赔偿纠纷时，首先要分析解决该纠纷应适用国内法还是国外法，其次查明应当适用的法律规范，按照法律规范中指引的救济方式解决纠纷。这与劳工在国内发生工伤事故时明确适用国内法的做法相比，更具特殊性。而各国法律法规中关于工伤的范围、处理规则和支付标准的规定因国情等因素的影响而千差万别，这为处理工伤事故增加了难度。我国国内对外派劳务领域出现的问题也尚未制定位阶较高、针对性强的法律法规，仅仅依靠部门规章和行政手段来调整，导致政出多门，执行依据混乱的情况频频发生，使得外派劳务人员工伤事故的处理耗费时间长，且处理结果的合法性、合理性常常受到质疑。

二 外派劳务人员工伤损害求偿不力的原因

（一）我国外派劳务法律关系梳理不清

我国外派劳务法律关系是指我国相关法律规范所调整的，具有外派劳务经营权的企业按照与境外雇主签订的对外劳务合作合同的规定，向境外派出劳务人员，提供各种劳动和服务过程中所产生的权利和义务关系。外派劳务法律关系的主体，一方为外派企业和经商务部特批的项目实施单位，另一方为境外雇主。外派劳务法律关系的客体为外派劳务人员的劳务行为。这里的外派劳务人员，仅限于经政府批准经营劳务合作业务的公司派往境外从事各类服务的人员，而不包括对外援助人员，派驻海外企业人员和其他因公在外人员以及自行到海外谋生的民间劳务人员。在国际上，这类劳务人员通常被称作"短期外籍工人"，即在一国从事具有项目或合同期限的工作的工人。

外派劳务合作是在境外雇主、外派企业和外派劳务人员三方的合作下完成的。虽然外派劳务人员向境外雇主提供了劳务，但他们并不是外派劳务法律关系的主体，其法律主体资格得不到确认。因而当外派劳务人员发生工伤事故时，只能依靠外派企业根据外派劳务合作合同向境外雇主行使索赔权。在索赔权的行使和赔偿效果的实现完全受制于外派企业的情况下，如果外派企业怠于行使或索赔不力，则会影响外派劳务人员获取工伤损害赔偿的合法权益。目前这种制度的安排是长期以来我国实行外派劳务经营许可制、专营制的单一管理方式和单一的经营方式、经营体制造成的。

（二）我国有关外派劳务人员工伤损害赔偿问题的立法滞后

尽管我国外派劳务合作业务已经开展多年，但仍缺乏健全的外派劳务合作法律体系。对于外派劳务人员常常发生的工伤损害问题，我国尚未制定包含外派劳务人员工伤事故处理和追偿责任等内容的专门性法律法规，仅仅出台过《人事部关于外派劳务人员享受工伤保险待遇问题的复函》《劳动部关于外派劳务人员伤、残、亡善后处理问题的复函》《劳动部关于外派劳务人员因工伤亡保险待遇问题的复函》等几份效力层次较低的文件。在《工伤保险条例》中仅有一条对外派劳务人员在境外提供劳务过程中发生的工伤事故问题做出原则性的规定。

（三）外派劳务合作合同关于工伤损害赔偿条款的规定不明确、不具体、可操作性不强

外派劳务合作合同是我国外派企业与境外雇主建立劳务合作关系的法律形式，也是外派劳务争议处理的法律依据。实践中外派劳务合作合同往往忽视工伤损害条款的制定，即便有约定，也只是原则性的规定，过于简单。例如外派劳务合作合同中对于具体投保险别、工伤损害赔偿的数额和纠纷解决适用的法律常常约定不明，不仅给外派劳务人员发生工伤事故后的处理工作带来极大困难，而且常常成为境外雇主与外派企业互相推诿责任、逃避赔偿的借口，不利于工伤事故的及时处理和解决。

（四）外派企业未尽职尽责，导致外派劳务人员合法权益常常受到伤害

根据劳动部《关于外派劳务人员伤、残、亡善后问题处理的复函》规定，当外派劳务人员因工伤残、死亡时，应由外派企业负责处理事故和向境外雇主索赔。实践中外派企业出于自身经济利益考虑，担心失去客户，往往对境外雇主侵害外派劳务人员的行为采取默认或纵容的态度，怠于行使管理、保护职责，常常使外派劳务人员权益保护的目的落空。还有一些外派企业未充分重视对境外雇主资信的调查，在不完全了解对方经营状况和对方国家法律的情况下盲目签约，一些境外雇主借其优势地位，延长工时，克扣工资，不按合同标准提供劳动保护，甚至在外派劳务人员因公致伤致残时，逃避赔偿责任，侵吞工伤保险赔偿金。

三 我国外派劳务人员工伤损害求偿的法律适用

（一）外派劳务人员在境外寻求工伤损害赔偿的相关法律救济制度

现代社会中，工伤损害补偿制度已经由一元化逐渐向多元化发展，涉及侵权行为法、商业保险法和社会保险法等多个领域，形成多种损害填补制度并存的局面。据有关资料统计，至1995年，全球共有159个国家和地区实行各类的工伤保险。其中，采取社会保险方式的国家和地区有98个，采取雇主责任制方式的国家和地区有25个，采取强制性公营或私营保险方式的国家和地区有22个，采取普遍保障与社会保险或社会保险与其他私人强制性保险双重制度方式的国家和地区有14个。各国通过合理协调配置多种损害赔偿制度，发挥各种赔偿制度的最大功效，为受害的劳工提供充分的保护。针对外派劳务人员在境外发生的工伤损害，可按照劳务所在地以下相关制度寻求救济。

1. 工伤保险

工伤保险是指劳动者在工作中或法定的特殊情况下发生意外事故造成人身伤害或死亡，或因法定的职业性有害因素导致职业病，劳动者本人或其供养的亲属依法获得物质帮助和经济补偿的一种社会保险制度。经过二百多年的发展，工伤保险已成为当今各国处理劳工损害事故的首选方法。工伤保险属于强制性社会保险项目，因此工伤保险费的缴纳、工伤保险法律关系的建立不以投保人、被保险人和保险人的合意为前提条件，而是依照法律规定建立起这种社会关系。

工伤保险法律关系的主体包括投保人（用人单位）、被保险人（劳动者）和保险人（社会保险经办机构）以及其他法律主体。在工伤保险费的缴纳模式上，现今国际通行的做法是由雇主负担全部工伤保险费，劳工个人不缴纳费用的原则。社会保险经办机构将征收的工伤保险费以基金的方式运作经营，当劳工在工作岗或工作过程中遭受伤残、死亡或职业病痛时，及时通过工伤保险基金支付给劳工赔偿费用。工伤保险的承保范围是职业伤害造成的人身伤亡，非职业范围内的事故致害或非法定范围内的职业便不属于工伤保险的范围。各国法律规定了本国劳工享有工伤保险待遇的法定事由，投保人、被保险人和保险人只能按照法定程序申领、计发相关待遇，不能以自己的意志决定工伤保险待遇的享受与否，也不能以自己的意志为转移设置除外条款。

工伤保险制度以维护劳工生存权为基本理念，将工伤保险赔偿与工伤事故预防、工伤康复相结合，通过社会化的工伤补偿来降低企业经营风险，提高受到工伤侵害的劳工获得经济补偿的机会，在较大程度上实现了社会公平和公正。然而由于工伤保险制度创设的宗旨在于保障劳工最低限度的物质生活需要，其给付范围和给付水平可能不及其他损害赔偿制度。

2. 雇主责任保险

雇主责任保险是指雇主（被保险人）以其雇员从事保险合同列明的业务而发生意外事故所受伤亡、疾病为条件，与商业保险公司订立契约，由保险公司承担赔偿责任的保险制度。雇主责任保险属于商业保险范畴，一般针对的是没有建立工伤保险制度的雇主为规避风险的一种策略，也可能是短期雇工因没有稳定的劳动关系而建立的一种补偿机制。作为自愿参加的商业保险，保险关系以保险人与投保人或被保险人通过合意订立商业保险合同，因而对双方当事人意思自治的依赖程度较高。

在雇主责任保险法律关系中，投保人或被保险人为雇主，保险人为商业保险公司，被保险人雇用的劳工一般为受益人。作为受益人的劳工不以被保险人长期雇用的员工为限，还包括短期工、临时工、季节工和学徒工，但不包括为雇主提供劳务或者服务的独立承包商雇用的员工，不论雇主对独立承包商雇用的员工是否直接支付劳动报酬。而雇主通过自愿选择合适的商业保险公司和保险产品，缴纳保险费，以转移经营风险。保险人作为商业保险公司，在经营过程中有其自身的利益追求，存在经营风险。当保险风险过大时可能发生经营亏损，甚至破产，无法为受害劳工提供较为稳定的保护。雇主责任保险以受雇人在雇用过程中发生雇佣合同规定的应由雇主承担责任的人身伤亡或疾病作为承保事项，不论该疾病是否在工作岗位、是否属于职业危害，因此，承保的范围比工伤保险宽泛。但是作为商业性保险公司的保险人为追求利润、避免风险，常常在保险条款中罗列若干除外责任，如战争、罢工、暴动、因手术造成的伤亡等。

雇主责任保险作为一种商业性保险，在雇员发生工伤事故导致伤残、疾病、死亡时，可以转移雇主所应承担的风险，保持企业经营不受工伤事故的影响，获得经营的稳定性。另外，还可以保障雇主对雇员在受雇过程中的伤亡和疾病的赔付能力，为雇员提供较高程度的工伤保障，是雇员发生职业伤害时重要的经济补偿方式，在损害填补功能特别是工伤保险金的给付方面，具有工伤保险所不能比拟的优越性。因此，有能力的用人单位可在参加工伤保险的基础上再投保雇主责任险，更全面的为企业自身和雇员提供保障。

3. 人身意外伤害保险

人身意外伤害保险是通过商业保险公司和投保人双方签订合同，规定当被保险人遭遇外来突然事故，致使身体蒙受伤害或因此导致残疾、死亡时，依照合同中的有关条款，被保险人或受益人获得保险公司赔付的保险金的保险制度。人身意外伤害保险作为商业保险，同样遵循自愿投保原则，保险人和投保人通过约定保险金额和保险事项，从而达成合意，在自愿的基础上签订保险合同。

但是作为商业经营机构的保险公司，出于营利考虑，不愿接受职业危险性大的企业雇主和其雇工参加保险，因此，其实施对象的范围与工伤保险相比具有很大的局限性。工伤保险仅为劳工及其家属提供基本的生活保障，而人身意外伤害保险所提供的保障水平是依照保险人与被保险人签订的保险合同的规定和投保人缴纳保险费的多少而定，保障水平的高低取决于投保人缴费能力的大小。

4. 侵权行为法

在工伤损害赔偿领域，由于工伤保险制度具有提供补偿的及时性、可预见性、支付能力强等优势，现已成为各国处理工伤损害问题的首选方法，大有取代侵权责任之势。美国侵权行为法学家 Fleming 曾预言："比较起来，由社会保险基金对受害人提供补偿，而无须考虑加害人及其对事故的责任，这种直接的赔偿对受害人更加富有成效。"这种事故保险和社会保险最终将在一切非故意致损事件中取代侵权责任。但是工伤保险在赔偿范围和水平以及损害预防方面存在一定的缺憾，而在工伤损害赔偿制度二百多年发展史上曾发挥重要作用的侵权行为法，在一定范围中仍具有其存在的合理性，可以弥补工伤保险制度存在的缺陷。尽管侵权行为法因其诉讼救济的不确定性而备受批评，但其在事故预防、损害完全补偿方面的优越性是其他制度无法比拟的。

（二）我国关于外派劳务人员工伤保险的法律规定分析

我国对于外派劳务人员在境外提供劳务过程中发生的工伤事故处理问题，仅在《工伤保险条例》第 42 条做出原则性的规定："职工被派遣出境工作，依据前往国家或者地区的法律应当参加当地工伤保险的，参加当地工伤保险，其国内工伤保险关系中止；不能参加当地工伤保险的，其国内工伤保险关系不中止。"但是，针对外派企业向境外派出的劳务人员的不同情况还应做具体分析。

外派企业派出的劳务人员如果属于本企业的正式职工，与其之间存在较为固定的劳动关系，即属于《工伤保险条例》规定的工伤保险参保对象，适用第 42 条的规定，即如果劳务所在地的国家或地区的法律要求外籍劳工参加当地工伤保险的，外派劳务人员应当参加当地的工伤保险；如果当地法律不允许外籍劳工参加工伤保险的，则外派企业在境内为外派劳务人员缴纳工伤保险费的义务不终止。因此，如果属于前一种情况，则发生工伤事故后应当按照当地有关工伤保险法律的规定予以解决。如果属于后一种情况，则发生工伤事故后应当适用我国《工伤保险条例》及《劳动法》等法律的规定处理。

外派企业派出的劳务人员如果不属于本企业的正式职工，与其之间不存在较为固定的劳动关系，即不属于《工伤保险条例》规定的工伤保险参保对象。这些劳务人员是在国内临时招募的，如果劳务所在地的国家或地区的法律要求外籍劳工参加当地工伤保险的，外派劳务人员应当参加当地的工伤保险；如果当地法律不允许外籍劳工参加工伤保险的，则外派企业没有在境内为外派劳务人员缴纳工伤保险费的义务。因此，如果属于前一种情况，则发生工伤事故后应当按照当地有关工伤保险法律的规定予以解决。如果属于后一种情况，则发生工伤事故后应寻求其他途径获得损害赔偿。

（三）处理外派劳务人员工伤损害赔偿的适用法律选择

1. 应依据外派劳务合作合同中规定的法律适用条款确定应适用的法律

由于外派劳务合作合同一方主体为境外雇主，因此涉及该合同的有关法律问题可以适用我国有关涉外合同的规定。我国《合同法》第126条规定："涉外合同的当事人可以选择处理合同争议所适用的法律，但法律另有规定的除外。涉外合同的当事人没有选择的，适用与合同有最密切联系的国家的法律。"根据该规定，外派企业和境外雇主可以在外派劳务合作合同中选择发生争议时适用的法律。基于劳动法律关系的特殊性，主要根据"属人原则"和"合同履行地原则"来确定，如适用缔约地法、履行地法、双方当事人住所地法、国籍法、法院地法或仲裁地法等。外派劳务人员在境外发生工伤事故后，可能通过侵权行为法、商业保险或社会保险多种方式获得救济与补偿。因此，如果根据涉外合同当事人选择的法律或与合同有最密切联系国家的法律规定，我国外派劳务人员属于当地工伤保险制度覆盖范围时，则适用该地有关工伤保险或社会保障制度方面的规定；如果不属于当地工伤保险的适用对象，但境外雇主或外派企业在当地投保商业保险的，则发生工伤事故后应当按照保险合同的规定以及该国保险法的规定处理；如果该国允许外派劳务人员在获得保险赔偿之外，还可以根据侵权行为法的原理提起民事诉讼以全面地保障其受损权益，则受害劳工在掌握充分证据的情形下，可以根据该国侵权行为法及有关民事诉讼程序法的规定提起诉讼。因各国经济发展水平和福利政策规定的不同，外派劳务人员在不同的国家获得的损害赔偿额会有很大的差异。

2. 应依据外派企业与外派劳务人员之间签订的劳务合同解决纠纷

这适用于外派企业未尽职尽责，导致外派劳务人员工伤求偿合法权益受到损害的情形。外派企业和外派劳务人员属于中华人民共和国的法人和自然人，因此针对二者签订的合同的法律适用问题应依据我国国内相关法律的规定解决。外派企业根据境外雇主的需求信息，在国内招募劳务人员，为境外雇主和境内劳务人员牵线搭桥，其作用类似于我国《合同法》中的居间人的角色。但由于我国长久以来的制度安排和有关部门规章的规定，外派企业又承担着组织管理外派劳务人员的责任，当外派劳务人员发生工伤事故后，还负有代替其向境外雇主追偿的义务。因而，外派企业在这方面的作用又不同于居间人。外派企业这种特殊而又尴尬的角色和定位，在我国现行法律中找不到与之相对应的法律关系，当其与外派劳务人员由于工伤损害赔偿发生争议时，只能参照我国《对外贸易法》、《民法通则》、《合同法》总则、侵权责任法等有关规定予以解决。

[作者单位：山东大学（威海）　青岛市市北区人民法院]

《"和合"文化下的崛起与发展》
内容提要

赵姗姗

2003 年 11 月博鳌论坛上，中国国家创新与发展战略研究会会长、中共中央党校原常务副校长郑必坚在题为《中国和平崛起新道路和亚洲的未来》的演讲中首次提出"和平崛起"的概念。此后，"和平崛起"成为国内外学者研究的重要课题。中国一些智库、战略家在阐释、宣传"和平崛起"理念上做了很多工作，也有相当大的成效，但仍没有打消美国以及其他西方国家对中国未来的疑虑。

按照传统的国际政治理论和历史上一般大国崛起的规律，一个大国经济上的强大几乎必然导致军事扩张和政治霸权。尽管中国坚持走和平发展道路，也一直在践行求和平、促发展、谋合作的外交理念。但国际社会对日益强大的中国未来走向依然存在矛盾的心态。20 世纪 90 年代以来，特别是近几年来，伴随着中国国力的进一步增长，国际社会尤其是西方大国和周边国家的舆论却不断地将一系列不合理的要求和条件强加给中国的"和平崛起"，并试图用它们杜撰的"和平崛起"话语体系围堵和绑架中国外交。于是，中国"傲慢论"、中国"强硬论"、中国"经济威胁论"、中国"军事威胁论"、中国"环境威胁论"、中国"人口和粮食威胁论"、中国"海军威胁论"、中国"环境威胁论"、中国"网络威胁论"、中国"经济责任论"等不同变种和版本的"中国威胁论"不时出现。这些反华舆论产生的影响力，削弱、损毁、抹黑、丑化了我国国家形象，不利于我国的和平发展。

一个国家的发展道路和影响，与这个国家的历史传统是分不开的。在中国传统文化的宝库中，蕴藏着丰富的和谐发展理念，这就是中华"和合"文化。其所提供的整体性、系统性辩证思维视角，对正确认知中国"和平崛起"

有积极意义。

1. "和平崛起"立本于"儒家"思想的主旨

中国的"和合文化"最早起源于西周时代，西周末期思想家史伯关于"和实生物，同则不继"的论述，是中国最早以文字记载的"和"的观念。儒家思想的创始人孔子主张"礼之用，和为贵"；孟子提出"天时不如地利，地利不如人和"；荀子提出"万物各得其和以生，各得其养以成"。汉宋以后，这种"和"的思想融入"天人合一"的观念中，并进一步得到发展和发挥。从汉代董仲舒的天人思想，到宋代张载、程颢、朱熹等人主张"天人合一""天人一物"，从而使"和谐统一"观念真正确立，并在民族心理的层面建构中华文化的根基。特别需要强调指出的是，儒家思想强调"和合"，并不否认事物的本来矛盾和进行必要的斗争。孔子提出"君子和而不同，小人同而不和"。在这里，"和而不同"指的是和谐而又不千篇一律，不同而又不彼此冲突；和谐以共生共长，不同以相辅相成。用"和而不同"的观点观察、处理问题，不仅有利于善待友邦，也有利于国际社会化解矛盾。

2. "和平崛起"蕴含"道家"思想的精髓

道家学说代表人老子说："大邦者下流，天下之牝，天下之交也。牝常以静胜牡，以静为下。故大邦以下小邦，则取小邦；小邦以下大邦，则取大邦。或下以取，或下而取。大邦不过欲兼畜人，小邦不过欲入事人。夫两者各得所欲，大者宜为下。"在老子看来，大国应该谦居下位，才能取得小国的信用；小国也应该谦居下位，才能取得大国的尊重。如果凭实力为所欲为，必然会遭到全世界的反对，这样的话，国家强盛也不会维持很长时间。因此，相互尊重，是国际关系中处理大国与小国的关系、实现普遍和平的关键所在。道家思想中，最能表现其核心内容的是"无为则无不治"。"无为"思想给古代中国提供了治国安邦的基本原则，也丰富了今天中国"和平崛起"的思想内涵，从而使"韬光养晦"成为长期以来中国外交的主要特点。道家思想中，最能体现"和"哲理的是"太极图"。在太极这个统一体中，凡是有利于对方的，便有利于整体的和谐统一，也就必然反过来有利于自身；凡是有损于对方的，便有损于整体的和谐统一，也就必然反过来有损于自身。太极和谐原理，无论是对于家庭、群体、民族、国家，还是对于个人之间、家庭之间、民族之间、国家之间乃至人与自然之间，都是广泛适用的，概莫能外。

3. "和平崛起"传承于"协和万邦"的和谐理念

《尚书·尧典》记载："日若稽古，帝尧曰放勋，钦明文思安，允恭克让，光被四表，格于上下。克明俊德，以亲九族。九族既睦，平章百姓，百姓昭明，协和万邦，黎民于变时雍。”“九族既睦，平章百姓”的意思是把自己的宗族和国家治理好（即内部的和谐与和平）；“协和万邦”的意思是同其他国家友好相处（即外部的和谐与和平）。这两个方面是辩证统一的。一个国家如何处理内部事务（内政）在本质上就决定了其如何处理国与国之间（外交）的关系。反之亦然。“协和万邦”四字并不是从古代典籍中随意拈出的一个词语汇、一种理念，而是中国文化的一贯的精神和传统。如果说西方文化对于人类文明的永久性价值可以提出诸如人权、民主、平等、自由等，那么中国文化对于人类文明的永久性价值就是“协和万邦”。

一个国家的发展道路和影响，与这个国家的历史传统是分不开的。中国历代王朝都希望并且满足于受到外国的朝贡，而将外国纳入自己的直接统治下的行动并不突出。600 年前郑和下西洋主要是为了“弘扬天威”，而不是为了占领殖民地和掠夺财富。近现代的历史上，尽管中国与周边国家也曾有过战争，但从战略上看，中国的目的主要是为了防御，而不是为了扩张和掠夺。不同的国家有着不同的历史、文化和国情，任何国家都不能在全球化的今天将自己的发展理念和模式推而广之。坚持发展理念和模式的多样性，才能充分理解和尊重别国对自己发展道路的选择。

中国的发展离不开世界，世界的繁荣稳定也离不开中国。中国走和平发展道路是人类发展史上新的伟大探索和实践，不可能做得十全十美。真诚希望国际社会更加深入地了解中国源远流长的文明传统，尊重中国人民对国家主权、安全、领土完整和社会稳定的珍视，相信中国人民走和平发展道路的诚意和决心，支持而不是阻碍中国走和平发展道路。面对自己实力的增强、国际地位的提高、国际社会对中国担负更大责任的期待，中国需要做的事情很多，路也很长。

本书以中国的“和合”文化渊源为脉络，通过对各种形式“中国威胁论”的驳论和“文化软实力”的相关论述，从“硬实力”和“软实力”两个层面较为全面地阐释了“和平崛起”的国家战略，有利于加深对中国坚定不移地走和平发展道路的理解，从而为中国“和平崛起”营造良好的外部舆论环境。本书有关材料及数据大部分出自国家权威报刊，个别数据来源于中国权威媒体网站。引用数据和相关论述如有错误之处，均以我国官方发布材料和国家权威报刊为准。

[作者单位：山东大学（威海）]

论罪刑之该当性

刘 军

在我国司法实践中，常常并存两种相反的倾向：一种是唯刑法条文马首是瞻，不敢越雷池半步；另一种是各种司法"创新"不断出现，大有突破刑事法治的倾向。但二者的共同根源都是没有深刻理解刑法之内在本性与外在之定在。正义是社会制度的首要价值，却不是社会制度的唯一价值。这样一种判断为该当性理论提供了理解与重构的线索。

一 该当性之原初蕴涵

该当性（desert, deservedness）的概念原本指渊源于报应主义的论证刑罚之均衡的理论。"desert"一词通常被理解为应得的奖赏或惩罚，这是一种正义理念，因为正义的经典表述是"使每个人获得其应得的东西"。而按照汉语的解释，"该"是指应当、理应如此，或者表示根据情理或经验推测必然的或可能的结果；"当"是指应当、相称。"该"和"当"，都有应当之意，所以该当就是指应当，但是"当"还有相称、相当之意，因此，该当就是应当以及相称。因此，将"desert"翻译成该当是十分恰当的。在刑法语境内，所谓该当就是指依据主体行为的性质、严重性程度以及考虑主体的内部素质和外部环境而应得的和相称的奖赏或者惩罚。该当性不但是区别是否获得奖赏或承受惩罚的正义性标准，同时也是刑罚与其他强制性惩罚措施相区别的指标。正是因为刑罚这一不利后果的严厉性，是否应当以及如何相称才显得如此重要。

虽然该当性的概念渊源于报应主义的刑罚理论，但是如何对待该当性的问题已然成为不同刑罚理论相互区隔的核心密码。"任何刑罚理论的核心元素就是如何对待该当性（desert）的问题。"古典刑法理论内部存在报应主义与功利主义的论争。报应主义认为该当性是承担刑罚的唯一基石，如果不应当或不值得处以刑罚，或者虽然应当承担刑罚但却与所犯罪行不相称，都是一种不正义；功利主义却无视该当性或者根本就意欲放逐该当性，依据人趋利避害的本能施以刑罚从而促进社会整体的善便成为刑罚启动的依据。是否承认该当性是报应主义与功利主义区别的核心要素。

报应主义是哲理法学派的刑罚理论，可以称为正义之该当。易言之，主体性之该当。因此，需要在主体性哲学的框架内才能正确阐释报应主义的刑罚理论。例如，康德只是在主体性的层面上论述其报应理论，亦即依据纯粹理性颁布的"绝对命令"对主体的意志自由行为实现的充分"报复"——如同是对他自己作恶，而不是依据人的行为所造成的社会危害等客观效果进行"同态复仇"式的等量报应。申言之，刑罚应当与主体行为相匹配而不是与行为的客观效果相匹配，也正是在这个层面上才可以称其为报应。再如，黑格尔从主体人之自在和自为两个层面论证刑罚的正义性，认为"加于犯人的侵害不但是自在地正义的，因为这种侵害同时是他自在地存在的意志，是他自由的定在，是他的法，所以是正义的；不仅如此，而且它是在犯人自身中立定的法，也就是说，在他达到了定在的意志中、在他的行为中立定的法"。依之，从自在的层面，刑罚是自在的意志、定在和法，总而言之是其内在的规定性；从自为的层面，刑罚是在理性人的行为中立定的法，是其自为所应得，因此刑罚具有普适性。也正因为如此，将犯罪人理解为主体，将处罚人理解为尊重犯罪人自己的法，甚至将接受刑罚理解为犯罪人的一种权利，"刑罚既被包含着犯人自己的法，所以处罚他，正是尊敬他的理性的存在。如果不从犯人行为中去寻求刑罚的概念和尺度，他就得不到这种尊重。如果单单把犯人看作应使变成无害的有害（harmful）动物，或者以儆戒和矫正为刑罚的目的，他就更得不到这种尊重"。因此，报应主义的刑罚理论分为三个层面的意义：一是刑罚的依据是正义之法，即从主体人之纯粹理性所推导出来的"绝对命令"（康德），或者从理念中演绎出来的抽象法（黑格尔）；二是刑罚启动的前提是主体性行为，即人基于意志自由之所为；三是刑罚的轻重应当与主体行为相匹配，如康德的等质报应和黑格尔的等价报应。只有满足这三个条件才能称得上该当，这就是该当性的蕴涵。从来没有任何一个理论能够像报应主义一样将人的主体性提高到如此高度，从来没有任何一个理论能够像报应主义一样将刑罚与自由等同视之，从来没有任何一个理论能够像报应主义一样提供正义的理论支持，从来没有任何一个理论能够像报应主义一样提供具有如此普适性的道义标准。

反对者认为，报应主义是报复、是复仇，因而是不理性的，因此也是不正当的。这恰恰是对报应主义的污蔑。报应主义虽然与报复，甚至与古代的"同态复仇"有着千丝万缕的联系，尤其在康德的报应主义思想中还有"以牙还牙，以眼还眼"的隐喻，无疑会使人联想到非理性的复仇行为，但是经由康德与黑格尔的形而上学的论证，报应与报复已如泾渭一般分明。第一，报复是伤害，而报应却是正义。报复是伤害，因为报复不考虑是否应得，不考虑报复的正当理由，甚至不考虑受到报复的对象是否恰当，报复的起因只是因为伤害，是为了伤害而进行伤害，追求一种结果公正，但却有可能造就新的不公正；报应是正义，因为报应考虑各人之应得，考虑客观行为与主观责任等各要素，因此是一种应得的正义。第二，报复是义务，而报应却是权利。报复是复仇者基于共同生活之身份，如家庭、亲属甚至是某一集体或种族身份关系，而承担的一种义务；报应是一种权利，在康德那里是人人得而如此的权利，在黑格尔那里是"犯人自身中立定的法"所规定的权利，只有处罚他才是尊敬他的理性。第三，报复是个人的判断，而报应却是公共权威的判断。报复的双方无论是个人还是集体，对报复的判断都是个人的，即当事人自己的判断，不是中立的第三方，更不是公共权威的判断；而报应则是公共权威的判断，按照康德"是支配公共法庭的唯一原则"，或者说复仇实现的是"自为地存在的单个的意志"，而刑罚实现的是"自在地存在的普遍的意志"。第四，私相报复与法律报应。报复追求的是个人的、私下的、单向的公正，因此公正是一个不确定的概念，极有可能招致反报复，于是冤冤相报便无了时；而报应则是法律报应，是依据绝对命令的刑法而追求的公共的、公开的、公行的正义，因此报应既能够平复人心中的报复性情感，同时又不至于引起反报复，从而实现真正的正义。更重要的是，报应主义的论证是形而上学的，或者是一种抽象的正义、理念的正义，是与人的实践理性相连接的正义，而报复恰恰是非理性的、激情的和功利的。

综上，原初的该当性理论是报应主义的刑罚理论，它所要解决的是刑罚为何以及如何正当的问题，或者是刑罚的道义性问题。这其实是一种"消极的该当性"（negative desert），或者是基于惩罚的该当性，如果加上该当性的另一个侧面——"积极的该当性"（positive desert），即基于奖赏的该当性，那么渊源于报应主义的该当性理论的理解便是片面的。因此，需要以更宽泛的视野对该当性理论进行审视，并进行一定程度的修正。

二 修正的该当性理论

原初的该当性理论着眼于古典学派内部关于报应与功利的论争，局限于刑罚的均衡，且未能关涉社会中人与人的依存关系，因此是一种十分有限的该当性理论。当今的刑法日臻精致细密，一方面强调主体行为是责任基础，另一方面对于非主体性的行为，或曰没有意志自由的部分也开始予以关注，以期最大限度地匹配主体行为之该当性。但是，犯罪人与被害人的互动关系尚未真正纳入该当性理论之中；再者，在实现刑罚的正当与均衡的前提下个体利益之选择以及刑罚之效果考量不可能被完全摒弃。因此，有必要重塑该当性理论，使之更具包容性，以符合现实社会中存在的犯罪样态。这便是修正的该当性理论，涵盖主体性该当、理性选择之该当两个层面的意义。

（一）行为之主体性该当

报应主义认为，应从普适性的道德论证中寻找行为之该当，虽然只是形而上学地进行了论证，但是"没有形而上学，不论在什么地方都不会有道德哲学。"依之，对犯罪人施以刑罚恰恰是遵从在其自身中立定的法，尊重其作为主体性的人的尊严，甚至惩罚不再是被动地接受和应当遵守的义务，而是理性的主动选择和主体的权利，因此刑罚就只能从作为行为人之定在的法和主体的行为中去寻找依据；刑罚作为犯罪行为的否定之否定，应当与犯罪行为保持价值上的等同，从而实现主体性之该当。主体性之该当即意味着刑罚是一种谴责。申言之，首先，主体性之该当意味着犯罪是一种错误，是一种基于主体性的行为而对之进行道义谴责的错误。其次，刑罚应当与主体人的错误行为之应受谴责性相匹配。谴责不仅意味着刑罚权的发动是正当的，而且还意味着刑罚的适用是该当和相称的，由此，对于错误的谴责程度应当与主体行为之错误程度相当。最后，主体性之该当意味着谴责是一种回顾性的而不是前瞻性的，既不是为了预防犯罪，也不是为了促进社会的最大福利，而是基于主体人之错误行为。

然而报应主义之该当性理论，仅仅聚焦犯罪人行为之错误程度，并未从社会交往的现实过程看待犯罪现象，亦即并未实现真正的该当，这种线形的思维方式阻碍了正义的真正实现。从更加宽泛的视角，不仅仅是在刑法领域应当实现主体性之该当，而且民事、行政、道德领域等都应当涵摄这种正义的理论；不仅仅对犯罪人应当实现主体性之该当，对于犯罪过程中的所有的当事人也应当以行为的主体对待之；不仅仅是在合目的性之理性选择的行为上实现该当，对于行为人重大的价值选择和生活态度的决断上也需要涵盖在该当性理论之下；不仅仅需要考虑主体的选择和决断，还要考虑主体之内部素质和外部环境对主体行为的负面影响。如此，主体性之该当就变成所有主体参与者行为之该当，涵盖道德和伦理生活态度的决断。由此，主体性之该当即意味着仅对主体选择的部分负责，各负其责、各得其任，不枉不纵、不亏不胜、不偏不倚、执其中庸，乃合天下之正道。因此，主体性之该当已经不仅仅将人视为主体，而是将所有的参与者视为主体；不仅仅将人看作刺激反应的个体，而且将人看作有道德辨识能力和伦理生活决断能力的主体；不仅仅是谴责主体行为的错误，而且还应当考察谴责的可能性，如此才能恢复犯罪在社会中的本来面目、恢复犯罪过程的本来面目、恢复主体人的本来面目，恰如其分地评价其在犯罪过程中的地位与作用，恰如其分地实现正义。

（二）理性选择之该当

修正的该当性理论主张刑罚应当与已然之罪相匹配、刑罚的轻重应当与行为的可谴责程度相匹配，因此其主体部分的思想还是报应主义。但是修正的该当性理论并不拒绝和排斥功利诉求，只不过在该当性理论看来，谴责是一种独立的证明刑罚正当性的理由，预防犯罪的目的只是部分说明刑罚存在的正当性。易言之，报应的道义论证比预防犯罪的功利目的具有优先性。"刑罚的谴责含义产生一种有意义的控制：在行为被犯罪化之前，应该表明，为什么行为不只是不受社会欢迎的，而且对实施它的人来说，是错误的。"但是，为什么罪犯应当承受严厉的刑罚而不只是进行谴责而采取一种纯粹的非惩罚性的反应，或者为什么不废除刑罚？美国学者赫希认为，当加害行为被实施时，如果不能以严厉的刑罚方式谴责行为者，在道德上是难以接受的。除此之外，"惩罚中的剥夺因素有助于预防犯罪。人是为了帮助保护其他人才被弄得受苦而不只是受谴责""痛苦的后果的威吓对于将更醒目的形式的有害的行为保持在可以容忍的范围内显得是必要……如果人们仅仅试图在罪犯与其被害人之间调解，而不施加痛苦的后果，加害行为便似乎有可能变得如此流行，以致确实使生活变得醒醒而残忍"。可见，修正的该当性理论是明确主张应当给予预防犯罪之功利目以一席之地的，只不过考虑刑罚之功利目的不能危及"人是目的，永远不能只看作手段"的伦理思想，不能为了服务于其他人的利益或社会利益、公共利益而牺牲人的基本权利，而且这种考量也不取决于刑罚制度在塑造公共道德方面是如何行之有效。修正的该当性理论与报应主义和功利主义都有所不同，却又吸收二者的理论优势并统一于一个理论之中，只不过坚持谴责错误行为的道义论证优先于预防犯罪之功利目的，所以说该当性理论是一个折中的或是综合的刑罚理论。

从主体性的视角，功利主义并非否定人的意志自由，只不过将意志简化为合目的性之利用能力；而且功利主义也并非否定刑罚的均衡，甚至可以说刑法均衡的概念是由功利主义者首倡，只不过将这种均衡落脚于未然之罪。因此，批评功利主义仅仅将人作为刑罚的客体和对象，如果从刑罚的发动或刑罚的正当性基础上来看，的确如此；但如果从刑罚的适用和执行来看，就有些言过其实了。因为，功利主义的错误不在于人是否具有功利目的，在很大程度上人是具有功利属性的；功利主义的错误在于将这种个体意义上的决策能力和属性推而扩展到社会层面的公共决策领域，或是作为一种制度安排功利主义的目的论考量是非常有害的，最起码存在此种需要加以警惕的危险；功利主义的错误不在于强调社会福利总量的增加，而在于其忽视了社会福利总量掩盖下的个体分配正义。所以，在刑罚领域报应主义和功利主义也应该进行阶段性的划分，对于刑罚权的发动不能基于预防犯罪的目的而只能依据主体性之该当，在刑罚的适用阶段则需要注意报应与功利的平衡，在刑罚的执行阶段则可以依据功利主义考虑特殊预防之目的。修正的该当性理论允许考虑预防犯罪之目的，但是刑罚不能逾越主体性之该当。

如果，将刑罚之预防犯罪的功利目的奠基于功利主义的个体理性选择之上，而不是就此创设一个伦理甚至道德规范，甚至成为公共决策或是制度制定的理论依据；如果，去除功利主义的"最大多数人的最大幸福"的思想侵及个体权益的危险，从理性选择的层面去看待个体行为之所应得，看待社会规范对于行为模式的塑造或者影响，也可以称之为一种矫正了的正义——理性选择之该当。正如哈贝马斯所论证的，自从亚里士多德以来的目的行为一直是哲学行为理论关注的焦点，其核心概念是在不同行为可能性之间做出决定，如果把其他至少一位同样具有目的行为倾向的行为者对决定的期待列入对自己行为效果的计算范围，那么目的行为模式也就发展成为策略行为模式。行为者选择和计算的手段和目的，其着眼点在于功效或对功效的期待最大化。虽然我们并不反对由此而附带的社会功利总量的增加，但是与传统的功利主义不同，理性选择之该当是个体主义的，而不是为了增加社会功利的总量；与传统的报应主义不同，理性选择之该当并不反对差别对待，前提是这种责任分配不能导致新的不均衡；与主体性之该当不同，理性选择之该当是前瞻性的而不是回顾性的，其原因在于人在某种程度上是具有理性的，而且能够因为主体与外界的互动而改变行为模式。

理性选择之该当将行为人视为社会中的人，将行为视为人与人互动的过程和结果，并由此检视社会规范对于行为模式的塑造和影响，优化和改善社会规范对行为人的责任分配。由此，修正的该当性理论涵盖行为之主体性该当和理性选择之该当，但是二者都承认主体性的行为是刑事责任的基础，而且理性选择之该当只能在主体性之该当的范围内被考量。这种思路正契合当今世界各国关于刑罚的主流思想，亦即"并和主义"的刑罚观，同时也是一种现实的选择。

三　罪刑之"该"——刑事责任的有无

经过重塑的该当性理论涵盖主体性之该当与理性选择之该当两个层面。相应地，罪刑之该当，抑或刑事责任的有无与大小也应当与这种该当性理论相适应。首先是罪刑之"该"，即刑事责任的有无，此为启动刑罚权之前提。

就刑事责任的理论而言，除了非决定论与决定论的对立之外，还存在着诸多中间理论。行为责任论认为，针对"个别的犯罪行为"的行为人的意思，是责任非难的基础，因此又称为个别行为责任论、意思责任论；而性格责任论则认为，责任的基础是行为人的危险性格，依之，责任的根据不是个别的行为，而是行为人的危险性格，并以此寻找社会防卫的根据。行为责任论的缺陷在于没有注意到行为人的要素，而性格责任论则是对行为人性格本身直观的结果，行为人的主体性被忽略了。行为责任论重视人的主体性，但是忽略了现实社会中的人并非完全具有意志自由；性格责任论重视人的危险性格以及这种危险性格形成的宿命，但是忽略甚至否定了人的主体性。以性格责任论为责任基础的保安处分可能导致侵及人权的社会实践，而以行为责任论作为责任基础虽然使绝大多数犯罪行为能够很好地符合该当性的理论，但是对于宿命形成的人格、虽然具有责任能力但是缺乏正常道德和伦理判断能力的行为人的行为以及基于孱弱人性而为犯罪等情形，无法很好地进行解释，如常习犯、原因上的自由行为、不具有期待可能性的行为等。

人格责任论是主体性理论在刑法中的应用，认为犯罪行为是行为人人格的现实化，因此责任既应当与主体性的行为相匹配，还应当考察人格的主体性形成并与之相匹配。在前者凡不是主体性的行为应当被排除，在后者对于宿命形成的人格也应当排除责任的适用。按照有关学者的梳理，人格责任论是由德国学者梅兹格（Mezger）和鲍克曼（Bockelmann）在第二次世界大战前夕提出的。梅兹格主张行状责任论，认为对于行为人人格的非难，只有在行为人有责形成的场合才是可能的；鲍克曼主张生活决定责任论，认为将生活态度转向恶的道路和方向的意思，即生活态度的决断是人格责任的根据。而日本学者团藤重光则认为责任存在两次基础：第一次是行为责任，即基于犯罪行为而引发的责任；第二次是人格形成责任，即主体性形成的人格也是责任的基础。以常习犯为例，虽然其规范意识钝化，缺乏正常的道德以及伦理判断能力，但是行为人对于重大生活价值的决断以及人生道路的选择却是主体性的，所以应当承担这部分主体性形成的人格的责任。当然，如果在人格的形成过程中，受到外界环境和内在素质的影响大，则还应当去除这部分宿命形成的人格的责任。因此，按照人格责任论，对于常习犯是否适用更加严重的刑罚，还应当考察主体性形成的人格以及宿命形成的人格的比重。

选择不同的责任基础，就是选择该当的不同实现模式，虽然人格责任论存在各种各样的批评，但相比较性格责任论而言，人格责任论不但尊重人的主体性而且能够防止以危险性格为由侵犯人权；相比较行为责任论而言，人格责任论则考虑到了主体人之宿命的部分，因而能够更加符合罪刑之该当。如此，修正的该当性理论，便从两个方面——主体行为和主体互动、两个层次——行为该当和人格该当，共计四个象限对该当性进行了论证，刑罚是否该当与均衡全赖是否对这四个象限的问题进行了恰当的权衡（见图1）。

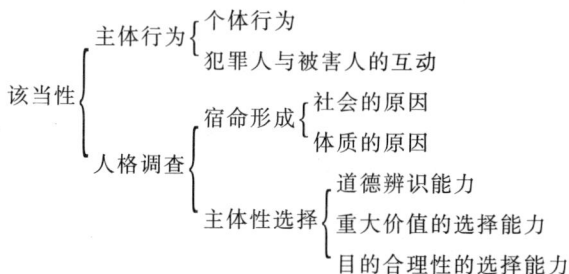

该当性 {
  主体行为 { 个体行为 / 犯罪人与被害人的互动
  人格调查 {
    宿命形成 { 社会的原因 / 体质的原因
    主体性选择 { 道德辨识能力 / 重大价值的选择能力 / 目的合理性的选择能力
}

图 1　该当的不同实现模式

四　罪刑之"当"——刑事责任的大小

罪刑该当的第二层含义是罪刑之"当"，即刑罚应当与刑事责任的大小相匹配。责任在犯罪论与刑罚论中内涵与功能各不相同。在刑罚论中，责任主义又有双面责任主义与单面责任主义之分，二者共同的部分为"责任是刑罚之前提"。不同的部分为双面责任主义强调刑罚必须与责任相对应，且有责任必有刑罚，因此又被称为积极责任主义；而单面责任主义认为基于预防犯罪之考虑有责行为并非一律皆须科处刑罚，又被称为消极责任主义。其实这种观点混淆了责任在不同语境下的含义，在犯罪论的场合应当秉持单面责任主义，即无责任便无刑罚，目的是保障人权、限制刑罚权的任意发动；但是，在刑罚论的场合，双面责任主义亦有其存在的合理性，即刑罚唯有与责任的大小相适应，才能够更好地实现正义，同时也有利于规范法官的自由裁量权。当然，双面责任主义关于有责任必有刑罚这种积极责任主义的观点还有待进一步商榷，因为传统的报应主义思想尤其是黑格尔认为现实的正义并非是一个点而只能是一个范围，只要在正义的范围之内，政策的考量不但是允许的而且是必要的，或者说，有责任未必就有刑罚，但前提是不能违背正义之基准。

刑法具有内在之本性与外在之定在。刑法的内在之本性是正义，外在之定在是文化之变易。经由纯粹理性或理念所演绎的抽象法是理想化的正义坐标，但却不是实存的。刑法之本性是自足的和完备的，但这仅在终极状态上才有意义。定在是刑法之本性的现实状态，但却是不完备的和有限的。定在受到本性的制约，且无时无刻不在表征刑法之本性。作为公共正义的刑法虽然要以这种自在的正义为行动指南，但却由于外在的限制永远无法如此地纯粹。因此，刑法只能是客观的文化之变易达到一定的定在所表现出来的正义，是正义之动态的、实存的形式，表现为与历时性、区域性、民族性的公共正义相匹配。定在之根本属性就是变易，但是作为定在，在某一时段同样具有质和量上的一定范围。因此，公权力尤其是法官所要做的就是在自在正义的引导下，使公共正义与这种文化之变易相契合。当文化的变易达致质变之时，需要全面地修改刑法，这个任务只能由立法者来完成。但是，当文化处在量变之时，却可以将正义的实现托付于法官的自由裁量，当然前提是法官是值得托付的。而且需要说明的是，对文化变易的把握必须是客观的和真实的，而不能是主观的或臆测的，既不是"拔苗助长"，更不是"削足适履"。

在刑罚论的场合，刑法之内在本性提供的是罪刑该当之范围，而刑法之外在定在提供的是罪刑该当之实存。何谓应得，刑罚的量度如何确定，报应主义虽然为我们提供了思想线索但却没有完全解决这个问题。正如凯尔森就称这种"应得"的正义为"空洞的公式"，或者如哈特所指出的"报应主义最头疼的问题是如何实现罚当其罪"，即使是黑格尔也承认，究竟怎样才算公正，无法通过报应做出合理的规定，也无从适用渊源于概念的规定性来决定。因此，报应主义的刑罚理论只能提供一个大体确定的刑罚范围，却无法细化到某一个具体的量刑点。在这个问题上，功利主义则恰好能够弥补报应主义的不足，为我们提供一个具备可操作性的标准，甚至如边沁所说，"仿佛一个天平掉在了眼前"。但是，功利主义工具理性突出，前瞻性的刑罚视角可能会忽视刑罚之正义要求。修正的该当性理论将二者结合起来，以一种序列的方式为刑罚裁量提供了方向性指导和硬性限制标准，即在正义的范围内，允许功利目的的考量；在主体性对待行为人的同时，允许考虑社会规范对于行为模式的塑造。最终，理性选择之该当由于受到主体性之该当的限制而留存在正义的范围之内，留存在对于个体人之自由度的考量范围之内。由此，以自由度为标杆，凡是对于个体的自由度之有效增加是有利的，也被视为是正义的或该当的；凡是减损个体之自由度的考量，便是不正义的或不该当的。如此，功利目的的考量也便转化为正义之量的增加，因为自由本身即代表了正义，而自由度之量的增加也可以视为正义的基本蕴涵。

自由度的有效增加还可以分为两个层面。第一，是否有利于犯罪人自由度的增加。即通过对犯罪人的改善，包括对反社会人格、行为模式以及复归社会之能力的改善，有效地增加犯罪人的自由度。申言之，如果刑罚及其配套的改善措施有利于犯罪人恢复其将来的社会生活，则刑罚的匹配就是恰当的，反之就是不恰当的。第二，是否有利于社会上一般人的自由度的增加，即威慑社会上潜在的犯罪人不去犯罪。一般预防是刑罚非常重要的目的，就刑罚本身所附带的预防犯罪的功能而言是符合正义要求的，或者是刑罚本身所具有的威慑功能即刑法威胁要进行惩罚是正当的，这与通过刑罚而进行威吓的功利主义仍然存在很大的不同，因此这样一种功利考虑（广义的）是允许的而且是必要的。所以"世轻世重"的刑事政策只要在正义的范围之内，也是被允许的。这种解释同样适用于剥夺犯罪能力的特殊预防，虽然对于犯罪人之犯罪能力的剥夺将有利于社会上一般人的自由度的增加，但是如果不利于犯罪人本身的自由度的增加，也将被摒弃。不仅如此，在每个刑罚具体的量定过程中都需要进行这两个层面的权衡，这不仅是允许的而且也是必要的。

如此，罪刑之"当"应当包括两个最基本的原则。第一个原则，刑罚的主要目的是实现报应，或者是实现正义。这一原则主要由报应主义为刑罚提供正当性论证，当然仅仅是提供了量刑的基准或范围。第二个原则，量刑中的政策考量应当有利于个体行为自由度的增加，犯罪人自由度的增加优先于社会上一般人的自由度的增加。第一个原则优先于第二个原则，只有在不悖逆第一个原则的前提下才能进行政策上的考量；第二个原则中的第一个政策考量优先于第二个政策考量。正义与功利不但是辩证的而且是统一的。

这样一种有序列的原则能够为量刑提供指导，在遵从法治的前提下又不乏司法适用的灵活性，在彰显正义的同时又不乏政策考量的余地，自在正义与动态实存辩证地统一在刑罚裁量过程中。刑罚既不是为了惩罚而惩罚，也不是为了宽容而宽容，刑罚的价值端在于一个人因其所作所为而受罚，社会上每一个人的自由度都得到有效增加，社会却因之而更加安全。

[作者单位：山东大学（威海）]

再论《江华条约》与清政府

——兼答权赫秀先生

王如绘

笔者曾作《〈江华条约〉与清政府》一文，发表在《历史研究》1997 年第 1 期上。文章主要是针对朝、韩、日等国部分历史学家关于朝鲜签订《江华条约》与清政府的劝说有关的说法提出了否定意见。拙文指出，总理衙门在 1876 年 1 月 19 日通过礼部向朝鲜转咨的一件奏折和两件《节略》，是《江华条约》签订以前朝鲜收到的清廷行文朝鲜的唯一文件，其中根本没有所谓"劝告"的内容。李鸿章本人在后来朝美议约期间虽扬言当年朝鲜是经他"函劝"才与日本签约，但那是他为了使朝美条约避免《江华条约》的弊端而说的一个假话。李鸿章确曾在给朝鲜大臣李裕元的复函中暗示朝鲜既应对日本有所防备，也应建立正常邦交。但此函送达朝鲜时，《江华条约》已经签字一月有余，与《江华条约》的签订当然无关。

2007 年，权赫秀先生在《史学集刊》第 4 期上发表了《〈江华条约〉与清政府关系新论》（以下简称《新论》）一文，在更加宽泛的意义上讨论了《江华条约》与清政府的关系，并对拙文以及拙作《近代中日关系与朝鲜问题》中的有关观点提出商榷。权先生的文章思路开阔，提出了一些发人深思的问题，无疑对这一问题的研究会起到很好的促进作用。当然，《新论》也多有使笔者不敢苟同之处。权先生首先提出了"直接的劝告只是判断有无关系或影响的一个充分条件而非其必要条件，没有直接劝告未必就不能产生一定的影响"等两个前提，并从这样的前提出发得出结论说："清政府通过第一次转咨、册封敕使志和一行以及李鸿章复李裕元函等三个直接或间接的渠道传达了清政府并不反对朝鲜与日本国签订《江华条约》以建立外交通商关系的立场，实际上成为影响朝鲜王国高宗政府开国外交方针的唯一国际因素。王如绘先生关于该条约与清政府'劝告'无关的主张，并不符合历史事实。"这样一来，像李鸿章复函这种收到时间在后的东西，也便成了前因；在传统不干涉政策背景下意在提醒朝鲜早做防日准备的咨文，也便成了主动释放"不反对甚至希望朝鲜与日本'修好'"的信号。

《新论》所称清政府影响朝鲜的三个渠道之一的清朝册封使"渠道"，是拙文没有涉及的。关于清朝册封使"劝说"的说法，一则出自当时的上海《申报》，一则出自后来曾参与侵朝的日本浪人菊池谦让的著作。当时笔者感觉两者都是没有任何历史文献支持的无稽之谈，所以均未置评。《新论》认为"朝、韩两国学界乃至汉语学界相关论述，不过是接受或延续了这样一种早已出现的看法"，并依据历史文献对册封使对朝鲜的影响进行了专门的讨论，正面肯定了《申报》的记载。现在看来，未讨论册封使"劝说"问题，的确是拙作的一大缺陷。而《新论》在此问题上提出的一些观点，也给出了讨论的话题。所以不揣谫陋，略述己见，并就教于权赫秀先生。至于《新论》所涉其他部分，因为论证前提与范围的不同，似乎并无再特别提出讨论的必要了。

《德宗实录》 对清朝册封使的记载有误

在考察清政府册封使有没有对朝鲜进行"劝说"之前，先让我们看一看册封使的情况。权赫秀先生在文中断定清政府任命的册封正使是前盛京户部侍郎志和。他的依据是《德宗实录》，该书光绪元年（1875）十月丁亥条记载："以敕封朝鲜世子，命前盛京户部侍郎志和为正使，内阁学士乌拉喜崇阿为副使。"他还据此认为，朝鲜《同文汇考》"以及朝韩日等学界相关论著中记录'志和'为'吉和'，均误"。但据笔者考察，不仅朝鲜《同文汇考》"以及朝韩日等学界相关论著"均记录册封正使为吉和，而且大量的中文文献和朝鲜文献都与《德宗实录》的记载相左，均可证实，和乌拉喜崇阿一同赴朝的册封正使确为吉和。

对于清政府这次派出册封使，《清史稿》有明确的记载。《德宗本纪》光绪元年（1875）冬十月载："丁亥，委散秩大臣吉和、内阁学士乌拉喜崇阿使朝鲜，封李熙子李坧为世子。"《清史稿》比《德宗实录》晚出，但编撰者把册封使记为"吉和"而不是"志和"，并没有采信《德宗实录》的记载，他们必有所本。

虽然现在已经无法找到清政府这次派使行动的奏折、谕旨等档案文件的原件，但还能够找到依据这些原始文档而形成的或可称为"二次文献"的文献。在派使行动之后，上海《申报》就曾刊登了礼部尚书灵桂等关于选派册封使的奏折，其中说"查定例，朝鲜请封，由臣部奏请钦派正副使各一员，持节往封，初宗室人员例不开列外，正使开列：内大臣散秩大臣头等侍卫衔名，副使开列：内阁学士、翰林院满洲掌院学士臣部满洲侍郎衔名，奏请钦派等语"。而清廷的"谕旨"，也出现在朝鲜文献中。当时来北京请封的朝鲜奏请使李裕元在北京得知清廷对册封使的任命后，曾派人驰报朝鲜国王，"二十四日内阁奉上谕：派散秩大臣吉和为正使，内阁学士乌拉喜崇阿为副使"。这一情况被清楚地记录在以高宗名义编纂的《日省录》中。

在上述几件材料中，《清史稿》的记载与《日省录》所载"上谕"完全吻合，都明确表明册封正使是散秩大臣吉和。《申报》所刊奏折的缺点是略去了使节的姓名，但它显示了正使的职衔是"散秩大臣"，又是与其他两件材料完全一致的。"散秩大臣"这一职衔，正是册封正使为"吉和"而非"志和"的重要证据。

散秩大臣是清政府侍卫处的官职。侍卫处是随侍警卫皇帝的机构，其职责是"掌上三旗侍卫亲军之政令，以供宿卫扈从之事"。也就是说，散秩大臣是中央警卫部队的重要武官。《德宗实录》明确记载，志和的官职是"前盛京户部侍郎"。那是盛京一个主管朝祭礼仪的文官，与散秩大臣无缘。那么灵桂奏折中所称散秩大臣即指吉和无疑。笔者从台北"故宫博物院"图书文献处清史馆档案"吉和传包"中找到了吉和的一件履历，那是宣统年间陆军部负责草拟的，其文称："原任杭州将军吉和，系正白旗汉军凤岐佐领下人，苏完瓜尔佳氏，由二品廪生于咸丰三年承袭佐领，是年十二月承袭散秩大臣一等子爵，兼一云骑尉，同治五年正月补授正白旗蒙古副都统，十年八月十六日调补正红旗满洲副都统，十一年七月二十五日署理福州副都统，光绪元年十月派充敕封朝鲜国世子正使，二年十月调补广州汉军副都统……"这件史料不仅证明吉和官为"散秩大臣"，而且也明确记录了他曾任"敕封朝鲜国世子正使"。朝鲜的远接使郑基世曾告诉高宗说，"上敕"（正使）是"袭封职"，这和履历中所说"承袭佐领""承袭散秩大臣一等子爵，兼一云骑尉"是吻合的。而志和则是进士出身，未曾靠先人的荫庇得官。

对于吉和的奉使，《申报》有多次记载。如该报据光绪元年（1875）十二月初二日的《京报全书·宫门抄》记载了"吉和、乌拉喜崇阿前往朝鲜请训"和朝廷"召见军机、吉和、乌拉喜崇阿"。吉和一行出使回国后，该报也刊登了"吉和等由朝鲜册封回京请安""召见军机、吉和、乌拉喜崇阿……"还有其他一些记载，这里已无必要一一引用了。

那么《德宗实录》为什么会产生把册封使记录为志和的错误呢？《德宗实

录》已注明该项资料采自《现月档》，笔者认为，这样一件"上谕"似不可能伪造。最大的可能是清廷最初曾经考虑过由志和出任正使，并由内阁草拟了"上谕"，但紧接着就改变主意，换成吉和。换人的原因，可能是考虑到他们的身体状况。当时是隆冬季节，完成这一使命，首先需要身体健壮，经得住长途跋涉的风雪严寒。志和是咸丰二年（1852）的进士，当时年龄偏大。他的身体状况应该不是很好，比如在翌年任顺天乡试监临的时候曾因病请辞，而且在光绪九年（1883）就去世了。这说明由他去完成这样的使命风险太大。而吉和却相当年轻。从朝鲜国王李熙接见"敕使"的对话中我们得知，当时吉和虚龄只有 37 岁，加上他又长期担任武官，身体应该很好。所以吉和是这次隆冬出使的上佳人选。

真正出使的是吉和而不是志和。《德宗实录》可能把最初拟以备用、事后并未销毁的任命志和的作废"上谕"录入，而没有采信任命吉和的正式文件，所以造成后人的误读。《德宗实录》不实，常遭史家诟病，这里又添一例证。其实，记录吉和的资料如此之夥，又有那么多"朝韩日等学界相关论著"的记录，按说不该再发生这样的唯《德宗实录》是遵的错误了。

清使没有对朝鲜进行与日本签约的劝说

一般来说，册封使对朝鲜进行劝说，应该是衔有朝廷赋予的使命的。但清廷对吉和与乌拉喜崇阿并没有这样的嘱托。诚然，清政府在同意朝鲜请求，决定册封李熙之子李坧为世子，并派定吉和等出使以前一个多月，就已经从署任日本公使郑永宁的函中，得知了江华岛炮击事件的消息。但郑永宁的函仅称："我国炮船往朝鲜弥也古沿海测量水程，因彼开炮击我，次日进船诘问是何主意，复被炮击，遂致交战，我兵登陆，毁其炮台，收兵回国。"郑永宁函仅仅告知日朝发生过一次规模并不很大的武装冲突，所以也未引起总理衙门的重视。当时朝鲜奏请使李裕元正在北京，如果清政府要对朝鲜进行劝说，最便捷的方式是通过先期回国的李裕元，但总理衙门并未将此事上奏，也无人向李裕元谈及日朝冲突的情况。在吉和等人启程数日后，日本使臣森有礼才来到北京，更晚些才向清政府提出"已派办理大臣往问朝鲜政府"的《节略》。只有到这个时候，总理衙门才感到有告知朝鲜，"俾得知有此事"的必要，因而奏请由礼部向朝鲜发出咨文。所以吉和与乌拉喜崇阿行前甚至还不知道有朝日冲突一事，更不知道日本要逼迫朝鲜订约了。

那么吉和与乌拉喜崇阿尽管没有奉劝说的使命，但到朝鲜后，是不是却从自己的感受出发对朝鲜进行了与日本签约的劝说了呢？这就应该具体考察一下吉和与乌拉喜崇阿在朝鲜到底发表了什么样的言论，这些言论的真实意思表示是什么。

吉和等人与朝方谈话中涉及朝日关系问题共有两次。第一次是在坡州与远接使郑基世的谈话，包含在 1876 年 2 月 16 日（正月二十二日）朝鲜高宗与郑基世的谈话中，《新论》对此做了如下摘引：

> 予（秀按：指高宗）曰：敕使亦闻倭舡出来之事乎？基世（秀按：指朝鲜远接使郑基世）曰：到坡州站时请见两使，概言倭舡事，日在义州时得见都京（秀按：指北京）礼部咨文马上飞递者……上敕（秀按：指志和）曰：本事颠末愿闻之云，故略云曰：戊辰年间（秀按：指 1868 年）倭国一变其国制……上敕曰：诚是矣。副敕（秀按：指乌拉喜崇阿）曰：倭情本多难测，海防戒严不可疏忽矣。

第二次是 1876 年 2 月 17 日（正月二十三日）高宗接见吉和一行时的谈话：

> 予曰：日本人以书契事率兵船来泊畿沿，谓有约条，又此相持，而向有总理衙门飞咨之举，不胜感谢（王按：《新论》作"激"，误）。敕使曰：路上早闻此话，客心不安，深望贵国预设防御为好。但书契（王按：此处《新论》衍一"事"字）相持，可钦可钦！予曰：金（王按：《新论》此处作"两"，误）大人还朝之日，亦以此意转达天陛，深所望也。敕使曰：并当转奏。副使曰：闻他有设馆之说云，果有此否？予曰：此非欲设馆于江华者也。副使曰：虽不知欲在何处，然闻甚不安。

《新论》在做了上述引证后称"志和与乌拉喜崇阿对正在进行中的朝、日会谈表现出强烈关注，希望会谈能取得成功并取得具体成果（如询问日本'设馆'之事）""大体反映了当时清政府的政策意图"。究竟如何从前引两段话中得出这样的结论，文中没有分析，实在让人费解。比如所引第一段话中吉和所说"诚是矣"，到底是什么意思，由于引文不全，读者根本无法判断。所以此处还是把对话全文录出：

> 予曰：敕使亦闻倭船出来之事乎？基世曰：到坡州站始（王按：《新

论》作"时"，误）请见两使，概言倭船事，曰：在义州时得见都京礼部咨文马上飞递者，则因总理各国衙门奏，据日本使臣呈称，以朝鲜修好事将为出往，两国相议不失和气云。上国之曲输小邦，有此专报，极为感颂矣。果于日前倭船五六只来泊沁都，倭国差遣大官与副官，要我国亦差遣大官、判理大臣务云。故我国亦差遣大官，日昨始行接见之礼。今因京报闻之，故兹以概陈云。则上敕曰：本事颠末愿闻之云。故略言（王按：《新论》作"云"，误）曰：戊辰年间，倭国一变其国制，自外务省新修书契以来，其中有"皇"、"敕"等字。故我国答以"此等字今天下惟中国当用之，有非交邻之国所可称之者"，相持不受至于今日矣。上敕曰：诚是矣！副敕曰：倭情本多难测，海防戒严不可疏忽矣。

从朝鲜高宗与郑基世的这次谈话中我们知道，早在吉和等刚刚越过鸭绿江到达义州时，朝鲜远接使郑基世等人就已经见到礼部给朝鲜咨文的驿递并得知了咨文的内容。但郑基世等人一路并未与吉和一行谈及朝日关系。1876年2月12日吉和一行到达离汉城（今首尔）很近的坡州，在见到朝鲜京报所刊朝鲜应日本要求已派出代表与日本会谈的消息后，郑基世始请见吉、乌二使，通报了事件概况。作为一个武官，吉和对于朝日关系的来龙去脉本来就不熟悉，实际上当时中国的礼部官员甚至总理衙门官员，对于朝日关系一般也是并不十分了然的。所以吉和理所当然请求对方交代一下事件发生的原委，我们姑且同意《新论》所说，这就是"对正在进行中的朝、日会谈表现出强烈关注"吧！于是郑基世介绍了日本明治维新以后由于朝鲜拒绝日本"书契"而导致两国关系对立的情况。吉和正是在听了郑基世通报朝鲜拒绝日本书契的情况后表示态度说："诚是矣！"显然，这三个字，是对朝鲜答复日本"此等字今天下惟中国当用之，有非交邻之国所可称之者"的肯定，是对朝鲜对日本书契"相持不受至于今日矣"的肯定。也就是说，吉和表扬了朝鲜在对日关系中坚持中朝宗藩关系传统礼仪的立场，肯定了朝鲜在日本书契问题上的拒斥态度。从"诚是矣"三字，无论如何引申不出"希望会谈取得成功"的结论。

而乌拉喜崇阿的表态，则是指出日本一贯不讲信用，什么事情都能做得出来，提醒朝鲜一定要加强海防，搞好武备，不可稍涉疏忽。

朝鲜国王与吉和一行谈及朝日关系，只有1876年2月17日一次，从前面的引文可以看出，谈话极为简略。高宗介绍说，这次日本人以书契被拒一事为借口率兵船停泊在京畿附近，称有条约文本，所以现在又在对立状态。高宗并对礼部的咨文表示感谢。吉和回应高宗有两句话。第一句是"路上早闻此话，客心不安，深望贵国预设防御为好"，这是说路上已经听到日本兵船压境一事，所以非常不安，深切希望朝鲜早做防御日本侵略的准备。第二句话是"但书契相持，可钦可钦"。难道这句话可以解释为含有"希望会谈取得成功"的意思吗？

那么我们就对"书契相持"做些考察。"相持"一词，字面意义就是"双方对立，互不相下"。但它会因语境的不同而所指不同，而且由于"相"字有时为互指，有时为偏指，所以语义也有所变化。

前引郑基世向吉和等人通报朝日纠纷时所说"相持不受至于今日矣"一语中，"相持"就是指"书契相持"，指拒绝接受日本书契的行为。

高宗对吉和等人所说"日本人以书契事率兵船来泊畿沿，谓有约条，又此相持"。"又"者，再也。"又此相持"，指的是当前两国再次陷于僵持对立的局面。

在朝日1876年2月11日第一次会谈中，日使黑田清隆质问朝方："前日相持事，新书契不受，皆悔悟否？"当时日方作为要求修约的借口反复质问朝方的就是两个问题，一是江华岛炮击事件，一是书契被拒事件。"前日相持事"指的正是不久前刚刚发生的江华岛炮击事件。

1876年2月14日高宗接见时原任大臣，称："日本三百年修好之地，今以书契事，有此多日相持，甚可叵测。"这里说的是由三百年的友好状态由于拒绝日本书契而变为如今持续多日的对立状态。或谓此处"多日相持"可以解释为会谈中的僵持状态，那也是另一种形式的对立。

当天议及13条约款时，反对议和的大臣洪淳穆回应高宗说："彼之所请既有开端，叵测之情状可知，此必有相持之虑矣。"这里是说，日本的请求已经开了头，将来肯定无法满足其欲望，会谈很可能会僵持不下无法继续进行。

在上述情况下，"相持"或为拒斥，或为军事冲突，或为关系对立。

"书契"一词，就是日本书契，那么"书契相持"，"相"取偏指意，就是（朝鲜）拒绝日本书契。《新论》中增加一"事"字而成为"书契事相持"，是不对的，两者的意思是不同的。讨论问题，必须以正确的文本为依据，特别是在这种涉及作者核心论点的证据上，更是马虎不得。

书契相持不受是日本逼迫朝鲜签约的两个借口之一。黑田清隆到达江华岛之前，日本外务省权大丞森山茂于1876年2月2日（正月初八）乘船至济物浦，在会见仁川府使时称："书契之拒绝，乃贵国之过虑，'大'字、'皇'字，乃自家之事，何妨于邻国？彼此书契同等，列书有何所损？"谈的正是朝鲜害怕清政府不同意才拒绝书契一事。

高宗会见吉和一行，本是礼节性会见。吉和等除了完成册封仪式，并无其他使命。加上后面笔者还会提到的一些原因，在这次在日本大兵压境情形下的会见中，有关朝日关系的内容，高宗是不能不谈又不愿深谈的。所以他只是简单通报一下最基本的情况，并对总理衙门的转咨表示感谢。由于郑基世和高宗都表示日本来逼，是由于朝鲜忠于中国而拒绝日本书契造成的，所以吉和才会对朝鲜表示钦佩之意："但书契相持，可钦可钦！"这种情况下，吉和必须表示对朝鲜王朝的钦服甚至感谢。所以说，吉和对高宗说的"书契相持，可钦可钦"，和对郑基世说的"诚是矣"是一个意思，是再次对朝鲜在对日关系中坚持中朝宗藩关系的基本原则表示肯定和赞扬。高宗表示认同吉和的这一表态，深切希望两位钦使回到北京以后，把朝鲜在书契问题上的态度向皇太后、皇帝转达，也就是表示在和日本交涉中会坚持对清朝的忠顺态度。

所以从"书契相持，可钦可钦"中，无论如何也读不出"希望会谈取得成功"的意思。

乌拉喜崇阿当时所说"闻他有设馆之说云，果有此否？"则是把听说的日本要在朝鲜设馆通商的事向高宗求证。而高宗只含混地说设馆通商不是指在江华岛。乌拉喜崇阿则表示"虽不知欲在何处，然闻甚不安"，实际上是提醒高宗，签订条约开馆通商，对朝鲜是非常不利的。乌拉喜崇阿的这一表态，和他对郑基世所说的"倭情本多难测，海防戒严不可疏忽"也是意义相同、前后一致的，都是要朝鲜提高对日本的警惕。权先生怎么会从乌拉喜崇阿的这一"甚不安"的表态中读出希望朝日会谈"取得具体成果"来呢？

综上所述，从吉和一行在朝鲜的言论中，我们没有发现他们对朝鲜有与日本签约的劝告。甚至相反，是对设馆通商的忧虑，是要朝鲜加强对日本的警惕和防御，在日本逼迫朝鲜签约借口的"书契"问题上，则是赞赏朝鲜王国以往所采取的拒斥立场。

闵妃集团的政治艺术与《申报》报道

为了进一步坐实吉和一行对朝鲜进行了与日本缔约的劝说，《新论》还提出："朝鲜国王高宗在第二次会见志和一行的翌日即 2 月 18 日，就根据议政府'启言'而指示'日本通商条约等节烂加商榷'，促使会谈进入具体磋商条约草案的实质阶段，也可以说与上述两次谈话不无关系。对此，发行于中国上海的《申报》曾在 1876 年 6 月 14 日专门报道了这一事件，指出清政府敕使对朝鲜王朝的影响。"

这段话包含两层意思。第一层意思是说，朝鲜高宗第二次会见清使的翌日就指示谈判代表与日本就条约文本进行会商，因而高宗的决策与清使的谈话有关。这是就时间先后的顺序来判定因果关系。但如前所述，在吉和一行的谈话中既然找不到支持"清使劝说"说的证据，那么单单依靠时间的巧合并不能说明任何问题。但《新论》出现这种联想并不奇怪，这也许是历史上早就发生过的一种联想，笔者下面还将提及。第二层意思是正面肯定了《申报》当年对此事的一则"报道"。既然《新论》肯定《申报》的内容，并如篇首所说，把《申报》记载看作后来朝、韩等国学界"劝说"说的根源，那么我们不妨就此进行一些讨论。由于权先生不知出于什么考虑并未具体引用《申报》的内容，我们不妨把这则名为《高丽国款待钦使》的所谓"报道"摘引如下：

> 有人从高丽致书外国新报云：日前中国钦使到高丽时，国王率领宰执大臣军民人等诚敬将事，文武护卫十分恪恭，因欲将幼子册为储君，故钦使到时，国王抱其三岁之子送与钦使怀中，钦使以脸偎，亦为爱惜，谕曰：此子好为抚养，将来成人，为一国令主，自然合国蒙庥不浅也。高丽王妃远立一处，端肃瞻仰，每得钦使一语，侍立之臣挨次传递禀知。王妃见钦使抚慰其子，十分喜悦。其时东洋正在构衅，将动干戈，国王商其事于钦使，钦使谓东倭但求通商自富，以理修和为是。迨钦使返旆，国王率属送至十里之遥，临别亦以和好力劝，国王首肯。……

这篇"朝鲜来信"把册封仪式和高宗政府接待吉和一行的活动描述得绘声绘色，但编造痕迹甚浓。即如描写吉和一行返程，"国王率属送至十里之遥"，便显得像草野间人送朋友一样。实际上，"送敕"是一项遵从特定礼仪的重大国务活动，要在慕华馆举行隆重的欢送仪式。对此，高宗《日省录》有详细的记载。仪式开始，双方行揖礼，接下来是礼节性会谈，然后是举行"茶礼"即吃饯行饭。茶礼过后，各起座，"予降自西阶立，敕使降自东阶立，行揖礼而送"。接着高宗接见伴送使，嘱咐路途厚待敕使，"少顷乘舆出幄次，降舆乘轿由崇礼门、光化门入崇阳门还内"。显然，送别仪式是在慕华馆的阶前，送别后，国王回宫，敕使并不马上上路，真正启程是之后由伴送使陪伴的。在简短的会谈中，也仅仅是礼节性的话别，何来"以和好力劝"呢？文中又说敕使称"东倭但求通商自富，以理修和为是"，但《日省录》记录的钦使的话却是"倭情本多难测，海防戒严不可疏忽矣""虽不知欲在何处（设馆），然闻甚不安"。

"朝鲜来信"中"国王商其事于钦使"，"国王首肯"云云，意在表现国王在朝日冲突问题上，对吉和与乌拉喜崇阿意见的重视和依赖，实际情况又如何呢？

如前所揭，当吉和一行到达汉城的第二天，在举行"迎敕"仪式之前，高宗接见郑基世时双方那一段对话，颇耐人寻味。高宗向郑基世询问敕使是否知道日本兵船来江华岛逼迫签约一事，郑基世并没有正面回答高宗的问题，而是说他本人只是到了离京城已经很近的坡州站时"始"（王按：《新论》将"始"字写作"时"）请见两使，向他们简要通报了日本炮船的事。尽管此前在义州时就已经得知清朝礼部咨文的内容，但他也没有向敕使谈及此事。而到坡州通报情况，也是因为当时朝鲜的京报已经刊登了朝鲜谈判代表与日本使节会面的消息，一切都已经无密可保。这段话透出一种信息，就是朝鲜政府并不希望让吉和一行过早、过多了解朝日关系的情况。这固然反映出，朝鲜政府是把处理朝日关系一事看作他们自主的权利，但同时也表明，他们对清使还是存有戒心的，担心他们处理对日关系的行动遭受掣肘。

朝鲜高宗在对日关系问题上是受闵妃集团制约，站在主和派一方的。他向郑基世了解清使是否知道日本兵船之事，无非是要摸清清使对处理朝日关系的态度。如果清使的态度是积极支持朝鲜同日本议和，主和派还是乐于借助清使的上国威望的。但从郑基世报告的吉和与乌拉喜崇阿的表态中，高宗并没有得到他所需要的那种可以利用的东西。所以在第二天即 2 月 17 日高宗在与吉和一行谈及朝日关系时，也便十分简略。虽然双方再次谈到"书契"问题，吉和对朝鲜表示"可钦可钦"，高宗也要吉和回国把他们的"书契相持"的态度向清廷报告，谈得似乎很热络。但从朝日会谈的记录看，朝鲜再未就"书契"问题与日方代表争执，实际上是一开始就默认了日本的提法。当乌拉喜崇阿主动问及日本是不是要求开馆通商一事时，高宗仅仅回答说"此非欲设馆于江华者也"。其实，早在两天前，朝鲜政府就已经拿到了日本提出的约稿 13 条的抄件，但高宗却未做任何披露。条约第一款就是"朝鲜国自主之邦，与日本国保有平等之权"。这和吉和一再表扬的朝鲜对日本书契"相持不受"的态度是相悖的，所以高宗也就不愿再继续深谈了。

对此，吉和一行是有感觉的。总理衙门由于久久得不到朝鲜局势发展的消息，大约在第二次由礼部转咨朝鲜文件的前后，曾致电盛京将军崇实要其及时报告相关情况。崇实回函称："计前赴朝鲜册封之吉、乌两使，不日可回。拟俟抵奉之日，详细面询，当可知其大概。"1876 年 3 月 23 日，总理衙门再次收到崇实回函说，"望后吉、乌两星使过奉，详细面询，据云：'正月杪抵其国都，虽亦论及此事，彼国未肯深谈。察其情形，似觉人心惶惶，不无忧虑。及出其王京后，又闻江华岛已被日兵所据，沿途并见其调兵东援，陆续前进'等语"。这是目前发现的记载吉和一行在朝鲜涉及朝日关系问题的唯一一件清朝档案文献，弥足珍贵。吉、乌二使所说"彼国未肯深谈"，与我们从《日省录》中所得到的印象，是完全一致的。笔者在以前的论文中曾指出："史实表明，在这样一种国内背景下，朝鲜当政者根本不希望从中国取得支持以对付日本，甚至不愿中国与闻朝日关系之事。"这种看法在这里再次得到印证。

所以说，《申报》"朝鲜来信"无论是对高宗态度的描述还是对吉、乌两使态度的描述，都是毫无根据的。

但是，不管吉和与乌拉喜崇阿表示了何种态度，他们的到来的确给闵妃集团带来巨大的政治利益。闵妃只有两岁的儿子李坧被清政府正式册封为世子，意味着闵妃及闵氏集团在朝鲜政坛的地位已经达到不可摇撼的地步。特别是在朝日会谈期间举行册封仪式，客观上为闵妃为首的主和派加了码。闵妃集团也充分利用了这一难得的机会。2 月 10 日黑田清隆一行在江华府登陆后，2 月 11 日朝日之间开始谈判，日本在 12 日的第二次谈判中便提出了 13 条约款，并催迫朝鲜快速讲定。13 日，日本更以称兵催迫。从 14 日开始，朝鲜政府不得不再次召集时原任大臣讨论对策，这时候政府内部发生了严重分歧。有的力主承认日本要求，有的坚持反对议和。也有一些大臣首鼠两端，不敢有所主张。在这种僵持的局面中，闵妃集团断然决定，于 2 月 18 日由议政府启言："年内虽以书契相持，然今在续好之地，不必牢拒其通商条约等节，不容不烂加商榷，两相便宜，此意请知委于大官。"高宗则马上允准。这是朝鲜政府在修约问题上走出的关键一步。

如《新论》所指出的，2 月 18 日正是高宗第二次会见吉和一行的翌日。选择这一天做出这样的决定，应该是经过深思熟虑的。固然，日本逼迫甚紧，不容多加延宕。但当时内部需要统一意见，而且正忙于接待册封使，拖延几日回复也在情理之中，未始没有借口。闵妃集团在吉和一行还在汉城逗留的情况下，匆匆做出这样的决定，显然是要制造一种假象，即他们的决定是得到清使同意和认可的。这对于瓦解反对力量、争取更多的支持，显然是一步高棋。

回头再看《申报》的记载，那就很好理解了。所谓"朝鲜来信"，如果不是怀有某种目的之人的刻意编造，就是一种市井流言的故意传播。从其行文的俚俗，我们姑且把它看作一种流言。在高宗会见吉和一行的第二天就做出议约决定，《新论》都会产生吉和脱不掉"劝告"干系的联想，当时没有参与枢机密务的朝野人士怎么可能不作此联想呢？产生这样的流言，是因为利益相关者本来就是要造成这样的假象。他们需要利用这种流言。在中国近代史上，类似的流言也比比皆是。但史家不可不察，无稽的流言是不能当作信史的。

如《新论》所说，提出"清使劝说"说的还有参与过侵朝行动的日本浪人菊池谦让。不过据笔者所知，他在比《新论》提到的《朝鲜杂记》一书更早的著作《朝鲜王国》一书中就提出了这种说法："当时宫中因北京使节的劝告而知主战之不利，且为了抑制大院君之卷土重来与愚蠢掌权者的欲望，尽管不喜欢日本，但仍不得不与之媾和。"但这种说法，并无文献依据，或者抄袭了《申报》，或者直接来源于朝野流言，不是第一手材料，更无史料价值可言。

（作者单位：山东外事翻译职业学院）

俱乐部产品的特殊形式：信用资源的开发与共享

曲吉光

一 引言

集群联营模式因为具有规模经济优势目前已被许多经营主体认可和采用。钢材贸易虽然在理论上同样具有集群联营的基础和条件，但与其他行业集群联营不同的是，钢材经营属于典型的资金密集型贸易，经营中资金需求不仅频繁，而且量大额高，需要灵活快捷的融资机构予以强力支持。而现实情况是，集群联营下的钢材经营因为主要采用租赁模式经营，固定资产不足使其抵押信用资源不能对接银行信贷条件，融资问题成为钢贸企业集群联营的主要障碍。威海市龙兴钢材市场管理有限公司（以下简称龙兴市场）通过对经营主体信用资源由内到外分层发掘和整合，成功绕开抵押融资障碍，实现了钢贸企业信用资源与银行信贷条件有效对接，既为钢贸企业集群联营开辟了一条安全便捷的融资渠道，也为抵押物缺乏情况下如何另辟蹊径实现有效融资提供了新思路。

二 有关集群融资的理论与文献综述

在现实生活中，与龙兴市场集群联营模式类似的经济组织大量存在，如行业协会、行业担保机构、专业合作社等。这些群体或组织有个共同特点，即在发起或组织者（行业协会）的协调和管理下，群体内成员自愿分摊生产成本和共享经营收益，并在自我约束和相互监督中维持整个集群或组织的正常运行。这就是布坎南与蒂鲍特提出的俱乐部机制。该机制的作用机理一是通过企业成员的自主参与而形成组织，使得同一行业内的企业间相互确立信任、合作、互惠以及网络资源共享；二是作为一种自主治理的制度安排，行业组织在既定环境约束下，能够通过社会关系网络攫取资源，获得外部信任，具有保护或增进自身利益或价值的职能；三是俱乐部机制下设置的行业协会还能够对不同层面的参与者提供各自所需的"选择性激励（惩罚）"，在对成员提供有价值资源的同时，对会员实施有效监督，使得会员背叛、违约和退出等具有较高成本约束。

基于上述俱乐部经济理论的研究目前主要集中在俱乐部产品方面，而关于俱乐部融资方面的研究并不多。俱乐部产品是詹姆斯·布坎南（J. Buchanan）在保罗·萨缪尔森（Paul A. Samuelson）等人对公共品研究的基础上创造性提出的。所谓俱乐部产品就是对俱乐部内部的成员具有非排他性，而对俱乐部之外的消费者具有排他性的产品，即俱乐部内部成员能消费，而外部人员被排除在外。俱乐部产品具有明显的准公共产品性质。信用资源作为一种特殊的产品，在俱乐部融资过程中，各成员因需求趋同性而共享信用资源，而且对外具有排他性，也呈现准公共产品性质，是一种事实上的俱乐部产品。只是在一般情况下，这种隐含的特殊产品因没有得到有效发掘和利用而被浪费。因此，笔者认为俱乐部机制下，由于各成员在融资中对信用资源具有明显的共需性，信用资源开发、聚集和合作存在利益动机和条件。如果尽可能将群体成员内部信用资源（如产品存货、信用联保）和外部信用资源（如母公司担保、担保公司担保）发掘出来，加以整合后在融资共享，以整体信用资源向金融机构换取金融资源，才能有效解决集群联营下因抵押不足导致的融资难问题。对资金需求频繁且量大额高的钢材集群联营模式而言尤其如此。龙兴市场集群融资案例可以证实这一点。

三 威海龙兴钢贸企业集群联营模式下信用资源开发和整合过程

龙兴市场是 2010 年 4 月由福建人汤茂文等三人出资 5800 万元，在山东乳山注册成立的一家以集群模式专门经营各类钢材的企业。因为钢材经营属于资金密集型贸易，按当年市场交易量计算，龙兴市场内各钢材经营企业年资金需求超过 5 亿元，需要金融机构大力支持。但由于钢贸企业大部分来自区域之外，而且均采取租赁模式经营，辖内金融机构一方面对这些"外来户"缺乏相关企业的信用信息，另一方面钢贸企业固定资产十分有限，仅凭抵押和显性信用资源申请融资存在客观的困难。

为绕开抵押担保障碍实现有效融资，龙兴市场开始尝试寻求和发掘其他信用资源，用以对接银行信贷条件，而要寻求其他信用资源，龙兴市场必须尽可能掌握和了解市场内各经营企业的相关信息，即信息对称。为此，龙兴市场首先投资1亿多元建成建筑面积4万平方米、可容纳300多家钢材贸易市场后，其法人代表和股东（均长期从事钢材交易）将以往在上海、江苏、福建等地钢材交易中的老客户、熟客户、诚信客户等近50家钢贸企业以租赁优惠方式引入市场，使经营各方的信息尽可能处于对称状态。同时，对市场内各钢贸企业销售的钢材种类或品牌进行分工，从事差别化经营，避免钢贸企业之间的过度竞争，并在订单签订、货物进出库，资金交易等环节实现一站式管理，为客户提供最便捷的服务，达到"诚信合作、品牌经营"的目的。为使集群联营钢贸企业充分体现规模经济优势，龙兴市场法人代表和股东利用多年来和国内外各钢材生产企业交易中积累的信誉，与各钢材生产企业合同约定，如果市场钢材销售达到一定规模，钢材生产厂家进行一定比例返利；如果提前一年订货，厂家还将实现较大程度的让利。返利和让利政策使钢贸企业进货成本下降8%左右，从而为钢贸企业价格下调提供了空间，价格竞争优势得以充分体现。在上述经营和管理模式下，短短半年时间，前期进入市场的近50家钢贸企业钢材交易量达100多万吨，实现利税300多万元，呈现良好的发展势头。

龙兴市场采取优先引进老客户、熟客户的经营策略不仅因为信息对称降低了经营和融资风险，而且集群联营下管理和成本优势也得到充分体现，由此引发国内大量钢贸企业申请加入该市场的热情。仅2010年下半年，申请加入龙兴市场的国内钢材贸易企业数量就达数百家。为最大程度控制风险，并在后续经营中实现有效融资，龙兴市场除继续引进诚信意识好、资本实力强的老客户和熟客户进驻市场外，还对其他申请加入市场的企业进行筛选和甄别，专门吸纳有母公司背景且母公司资产超过一定规模的同行业企业进驻市场，以便进一步发掘和聚集信用资源，为后期经营有效融资创造积极条件。到目前为止，龙兴市场已从江苏、上海等地选择老客户或经营钢材多年、资本实力较强且有母公司背景的钢贸企业100多家进驻市场。

钢贸企业的大量进驻使龙兴市场钢材规模经营初步形成。但是，由于钢材贸易属于资金密集型项目，经营中资金需求不仅频繁，而且额度较大。据测算，一般情况下，每家钢贸企业每年需要500万~1000万元的资金支持，按当前已经进驻市场的100多家企业计算，年需融资金额达5亿~10亿元。

为解决钢贸企业从事租赁经营、固定资产不足所引起的融资难问题，龙兴市场采取了对经营主体信用资源由内到外的分层开发和整合。

第一步，发掘内部信用资源。市场内各钢材经营企业虽然固定资产抵押物缺乏，其他隐性信用资源又不足以满足信贷条件，但如果通过企业间相互借助信用资源实现信用自增加或自升级，完全能对接银行信贷条件。因此，在龙兴市场的协调下，各钢贸企业以4~6户为小组自由组合，指定实力强、信用好、威信高的一家企业为组长，小组企业共同为其中一家融资企业向银行提供联保，并向担保公司提供反担保；在4~6户联保的基础上，要求每个贸易企业在融资过程中必须有最低不少于融资额度30%的存货保证，存货由龙兴市场统一监管。确保如果借款公司一旦出现信贷风险，其他联保企业最低存货总值基本覆盖借款企业的贷款额度。

第二步，开发外部信用资源。虽然承贷企业通过联保方式使信用自升级，并在融资中能够提供存货质押，但相对于钢贸企业融资需求呈现量大额高且需求频繁的特点，企业提供的信用资源仍难以满足防范信贷风险的要求，必须进一步开发新的信用资源。基于此，龙兴市场采取成立担保公司和借助母公司信用等外部资源发掘方式。由龙兴市场出资5508万元，吸收其他资本共1.08亿元成立威海市闽盛投资担保有限公司，对市场内钢贸企业实现融资担保；同时，利用钢贸企业所属商会的组织和协调优势，要求各钢贸企业所属母公司为融资提供担保，承担连带责任，从而将外部信用资源引入内部融资过程，为有效融资聚合足够的信用资源。

第三步，对信用资源进行有效整合和利用。虽然各钢贸企业的信用资源被龙兴市场由内到外发掘出来，但如果这些信用资源不加以适当利用，就可能造成信用资源浪费。基于此，龙兴市场对信用资源进行了整合和分类，并根据融资额度大小选择不同的类别：对融资额度低于100万元的企业，担保公司提供担保即可实现融资；对融资额度在100万~300万元的企业，除提供担保外，还要进行4~6户联保，并提供存货质押；对融资额度超过300万元的企业，除担保、联保和存货质押外，还要求母公司提供担保，承担连带责任。

经过信用资源的由内向外开发、整合和利用，市场内各钢贸企业信用条件已经和银行信贷条件完全对接。到目前为止，市场内各钢贸企业已向建行、工行、信用社、威海市商业银行等金融机构提供了动产质押、联保和担保等各类手续。各金融机构根据自身信贷规模和信贷条件对各钢贸企业授信总额达8.5亿元。截至2011年6月末，市场内各钢贸企业户均融资余额约400万元，总融资已超过3亿元。其中，工行融资1.1亿元左右（不含票据担保）。

融资问题的解决不仅为钢贸企业的持续经营提供了资金保障，也为集群联营规模扩大创造了积极条件。2011 年 6 月末，龙兴市场进驻企业已近 200 家。据企业规划，2011 年底之前，市场吸纳企业数量将达到 300 家，并且随着投资项目逐步完成，市场最终吸纳企业数量将达 800 家。

四　博弈各方的利益渗透使集群联营模式具备持续稳定的运行基础

目前，集群联营模式因为具有规模经济优势已被许多行业认可和采用。作为集群联营模式的参与方，市场组织者、经营企业、供货商在集群联营中之所以愿意相互合作，共同维持该模式稳定运行，主要原因是参与各方在为实现各自利益的博弈中，只有均选择有利于对方利益实现的博弈策略，才能确保自身利益的实现，即合作博弈下利益相互渗透。首先，作为钢材群集联营的组织方，龙兴市场为了最大限度获得租赁费和管理费用，所采取的策略一是投资建成有形市场，通过统一管理和宣传创建优质品牌。二是对市场内企业销售的钢材各类实现差别经营，避免过度竞争。三是通过与生产企业合同约定，当钢材销售达到一定规模后，必须进行返利。如果提前一年订货，厂家必须进行让利，从而使进货成本降低，为钢材销售企业价格竞争创造积极条件。四是通过成立担保公司和开发其他信用资源，为钢材销售企业提供融资配套服务。其次，作为经营企业，为了降低进货成本、扩大销售规模、实现销售利润最大化，所采取的策略一是在经营上遵循龙兴市场的统一安排和管理，二是在融资中配合联保小组的成立以及遵守存货 30% 由龙兴市场统一监督的约定，三是提供母公司担保。最后，作为供货商，钢材生产厂家为了扩大销售规模、降低经营风险，所采取的策略一是当销售规模达到一定程度时对销售企业进行返利，二是当销售企业提前订货时实现让利。从上述情况看，不管是龙兴市场、钢贸企业还是钢材生产厂家，各博弈主体为了实现自身利益，所选择的博弈策略均是有利于对方利益实现的合作性策略。正是交易各方这种合作性博弈策略的采用，才使钢材集群联营模式得以稳健待续运行。

五　信息对称经营网络构建使信用资源有效开发成为可能

在当前经济社会中，微观经济主体本身所包含的各种信息越来越丰富，不仅包括生产规模、资本实力、产品技术等显性信息，而且包括企业诚信、管理能力、品牌效应等隐性信息。实践证明，交易各方之间只有尽可能掌握对方相关信息，才能最大程度减少经营风险和融资风险，才能实现公平交易。这就是目前普遍认可的信息对称理论的本质。钢材贸易作为资金密集型项目，交易各方信息对称显得格外重要。信息对称不仅可以降低经营和融资风险，而且交易各方还可根据自身所掌握的信息资源选择最优经营策略，使交易各方利益最大化。案例中，龙兴市场在需要大量吸纳钢材贸易企业进驻市场却又缺乏足够信息和依据对企业进行甄别和筛选的情况下，优先选择以往交易中的老客户、熟客户进驻市场，其目的就是增加交易各方之间的信息透明度，使各方信息更加对称。龙兴市场根据这些老客户、熟客户的资本实力、经营能力、诚信意识等信息，制定相应的经营策略或措施，尽可能减少或避免交易中产生经营风险和道德风险。在此基础上，龙兴市场利用法人代表或股东与国内各钢材生产企业交易中积累的诚信守约、销售能力强等优质信用资源，以"如果销售达到一定规模和提前订货，钢材生产企业要进行返利和让利"为条件，与钢材生产企业在价格上开展博弈，以期通过降低钢材贸易企业进货成本来谋求价格竞争优势。而钢材生产企业对龙兴市场的诚信、销售能力等信息十分了解，为最大限制提高销售规模，增加效益，与龙兴市场博弈中基本选择合作策略，使得交易双方在获得自身利益的同时，也使对方利益最大化。可见，龙兴市场通过选择老客户、熟客户进驻市场，以及通过选择对自己信用和经营信息基本了解的钢材产生企业作为进货渠道等方式，构建起一条从进货到销售各环节信息基本对称的经营网络，不仅降低了交易风险，体现了规模优势，也使下一步对信用资源的分层开发成为可能。

六　信用资源由内到外分层发掘和整合使企业信用资源完全对接银行信贷条件

金融机构信贷业务中普遍以承贷企业所提供信用资源基本能够覆盖贷款额度为条件。钢材贸易企业与其他行业融资特点不同的是，前者融资不但需求频繁，而且融资需求规模跨度较大，少则100多万元，多则数千万元。因此，根据银行信贷标准，承贷企业必须根据融资规模提供相应的信用资源。在小额信贷需求下，承贷企业本身的信用资源即可满足信贷条件。而随着融资规模逐步增加，承贷企业本身的信用资源不足以实现融资时，必须借助外部信用资源用以信用自增强和信用自升级，最终达到对接银行信贷条件的目的。钢材企业的集群联营不仅仅是经营方面的联营，也是信用资源的聚集。作为集群联营的组织者和管理者，钢材市场必须根据市场内各企业需求规模差异化情况，对这些潜在未开发状态的信用资源实现由内到外分层开发，以满足银行不同规模的信贷要求。案例中，龙兴市场在企业需求规模较小情况下，首先采取信用资源内部开发方式，协调钢贸企业以4~6户自愿联合为联保小组，当小组内某一钢贸企业需要小规模融资时，该企业以联保形式向银行申请融资；而当企业融资需求规模增加时，龙兴市场在联保小组的基础上，要求每个贸易企业在融资过程中必须有最低不少于融资额度30%的存货保证，存货由龙兴市场统一监管。确保如果借款公司一旦出现信贷风险，最低存货总值基本覆盖借款企业的贷款额度；当企业信贷需求规模进一步增加而企业自身信用资源不能满足银行信贷条件时，龙兴市场采取了外部信用资源开发方式，一方面以1.08亿元注册成立担保公司，对钢贸企业实现担保，另一方面要求钢贸企业所属商会，协调承贷企业的母公司为融资提供担保，承担连带责任，满足银行大额融资的信贷条件。正因为龙兴市场对信用资源由内到外分层开发与整合，市场内各钢贸企业信用条件才与银行信贷条件完全对接，企业缺乏抵押物情况下融资难题也因此得以解决。

七　俱乐部机制内在作用机理使信用资源配置效率实质性提高

俱乐部模式作为一种自主的制度安排，在既定环境约束下，行业组织能够通过社会关系网络攫取资源，获得外部信任，具有保护或增进俱乐部成员自身利益或价值的职能。但是，这种职能的发挥只能建立在各成员间相互信任、相互合作、相互支持的基础上，否则，俱乐部和各成员利益均无法实现，这就是俱乐部机制的内在作用机理。从信用资源配置角度看，各俱乐部成员虽然本身都拥有自身的信用资源，但这种信用资源处于分散状态，如果仅凭单个成员的信用资源很难对接银行信贷条件，实现有效融资，因此，单个信用资源大部分情况下是无效的。但如果将这些分散的、无效信用资源加以聚集，俱乐部成员便可以借助其进行信用增强和升级，最终实现融资目的。而对于整个俱乐部成员而言，信用资源由分散到聚焦并不是简单的信用汇集，这种信用资源汇集使原先无效的信用资源因此而有效。对俱乐部单个成员而言，虽然向俱乐部提供了自身的信用资源，但也因此能够共享俱乐部整体信用资源，从而解决经营中的融资问题，获得更大的收益。案例中，龙兴市场内各成员虽然有库存产品、母公司背景等信用资源，但仅凭这些信用资源，根本无法实现有效融资，自身收益也因资金短缺而无法实现。因此，各成员单位的信用资源分散状态下本质上是无效的。龙兴市场通过各成员联保、存货质押、母公司担保和担保公司担保等方式使大量分散的信用资源聚集后，整体信用资源完全对接银行信贷条件，俱乐部各成员的信用资源不仅得到充分利用，整体融资问题也因此解决。可见，俱乐部机制下，各成员在信用资源方面互相合作和借用，最终不仅解决了融资难问题，使各自收益进一步增加，也使信用资源配置效率得到实质性提高。

（作者单位：中国人民银行威海市中心支行　课题组成员：
邵明志　李明杰　陈明仿　孙慧妍）

服务型跨国公司全球模块化与服务业国际转移及其对中国的启示

夏　辉　薛求知

一　引言与文献述评

模块化（modularity）是由赫尔伯特·西蒙提出的，早期研究往往把模块看成通用化和标准化的零部件。Langios 和 Robertson 将模块化理解为系统性概念，认为模块化是指一个模块（元素）分离与重新组合系统的过程。Baldwin 和 Clark 提出模块化时代的概念。Schilling 认为模块化是复杂系统的一个普遍特点，它是指一个系统的部件能够被分割和重新组合的程度。青木昌彦等认为模块化是一个半自律性的子系统，通过和其他子系统按照一定的规则相互联系而构成更加复杂的系统或过程。在模块化过程中系统有机会在不损失功能性的同时来混合、匹配其他部件。

近十年来，模块化技术与新产业革命相适应，以信息技术和通信技术为重要基础和驱动力，成为推动制造型跨国公司全球战略有效实施的重要力量。但是，长期以来，受服务特性等因素制约，模块化思想在服务业很难运用。不过，随着通信和信息技术的飞跃，一些服务企业也开始了模块化实践。模块化在服务型跨国公司中的应用，一方面有助于服务型跨国公司高效实施全球战略，另一方面又强有力地推动了服务业国际转移进程。因此对服务业模块化的探索成为继制造业模块化之后国内外理论界研究的新热点。

理论界对模块化的研究主要针对制造业和制造企业，就组织模块化而言，Sanchez 和 Mahoney 指出，"模块化的产品设计需要企业组织的模块化"，并将为适应模块化生产而产生的松散企业组织形式称为"模块化组织"；而将模块化组织拆分成各个组成单元或将各个组成单元集合成一个共同组织的行为称为"企业组织模块化"。Schilling 和 Steensma 认为，在某些产业，一体化的层级组织正在被非层级的实体取代，这些实体表现出可渗透、内部和模块化等特性，即模块化的组织形式。Baldwin 和 Clark 认为模块化组织的实质就是突出组织中共有的、互补的竞争力，并给予各分部单位真实的战略选择权（real options）。青木昌彦等认为组织模块化伴随着产品模块化同步进行，价值链的分解过程，其实也是模块化过程。罗珉认为模块化组织形态随着市场竞争的变化而变化，其最大优点是对顾客与市场的需求反应极具灵活性、针对性和弹性，每个模块化组织和模块化簇群都是一个自我生存、自我演化和自我进化的经济实体。现有的组织模块化理论就泛泛的企业组织来讨论模块化，没有进一步区分跨国公司和单一国别公司模块化上的差异。实际上，跨国公司需要在更为复杂多元的全球市场上来整合全球组织架构，其模块化程度和水平较之单一国别公司有更高要求。

就服务业模块化而言，经文献检索发现，仅有少量文献针对此专题进行研究。其中部分文献针对整个服务行业模块化的可行性进行探讨，如李靖华等、夏辉等；还有部分文献选取较适宜模块化的金融业作为研究的样本行业，如聂莉、刘志阳等。上述文献主要从产业视角来分析模块化在整个服务业或某个具体服务行业应用的可行性，而没有关注服务业的主体——服务企业，更没有涉及服务业国际转移的重要主体——服务型跨国公司——的模块化。

夏辉探讨了如何运用模块化思想对金融业跨国公司进行模块化分解，但也仅限于针对一个特定行业的服务型跨国公司的模块化探索。综上，目前的国内外文献鲜有对服务型跨国公司模块化进行系统研究，更未将服务型跨国公司模块化与服务业国际转移联系起来，这样在解释为何服务业国际转移的重要主体是服务型跨国公司，而服务型跨国公司又是如何推动服务业国际转移这一命题时缺失了一个重要的研究视角。

本文的创新之一在于研究视角创新，首次将模块化与服务型跨国公司的全球化发展以及服务业国际转移结合起来研究其内在规律。创新之二在于研究的样本行业创新，首次将模块化思想运用于除金融业外的其他适宜模块化的服务行业（选取国际快递业），这一探索为更多行业的服务型跨国公司的全球模块化实践提供了路径指引，也进一步丰富了模块化理论。创新之三在于本文并不单纯就模块化来论模块化，还站在中国视角上建议中国服务企业应该如何利用模块化来更好地承接服务业国际转移，或者如何利用模块化来更好地整合散落于全球各地的更具全球竞争优势的战略性服务资源。

二　服务型跨国公司实施全球模块化的可行性

模块化组织是一种介于市场与企业渗透地带的中间性组织；同时又是具有动态协同演化特征的网络组织；模块化组织还是一个复杂的自组织，可以根据竞争环境的变化来自我调整、自我发展、自我进化。因此，模块化组织具有高度的柔性，实施模块化后的跨国公司可以更低的成本、更快的速度灵活应对动态变化的激烈的全球竞争。依托信息和通信技术的模块化已经成为推动制造型跨国公司全球战略有效实施的重要力量。

但是，相比制造业而言，服务业模块化难度更大，这也是为何模块化在制造业中的应用较为成熟，而在服务业中的实践还属于探索阶段的原因。笔者认为，服务型跨国公司要想成功实施模块化，还需要克服很多困难。首先，服务无形性给服务型跨国公司模块化带来困难，无形性使得服务产品不存在严格的界面、标准和技术要求，因而服务型跨国公司很难严格、精确和完整地界定系统"看得见的"和"看不见的"的设计规则。此外，无形的服务产品很难申请专利以获得知识产权保护，这使得服务模块的创新者缺乏持续的创新动力。其次，服务生产和消费的同步性给服务型跨国公司模块化带来困难。制造业的模块分离只需要考虑模块化企业自身的条件和要求，而服务生产和消费同步性的特点使得服务型跨国公司的模块分离还要受到顾客利益和要求的制约。最后，模块化经验的匮乏也给服务型跨国公司模块化带来困难。

但是，随着科学技术尤其是信息通信技术的发展，服务的特性以及交易方式正在发生革命性变革，这些变革为服务型跨国公司实施模块化提供了更大的可能性和重要的发展机遇。

（一）服务特性的改变

首先，科学技术的进步使得很多无形的服务可以通过有形的载体来实体化，比如存储音乐的 CD、存储软件或数据资料的光盘等。其次，信息和通信技术的飞跃使得服务的时空重要性逐渐弱化，服务的不可储存性和不可运输性难题在很多服务上得以解决。诸如医疗、教育、银行、购物等传统的高接触服务，可以通过远程方式完成传输和储存。最后，信息和通信技术革命使得业务流程中原本属于前台服务范畴的一些服务项目可以转向后台处理，促进了高接触服务生产的专业化、规模化和国际化。服务特性的改变使服务型跨国公司全球模块化生产成为可能，并推动更多的后台服务由发达国家迁往成本更低的发展中国家进行离岸生产或外包给东道国专业服务企业，从而进一步推动服务业国际转移。

（二）服务的可分性

银行、保险、信息服务等知识密集型新兴服务业可以将知识和信息数字化存储，从而实现更高效地处理和传输。网上购物系统、网上订房系统、网上订票系统等的开发和应用，也使得诸如零售、住宿、旅游等传统服务业信息化和知识化程度不断提高。随着服务中信息和知识含量不断增加，信息和知识数字化存储和处理能力不断增强，这些服务能够更容易地被分解和整合，从而为模块化提供了现实基础。服务可分性和可分程度的增强，使得服务型跨国公司可以将很多服务流程分解成更小的单元（模块），并在最具有全球竞争优势的区域进行模块化生产。可以说，服务可分性的增强为服务型跨国公司模块化以及服务业国际转移提供了现实的可能性和重要的发展机遇。

（三）服务的交易革命

信息和通信技术的发展使得信息处理成本大大降低、效率大大提高，信息处理的国际化大大降低了服务跨国交易和转移的成本，增强了服务的可贸易性，进而推动服务业国际转移向纵深发展。信息和通信技术的发展还推动了服务企业组织管理成本降低和规模经济边界拓展，导致服务企业跨国投资方式变革，服务企业的组织形式日益由金字塔型结构向扁平化动态网络结构发展，从而为服务企业的国际化扩张提供了重要保障。这些都为服务型跨国公司全球模块化和服务业国际转移提供了便利条件和重要的发展机遇。

三 服务型跨国公司全球模块化发展及其对服务业国际转移的推动

服务型跨国公司的全球模块化发展往往先从服务流程模块化开始，随着服务生产在全球范围的模块化布局向纵深发展，整个服务型跨国公司的组织架构也必然要求模块化，以适应服务全球模块化生产的需要。无论是服务流程的全球模块化还是服务型跨国公司组织架构的全球模块化，无疑都涉及服务业国际转移。

（一）服务型跨国公司服务流程全球模块化发展及其如何使服务业国际转移由可能变为现实

服务型跨国公司服务流程全球模块化应用一般先从服务流程设计模块化开始，涵盖服务流程设计标准的制定、服务流程模块化路径的确定等等。在服务流程设计模块化阶段，系统设计师将紧密衔接的整个服务流程解构成一个个相对独立而又松散耦合的服务单元（即服务模块）。服务流程能否被科学高效地进行模块化分解，直接关系到整个服务流程能否模块化。系统设计师负责确定整个模块化系统的结构、界面和标准（即设计规则），确定整个服务流程模块化分解和整合的路径；各个模块的模块设计师负责在遵循系统设计师确定的统一界面规则下独立进行各自模块的内部设计。模块化设计的特点使得不同服务模块只要保证接口标准化后，就可以时空分隔，独立进行设计研发和并行创新，从而大大节约设计创新的时间成本。虽然"背靠背"锦标赛式的模块化设计会造成一定的创新费用浪费，却能使各模块都尽可能地"自由发展"，从而形成良好的服务创新氛围。

服务流程模块化设计的目的是更好地实施服务流程全球模块化生产。服务流程全球模块化生产就是将经过服务流程模块化设计后的不同服务模块按照功能、结构和技术特点等在全球范围内进行模块化整合，从而组合生产出多样化的服务产品或流程，满足全球各地消费者日益多样化和个性化的消费需求，并不断推动服务的技术创新和功能创新。

因此，服务型跨国公司服务流程全球模块化发展包括服务流程设计模块化和服务流程全球模块化生产两个发展阶段。其中，服务流程设计模块化是服务流程全球模块化生产的基础和前提，而服务流程全球模块化生产不仅是服务流程设计模块化的实现结果，更是服务流程设计模块化的价值体现。

服务流程能够被模块化设计和全球模块化生产，就意味着服务流程也能像有形产品一样进行模块化分割并进行全球布局，在最具全球竞争力的区域安排服务流程各模块和子模块的生产。因此，服务流程全球模块化发展使得服务业国际转移成为可能。服务业国际转移是经济全球化进程中服务产业结构在全球范围进行调整的必然结果。服务业国际转移主要分为三类：服务项目外包、跨国公司服务业务离岸生产和服务型跨国公司对外直接投资。这三类服务业国际转移都要求服务能够打破一国国内生产和消费的桎梏，建立起全球价值链，这样才有可能实现服务的外包、离岸生产以及对外直接投资，而服务型跨国公司服务流程全球模块化发展正是服务冲破国别桎梏的重要推动力量。

（二）服务型跨国公司全球组织模块化发展及其如何推动服务业国际转移向纵深发展

随着服务流程全球模块化的进一步深入，服务型跨国公司的组织架构必须进行适当变革以更好地配合服务流程全球模块化的实施，因此全球组织模块化成为服务型跨国公司的必然选择。

交易成本理论认为资产专用性是决定组织边界的关键因素。服务流程全球模块化可以削弱资产专用性，从而改变企业边界和组织形式。服务流程的模块化程度越高，资产专用性就越低，模块化就越容易将整个服务流程解构为相对独立的不同模块，使得服务流程的生产由集中转为分散，因此服务外包成为可能。通过服务外包，企业可以调配的资源大大超出了企业边界。而且，服务流程全球模块化发展直接导致服务型跨国公司的组织决策机制由集中转向分散，组织结构由垂直一体化向模块化网络组织转变。

可以说，服务型跨国公司的服务流程全球模块化发展必然导致全球组织模块化，而全球组织模块化的发展又为服务流程的进一步全球模块化提供了重要的组织保障，推动了服务型跨国公司在更大范围和更高层次上实行服务流程全球模块化。

服务型跨国公司的全球组织模块化包括内化和外化两种类型：内化是在服务型跨国公司内部围绕服务流程全球模块化来进行的全球组织模块化，通过离岸生产或对外直接投资就可以将全球最具核心竞争力的服务组织模块纳入服务型跨国公司的全球组织架构内；外化是在服务型跨国公司外部通过服务外包、战略联盟、敏捷制造等方式来进行的全球组织模块化。当统一的界面标准只是局限在一个服务型跨国公司之内时，服务流程全球模块化和全球组织模块化只能在这一服务型跨国公司内部实现，通过企业内部模块化，服务型跨国公司可以大大提高交易效率。但是，如果统一的界面标准变成一国的行业标准乃至全球标准，服务型跨国公司内部的协同非专用性就会向企业间的协同非专用性转变，通过服务外包、战略联盟、敏捷制造等方式，服务型跨国公司就可以在更大范围乃至全球范围内实现服务流程全球模块化和全球组织模块化，通过外化的组织模块化，服务型跨国公司既可以扩大资源利用范围，又可以提高全球生产效率，更重要的是服务型跨国公司的全球战略得以高效实施。无论是内化还是外化，服务型跨国公司组织模块化在全球的建立和发展都极大地推动着服务业国际转移的规模扩大和层次提高（见图1）。

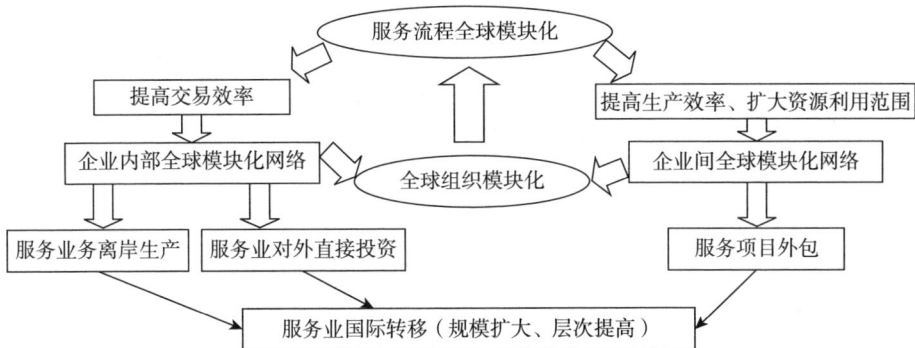

图 1 从服务流程全球模块化到全球组织模块化的演进以及
对服务业国际转移的推动

随着经济全球化发展，越来越多的服务企业通过混业经营、服务离岸生产和对外直接投资日益国际化和全球化，从而成长为服务型跨国公司。跨国公司通过建立可控制的离岸中心或海外子公司向第三方提供服务，而不直接向当地的服务提供者分包业务，这种商业流程向海外转移的形式被称为服务离岸。

能否整合全球范围的战略资源，实现全球协同效应，进而形成全球核心竞争优势直接决定服务型跨国公司全球竞争的成败，因此服务型跨国公司组织模块化外化为企业间全球价值网络模块化就成为服务型跨国公司全球组织模块化发展到高级阶段的必然选择，也成为推动服务业国际转移向更大规模和更高层次推进的重要动力。这是因为服务型跨国公司组织模块化外化的过程表现为非核心价值模块从服务型跨国公司内部不断向外部转移，在这一趋势带动下，服务项目外包在全球兴起，并进一步助推服务业国际转移。服务项目外包是指生产经营者将非核心辅助型服务流程以商业形式发包给本企业以外的服务提供者的经济活动。服务项目外包的本质是企业以价值链管理为基础，将其非核心业务通过合同方式发包、分包、转包给本企业之外的服务提供者，以提高生产要素和资源配置效率的跨国生产组织模式。在服务外包的推动下，全球服务业国际转移已经形成了三大对接板块：美国对接印度、加拿大、以色列等国；西欧对接爱尔兰、捷克等国；日本对接中国、马来西亚等国。

如此就不难理解为何近十年来，服务型跨国公司已经成为推动国际贸易、国际投资和服务业国际转移的重要力量，在几乎所有的服务产业中都可以看到国际化的动力和倾向，在金融、物流、零售、广告、咨询等服务业中这种倾向更为突出。

四 新样本行业研究：国际快递业跨国公司的全球模块化与服务业国际转移

国际快递业（international courier services）特指提供跨越国境递送信函（邮政专营信函除外）、商业文件和包裹的快递服务。作为物流业中最具活力、最高端的领域之一，迅速、准确、安全、便捷以及个性化的快递业正影响着现代物流业的发展趋势。国际快递业还是全球贸易发展的重要动力之一。

（一）选择国际快递业作为新样本行业进行研究的理由

选择国际快递业作为新样本行业进行研究，是因为笔者认为国际快递业作为知识、技术和资本密集型现代服务业非常适宜模块化，但是现有的国内外文献还没有对该行业进行任何模块化研究。因此，这一探索可以为更多行业的服务型跨国公司全球模块化实践提供路径指引，也会进一步丰富模块化理论。

之所以说国际快递业是非常适宜模块化的服务业，主要基于以下考虑：①国际快递业是物流业中最早使用先进的信息和通信技术的行业，信息化和数字化程度非常高，这使得国际快递流程能够被更容易地进行模块化分解和整合。②国际快递业是一个复杂的巨系统，在全球构成了庞大的网络系统，比如2009年度UPS（美国联合包裹服务公司）日均包裹和文件递送量达1510万件，而模块化正是解决复杂系统问题的有效手段。③国际快递服务时限要求最高，迫使企业必须不断创新，以提高操作效率。模块化可以使分处于全球各地的不同模块节点并行背对背创新，有利于节省创新时间、提高全球网络的创新速度和创新水平、增强国际快递业跨国公司的全球竞争力。④国际快递业务组件（如取件、运输、中转、派送等）相对独立，从而易于模块化，并实现快递服务的时空分离式生产。如客服中心模块就可以与其他业务组件时空分离，甚至离岸外包。⑤国际快递业分工细，技术标准全球统一。较高的专业化分工和技术标准化为国际快递业跨国公司模块化提供了重要的现实基础。

（二）国际快递业跨国公司的全球模块化发展现状

从全球看，国际快递业表现出寡头垄断的市场特征，市场份额主要被DHL（德国敦豪）、UPS（美国联合包裹服务公司）、FedEx（美国联邦快递）

和 TNT（荷兰天地快运）四大快递业跨国公司把持。即使是在中国拥有最大国内快递网络的 EMS（中国邮政特快专递），其国际邮件也是交由万国邮政联盟和 TNT 来递送。

首先，从服务流程全球模块化看，上述四大国际快递业巨头经过几十年的国际化发展，都已经建立起较为成熟的全球模块化服务流程生产体系（见图2）。分处于全球各地的模块都要遵守按照国际快递业跨国公司全球统一操作流程规范设计的全球计算机管理信息平台模块的调度，因此全球计算机管理信息平台模块拥有最强大的资源整合能力，当仁不让成为国际快递业跨国公司全球模块化服务流程中制定"游戏规则"的系统设计师。此外，通过模块化操作还可以进一步延展全球模块化服务流程系统的功能，从而实现服务模块化创新。比如，DHL 针对必须在早晨将货物运输到主要商业地点的客户推出朝九派送服务，这个增值服务模块中新增的子模块并不影响全球模块化服务流程生产体系中其他模块的运行，而且这种服务创新更好地满足了细分市场目标客户的特殊需求，扩大了服务流程的供给范围，进一步增强了公司的全球竞争力。

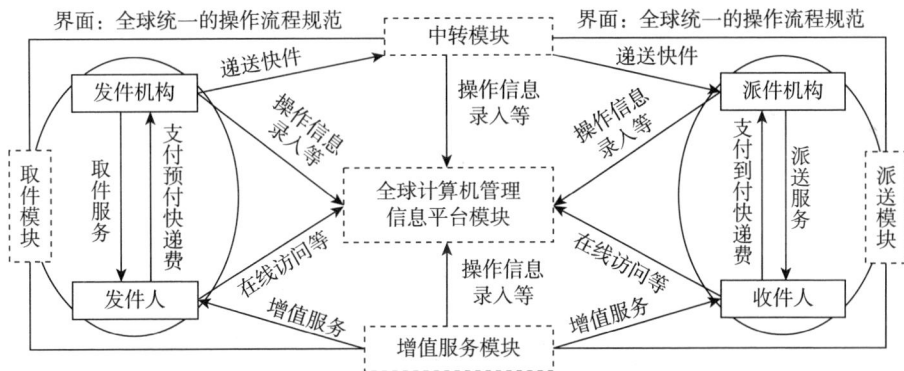

图 2　国际快递业跨国公司全球模块化服务流程生产体系

其次，从全球组织模块化看，国际快递业跨国公司为了更好地适应全球模块化生产的需要，组织架构日趋网络化和模块化，其全球模块化网络组织按照功能独立性原则将整个组织架构进行横向和纵向的立体分解。根据与客户接触度高低，全球组织结构被分为前台模块和后台模块两大类价值模块。前台模块根据企业和客户两个维度将与消费者接触度较高的职能组件分为跨国企业门户模块、跨国快递业务应用模块和跨国营销管理模块等。后台模块由于消费者接触度较低，主要根据企业管理需要分为跨国战略管理模块、跨国财务管理模块、跨国数据处理中心模块、跨国新产品开发模块和跨国人力资源管理模块等。各模块又可以根据区域分布和职能特点进一步向下分解。根据国际快递业跨国公司全球战略需要，核心价值模块往往被保留在企业内部模块化网络中，非核心价值模块或不具有竞争优势的价值模块（如呆坏账收款模块）往往外化给全球模块供应商。通过企业间全球价值网络模块化，国际快递业跨国公司在保持核心竞争优势持续创新能力的同时，还能够将其他更具全球竞争优势的战略性服务资源整合进来，从而高效实施全球战略。

（三）国际快递业跨国公司全球模块化发展对快递业国际转移的推动

国际快递业具有明显的网络外部性，并呈现规模报酬递增的特性，处于网络中枢的国际快递业跨国公司所获得的价值呈指数增长，因此他们拥有不断扩张全球网络的持续动力，这种动力也在客观上有力地推动快递业国际转移浪潮。

国际快递业跨国公司通过跨国并购、绿地投资等服务业对外直接投资进入更多目标市场，不断扩大其全球网络的规模。比如，入世过渡期后，四大快递业巨头在中国纷纷由合资转为独资，并不断增资以加快在中国的网络建设。2002 年到 2007 年，UPS 在中国投资 6 亿美元，用于扩展基础设施和运营能力。此外，跨国并购也是快递业跨国公司加快网络建设的利器。2007 年 3 月 TNT 全资收购中国本土最大的物流运输公司——华宇，因此拥有中国最大的货物及包裹运输网络。2006 年，TNT 收购印度快递公司 Speedage。2007 年 1 月，TNT 宣布完成对巴西最大的国内快递商 Mercurio 100% 股权的收购。

快递业跨国公司还通过在全球主要市场上建立若干国际转运中心来加速快递业务离岸生产。比如 UPS 继上海国际转运中心之后，在深圳的大型转运中心也正式投入运作。对于非核心模块或不具有竞争优势的模块，例如呆坏账收款模块、初级人力资源管理模块、中小城市或偏远地区的取派件模块等，快递业跨国公司也会通过服务项目外包方式将其外化给全球各地的模块供应商。上述这些快递业国际转移大大带动了东道国相关服务行业的发展，也使具有竞争优势的本土服务企业有机会融入这些快递业跨国公司的全球模块化价值网络中。

五 对中国的启示：机遇与挑战

综上，服务型跨国公司全球模块化发展既增强了服务型跨国公司的组织柔性和全球竞争力，又有力推动着服务业国际转移，同时也为发展中国家的服务企业国际化发展以及更好地承接服务业国际转移带来重要的发展机遇。

就中国而言，明年是"十二五"规划开局之年，"十二五"规划纲要指出，要把推动服务业大发展作为产业结构优化升级的战略重点，营造有利于服务业发展的政策和体制环境，同时提高利用外资水平，扩大金融、物流等服务业对外开放，发展服务外包，稳步开放教育、医疗、体育等领域，引进优质资源，提高服务业国际水平。这无疑给将中国视为全球战略性市场的服务型跨国公司吃了一颗"定心丸"，它们会进一步加大对华直接投资、服务离岸生产和服务项目外包的规模，以更好地利用政策优势。可以预计"十二五"期间，它们对华服务业国际转移的规模和层次有望再上台阶。

对于规模、技术、资金、管理和人才等方面相对较弱的中国服务企业而言，积极承接服务业国际转移，从而融入服务型跨国公司全球模块化价值网络是引进国际先进技术、提高管理水平、积累国际经验和历练国际人才的一条重要路径。随着中国服务企业竞争力增强，对于中国大型服务企业而言，积极走出去将全球各地的战略性服务资源整合进自己的全球模块化价值网络中，又会进一步提高中国服务企业的全球竞争力和国际化水平。

我们也要看到，挑战与机遇并存，服务型跨国公司只会筛选其需要的拥有竞争优势（比如拥有本土网络优势、客户资源等）的本土服务企业外化为其全球模块供应商或通过跨国并购将之内化进自己的全球模块化价值网络中，其目的是通过优势互补、强强联合来强化自身的全球竞争优势，而非"仁慈"地甘做帮助中国服务产业升级的志愿者。因此，我们的服务企业要清醒地认识到，在"与狼共舞"中必须不断提高自身的创新能力，形成自身的持续竞争优势。

虽然服务型跨国公司作为核心企业在整个全球模块化价值网络中占据主导地位，但是这并不意味着全球模块供应商只能被动接受服务型跨国公司的支配。随着模块供应商自身创新能力和全球竞争力的不断提升，一些具有自主创新能力和全球竞争优势的模块供应商在全球模块化价值网络中的地位和作用会越来越突出，话语权也会越来越大，甚至在某些服务流程环节上，服务型跨国公司会深深依赖某些全球模块供应商。对于某些在全球模块化价值网络中具有战略意义的全球模块供应商而言，不断增强的全球竞争力可能还会助其一跃取代处于核心地位的服务型跨国公司。可以说，这也是中国服务企业由"羊"变"狼"，进而发展成拥有全球竞争优势的服务型跨国公司的重要途径。

[作者单位：山东大学（威海）　复旦大学管理学院]

城市化进程中完善社区服务多元化路径选择探究

——基于威海市高区怡园街道社区服务发展的实证研究

陶　宏

社区是城市的基本组成部分，社区管理是社区建设的重要环节。我国社区管理的概念是在社会主义市场经济体制初步建立、政府职能转变的背景下提出来的，是国家经济政治体制改革的产物，它弥补了改革中出现的许多管理缺位，在城市管理中具有举足轻重的地位。

社区服务是社区管理的落脚点及外在体现，是社区管理的重要组成部分。改革开放以来我国经济水平的不断发展和人民生活水平的逐渐提高，对城市社区服务的建设提出了更高的要求。与此同时，城市社区服务正处于市场经济的转轨时期，这对其管理运营模式提出了新的要求。物业管理在社区中的推行也带来了如何与社区服务协调发展的问题。基于以上原因，我国城市社区服务的建设还存在着诸多问题。如何很好地结合社区服务中政府、市场与社会三者之间的关系，发挥综合优势，是目前社区服务发展的一个难题，也是要必须解决的一个问题。

一　社区服务：概念界定和研究取向

"社区"在我国是一个相对性概念，在政府行文和人们意识当中，社区就是城市基层行政区划——以街道和居委会两级区划所属的地域，由于社区中没有国家行政权力的正式机关，街道不是独立的政府权力机关，而是基层政府的派出机构，于是就有了"社区自治"的空间。

从社区服务的多元化途径选择上看，应更多强调社区概念的社会学意义。社区不仅是居住的空间，更重要的是居民间的互动，有共同利益、共同文化、共同的集体选择和对共同行动的责任承担。社区作为共同体，其不仅仅是一个居住的地理空间，关键还在于营造一种亲和力归属感。只有在"社"和"区"合二为一的概念中，才可能在社区服务上厘清政府公共服务、市场商业服务和社区组织互助服务等多元化的状态，发现其有效衔接的空间。

对"社区服务"的理解有狭义和广义之分。狭义的社区服务仅仅指社区福利性、公益性（非营利性）服务，不包括商业性服务。广义的社区服务不仅包括社区福利性、公益性服务，也包括一定程度的商业性或"准商业性"利民便民的服务，以及社区成员间的互助性服务。笔者认为社区服务是"指在党和政府的主导下，动员社区力量，利用社区资源为社区成员，提供福利性、公益性服务和营利性的便民生活服务，以不断满足社区成员日益增长的物质文化生活需要的过程"。这个概念把多种不同性质的服务混合在一起，有政府提供的涉及社区全体居民利益的社区公共服务，这种服务应该是完全无偿的；也有为社区内弱势群体提供的社会福利性服务，这种服务也是无偿或低偿的；还有满足个体需要的私人性服务，这种服务是根据市场经济的要求随行就市；还有社区居民间的互助性服务，如志愿者服务等。这些不同的服务，其资源的提供者、服务提供的方式、服务的使用者、服务的绩效评估等都是完全不同的。

正因为有这种混淆，当前人们在心理预期更多的是把社区服务当作一种社会福利，即由地方政府"埋单"。我国以往的社区服务供给之所以采取地方政府直接"埋单"的方式，实际上不是基于对社区公共产品的理解，而是传统的"政府万能"思想的延续。显然，这样的社区服务提供方式是在效率和公正两个方面都存在严重问题，社区服务的质量也受政府投入总量变化的影响而时好时坏，社区服务也就缺乏可持续发展的可能性。同时，在社区服务的多层次、多元化的服务系统中，每种不同性质的服务都需要用不同的方式来供给才能保障其效率和公正。社区的公共服务需要政府的公共政策加以规范才能保障其效率和公正，其特征是公共性和均衡性，其服务具有不可排他性和不可分割性，以满足社会成员的基本需要和推进社会公正；适合以市场供给方式提供物品和服务的社区商业服务，其自由竞争形成的价格机制既可以保障效率，也可以保障机会均等意义上的公正，其特征是以市场经济法则为准；社区居民之间的互助性服务，以社区居民的自律性公约来规范其效率和公正，其特征是以互助性和公益性为主。

在现实社会中，占有资源的数量和社区归属感的强烈程度成反相关。占有资源越多的人，对社区的归属感就越弱；相反，拥有个人资源越少的人，对社区的依赖感和归属感越强。在社区服务过程中，社区成员的互动和"社区资产"没有被有效激发出来。究其原因，社区服务的定位还存在一定的政策性和制度性偏离。在社区建设的本土化情境下，社区服务的多元化路径选择以及政府公共服务、市场商业服务和社区组织互助服务如何进行有效衔接等，都是社区建设中存在的新问题。实际上，以社区居民能力为本的社区建设新实践，为更加有效地配置社区公共资源、推进社区成员的能力建设和社会资本积累提供了新的基层经验。

二 基层经验：对威海市高区怡园街道社区服务发展的实证研究

威海市火炬技术产业开发区（以下简称高区）怡园街道办事处成立于1992年5月21日。办事处地处威海高区行政中心，面积26.3平方公里，辖5个行政村、6个改居村、9个社区居委会、6处小学，常住人口9.5万，暂住人口6万。怡园街道办事处区位优势得天独厚，东与市中心接壤，南与环翠省级度假区相望，西临科技新城，北依碧波海湾。怡园街道办事处独特的地理位置和区位优势，使其正在成为"创新人才的聚集洼地、自主研发的科技摇篮、技术密集的产业高地"。整个研究主要采用问卷调查的形式，笔者选取6个各具特色的社区（桃园社区、怡海园社区、奥林社区、中盛园社区、西钦村社区、毕家疃社区），收集第一手的定量数据。桃园社区和怡海园社区是高档商品房开发社区，居住群体自身素质较高，对社区服务的要求也较高；中盛园社区是以城市化进程中城市居民和本地"村改居"居民拆迁而开发的新社区，还有部分商品房，混合型特征比较明显；奥林社区是传统的城市社区的典型；西钦村社区和毕家疃社区是基本完成撤村建居的社区，是"城中村"建设的典型。这些社区对于了解威海市高区社区建设和社区服务的发展状况具有较好的代表性。

调研共发放问卷500份，全部进行现场回收，共计回收483份，有效回收率是96.7%。对回收问卷通过 SPSS 软件进行数据处理。笔者在研究方法上采取文献法和访谈法作为实证调研的补充，收集定性资料。在深入访谈部分，笔者首先拟定访谈大纲，对居民的访谈在相对独立、不受干扰的地方进行，对居民委员会及其他社会组织的访谈在选中的社区居委会、街道办事处中进行。

（一）调研对象背景资料分析

本次调研对象在性别结构上，男性占 43.1%，女性占 56.9%；在年龄结构上，10～20 岁的群体占 12.8%，21～50 岁的群体占 60.2%，51 岁以上的群体占 27.0%；在文化程度上，初中及以下文化程度的占 19.6%，高中、中专或技校文化程度的占 41.8%，大学本科或专科文化程度的占 27.5%，硕士及以上文化程度的占 11.1%；在家庭人均月收入方面，人均月收入低于 800 元的，占 8.1%，人均月收入主要集中在 801～1000 元和 1001～1500 元，分别占 30.0% 和 45.1%，人均月收入在 1500 元以上的中高收入群体占 16.9%。

从一般经验看，当今在社区活动或使用社区服务的多是老年人、无固定职业者或失业者，因此本次调查的样本结构中老人、女性、困难群体的比例稍高一些。相应的，文化程度和收入水平较低者的比例也相对高一些。

（二）社区公共服务层面的分析

对于社区公共服务层面的分析，主要包含社区就业服务、社区救助服务、社区卫生服务、社区安全服务、社区环境服务等。这类服务的提供都是以政府为主导，当然这也不等于完全由政府承担整个服务的行政过程，政府可以导入"准市场"模式来提高社会福利资源的使用效率。对这些服务的分析注重服务现状、社区居民参与度、满意度和期望值。

1. 社区就业服务

居民获取就业信息是就业的前提，而居民所了解的获取就业信息渠道的结构可以反映政府和居委会在这方面提供公共服务的能力和效果。

首先，对于"若家庭成员出现失业，您一般会通过什么途径来获得就业信息？"这个题目选择最多的是"报纸、杂志、电视、网络等"，占 50.9%，这部分人的自主择业意识较强。选择通过"职业介绍机构"的达到 23.2%，这说明职业介绍机构也成为目前公众就业的重要途径，但就业领域商业服务的开展仍需要培育公信力。选择通过"朋友和邻里的帮助"的占 18.9%，这表明在传统社会形态下，熟人圈子的效应比较明显，但是这种互助性服务随着社区服务的推进和社区成员互动的增加，还有很大的发展空间，这是重要的"社区资本"。而通过"社区居委会或街道再就业服务中心"的比例最低，仅占 7.1%，就业服务的需求很迫切，但是目前社区公共就业服务的供给总体质量较低。社区公共就业服务的开展有利于形成"就业的福利"，达到公共资源的有效配置。

其次，在如何加强社区就业服务方面，选择"建设就业信息的网络设施"的占31.0%，显然，随着信息化的普及和发展，政府公共服务的具体提供方式也要与时俱进；而"开设社区就业岗位宣传橱窗"仅占15.4%。从两者的对比可以看出，就业信息服务是目前就业服务中的重要任务，就业岗位的直接提供并不是社区居民的首选，现在居民对就业岗位的选择更加注重与自己专业、兴趣的吻合。在接受社区提供的就业培训方面，选择美容美发、保洁培训等传统的就业培训的占26.4%，而选择计算机培训等新型培训的占31.0%。这说明居民对培训项目选择的空间越来越大，传统培训和新型培训都有较大的市场需求，居民职业岗位选择的多元性倾向明显。

2. 社区救助服务

近几年来，政府不断加大社会救助的力度，其中包括对贫困家庭做到"应保尽保"，这一政策得到广泛赞同。然而由于该制度刚实施不久，尚处于完善阶段，也可能存在需要加以改进的问题。

首先，城市最低生活保障制度还是当前居民社会救助的最主要的内容。社区居民对当下的城市最低生活保障制度的满意度比较高，选择"非常满意"和"比较满意"的达到77.9%。社区居民对于现有的医疗救助服务的总体满意度也比较高，选择"满意"和"比较满意"的占到76.4%。

其次，通过对居民的进一步了解，笔者发现居民"不满意"的意见主要集中在对低保政策的相关内容不了解、信息不畅和对低保制度的执行情况审核和监督不力。这充分说明在社区公共服务的提供中，政策的执行和落实固然重要，但是事前的宣传和事后的评估也是非常重要的，这两者会直接影响人们对公共服务公正性的看法，也会直接影响政府的公信力。

3. 社区卫生服务

首先，社区居民对社区卫生服务的认同度。居民出现常见性疾病就诊时的第一选择仍然是"公办大医院"，占46.9%；排第二的是"社区卫生服务中心（站）"，占28.5%；而选择"私立民营医院"（19.4%）和"社会力量兴办的公益性医院"（8.3%）的都很少。这也直接决定了社区居民对社区卫生服务中心（站）的利用率，认为利用率"较高"的有17.1%，而认为利用率"一般"（37.8%）、"较低"（35.8%）和"不清楚"（9.3%）的共计82.9%。影响居民对街道社区卫生服务站认同度的主要原因是"医疗条件简陋"（47.6%）和"社区卫生服务机构的医护人员水平不高"（36.0%）。因此，社区卫生服务作为一种公共服务，其服务"定位"就十分重要。社区居民对社区卫生服务的认知度和认可度有待提高。

其次，对于社区卫生服务的定位。居民认为社区卫生服务中心（站）需要提供的医疗卫生服务从高到低依次为"疾病预防、自我保健的卫生知识普及的和宣传"（37.8%），"常见病（感冒或拉肚子等）的医治"（24.7%），"医疗上门服务（输液打针、换药、护理等）"（20.4%），"老年性疾病康复和护理"（17.1%）。同时社区居民也认为社区卫生服务中心（站）还应提供心理疏导和压力缓解服务，认为"非常有必要"（52.6%）和"有必要"（38.5%）的占91.1%。显然，目前社区卫生服务中心（站）的实际工作和社区居民对社区卫生服务的需求之间还存在一定的差距，社区公共卫生服务的提供关键还是要提升公共资源的有效配置。现在威海市的社区卫生服务中心（站）是采取政府购买社区卫生服务的方式，适当补贴，不足部分暂由社区卫生服务机构通过医疗收入等弥补的方式来运营。这也说明在公共服务的输送过程中，实现政府和非政府组织的有效衔接能够提升效率和公正。否则，大量公共资源的闲置就是一种巨大的浪费。

（三）社区商业服务层面的分析

社区服务必然包含商业性服务，这种服务也要满足社区居民服务需求的多样性。而且从政府提供的社会福利资源的有效配置来看，社区服务中导入商业性服务社区的居民通过市场途径得到了个性化的满足。

首先，社区居民最需要的商业性服务是"社区超市、专卖店和便利店等"（45.8%）、"早点快餐店"（23.4%）、"物业管理"（9.8%）和"家政服务"（2.9%）。这些都是直接关系到居民生活需要的内容。由于这几个社区本身的特殊性，社区商业服务网点还不是很丰富，居民对其期望值还不能得到满足。因此，这就需要政府出台相应的经济政策来推动社区商业网点的发展。居住区的建设要同步规划商业网点的建设，甚至有的居民还建议政府应该交给先行进入社区服务的商家适当补贴，来带动社区商业性服务。所以，政府对社区服务的推动是一个"立体化"的综合体，从政策的倾斜到服务的补贴也是多元的。

其次，大多数社区居民认为商业性服务应该"按照市场规律定价"或"根据服务性质分类确定收费"，也有部分居民认为应该"低价服务居民"。在针对小区物业管理的收费问题上，居民的满意度相当低，绝大多数人认为物业管理水平和收费标准不相当。商业性物业管理服务公司和业主委员会、业主之间的矛盾也是非常激烈。这些都需要政府、社区互助组织和社区商业性组织的相互博弈，来营造和谐稳定的社区环境和社会环境。

（四）社区互助服务层面的分析

所谓社区互助服务，就是社区居民之间通过一定的社区组织（社区居民委员会、社区业主委员会、社区志愿者服务组织等）为社区发展出谋划策，解决社区内问题，进而达成社区成员的共同利益。社区互助服务既能增加社区居民的"社区资本"，也有利于推进社区居民的民主意识和民主行动。从社区建设和社区管理方面来说，社区互助服务还缺乏专业人才的介入，资源的整合和优势互补的空间十分巨大。

1. 社区居民对社区自治、互助组织和制度的需求度及满意度

居民对社区居民委员会、社区业主委员会、社区志愿者服务组织等社区自治和互助组织的需求度很高，表示"非常有必要"（42.1%）和"有必要"（34.5%）共计为76.6%。目前来看，虽然社区居民对社区自治、互助组织和制度的需求很强烈，满足的程度还是相对较低。但是现有的社区组织和制度在社区自治和互助中发挥的作用普遍感觉"一般"（36.0%）、"比较小"（24.4%）、"基本上没有什么作用"（12.1%），这几项加起来达到72.5%。这说明社区自治、互助组织和制度的发育还很不充分，这些都需要政府支持花大力气培育。

2. 社区居民对社区组织及其活动的参与度

正因为社区自治组织和互助组织在社区中的发育还不是很充分，这也直接制约了居民对社区组织的认同度和活动的参与度。例如，现在知晓度最高的基层社区自治性组织"社区居委会"，社区居民对"是否知道社区居委会所在地"回答"知道，每年偶尔去2~3次"（44.6%）、"知道，但从来没去过"（18.6%）、"完全不知道"（19.6%），这三项相加已经达到81.4%，这说明社区居民对社区居委会的认同度并不高。

社区居民对于制约自己参与社区各类组织和活动的因素主要归为四类："说不清楚"（36.3%）、"参加了，但是感觉自己的想法表达了也没有用"（27.7%）、"形式主义的东西太多"（19.4%）、"行政色彩太浓重"（16.6%）。这些现象确实在社区组织发育中具有普遍性，因此如何加强社区组织本身的自治性、互助性、独立性和"去行政化"已经成为未来组织发展的迫切要求。只有界定了社区互助性服务在社区服务中的特殊地位，社区公共服务和社区组织互助性服务的有效衔接才能实现。

（五）对三大服务系统的地位分析

尽管社区居民对三大服务系统的理解还处于初级阶段，但其对三大服务在

整个社区服务系统中的作用的理解仍然具有代表性。认为"社区公共服务"最重要的占37.5%，认为"社区互助服务"最重要的占26.7%，认为"社区商业服务"最重要占21.2%。面对社区服务的困境，居民认为关键要加强"社区居民的社区意识成长"（53.7%）、"社区居民硬件设施的建设"（19.6%）、"社区服务工作人员的专业化建设"（15.6%）以及"社区服务中的各种制度建设"（11.1%）。在社区服务中，硬件建设和制度建设是社区服务提供的前提条件，专业化队伍建设是社区服务的质量保证，社区居民的社区意识是社区服务的最后归宿。

应该看到，在未来的社区服务体系中，社区服务已经发展到以公共服务为主的新阶段，但是社区公共服务存在很大的发展空间，这就要求有相应的公共政策的配套，以及与社区互助服务、商业服务的有效衔接。在社区服务内容上，要突破便民利民服务的旧框架；在资源投入上，要突破主要依赖市场机制的局限，防止社区服务完全市场的"产业化"取向，大力推进公共政策和社会政策的规范效率；在组织建设上，要突破单一依赖政治体制内的组织——党组织、街道组织和居委会等行政组织，大力推进社区互助组织的培育，现代社会需要以社区的形式来维护人类的感情和情操，方便居民广泛地参与公共服务。

三　结论探索：社区服务未来发展的对策建议

通过对威海市高区怡园街道社区服务的多元化途径选择的实证研究可以看到，社区服务不仅是对社区内弱势群体的帮扶救贫，更是面向社区需要的社区发展的重要组成部分；社区服务不仅是政府提供公共服务来解决各种社会问题，还应该要有社区组织提供的互助服务来满足不同群体多层次需要；社区服务不仅是提供物质和精神层面的关怀，更要激发社区成员提升社会意识，推进社区自治；社区服务不仅是单纯的服务问题，还是推进社区成员民主意识的重要载体。

为了推进社区服务的多元化途径选择，有效推进社区公共服务、社区互助服务和社区商业服务的有效衔接，根据威海市高区怡园街道的基层经验，在未来的社区服务供给中，应该注意以下几点。

首先，政策创新。就是要建立完善的政策配套体系，把公共政策、社会政策和市场机制有效整合，以发挥最大的作用，在具体服务的输送过程中不会因对政策理解的不同而产生混淆。在政府社区公共服务政策中，更注重公共服务输送过程的"市场化机制"；在社会福利服务的社会政策制定中，要注重社区整体性需求的界定和建构的过程；在推动社区互助服务的政策制定中，要注重社区居民的社区自治能力和社区意识的培育；在推动社区商业服务的政策制定中，要注重政府对商业性服务的引导和培育。只有各种社区服务都有各自不同的定位，实现多元服务状态下各种服务的有效衔接，才能充分发挥各自最大效用。

其次，组织创新。在社区服务的多元化路径中，要搭建各种服务有效衔接的平台，这就要发挥社区服务中心的主渠道作用，同时大力推进社区互助组织的培育。社区服务中心是社区公共服务直接输送社区居民的核心途径，社区互助组织培育是社区互助服务的基础。只有在社区公共服务的提供中加强社区服务队形对公共服务选择的主体性、政府与非政府组织和民间组织的有机合作，才能把政府资源、社会资源有机整合起来，而社会资源进入社区与政府资源进入社区所采取的方法不能再依赖政治性强制，而是要采取社会自愿原则，原来单一、封闭的社区组织结构也将逐渐被多元化的组织结构所代替。

最后，制度创新。政府部门和非政府组织有机结合，依托社区非营利性组织来建立社区公共服务的输送体系，把社区服务和专业化的社会工作人才队伍建设相联系。社区服务的最终目标是社区成员能力的提升、社区社会资本的发育和社区自治程度的提高。

[作者单位：山东大学（威海）]

转型升级：如何转 怎样升

——基于荣成经济开发区的调查

尹选芹

纵观工业革命以来大国的兴盛崛起，调整和优化产业结构、促进工业转型升级，是实体经济跨越发展的共同特点。当前，欧债危机与国际金融危机后续影响叠加，全球产业结构调整和转型升级已是大势所趋、形势所逼。中央和省、市委对转型升级做出了战略性部署，荣成市也高度重视提高经济发展质量，在转型升级上做出了很多尝试，取得了可喜成绩，但是一些企业在如何转、怎样升的问题上仍没有实质性进展，需要我们进一步推进。在这方面，荣成经济开发区进行了卓越探索，走出了一条新路，25家重点企业迈出了坚实的步伐，取得了明显成效，为全市转型升级探索出了新路径。

一 荣成经济开发区转型升级的路径分析

在经济学范畴下，转型升级至少包括企业、产业、区域经济三个层次。就企业而言，主要指传统生产经营方式的实质性突破，面对新的技术、市场环境等基本确立新型生产经营方式；就产业而言，主要指产业结构（包括行业结构）的战略性调整，基本形成顺应产业技术发展方向和符合更高级经济发展阶段要求的产业结构；就区域经济而言，则指区域经济发展方式的根本性转变，基本形成更具竞争优势或比较优势的区域经济结构和与之相适应的体制机制。实现经济转型升级发展，需要企业、产业、区域经济三者之间密切配合和相互协调，荣成经济开发区正是从这三个层面统筹推进，形成了点上突破、线上推进、面上展开的格局，总体上可以概括为5种模式。

1. 自主创新促转型

以自主创新促进产业或产品转型升级，不仅是开发区面临的问题，也是全国性的问题，但开发区更加重视这一点，各企业把自主创新作为最重要的抓手常抓不懈，立足技术创新，加强自主研发，打造特色产品优势，抢占行业技术制高点，使自主创新成为加速工业化进程、提高经济质量和竞争力的重要支撑。比如，宇达电子抓住当今行业创新高效、节能、环保、健康的核心理念，研发出世界第一款"无辐射电磁炉"，获国家科技部、环保部、商务部、质检总局联合授予的"国家重点新产品"证书，并成功申报全球135个国家的PCT专利，抢占了国内外无辐射小家电市场的制高点，公司已承担和完成国家、省、市级科研项目7项，申请国内外专利技术58项（已授权47项）。龙河车业原来以生产拖拉机拖斗为主，当捕捉到休闲房车的无限商机后快速调整产业方向，进行技术攻关，产品已获国际CE认证，年产量达5000辆，全部出口美国、德国、英国等十多个欧美国家高端消费市场。目前区内拥有省级研发机构5家、高新技术企业10家，自主创新势头迅猛，有力地提升了产业层次。

2. 高端产业促转型

走高端路线是开发区转型升级的又一选择，即从低附加值产品与服务向高附加值的产品与服务、从产业链低端向产业链高端升级。几年前，荣成经济开发区曾提出亲商、亲民、亲环境的"三亲"理念，现在又增添了"三现代"理念：现代制造、现代服务和现代生活。坚持高端、高质、高效，依托全市科技、教育、文化、人力资源，借助高新技术产业聚集优势，积极推动产学研创新体系建设，逐步形成了经济实力显著、主导行业高端、产业发展快速、人才结构优化的高端产业聚集区。曙光齿轮在国内同行业仍采用"五刀法"工艺的情况下，投入1.1亿元引进国际国内先进设备，率先采用业内最先进的"两刀法"干切加工工艺，不但生产效率提高3~5倍，产品提高3个以上精度等级，而且抛弃了以往用油为介质的生产工艺，实现了清洁生产、节能环保。产品由中低端向高端重型的转变，使产品价格提高了7倍以上，并成为北汽、广汽、柳汽、美国蓝鸟等多家国内外知名汽车厂商的配套企业，市场前景广阔。爱士玻璃钢与美国欧特美交通设备公司合作，投资4亿元，采用国际先进RTM一次性注射成型工艺，生产地铁、高铁机车用内外饰件，达产后可实现年销售收入5.6亿元，利税1.6亿元。天科电机生产的高速高能量密度电机主要应用于航空、航天、磁悬浮等领域，滋普瑞的光触媒、纳米负离子材料，昊宇电器的起重机用控制电器、鞍山恒工铁路设备的全自动化信号灯、恒力车业的低速电动力车等一批装备制造业，均属于行业领先的高端产品。迁入开发区的一批城区老企业，产品也纷纷向产业链条高端延伸，如华泰的节能环保型小排量轿车成功上市，锻压机床、黄海离合器产能扩张后跻身国内同行业前五强，达因制药搬迁扩建项目投产后将稳居全国同类产品市场占有率第一位等，区内企业开启了由中小项目为主向高端制造业转变的新时代。产业链升级，不仅能够提高产品利润率、开拓新的市场机会，更重要的是，增强企业在产业链中的地位和话语权，提高抗风险能力，是突破竞争红海、长远发展的重要措施。

3. 品牌建设促转型

品牌是用户对一个产品的信赖、认同、亲近和推崇，是企业产品质量效益的集中体现，也是产业结构素质和竞争能力的集中承载。开发区把建设自主品牌作为转型升级的主攻方向，一方面注重品牌培育，结合区内重点产业、高新技术产业和加工贸易产业分布情况和生产特点，制定名牌产品培育规划，按照"培育一批、辅导一批、申报一批、上市一批"的原则，把资源集中到有技术、有品牌、有市场、有潜力的优质企业，积极争取将优势产业纳入名牌申报目录，并提高申报成功率。另一方面注重品牌形象，引导企业树立品牌意识，增强"品牌强企，以质取胜"观念，通过品牌建设与产品质量两手抓、品牌推广与品牌服务两手硬，使企业和产品在市场、消费者中保持良好的品牌形象。一般而言，这种转型企业如果缺乏转型经验，需要前期投入大量资金，形成一流的研发能力，改变业务运作模式，投入回报具有很大的不确定性。但是，开发区的转型企业通过学习同行品牌经营经验，在短时期内以较低的投入、较快的时间实现了自主品牌的经营，而且这些努力已初见成效，目前区内拥有中国驰名商标 2 个，山东省著名商标 10 个，品牌建设造就了差异化竞争，使企业掌握了市场主动权，盈利能力不断提高，有力地促进了产业转型升级。

4. 生态节能促转型

在资源环境的硬约束下，绿色发展已经成为一个重要趋势，可以断言，未来数十年世界经济的角力点就在节能低碳环保相关的产业上，谁在这个产业上领先，谁就能争得更多的发展权。在开发区的发展征程中，以房地产、海洋食品加工、机械电子为代表的资源依赖型、劳动密集型传统产业功不可没，但注定不可持续。为此，开发区坚持生态立区、环保优先、绿色发展的理念，因企制宜、顺势而为，发展低碳经济，积极打好"生态节能牌"，通过加快发展绿色产业、加快非绿色传统产业的升级改造，推进产业结构向高效化、生态化、集约化的方向升级，使传统产业焕发了新的生机和活力。荣佳电机研发的新能源开关磁阻电机，节能效果超过 20%，吸引了国内 10 多家汽车厂商前来探讨合作，将形成年产 1 万台大型公交车和 5 万台轿车、特种车专用电机的产能。威海滋普集团研发生产的工程功能漆，解决了零下 15 度无法施工的世界性难题，具有超强的雨水自洁和抗黏结能力，有效解决了"城市牛皮癣"问题；研发的仿生态养生屋专用漆，能大量释放负氧离子，有效防霉杀菌、抑制螨虫、分解室内有害气体，将绿色、环保、健康与性能优异完美地结合在一起，项目达产后可实现年销售收入 2 亿元，利税 3000 万元。生态节能既是生态文明建设的重要抓手，也是转型升级的倒逼机制、绿色发展的重要途径和新的经济增长点。

5. 园区建设促转型

只有把"笼子"做得更大、更漂亮、更符合现代发展方向，才能引进更大更好的企业。在经历快速发展之后，开发区敏锐地感受到耕地锐减、厂房窄小、环境污染、设备陈旧、生产成本攀升等"成长中的烦恼"，为破解发展中的"制约之痛"，于是加快"腾笼换鸟"。2003 年以来，开发区按照"循环体引领、集群化推动、园区化承载"的思路和"基础配套、要素聚集、产业构建、产品互补"的原则，着力构建"三园六区"梯次开发格局。"三园"，即起步园区、高端产业园和海洋生物产业园。起步园区是第一个建成区，占地面积 15.2 平方公里，已形成了机电装备制造、海洋食品产业、汽车及零部件产业、现代服务业四大产业集群，入园企业 139 家，涉及十几个国家和地区；高端产业园是 2010年开始重点打造、承载高端高质高效产业的现代化园区，总规划面积 10 平方公里，已完成 3 平方公里核心园区建设，初步形成了能源装备制造、精细化工产业、现代服务业 3 个功能分区，目前落户项目 53 个，总投资 141 亿元；海洋生物产业园总规划面积 8 平方公里，起步区 3 平方公里，分总部经济区、科技研发区和项目集聚区 3 个功能区，重点发展海洋功能性食品、生物制药、生物保健品和生物材料四大产业，计划到 2015 年建设一处海洋生物科技孵化中心，入园企业 20 家，完成固定资产投资 40 亿元，实现年销售收入 60 亿元。园区的集约化发展，高标准的发展平台，使迁入园区的企业敢于大胆投入实现硬件升级，勇于广纳英才突破核心技术，释放了转型升级的巨大活力。金辰机械在荫子镇厂区只能生产 2000 吨以下的曲柄式压力机，入园后规划装备车间 1.2万平方米，最大层高 44 米，投产后年可生产 2 万吨以下大型曲柄式压力机300 台、200 吨以下重型焊接机 3 万台。这是目前国内能制造的最大吨位，将跻身国内同行业前五强，产品附加值明显提升，市场需求量更大，可实现年销售收入 10 亿元。黄海离合器投入 1.2 亿元，产品由搬迁前的传统螺旋弹簧离合器转为磨片离合器、双质量飞轮离合器，被评为山东著名商标，企业被认定为山东省企业技术中心，成为北方奔驰、福田欧曼、中国重汽、东风汽车的稳定供货商。锻压机床投入 2 亿多元，从德国引进关键设备，从国内 500 强企业招聘高端人才近 20 人，公司 80% 的产品为大型机床，数控机床比例将由 30% 提升到 60%，最大单体数控机床价值将达 6000 多万元，2012 年订单已排满。截至目前，全区已入驻企业 300 家，内资过亿元、外资过千万美元的大项目 50 个，投资总额达 150 亿元，其中世界 500 强企业 5 家。"腾笼换鸟"腾出了新的发展空间，促进了"移花接木"，实现了经济转型升级。

二　荣成经济开发区推进转型升级的保障机制

1. 舆论导向机制

利用报纸、电视、广播、门户网站、各种会议等密集宣传转型升级的重要意义，深入挖掘转型升级的成功案例，大张旗鼓地表彰宣传先进典型，营造出转型升级的浓厚社会氛围、企业氛围和典型氛围，提高企业转型升级的自觉性、主动性，变"要我转型升级"为"我要转型升级"。

2. 项目准入机制

从产业政策、规划布局、环保要求、投资规模、投资强度、建筑容积率、税收贡献度、万元工业增加值能耗、建设期限、注册登记、禁止条件等方面提高项目准入门槛，设定项目开工、完工、外资到账时限和单位面积税收承诺，严把资格预审关，规范工业园区、工业功能区准入管理，符合标准的给予土地使用费用优惠和返还，不符合标准的坚决不予引进，变"招商引资"为"招商选资"，从而达到合理规划产业布局，延长产业链条，加快园区主导产业及相关产业集聚，做强做大产业集群的目的。

3. 集约用地机制

一方面，用足用好增量，统筹兼顾、突出重点，用地指标首先确保大项目、好项目，优先安排绿色低碳、节能环保项目，坚决禁止高耗能、高污染、低效益项目，对投资强度超过 200 万元/亩的项目给予用地优先权，对填补国家、省空白的项目和世界 500 强、国内 500 强项目，通过"一事一议制"给予用地特别优惠；另一方面，盘活用活存量，通过"旧村改造"、闲置低效用地集中处理和集体建设用地使用权流转等，促进城乡存量用地、低效用地二次开发。截至目前，开发区共启动了 20 个旧村改造项目，建成安置楼 105

栋、占地面积 38.6 万平方米、回迁安置居民 948 户，仅此一项便节约土地 193.5 亩，盘活闲置土地 200 余亩。另外，还严控土地出让方式和价格，全面执行国家最低出让价格，坚持以"招、拍、挂"方式公开出让工业用地。促进了土地的高效集约利用，拓展了用地空间，推动了产业结构的优化。

4. 投融资机制

一是建立银企合作联盟，由区管委会出面定期召开"银企对接推介会"，协调银行业与企业形成合作联盟，优先满足转型企业贷款需求；二是开展股权融资，引导转型企业以现有资产及无形资产入股，与资金雄厚的大企业共同投资合作开发；三是致力于投融资平台建设，学习江浙等地经验筹建投融资平台，解决融资额度小、贷款期限短等问题，为转型企业提供资金保障。

5. 激励引导机制

近年来，荣成市出台了一系列鼓励企业转型发展、扩张升级的政策规定，开发区除认真落实荣成市政策规定外，根据进园项目的建筑规模、税收贡献等制定扶持政策，免收水土保持设施补偿费、城市绿化补偿费等 14 项费用，按最低标准收取各类中介机构有偿服务费，在用地指标、企业基础设施建设、土地收益返还、财政收入分成等方面给予转型企业更多的优惠。

6. 公共服务机制

坚持"投资开发区，一切我代理"的服务理念，畅通绿色服务通道，公开区直部门及主要领导联系方式，全面对接大型企业和民营企业；对进园项目实行"一对一"全程分包，落实项目跟踪服务，从洽谈、审批、建设、投产至产后一包到底，全力解决入园企业遇到的所有梗阻；严格效能监督问责，切实当好"五大员"，即企业的宣传员、信息员、调研员、调解员、督办员，树立积极作为、勇于担当的良好作风，形成解放思想、转型发展的强大合力。

7. 科技孵化器建设

为进一步提高研发能力，开发区努力探索科技孵化器建设模式，积极引导企业与高等院校、科研院所等机构的合作，因地制宜设计孵化模式和投资运营方式，创新服务体系，培育科技创业环境，为园区和产业发展创造持续的造血机能，为转型升级提供不竭的动力。

三 对威海市进一步加快转型升级的思考和建议

1. 坚持高起点规划是转型升级的基础

战略导向是优秀企业的重要特质。开发区经济转型升级的一个最大的特点，是高起点超前规划，瞄准行业前沿、把握产业发展和科技进步趋势，用创新的产品占领全球高端价值链，这对荣成市企业很有借鉴意义。今天的中国产业正不可逆转地步入高成本时代，企业要做强、做大、做久，必须有超前的眼光、高起点规划的能力，要冷静分析自身比较优势，开发潜在需求，形成拳头产品和特色品牌，要反思自己在比较景气的时候是否过于急功近利，以至于没有为转型升级留下足够的时间和资源？是否认清行业前景？节能产品的制造固然重要，但更需要思考的是：未来的节能环保制造业的主要业态是什么？开发区能否成为中国节能环保装备制造中心？需要为这些产业的发展提供怎样的环境？如何才能吸引世界一流的企业前来投资发展？解决好这些问题，不仅有利于加快转型升级步伐，而且能够解决开发区未来几十年的发展推动力，实现长远发展。因此，高点规划的魄力、持续创新的能力，依靠人才、技术、品牌的支撑，向产业链研发设计、营销物流两端延伸，向价值链的高端攀升，使企业在市场、产品和技术及商业模式方面满足快速变化的客户需求，这是转型升级成功的重要基础。

2. 加强自主创新是转型升级的关键

从各国发展经验看，没有自主创新就一定没有未来。开发区的实践表明，真正的核心技术是买不来的，靠单纯的引进不可能拥有真正意义上的世界一流的领先技术，必须依靠自身的力量，通过"引进—消化—吸收—再创新"获得。自主创新，绝不是花拳绣腿，一定要有真东西、硬功夫，要综合运用政策、资金、人才、技术、管理、公共服务等多元化的支持方式，引导各类创新要素向企业集聚。在研发的过程中，一定要沉得住气，要对外关注消费者需求以及行业最新趋势，对内加大技术薄弱环节攻关力度，强调创新人才的培养，聚焦创新制度的改革，加强知识产权的保护，重视创新文化的培育，以宽容失败、支持探索的态度鼓励员工创新，以规范完善的激励制度、鼓励以团队为单位的集体创新，以自主创新走高端、高质、高效之路。

3. 实施现代化管理是转型升级的根本

转型升级涉及理念的转变、模式的转型和路径的创新，而现代化管理是促进转型升级的战略突破口。这是因为，转型升级中新设备、新工艺、新流程的投入使用，新结构形式的建成必然需要新的制度规范与之相适应，原有的工作程式和标准必须规范和再造。开发区的实践告诉我们，转型升级绝不是简单的"靠大联强"或"腾笼换鸟"，而是要进一步强化现代管理理念，充分利用现代信息技术实现精细化管理，优化企业流程，降低成本，提高效率，减少风险。相比之下，荣成市很多企业"重经营，轻管理""重物质，轻人的因素""产品低端，质次价廉"。因此，转型升级要取得成功，必须在精细化、现代化管理上下功夫，通过信息化把企业经营变得更加细致、管控更加精确，以管理水平的整体提升，推动企业创新驱动、内生增长机制的形成和完善，不断提升综合竞争能力。

4. 抓产业链招商是转型升级的有效方法

招商引资是借力发展、结构调整的重要引擎。传统招商方式对促进荣成市经济发展起到了重要作用，从荣成市目前情况看，实现跨越发展必须高度重视招商引资工作，力求在引进有震撼力的大项目、好项目上实现新突破。那么，如何加大招商引资工作力度？开发区的实践表明：除了充分利用传统招商方式外，还要更加注重产业链招商。这是因为，产业链招商能够针对优势产业链、产业链中的补缺环节进行重点招商，有利于"按图索骥""定向突破"，更具针对性、实效性。更为重要的是，传统招商方式很大程度上是政府唱主角，而产业链招商则是企业唱主角，这样不仅能发挥"引来一个，带来一个，辐射一片"的磁场效应，还能充分考虑到企业的现实需要，避免产能过剩和重复引进，使优势资源深度融合，形成强劲、持续的竞争优势，促进转型升级。因此，要建设产业链招商服务体系，制定奖励扶持政策，锁定重点"建链""强链"，全方位培育产业链招商主体，促使品牌企业变成品牌产业。

5. 城乡一体化建设是转型升级的重要途径

土地是城市、经济发展的命脉。面对资源硬约束和发展硬道理的双重压力，保资源、促发展成为"两难"选择。如何在改革发展和招商引资需要占用土地资源的形势下，保护好耕地红线？如何在严格的耕地保护制度下，责无旁贷地承载起经济发展的强力支撑？如何在客商利益、农民利益、地方利益、国家利益等诸多利益和矛盾中寻求"平衡点"？这一系列问题成为摆在各级、各部门面前的重大挑战。开发区的实践给我们的启示是，节约集约利用土地是解决土地瓶颈的唯一方法，这涉及方方面面，需要聚集全社会的力量，科学划定村镇发展和撤并复垦范围，一手抓优化提升土地增量，一手抓整合调整土地存量，通过旧村、旧厂等改造，走城乡一体化高效发展之路，让企业进园区、居民集中居住，实现经济转型升级、居民生活品质提升"双赢"。在这一过程中，要特别注意依法盘活利用农村集体建设用地，最大限度满足群众利益诉求，最大幅度提高土地利用率、产出率和节约集约利用程度。只有这样，才能保障转型升级和可持续发展。

（作者单位：中共荣成市委党校）

适应人口结构变化　加强公共设施规划引导

——解读"六普"数据　探讨城市公共设施发展策略

徐东晖

1　背景解读

2010 年，我国启动了第六次全国人口普查（下称"六普"）工作。普查领导小组组长李克强指出，开展人口普查、如实把握当前人口状况对于统筹人口、资源、环境相互关系，研究制定经济社会发展战略和规划，保持经济平稳较快发展，推动经济发展方式转变和经济结构调整，非常重要。2011 年全国及各地统计部门陆续公布了人口普查主要数据，人口结构趋势出现了新变化。同年 8 月 12 日，李克强会见人口普查先进集体和先进个人时强调，"人口普查数据是一笔非常宝贵的财富，有关部门要深度开发普查成果，围绕关系经济社会发展大局和人民群众切身利益的重大事项，结合前瞻性、战略性重点问题研究，把最新普查数据和研究成果用到经济社会发展的各个领域"。

人口信息情况对城市规划工作关系重大，直接影响城市规模、用地结构、规划布局、发展方向和各项公共服务设施的布局、配置等各方面。为及时、合理引导城市公共设施规划，充分发挥部门职能，市规划部门及时响应国家对"六普"成果的应用要求，结合近几年威海市经济社会发展变化，采用最新"六普"人口数据，组织开展了《威海市城市公共设施布局专项规划》的修编工作。

由于城市公共服务设施涉及的内容多、方面广，笔者主要对威海市教育科研、医疗卫生和社会福利等三方面公共设施进行规划策略研究。在城市公共设施用地中，普通教育设施（小学、初中、高中）所占用地比例最高、影响最大，是重点研究对象。

2 人口结构变化情况及趋势分析研究

2.1 "六普"主要数据情况

2011 年 4 月末，国家统计局发布了"六普"主要数据。5 月份，威海市统计局公布了市区"六普"主要数据（见表 1）。（本文图表及数据均来自国家统计局及威海统计局发布数据，下同。——编者注）

表 1 全国、山东省、威海市"五普""六普"主要信息

	常住人口（万人）		家庭户数（万户）		户均人口（人）		0～14 岁人口（%）		65 岁以上人口（%）		文盲率（%）	
	五普	六普	五普	六普	五普	六普	五普	六普	五普	六普	五普	六普
市区	60.92	90.82	19.06	29.25	2.72	2.61	15.70	11.77	6.30	7.95	3.59	1.58
市域	259.68	280.48	92.29	102.19	2.60	2.49	16.34	10.08	9.82	12.07	6.30	2.72
山东省	8997.18	9579.31	2670.93	3010.50	3.22	2.98	20.83	15.74	8.12	9.84	8.51	4.97
全国	124261.22	133972.49	34049.12	40151.73	3.46	3.10	22.90	16.60	7.10	8.87	7.00	4.08

注："五普"即第五次全国人口普查，下同。

2.2 威海市区多年人口结构变化分析

结合以上数据及威海市公安部门的人口信息，通过横向和纵向分析，威海市区人口结构变化特点如下：

2.2.1 中心城市引力增强，市区人口分布差异较大

全市人口"六普"较"五普"增加了 20.80 万人，年均增长率比 20 世纪 90 年代明显放缓。从人口规模变化和分布来看（见表 2、图 1），10 年来威海市区人口增加量亦显著超过市域的增加量，三个县级市常住人口则表现为绝对下降。

表 2 威海市域常住人口分布情况

单位：万人

	五普	六普	变化量
市域	259.68	280.48	+ 20.80
市区	60.92	90.82	+ 29.90

续表

	五普	六普	变化量
文登市	67.51	60.97	-6.54
荣成市	73.21	71.44	-1.77
乳山市	58.03	57.25	-0.78

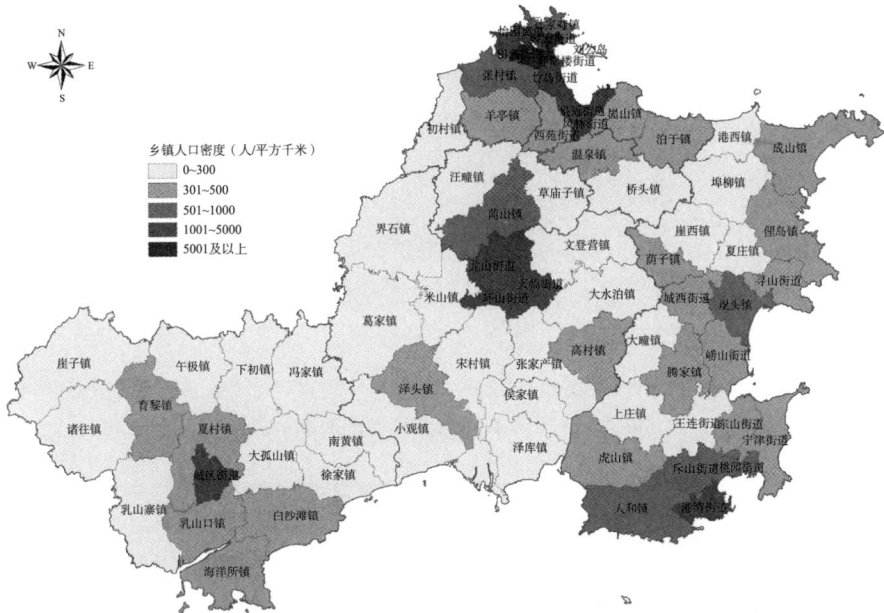

图1　2010年威海市城镇人口密度示意

由此可见，威海市区在市域范围具有较强的竞争力和吸引力，中心城市的地位进一步巩固和加强（见图2）。从三个县级市人口减少程度判断，中心城市影响力与空间距离成反比，区域城市化进程主要是向首位度最高的城市发展。

此外，根据威海市公安部门2010年底的人口数据，笔者对市区各镇、街道办事处的人口分布进行了研究（见图3）。市区人口主要分布在市中心区和原高区、原经区范围内，局部人口密度达到5000~10000人/平方千米；外围各个功能片区，除建成区外，人口密度均低于1000人/平方千米。

2.2.2　流动人口比例提高

同2000年相比，威海市域流动人口为62.51万人，增加了17.08万人；市域城镇化率为58.21%，提高了8.49个百分点。市区流动人口占市域流动人口的53.08%，占市区常住人口的36.53%，城镇化率高达80.71%。三个县级市的流动人口所占比例以及城镇人口所占比例均小于全市平均水平（表3）。

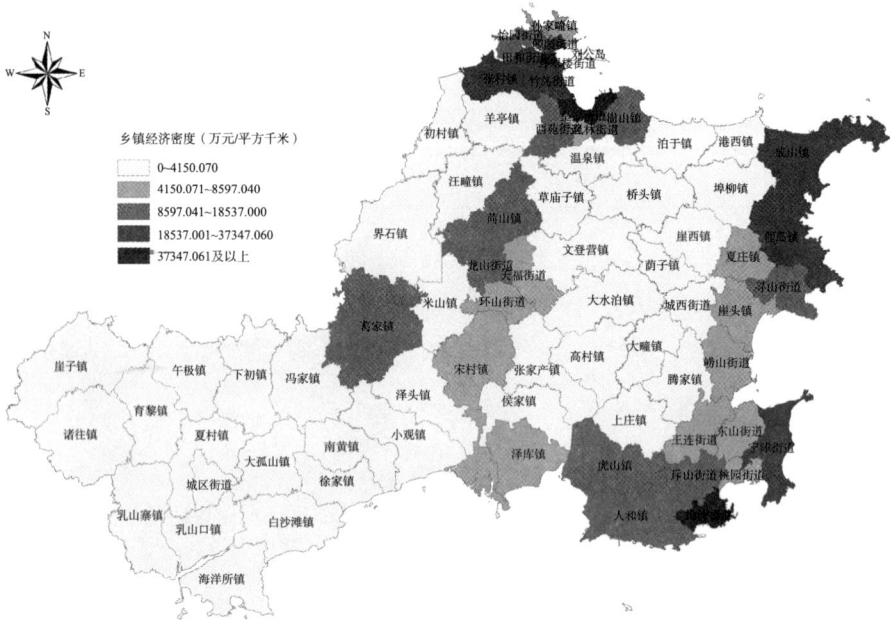

图 2　2010 年威海市城镇经济密度示意

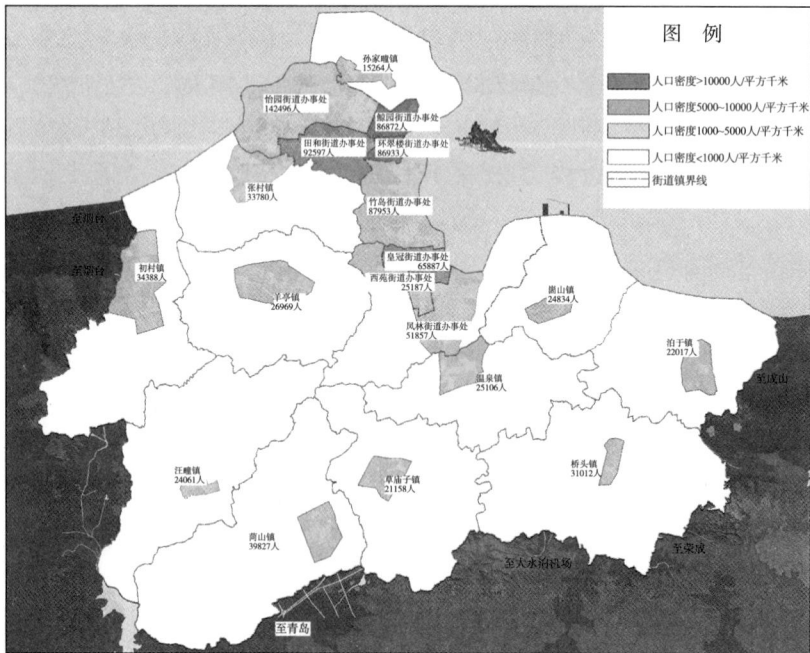

图 3　2010 年威海市区常住人口密度分布示意图

表3　2010年威海市"六普"流动人口、城镇人口信息表

单位：万人、%

	常住人口	流动人口 （居住半年以上人口）	流动人口占 常住人口的比例	城镇人口	城镇化率
市域	280.48	62.51	22.29	163.28	58.21
市区	90.82	33.18	36.53	73.30	80.71
文登市	60.97	9.04	14.82	27.65	45.35
荣成市	71.44	13.86	19.40	36.34	50.87
乳山市	57.25	6.42	11.21	25.99	45.40

注：流动人口指居住地与户口登记地所在的镇街道不一致且离开户口登记地半年以上的人口。

从全国来看，城市劳动力的主要来源是城镇化进程中产生的流动人口。能够为流动人口提供更好公共服务的城市，就能够留住高质量劳动者，也就拥有了更强的发展动力。因此，留住流动人口，尤其是其中的优秀分子，是城市未来经济可持续发展的必然选择。

2.2.3　家庭户规模持续缩小

与"五普"相比，"六普"市区家庭户均人数由2.72人/户，降至2.61人/户（见图4），市域家庭户规模则更小，仅为2.49人/户，远低于全国3.1人/户的平均水平。家庭户规模下降，首先表明计划生育政策执行到位，人口控制有力；其次说明家庭观念改变，年轻人独立意识加强，联合家庭数量变少。家庭户规模下降将导致家庭成员相互照料的功能弱化，尤其在照顾老人方面，这必然增加医疗及护理方面的需求。

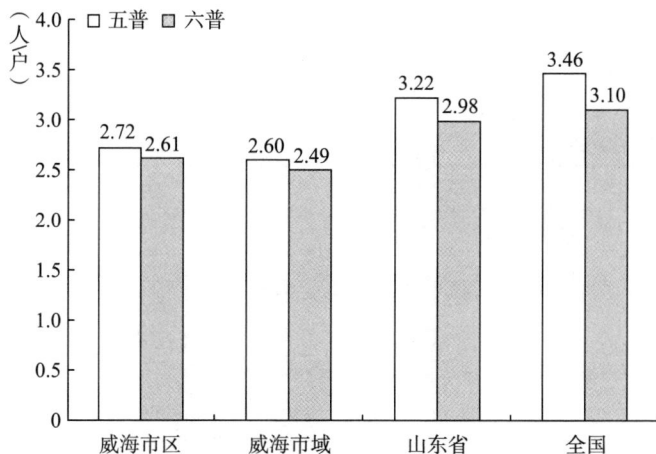

图4　家庭户平均人数

2.2.4 老龄化来势迅猛，区域差别显著

目前，威海市区已进入老龄化社会，但低于全国 8.87% 的平均水平（见图 5）；市域 65 岁及以上人口比例高达 12.07%，老龄化问题严重。这表明威海市区对适龄劳动人口的吸引力较大。但随着经济条件改善和留守老年人年龄增大，未来将会有更多的老年人迁至市区，届时威海市区老龄化程度也将大幅提高。

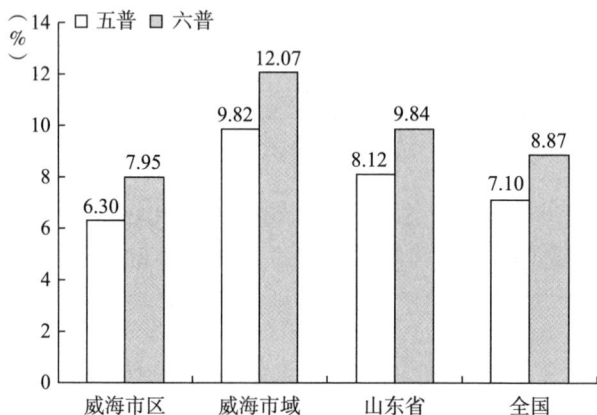

图 5　65 岁及以上人口所占比例

规划部门曾对威海市区西南部四个村庄（五家疃、台下、西庄、北七夼）的人口结构进行了调查（见表 4）。这四个村现有人口 1049 人，户均人口仅为 2.05 人，65 岁及以上人口占总人口的比例为 31.4%，是全国同期指标的 4 倍。加之村集体经济薄弱，多数青壮年劳力进城务工，村民主要是留守的老年人和儿童。

表 4　五家疃等四村常住人口信息

单位：人

	0~14 岁	15~39 岁	40~64 岁	65 岁及以上	户数
五家疃	37	76	50	75	115
台下	41	81	96	85	136
西庄	52	120	89	139	215
北七夼	12	46	20	30	46
合计	142	323	255	329	512

目前家庭趋于小型化，削弱了家庭养老的功能，老年人对于社会化养老

服务的需求必然更加迫切，市区未来一定时期内在医疗卫生、社会福利、养老保障等方面将承受更大的压力、面临更大的挑战。

2.2.5　少子化问题非常突出

根据"六普"数据，市区0～14岁人口占总人口的比例比"五普"下降了3.93个百分点（见图6），属超少子化范畴（根据统计分析分类：0～14岁人口占总人口的比例在15%以下，为超少子化；15%～18%为严重少子化；18%～20%为少子化；20%～23%为正常）；市域0～14岁人口占总人口的比例为10.08%，仅占全国平均水平的60.72%，少子化问题日趋严重。

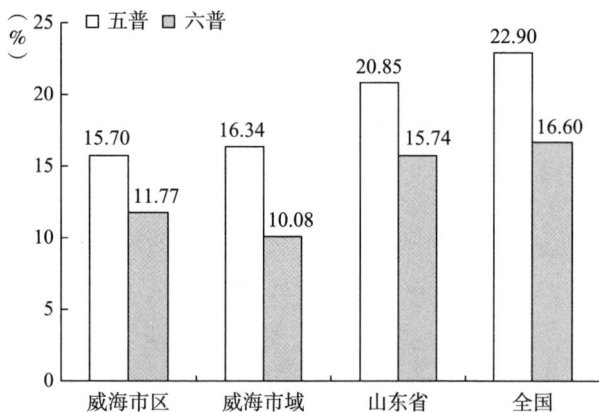

图6　0～14岁人口所占比例

持续多年的超少子化现象，会促使普通教育设施标准面临调整，设施面临转型，政策导向也将由以往的覆盖服务为主向完善服务为主过渡。持续超少子化也对高等教育产生巨大影响。以山东省为例，2008年山东省参加高考的人数为80万，2011年下降到58万人，而招生计划却由当年的43.7万人增长至48.4万人。据山东省内教育界人士预测，到2013年山东省生源数量将降到谷底，大学适龄人口比2008年减少50%左右。高等教育设施的规模和办学理念的调整将在所难免。

2.2.6　人口红利将迅速变为人口负债

威海市区近10年劳动年龄人口（15～64岁人口）比重由"五普"的78.00%增至"六普"的80.28%（见图7）；但抚养人口中，青壮年（15～39岁）比例由54.74%下降至47.50%；55～64岁人口比例则由11.71%升至18.13%，而这部分人将逐步转为被抚养人口（见表5）。

可以说正是超少子化现象拉低了被抚养人口的比例，加之外来劳动人口增加，使得威海市的人口红利得以长期保持。由于威海市区劳动力储备不足，未来威海市将持续面临内生劳动力供给减少和老龄化继续加速的压力，人口红利与人口负债之间的缓冲期将十分短暂。要有效地化解将来的"债务"，就城市个体而言，必须做好两方面工作：一是必须长时期保持经济又好又快增长，这就要求尽快实现经济转型，增强城市区域竞争力；二是必须尽快建立起覆盖全体居民的社会保障体系，做好公共设施规划和加大设施投入力度。

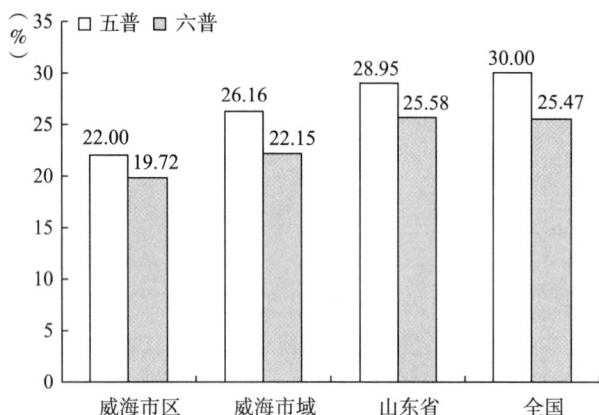

图7　被抚养人口（0～14岁、65岁及以上）所占比例

表5　威海市域"五普""六普"抚养人口比例情况

单位：%

	15～39岁	40～64岁	55～64岁
五普	54.74	45.26	11.71
六普	47.50	52.50	18.13

在全国范围内调整人口政策，使全社会达到相对稳定的人口结构至关重要。从图形来看，相对合理的人口百岁图（年龄、性别结构）为金字塔形（见图8）。而2008年全国人口百岁图呈现出"倒金字塔"形（见图9）。根据"六普"公布的威海市域年龄结构数据，我们绘制了市域"五普"和"六普"的人口百岁图（见图10、图11）。可以看出其人口年龄结构与2008年全国的情况基本相似，且"倒金字塔"形日益明显。

2.2.7　受教育程度明显提升，人口素质提高

同第五次全国人口普查相比，威海市域常住人口中每10万人具有大学教育程度的由3877人上升为9519人。在威海市区常住人口中，文盲率由"五普"的3.59%下降为现在的1.58%（见图12）。这一数值低于威海市域、山东省和全国平均水平。这说明威海市人口素质基础较好，这为城市持久发展

提供了有力的智力支持。

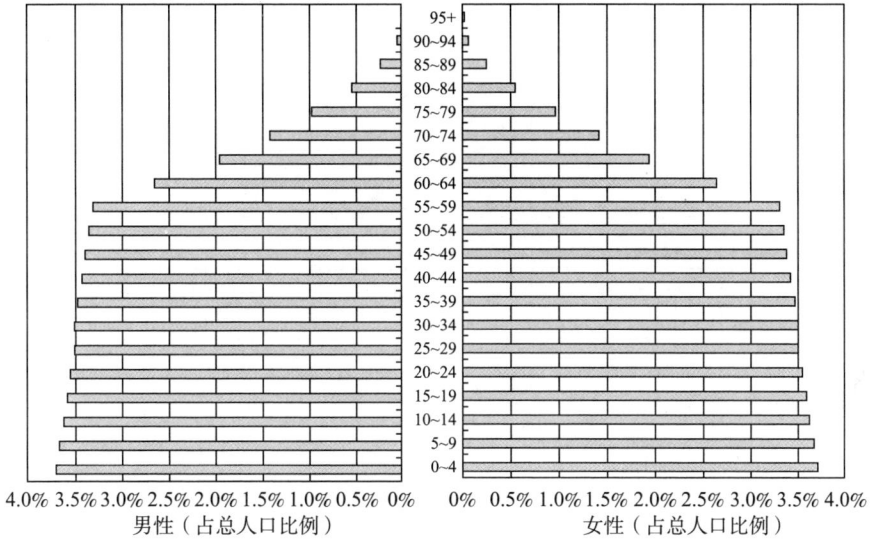

图8　人口结构（年龄结构和性别结构）理想图

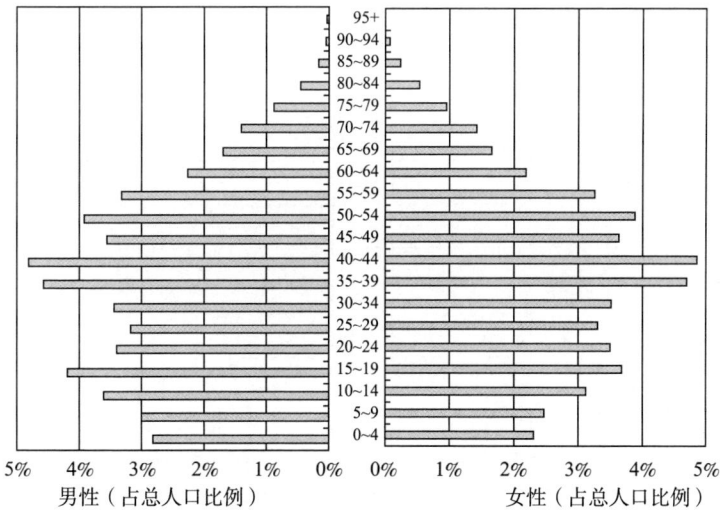

图9　2008年中国人口结构

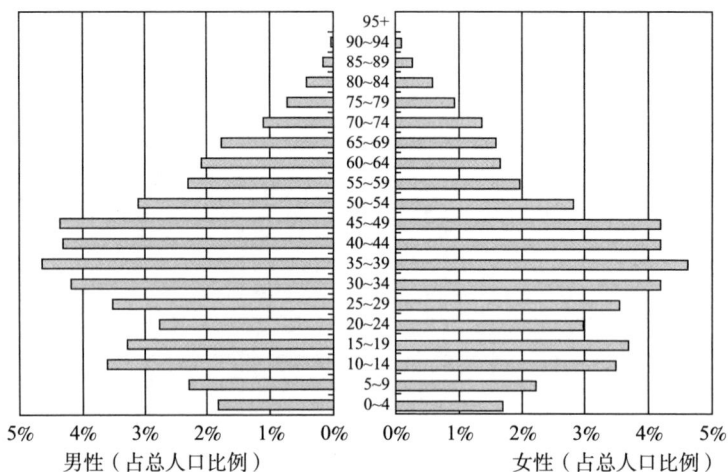

图10 市域"五普"人口结构（年龄、性别结构）

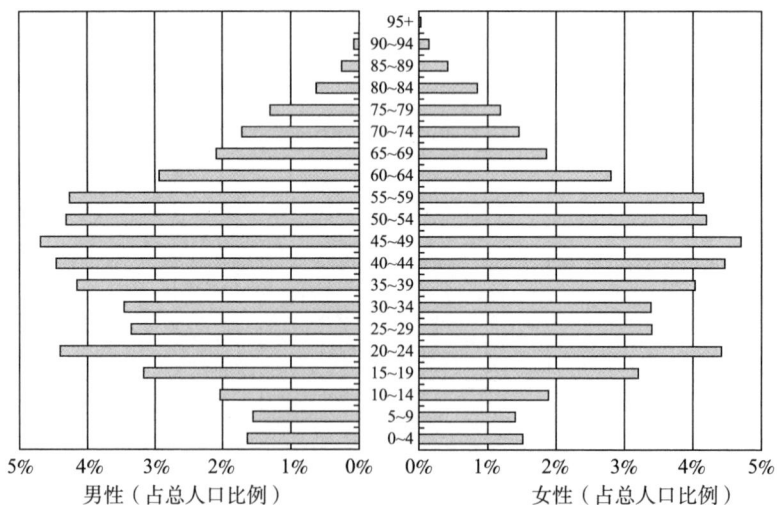

图11 市域"六普"人口结构（年龄、性别结构）

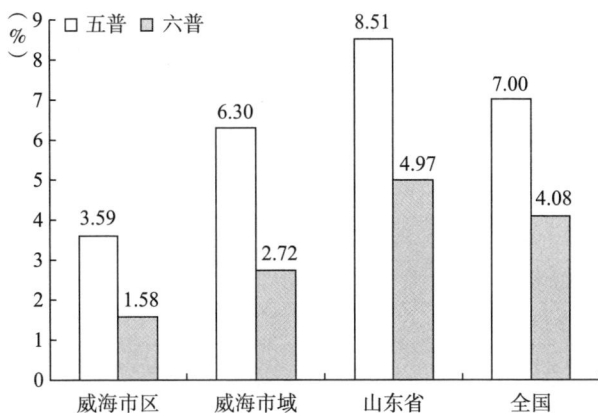

图12 文盲率水平

3 城市公共设施发展对策研究

城市公共设施以服务社会、经济、人为目标，具有经济属性、服务属性和距离效应属性，在规划布局方面有最短出行距离、最大消费可能、最大覆盖范围要求。现行城市公共设施规划采取分类、分级方式进行规划设置，主要分为行政办公、商业金融、文化娱乐、体育、医疗卫生、教育科研和社会福利设施七个大类。根据规模和服务范围每一类设施又分为市级、区级、居住区级和小区级服务设施。

3.1 城市公共设施规划用地标准

城市公共设施规划工作重点在于确定各项设施的规模，最主要是用地规模。相对准确地规划人口规模是确定用地规模的关键。目前，威海市区特定区域范围内的规划人口规模计算，根据实际情况分为两类。一是城市建成区和已编制详细规划区域。对于城市建成区和规划保留区域，可通过居委会、公安派出所获取实际人口数量。有详细规划的区域，可根据规划统计出户数，按照3人/户计算出规划人口数。二是非建成区且没编制详细规划的区域。通过统计目标地域范围内居住区用地面积，按照《城市居住区规划设计规范 GB 50180-93》中的人均居住区用地面积，计算出规划人口数（见表6）。

表6　人均居住区用地控制指标

单位：m²/人

居住规模	层数	建筑气候区划		
		Ⅰ、Ⅱ、Ⅵ、Ⅶ（威海适用）	Ⅲ、Ⅴ	Ⅳ
居住区	低层	33～47	30～43	28～40
	多层	20～28	19～27	18～25
	多层、高层	17～26	17～26	17～26
居住小区	低层	30～43	28～40	26～37
	多层	20～28	19～26	18～25
	中高层	17～24	15～22	14～20
	高层	10～15	10～15	10～15
组团	低层	25～35	23～32	21～30
	多层	16～23	15～22	14～20
	中高层	14～20	13～18	12～16
	高层	8～11	8～11	8～11

3.2　市区普通教育设施规划标准调整引导

3.2.1　威海市学生规模情况分析

威海市域"三校"（指高中、初中、小学，下同）在校学生规模情况分析。通过调研，笔者得出十年来市域实际在校生数及占人口比例情况（见表7），并绘制出变化走势图（见图13）。分析图表数据可以得出以下结论：①市域"三校"十年间除高中外，在校生数总体呈逐年下降趋势，其中高中2006年后年均下降5.3%，初中年均下降5%，小学年均下降4.4%。②10年间，初中、小学的在校生数始终呈快速下降的单一趋势，说明2005年之前（小学入学年龄为6周岁），没有明显的生育高峰出现。③市域在校生占人口的千人比例均远低于规划依据的学生千人指标，且随着时间的推移，市域千人比例越来越低，最低时高中、初中、小学分别仅达到规划千人指标标准的72%、67%和55%。

表7　威海市域在校生数及占人口比例情况

	在校生数（人）			当年户籍人口	学生占人口比例（‰）		
	高中	初中	小学	（万人）	高中	初中	小学
2001	39172	161886	147236	247.22	15.8	65.5	59.6
2002	43344	156297	140008	247.62	17.5	63.1	56.5

续表

	在校生数（人）			当年户籍人口（万人）	学生占人口比例（‰）		
	高中	初中	小学		高中	初中	小学
2003	47510	140981	136633	247.63	19.2	56.9	55.2
2004	49283	128147	135248	248.39	19.8	51.6	54.4
2005	49988	117468	129109	249.09	20.1	47.2	51.8
2006	50104	111889	121855	249.83	20.1	44.8	48.8
2007	47917	115174	117425	251.06	19.1	45.9	46.8
2008	43628	113949	110852	252.23	17.3	45.2	43.9
2009	40531	109646	101488	252.97	16.0	43.3	40.1
2010	40228	102195	98453	253.61	15.9	40.3	38.8
均值	45171	125763	123831	249.97	18.1	50.3	49.5
现行学生千人指标					22	60	70

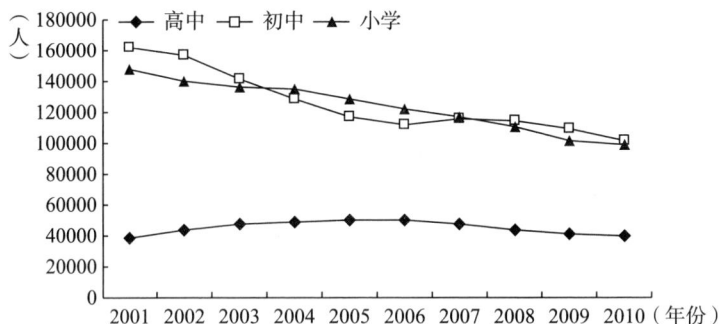

图13　在校生数量逐年变化走势

威海市区"三校"在校学生规模情况分析。由于2008年威海市工业新区成立，在校生数据统计口径发生较大变化，因此数据采集周期确定为2008年以来的三年（见表8）。由该表可以看出：市区"三校"在校生数基本呈现相对稳定的趋势；市区"三校"千人比例亦远低于规划依据的学生千人指标，在校生占社会千人比例趋势较为稳定。

表8　威海市区在校生数及占人口比例情况

单位：人，‰

	在校生数			当年户籍人口	学生占人口比例		
	高中	初中	小学		高中	初中	小学
2008	11349	30951	39095	697567	16.3	44.4	56.0
2009	11648	34108	38717	704030	16.5	48.4	55.0

续表

	在校生数			当年户籍人口	学生占人口比例		
	高中	初中	小学		高中	初中	小学
2010	11492	33583	39150	708265	16.2	47.4	55.3
均值	11496	32881	38987	703287	16.3	46.8	55.4
现行学生千人指标					22	60	70

3.2.2 普教设施千人指标类比分析情况

我们选择了北京、深圳、厦门、青岛四个城市与威海对比，数据来自各城市自定的规划标准（见表9）。由于这四个城市的九年义务教育均为"6+3"模式，而威海为"5+4"模式，因此单一类别的数据对比科学性不强，我们增加了综合数据对比。对比发现，四个城市的千人指标标准均低于威海标准，相差最小的是厦门，指标为威海指标的84.9%，相差最大的是北京，仅为威海指标的52.0%。

表9 威海与四市"三校"千人指标标准对比

单位：人/千人

城市\类别	北京	深圳	厦门	青岛	威海
高中	19	34	19	15	22
初中	20	23	40	30	60
小学	40	58	70	60	70
综合	79	115	129	105	152
指标来源	《北京市居住公共服务设施规划设计指标》2006	《深圳市城市规划标准与准则》2004	《厦门市城市规划管理技术规定》2010	《青岛市市区公共服务设施配套标准及规划导则（试行）》2010	《威海市中小学布点规划》2007

3.2.3 市区普教设施规划标准调整意见

具体为两方面的人口指标。一是家庭户规模调整。"六普"统计威海市区户均人口2.61人。目前，威海市家庭户规划人口规模是按户均3.0人计算。二是千人指标标准调整。现行威海市区的"三校"千人指标是在2007年编制全市中小学布点规划时确定的，分别是小学70人/千人，初中60人/千人，高中22人/千人，该数据主要参考市教育部门的实际线性统计结果确定。

我们建议在教育设施配置标准方面，将规划人口户均规模下调至2.6~

2.8 人/户；千人指标调整为高中 20 人/千人、初中人 50/千人、小学人 60/千人较为合理（见表 10）。

表 10　威海市区三校千人指标调整对比关系

单位：人/千人

	千人指标		
	高中	初中	小学
全市十年平均值	18.1	50.3	49.5
市区三年平均值	16.3	46.8	55.4
现行千人指标值	22	60	70
建议调整值	20	50	60

该指标的调整幅度，充分考虑了以下三方面因素：一是避免依据虚高指标，使规划脱离发展规律，造成资源尤其是土地资源的浪费；二是避免机械运用统计数据，缺乏长期发展眼光，如当城市其他用地建设完毕，则学校短期内新建、扩建难度极大，难以应对将来可能调整生育政策后产生的人口结构波动；三是考虑将以后确实剩余的学校用地，转变为其他公共设施用地的可能性，如为应对老龄化社会，可将过剩的学校用地转成适合老年人使用的设施用地等。

3.3　威海市区医疗卫生、社会福利设施规划调整建议

通过对人口结构特点和发展趋势的分析表明，威海已全面进入老龄化社会。此外，家庭小型化、少子化现象和妇女广泛就业、人口寿命延长、空巢老人增加等因素，要求社会应重点关注为老年人服务的公共设施规划建设。同时，我们提出医疗卫生、社会福利、养老保障等与老龄人口关系密切的服务设施规划引导。

3.3.1　医疗卫生设施规划调整引导

日本是全球老龄化进程最快、老龄人口比例最高的国家之一。面对严重的老龄化情况，该国除了完善医疗保险制度外，还十分重视社区卫生服务体系的建设。主要是依托社区卫生机构为老年人提供上门服务和家庭护理，开展家庭医疗和家庭护理，将一些患慢性病的老年人从医院床位中释放出来，强化社区卫生的作用，缓解大医院服务压力。我国较早步入人口老龄化社会的上海市开展了家庭病床制度，要求社区卫生服务中心为符合条件的老年人开设家庭病床，并将全护理床位内容列入医疗保障范畴，取得了良好的成效。

威海市区老年人的疾病治疗现状是以到较大的综合医院救治为主，客观上导致社区卫生服务机构利用不足，造成大医院医疗资源紧张。通过借鉴国内外成功经验，针对威海现状，提出以下几方面措施、建议。一是鼓励发展老年康复医院。老年病有其自身特点，主要以治疗、保健、康复和护理为主，是一个长期的过程。综合性医院由于病人密集、床位周转率高，无法让老年人长期占用有限的医疗资源。因此，大力发展老年康复医院是缓解老年人医疗和保健压力的有效途径。二是加强社区卫生服务中心建设。国家规范要求居住区级（3万~5万人）生活区应规划一处社区卫生服务中心，建筑面积 2000 ~ 3000 平方米，用地面积 3000 ~ 5000 平方米。为了应对人口老龄化趋势，我们提出在社区卫生服务中心增加社区护理用房，将其面积增加至 2500 ~ 3500 平方米，用以配合为老年人开设的家庭病床制度，以缓解医院的床位压力，也可为老年人提供更加人性化的医疗服务。三是大力发展市场化疗养院。充分利用威海自然资源优势，通过市场的作用，大力发展疗养院，为威海乃至全国的慢性病人、老年病人提供康复疗养服务。

3.3.2　社会福利设施规划调整引导

针对老年人的健康状况和个人需求，日本社会普遍设有老人保健院、老人疗养院、特护老人疗养院等设施。除了国家投资建设老年人福利设施外，日本政府还鼓励社会团体或个人对老年福利事业做出贡献。在德国，老年人进入高龄阶段需要他人护理时，一般都会申请入住养老院或老年护理中心。养老院就其性质分为三种：第一种是公立的，数量很少；第二种是社会集资兴办的，一般由基金会牵头，其财政运转由基金会控制；第三种是私人出资创办的，其开支完全由收费解决。上海市是比全国提前 20 年步入老龄化的城市，已逐渐形成"9073"的养老格局（使 90% 的老年人实现家庭自我照顾，7% 享受社区居家养老服务，3% 享受机构养老服务）。通过案例的研究，我们提出以下规划措施及建议。一是建立多种社会福利设施。针对服务对象不同的自理能力、体能差别和心态特征，建议规划设置多种类型的社会福利设施，如托老所、老年公寓、敬老院、护理院、残疾人康复中心、残疾人托养中心、儿童福利院等。二是强化小区托老所建设，建立老年人日托机构。托老所是居住小区（1万~1.5万人）层面的社会福利设施，是福利设施网络的基石，为老年人提供日托服务，满足老年人餐饮、文娱、健身、医疗保健等需求。在老龄化社会到来的情况下，应充分认识托老所的重要性，并在规划中作为强制内容予以落实。三是打造综合养老服务网络。为应对人口老龄化，建议建立以市级养老设施为重点、区级养老设施为纽带、居住区（镇）

级养老设施为骨干、小区级养老设施为基石的网络体系（见表11）。

表11　市区养老设施规划建设引导

单位：m²/床

项目名称	基本配建内容	配建规模及要求	配建指标	
			建筑面积	用地面积
老年公寓	居家式生活起居，餐饮服务、文化娱乐、保健服务用房等	不应小于80床位	≥40	50～70
市（地区）级养老院	生活起居、餐饮服务、文化娱乐、医疗保健、健身用房及室外活动场地等	不应小于150床位	≥35	45～60
居住区（镇）级养老院	生活起居、餐饮服务、文化娱乐、医疗保健用房及室外活动场地等	不应小于30床位	≥30	40～50
老人护理院	生活护理、餐饮服务、医疗保健、康复用房等	不应小于100床位	≥35	45～60
小区级托老所	老年人日托（餐饮、文娱、健身、医疗保健等）	不应小于30床位	≥20	建议与社区卫生服务中心、老年活动中心等公建合设

（作者单位：威海市规划局　课题组成员：张启明　刘　静）

《义务教育高位均衡发展行动研究》
内容提要

马华威

基础教育是科教兴国的奠基工程，对提高中华民族素质、培养各级各类人才、促进社会主义现代化建设具有全局性、基础性和先导性作用。经过改革开放 30 年的努力，我国已经实现了义务教育的全面普及。经济发达地区已把义务教育作为教育改革与发展的重中之重，并且把均衡发展作为义务教育的重中之重，把义务教育均衡发展作为国家推动教育发展的奠基工程和贯彻落实《义务教育法》的重要工程，不断完善政策措施，开展了大量卓有成效的工作，积累了宝贵的经验，涌现出一批推进义务教育均衡发展的先进地区，我国义务教育均衡发展取得积极进展。

荣成市作为山东省经济强市，文化底蕴深厚，教育一直保持高位走强。2005 年就率先在全省确立了义务教育适度超前并均衡发展的理念，以申报全国教育科学规划课题"发达地区县域教育均衡发展研究"为契机，开始了县域教育均衡发展的探索之旅。几年来，全市以科学发展观为指导，以课题研究为载体，在义务教育均衡发展的重要环节上出实招、做实事，取得了显著成效。

（一）政府层面主要工作

一是明确职责任务，把推进义务教育均衡发展纳入经济社会发展规划。二是加强队伍建设，均衡配置校长和教师资源。创新机制，实行中小学领导干部和教师定期交流与培训制度，每年考核选聘一定数量的大学毕业生充实到农村学校，不断优化教师资源。三是完善政策措施，保障全体学生平等接受义务教育。完善了对家庭经济困难学生的资助体系，建立了农村留守儿童关爱服务体系，落实了对外地务工人员子女、随班就读生、特殊家庭生等弱势群体学生接受义务教育的政策措施，将残疾儿童少年义务教育全面纳入公共财政保障范围，有目的、有计划地进行了农村中小学布局调整工作。四是提高教育质量，促进全体学生德智体美全面而个性地发展。对教育管理体制、培养目标、办学模式、教学内容和方法等进行改革，增强教育的针对性和实用性，提高了教育的服务能力。全面实施素质教育，规范办学行为，扎实推进义务教育学校内涵发展。以城镇带动乡村，搞好校际联谊活动，实行捆绑式考核机制，缩小校际差距。五是强化督导评估，建立义务教育均衡发展激励机制。以督政、督学相结合，每年开展义务教育均衡发展状况的监测评估，及时纠正区域内义务教育资源配置不当和学校教育质量差距过大的现象。

（二）教育行政部门重要举措

1. 从"均衡"思想起步

每学年初，全市各学区的负责人都要在由教育局长主持召开的年度工作会议上表态、交流本学期的工作目标和工作思路。每学年末，各单位均要理清一年来的工作亮点，形成一份典型材料，全市将材料汇编成册，统一印发下去，供各单位借鉴学习，最终目的是让管理者在相互学习、交流中达成思想的共融。

2. 从制度的保障延伸

荣成市教育局先后制定了《关于进一步加强和改进教育科研工作实施意见》《荣成市教育科研课题管理办法》《荣成市教育科学研究"十一五"规划》等，规范课题管理。在教育局相关管理措施出台后，各学校也根据本学校教师的组成状况和学校的发展方向，均因地制宜地制定出各学校自己的管理制度。

3. "均衡"学校发展的物质基础

教育局首先从改善乡村中小学的办学条件入手，通过积极沟通政府部门投入资金，大面积创建规范化学校来实现他们对学校办学硬件的"均衡"。还鼓励学校采取政府投入、拉助援单位、开展勤工俭学等多种途径，多方面全方位改善办学条件。2008年底，由市政府统一出资采购，全市中小学理科仪器均达到教育部一类基本配备标准。2009年初，又对全市中小学音、体、美、卫等其他所有教学仪器与设施的缺少情况进行了排查，由市政府按照统一标准购齐，从各个层面对薄弱学校进行了一次"大换血"，让全市的整体办学条件实现了一个极大的跃升。

4. 率先实行"划片招生"

荣成市共有 6 所普通高中，其中两所在城区，其他均分布在市域内的乡镇驻地。6 所高中没有"重点"与"非重点"之分，没有孰优孰劣之分，这在山东是少有的。但 6 所高中全部是省级规范化高中，这在山东更是独此一家。

2000 年年底，荣成市在城区新建了荣成三中，2001 年四中搬迁重建，二中、五中、六中融资改建，在财政支出比重高于 25% 的基础上，吸引社会资金 2.1 亿元用于高中建设，新建校舍及配套设施 11.4 万平方米，购置大批现代化教学设备，6 所高中全部实现了花园化、楼房化、电教化，容纳在校生 1.4 万人。6 所高中站在了同一起跑线上。教育局及时对高中教师资源统一调配，通过选送培养、校际定期交流，保证了各高中师资均衡。优质高中资源的均衡，大大激发了高中办学积极性，6 所高中形成了良性的竞争态势。近几年 6 所高中的高考升学率齐头并进，在全省一直名列前茅。

（三）教育业务部门工作策略

1. 坚持教育科研的先导性，促进县域教育科学发展

教研培训中心通过建立健全各种规章制度、实施多种形式强化培训、转变教育科研范式等方式，将教育科研的先导性体现得淋漓尽致。在建立健全各种规章制度的基础和强力提升教师专业素养基础上，大力提倡"校本研究"，把课题研究的"立足点"放在解决课堂实际问题上，把"着眼点"放在理论与实践的结合上，把"生长点"放在改革创新的精品意识上，做到课题研究与课堂教学密切结合、课题研究与学校工作密切结合，实现教学科研化，科研实用化。

2. 坚持教学研究的创新性，促进县域教育内涵发展

"联片教研"是促进教师均衡发展的有效手段。为了使"联片教研"深入有效的开展，全市成立了"主体教研领导小组"并构建了"联片教研制度体系"。"主体教研领导小组"是由各联谊校校长为主体教研领导小组组长，教导主任担任副组长，名师、骨干教师共同参与的教研小组，形成三级教研小组。学校将联片教研列入学校工作计划，并将校本教研、校本培训、联谊片教研融为一体。领导小组对各联谊片教研组进行指导、协调，帮助制订教研活动计划，计划要求对活动内容、地点、时间、管理制度及措施等几方面予以明确。"联片教研制度体系"则注重工作的落实。校长负责指导制订相关计划，落实有关制度，督促评价联片教研工作。教导主任负责计划的制订，落实有关活动，对参与的老师进行管理，协调各联谊校的有关工作。教研组

长负责本教研大组计划制订、活动的过程管理、活动小结；负责管理本组人员考勤、参与情况的记载，发现问题直接向学校领导汇报。

在开展联片教研活动中的具体做法。一是互动学习。包括自主学习和专题学习等。此外，还举办专题培训。通过培训，培养有先进的教育观念、扎实的教育理论和独特的教学风格的学术型教师，使这些年轻教师向学科带头人、名师方向发展，为联谊片教研可持续发展提供不竭的动力。二是优质课辐射。其流程概括为：上课→反思、说课→提问、对话→汇总、整理→明确下次活动的主题和任务。三是课例研究。主要有同课异构、同课同构、沙龙式研讨等。

各课改联谊校以联片教研为核心，开展了丰富多彩的活动："课前对话"，实现了校际间的集体备课；以追求"真实、扎实、朴实"为宗旨的有效教学研究，带动了送课下乡、带课进城、请课进校、跟踪学习一日、教师岗位交流日的开展；主持本片教学质量的分析，加大了学校的教学信息量。这些活动都给农村学校带来了深刻的变化，同时也促进了城市学校的自身内涵发展，城乡教师得到了共同提高，区域教育的差距缩小了，很好地实现了"优势互补、资源共享、共同发展、全面提高"的联谊工作目标。

借助全市教育城域网的优势，教研培训中心开展了网上教研活动，把常规教研的"小范围、短时间、单向式"变成"大范围、长时间、多向式"，从而使教研活动更加开放、平等、及时、有效，同时较大限度地实现了优秀网络资源和教研智慧的分享。网上教研有同步式和个性化两种模式。同步式教研就是分学科将教学任务按章节分配到骨干教研组，根据教学进度，将集体备课的教案、课件、说课稿、课堂实录、相关资料等内容提前一周上传到网上，供全市参考；个性化教研就是由各学科教研员或聘请的学科带头人主持的，根据需要召集的网上教研活动，一线教师可随时加入，进行民主、平等、合作式的对话和交流。

3. 坚持教师教育的长效性，促进县域教育持续发展

市教研培训中心创设出八大系列的机构培训模式：一是抓好教师适应时代发展的师德培训，二是抓好教师实施素质教育需要的专业培训，三是抓好教师实施新课程需要的学科任教资质培训，四是抓好教师适应现代教育需要的技能培训，五是抓好干部队伍的任职资格和提高培训，六是抓好骨干教师和班主任的四级培训，七是抓好新任教师的试用期培训，八是抓好各学段教师的提高学历培训。

4. 坚持信息技术的应用性，促进县域教育快速发展

近年来，随着荣成经济的发展，全市教育信息化环境建设进一步加强，荣成教育城域网已累计投入 2000 多万元，达到省内领先水平；全市已建成 89 个高标准校园网，普及率高达百分之百。教研培训中心特别重视从信息技术的应用上开展工作。除了对网络教研提供优质的技术支持外，建立了业务管理、信息资源、自主研修三个网络系统。远程研修是其工作亮点，这表现在三个方面。一是结合师训活动，开展教师业务自修活动。要求广大教师根据本人业务进修情况，选择远程教育工程所提供的视频节目和 IP 数据节目的内容，制定业务进修计划，做好业务进修活动。二是利用远程教育资源，做好教学研究活动。远程教育为广大教师提供了很多良好的教研素材。为了用好这些素材，他们要求学校根据教学进度，精选典型内容进行教研活动，每学期每个年级组至少组织三次以上以远程教育素材为主体内容的集体教研活动。三是与电子备课活动紧密配合，促使教师自觉使用有关资源。他们积极推广电子备课活动，《中教育星教学平台》为电子备课的管理平台，让教师建立自己个人的以现行教材知识体系为索引，包含教案、课件、试题、相关素材等内容的教学资源库。指导广大教师对远程教育网站上提供的优秀教学资源进行筛选，下载到自己的资源库中作为自己备课授课的参考资源，有效地解决了教师网上备课资源缺乏的问题。四是积极引导各学校利用远程教育资源进行网络教学尝试。在农村中小学远程教育网站，设立学习指导板块，学生可以通过网络在教师的指导下自主学习，这为培养学生的自主学习能力提供了良好的条件。

（四）总课题组主要工作

一是组织工作非常到位。为了确保课题研究的组织保障，建立了课题领导小组、课题指导小组和学校研究小组三级管理研究组织；制定了课题申请立项、检查汇报、奖惩、研讨交流、经费支持、教师培训等一系列管理制度。二是科学规划实验学校。从区域划分、教育教学质量、办学资金等几方面考虑，选择兼具优势与代表性的学校作为实验学校，每所学校承担一项子课题，保证实验研究的多样化、规范化及实验成果的精品化，以便今后研究成果能在区域范围内迅速推广。三是培训工作扎实有效。总课题组定期举办理论讲座、经验交流、研讨课和实地考察活动。通过研讨，解决了各实验学校实验过程中遇到的问题。以上措施保证了实验研究有序、扎实地开展。

《义务教育高位均衡发展行动研究》一书是荣成市进行"发达地区县域教

育均衡发展研究"课题的重要研究成果，是对多年研究探索的总结与反思，是课题组全体成员智慧的结晶，反映了荣成市教育工作者在实践中对教育均衡发展思考和探索的足迹。该成果内容丰富多彩，形式多样，包括活动篇、论文篇、报告篇三大部分，其中活动篇节选了"精彩课堂""联谊活动""特色活动"三项内容；论文篇含"研训促发展""评价促发展""创新促发展"三项内容；报告篇涵盖了"学生均衡发展研究""教师均衡发展研究""学校均衡发展研究"三项内容。这些仅是课题组研究均衡发展、探索均衡发展的一个片断，旨在抛砖引玉，为教育同仁提供一个相互交流与探讨的平台。

此书给大家有益的启示是：推进县域义务教育均衡发展是实现大教育均衡发展理想的必由之路，是促进教育公平、提高教育质量、创建和谐社会的重要战略选择；而要实现义务教育均衡发展，无论在理念、方法还是保障措施方面，都要科学规划、因地制宜、统筹安排，不能一蹴而就。

（作者单位：荣成市教育教学研究培训中心）

《家长该如何辅导孩子学习》内容提要

张　耘

　　本书以"好父母成就好孩子""好习惯铸就好人生"等先进教育理念为指导，顺应时代和社会对家庭教育的呼唤与要求，从改善家庭教育的实际需要出发，力图帮助广大父母解决家庭教育中的疑难问题，是本人及本人所打造的家教团队多年潜心研究家庭教育的成果精华。本书面向大众，文字通俗生动，案例鲜活形象，是一部适合各种文化层次的家长朋友阅读参考的家教指导书。

　　本书共分为四个篇章，分别为"兴趣培养篇""习惯方法篇""个性指导篇""应考指南篇"。每篇均由若干个既可独立成篇又呈系列的短篇文章构成。每篇文章分别围绕某一具体侧面，以"情境再现—根源分析—为你献策"的方式，从家教学习指导的个案说起，针对孩子学习过程中存在的问题，进行深入理性的原因分析，科学地归纳出带有普遍意义的结论，并提出极具操作性的具体建议和解决方案。

　　1. 兴趣培养篇

　　本篇以"兴趣是最好的老师"为理论导引，从心理学的角度阐释了从小培养学习兴趣的重要性，认为要"培养孩子的学习兴趣，就是要让他感到学习有趣、有味、有奇、有用，就要做到：一是启迪诱导，培养兴趣，让孩子喜欢学习；二是学以致用，帮孩子体验学习的重要性和意义，让孩子愿意学习；三是帮助孩子克服学习初始阶段的思想观念，教孩子学会学习"。本篇章由七篇文章组成。

　　《如何培养孩子的阅读兴趣》，从五个方面建议：一是引导孩子认识阅读的重要性，二是让孩子体验读书的乐趣，三是顺应孩子的心理特点选好孩子"爱看"的第一批书，四是创设环境进行亲子阅读，五是激发孩子的阅读兴趣。

《如何培养孩子的写作兴趣》，从五个方面建议：一是引领孩子走进生活、书本，二是帮助孩子养成动笔的习惯，三是让鼓励贯穿孩子写作的全过程，四是根据孩子不同的年龄特点进行有针对性的指导，五是为孩子提供发表作品的机会。

《怎样培养孩子学习英语的兴趣》，从七个方面建议：一是把握英语兴趣产生的黄金期，二是开展游戏活动，三是发挥孩子的表演天赋，四是联系实际调动孩子的学习兴趣，五是创设孩子参与其中的英语情境，六是及时鼓励，七是家长参与到孩子的英语学习之中。

《怎样培养孩子学习数学的兴趣》，从五个方面建议：一是在生活中培养"数感"；二是与孩子一起在生活中运用数学；三是注意多鼓励少批评；四是激发孩子的学习潜能；五是注重过程，努力为孩子减少消极压力。

《如何培养孩子学习常识学科的兴趣》，从四个方面建议：一是引导孩子正确认识常识学科，二是培养学科兴趣，三是教给孩子记忆方法，四是增强孩子自信心。

《如何培养孩子实践创新的兴趣》，从六个方面建议：一是放手让孩子去做，二是尊重孩子的兴趣，三是保护孩子的探索欲望，四是保护孩子的想象力，五是鼓励实践，六是训练思维。

《怎样帮助孩子发展特长》，从五个方面提出建议：一是尊重孩子的选择，二是诱导孩子，三是鼓励孩子，四是促使孩子的兴趣稳定持久，五是选择合适教师。

2. 习惯方法篇

本篇从培养孩子适应未来社会的必备素质出发，着眼于让孩子学会学习，从帮助孩子养成良好的学习习惯与让孩子掌握科学的学习方法引路，并提醒家长要纠正"只重结果（分数），不重过程（习惯与方法）"的错误倾向。本篇由以下具体文章组成。

《怎样培养孩子良好的预习习惯》，从五个方面建议：一是把握培养时机；二是引导孩子合理控制预习时间；三是给孩子提供一些合理的预习方法；四是根据学科特点进行预习；五是有扶有放，持之以恒。

《如何培养孩子良好的听课习惯》，从三个方面建议：一是经常叮嘱孩子听课前做好各种准备，二是多措并举尽量避免孩子上课走神，三是指导孩子掌握听课的技巧。

《如何培养孩子良好的作业习惯》，从九个方面建议：一是帮助孩子提高对作业的重视，端正作业态度；二是做好准备工作，为孩子创造良好的家庭作业环境；三是给孩子有一个固定的作业位置；四是和孩子一起科学制定作业时间表；五是指导孩子合理安排作业顺序；六是适时调整孩子的不良情绪，及时给予鼓励；七是先陪后放；八是要求孩子把作业当成考试；九是督促孩子作业后及时整理书包。

《如何指导孩子搞好课外复习》，从两个方面建议：一是指导孩子科学安排复习时间，二是教给孩子一些复习技巧。

《如何培养孩子读书的习惯》，从七个方面建议：一是抓住阅读的黄金期，加强指导；二是控制孩子看电视和上网时间；三是引导孩子从感兴趣的书开始阅读；四是营造良好的家庭阅读氛围；五是进行有效的亲子共读；六是指导孩子掌握科学的阅读方法；七是及时给予评价。

《如何帮助孩子提高背诵记忆的能力》，从六个方面建议：一是帮助孩子扫除"记忆力不如别人"的心理障碍；二是了解孩子记忆的特点，帮助孩子发现最佳记忆时间；三是为孩子大脑提供科学营养；四是激发孩子的记忆兴趣；五是让孩子掌握遗忘规律；六是让孩子掌握正确的记忆方法。

《如何提高孩子的计算能力》，从四个方面建议：一是让孩子自己发现问题，从而认识正确计算的重要性；二是培养孩子的口算能力，切实打好基础；三是帮助孩子养成良好的计算习惯；四是分类收集错题，克服错误的思维定势。

《如何帮助孩子养成学习英语的良好习惯》，从四个方面建议：一是在家庭中培养孩子的听力，二是在家庭中培养孩子的口语能力，三是在家庭中培养孩子的阅读能力，四是在家庭中培养孩子的英语写作能力。

《如何培养孩子良好的书写习惯》，从五个方面建议：一是培养孩子浓厚的书写兴趣；二是让孩子掌握正确的书写方法；三是正确引导，强化训练；四是用自身良好的书写习惯影响孩子；五是欣赏书法作品提高孩子的审美能力。

《怎样培养孩子使用工具书的习惯》，从三个方面建议：一是应给孩子讲明工具书的作用，二是激发孩子对工具书的兴趣，三是创造条件让孩子养成使用工具书的习惯。

《如何让孩子学会独立思考》，从六个方面建议：一是培养独立生活能力；二是创设民主和谐的家庭氛围，让孩子敢于发表自己的真实看法；三是鼓励孩子大胆质疑；四是让孩子自己探究，不要急于把答案告诉孩子；五是父母主动提出问题，和孩子一起讨论；六是放手让孩子独自干他自己的事。

《如何让孩子学会交流合作》，从四个方面建议：一是帮助克服孩子害羞心理，鼓励孩子与他人交流合作；二是培养孩子与人交流合作的良好习惯；三是适时指导孩子与别人交流合作；四是培养多种兴趣爱好，帮助孩子交朋友。

《如何让孩子做事有条理》，从五个方面建议：一是父母要给孩子做良好的示范，二是在比较中让孩子得到启发，三是对孩子实施"小惩罚"能起大作用，四是发现孩子优点要及时称赞，五是教孩子做事要有计划。

《如何培养孩子主动探究的习惯》，从四个方面建议：一是耐心解答孩子的疑问，培养孩子探究的习惯；二是接纳孩子探究中的错误；三是为孩子提供探究的环境；四是将孩子的好奇心迁移到学习上来。

《怎样教孩子学会合理利用时间》，从三个方面建议：一是耐心引导，让孩子明确合理安排时间的重要性；二是教孩子合理安排一天的时间；三是教孩子合理安排周末及节假日的时间。

3. 个性指导篇

本篇着眼于对孩子学习中的优势与不足的分析，引导家长观察、分析孩子的学习行为和情绪，畅通与孩子交流的渠道，同学校互动共育。本篇由以下具体文章组成。

《如何帮助孩子处理干扰学习的情绪》，从六个方面建议：一是帮助孩子认识自己的情绪，二是引导孩子表达自己的感觉，三是建议孩子转移注意力，四是指导孩子疏导不良情绪，五是教会孩子主动控制情绪，六是指点孩子主动寻找支持。

《如何帮助孩子消除厌学情绪》，从七个方面建议：一是帮助孩子克服焦虑心理，改变学习的负面感受；二是创建"学习型家庭"的氛围，提供良好的学习环境；三是开发孩子的潜在智能，唤醒孩子的学习兴趣；四是运用适当的激励策略，关注孩子的学习过程；五是利用大脑的记忆规律，提高孩子的学习能力；六是适当降低对孩子的期望值，不要求孩子比别人强；七是家长应学习一些教育学、心理学知识，给孩子适当的心理健康指导。

《如何纠正孩子的偏科问题》，从四个方面建议：一是引导孩子认识"偏科"的危害，二是善于以"优"补"弱"，三是针对不同原因进行矫正，四是语数外纠偏各有招。

《如何让孩子远离粗心马虎》，从六个方面建议：一是让孩子意识到马虎的危害，二是进行一些又快又准的训练，三是培养良好的学习习惯，四是关注孩子的责任心，五是赏识孩子的细心之处，六是帮助孩子克服考试时的焦虑、紧张心理。

《孩子精力转移怎么办》，从三个方面建议：一是针对早恋导致的精力转移的措施，二是针对上网成瘾导致的精力转移的措施，三是针对追星导致的精力转移的措施。

《孩子爱磨蹭怎么办》，从八个方面建议：一是引导孩子认识时间的价值；二是建立并执行严格的作息制度；三是强化专时专用、提高效率的指导；四是增加计时性活动；五是少催促，多表扬；六是让磨蹭付出代价；七是发挥孩子之间的榜样作用；八是与学校老师密切配合，形成合力，共同督促孩子。

《如何培养孩子的进取精神》，从四个方面建议：一是确定较小的目标来增强孩子的进取心，二是帮受挫的孩子重树进取心，三是用榜样的力量来激励孩子的上进心，四是用赞扬鼓励来激发孩子的进取意识。

《该不该给孩子请辅导教师》，从两个方面建议：一是给为了发展孩子特长而请家庭教师的建议，二是给为了提高孩子一科或几科学习成绩而请辅导教师的家长的建议。

4. 应考指南篇

本篇着眼于让家长帮助孩子在考试中理想发挥，围绕指导孩子做好考前的系统复习、做好考前的心理调节、教给孩子考试中的答题技巧、正确对待考试的成败等方面，给家长提出了相应的建议。本篇章由以下文章组成。

《如何帮助孩子进行考前复习》，从六个方面建议：一是别给孩子提过高的要求，二是叮嘱孩子复习时应紧抓课本，三是提醒孩子跟上老师的复习节奏，四是帮孩子找出薄弱环节，五是让孩子高效利用时间，六是让孩子保持优势。

《如何调节孩子考前的心态》，从五个方面建议：一是家长应先消除自己的焦虑情绪，二是营造宽松的家庭氛围，三是经常与孩子沟通交流，四是教给孩子自我减压的方法，五是合理安排孩子的饮食。

《如何帮助孩子提高应试技巧》，从七个方面建议：一是提醒孩子有效利用五分钟看卷时间；二是嘱咐孩子审题要细致；三是告诉孩子，稳定情绪，先易后难；四是告诫孩子重视易题，善待难题；五是要求孩子思写结合，一次成功；六是引导孩子抓住要点，统筹安排；七是鼓励孩子字迹工整，草稿不"草"。

《如何调整孩子考后的心理》，从六个方面建议：一是要正确看待孩子的成绩；二是要放平心态，关心孩子；三是了解孩子，找出原因；四是帮助孩子，重建自信；五是教给孩子调适心理的方法，适当地宣泄情绪；六是协助孩子，制订可行的计划。

《孩子考试失利家长如何补救》，从七个方面建议：一是冷静面对现实，给失利的孩子一个温暖的空间；二是真诚地交流沟通，帮助孩子恢复自信；

三是帮助孩子夯实基础；四是帮助孩子养成良好的考试习惯；五是要经常了解孩子的在校情况，做好孩子和老师的双向沟通；六是采用"倒回学习法"；七是帮助孩子学会心理调节。

（推荐单位：中共乳山市委宣传部）

《新视野》内容提要

刘建国

  《新视野》是山东省威海市第二中学教育工作者坚持理论学习，加强自身建设；落实科学发展，坚持教育创新；回归教育本真，推进素质教育引领基础教育科学发展的实践与理论探索；对全面实施素质教育的最好诠释。全书共分为思想前沿、课程改革聚焦、教学反思、科研在线、教育心智、教研纵览、课例实录、班主任专业化、教育随笔九章，从教育管理、课程改革创新、教案设计、教学研究等方面，完整地呈现出了威海二中以全面实施素质教育为目的，以开齐、开好国家课程为要务，以人才培养模式改革为核心，以提高教育教学效率为着力点，以提高教育教学质量为目的，以教育教学体制机制建设为保障，建立规范有序、科学高效、充满活力的基础教育，逐步发展形成的理论成果。

  第一章为思想前沿。素质教育是一种全新的教育理念和教育思想，全面实施素质教育，标志着教育理念的深刻变革，教育思想的飞跃。本章从"树立素质教育课程观，提升课程方案执行力""深化校务公开，推进民主管理""推进学校内涵发展"等教育教学创新与实践为读者提供理性的思考和借鉴。

  第二章为课程改革聚焦。在进行课堂教学改革、构建高效课堂教学的实践中，威海二中教育工作者开启教育心智，实证研究、科学总结，形成了规范的课堂教学体系。本章从教师专业化、创新教育、备课模式、选修课、教学互动、多元教学等方面对课程的多元和选择，"三维目标"教学的提出，自主、合作、探究学习方式进行了研究和探索，供读者进行参考和学习。从文章中可以看出学校课程改革取得了四项实质性成果：一、教师已做好角色的转变，专业化能力全面提高；二、在教学方法上进行了创新，"三维目标"教学让学生学会、会学、乐学；三、教师能灵活运用现代化的教学手段；四、教师进一步提高自身的业务素质，具有对课堂教学进行反思、优化、重建的能力。

第三章为教学反思。美国著名教育学家波斯纳提出教师的成长公式：经验＋反思＝成长。实行反思性教学的基础是教师的个体反思，这也是教师快速成长并实现跨越式发展的捷径。本章通过语文、数学、英语等学科教学过程中对于问题的发现和分析，将"学会教学"与"学会学习"统一起来，努力提升教学的实践性。我们可以看到老师们借助行为研究解决自身和教学目的、教学工具等方面问题的具体做法和实践反思性教学，构建学校发展型教育教学体系的经验。

第四章为科研在线。本章从无效教学、有效教学对数学、英语、物理、地理等学科进行研究，促进教学理论的超越，掌握教学的制高点和主动权，产生教育可持续发展的原动力。通过对教育教学规律的认识、教学实践的理性认识、教学个性化的创新与实践，证明教育科研是培养学习型、科研型教师队伍的最重要途径。

第五章为教育心智。课程改革强调人的发展，突出人的作用，其思想和理念充满教育者的智慧，对于新课程改革的理论建构与实践发挥重要作用。本章从思维能力培养、学习方式、情感激发、心理教育、家庭教育等方面对学生学习态度的培养、情商的激发、方法的引导、能力的开掘进行开发，为学生一生的发展奠基。老师们转变教育思想，改革课程设置，优化课堂结构和教学内容，在教育教学活动中既重视学生智力因素的培养，又不忽视非智力因素的培养，做到心智并举，在学校范围内将素质教育落到实处。

第六章为教研纵览。校本教研伴随新课程实施而产生，被视为解决教育教学实践中的问题、促进教师专业发展的重要途径，促进了学校新的教研文化的形成。本章从阅读教学、原理应用、课堂问题设计、多元作业设计等途径，说明课程改革、教材改革和教学改革之间，既有联系又不能等同，更不能互相取代，而是互动互补的关系。学校要促进教师专业化发展就必须在行动中研究，在研究中反思，在反思中学习，在学习中成长，基础教育改革才能进入科学发展新阶段。

第七章为课例实录。教育的本质在于教育人、培养人，教育是改变未来的人。学科教学也就是课堂教学的质量和特色，是学校发展的核心。只有立足教育的本质，优化课堂教学才能为学生的发展、学生的生命成长构筑一个发展型的体系。本章指出影响课堂教学的因素：教师的自觉变革和评价。在教学中教师适当引导、启发学生，鼓励学生质疑，培养学生的探究能力；创设民主的教学氛围，使学生大胆参与，发掘学生的潜能；尊重学生个性差异，实施个性化教学，使不同水平的学生都积极参与，让其健康活泼的成长。从中可看出老师们的专业态度、专业知识、专业能力正是深化课程改革，实施素质教育的根本动力。

第八章为班主任专业化。一位优秀的班主任就是一名教育家。"班主任专业化"是进行班主任队伍建设和班集体建设科学研究的必然结果。班主任是新课程改革舞台的重要角色，班主任教育与发展对课程改革举足轻重。班主任在"以学生发展为本"的育人目标中具有不可替代的作用。教学和教育活动是班主任最基本的实践活动，班主任必须增强与时俱进的学习意识。实践是认识的基础，也是提高班主任能力的基础。班主任的能力是需要个体在反思中培养和提升的。本章从心理健康、师生关系、单亲家庭、家校合作、生命教育等教育细节，把班主任直接参与学校教育、提高学生全面素质、促进学生身心和谐发展的过程贯穿于教育实践活动之中。教师们的教育理论与实践创新，在学生学习与评价方面都有新发展，能够教育学生做到学以立德，提高境界；学以增智，开阔眼界；学以致用，改造世界。

第九章为教育随笔。教育随笔是关于学校教育、家庭教育、社会教育方面的笔记、杂谈、短论等。它既能体现教育的朴素哲理，又因取材方便、形式多样等特点，符合教师的实际水平。教育随笔起着"下放"理论、指导实践的媒介作用。作为现代教师，应该具备这项教育科研能力。本章从幸福、情感、责任展示了威海二中教师的人文素养和思想境界，教师们在随笔中记录自己的体验、感悟、收获、困惑及对问题的思考。随着时间的推移和经验的积累，重温旧事，回想教育成效，教师常常会品尝理性的感受，这有利于教师向专业化、科研型的职业生涯方向发展。

（作者单位：威海市第二中学）

《小学德育教育的研究与探索》内容提要

王本贤

德育是素质教育的灵魂。正如林崇德教授所言："德育为一切教育的根本，是教育内容的生命所在，德育工作是整个教育工作的基础。"学校是德育教育主阵地，肩负着培养德才兼备的合格接班人的重任。小学阶段是培养德育教育的最佳年龄期，抓好这个阶段的教育，对少年儿童良好思想品德和行为习惯的形成至关重要。因此，如何加强和改进小学的德育教育工作，是我们亟待研究和探索的一个重要课题。

世纪小学作为一所新建学校，在校生1388人。来自附近社区的农村学生占全校总人数的40%以上，单亲或离异、特殊家庭学生接近20%。学生家庭成分的复杂性，造成学生整体道德水平和行为习惯参差不齐。为了对症下药，世纪小学调研组深入到学校所有班级、学科教师和附近社区、行政村中进行调查研究活动。通过调研发现，主要有以下因素制约学生整体道德水平的提升：一、在校外，由于家长的文化水平、道德素质差距很大，影响了家庭的道德教育理念，从而导致学生成长的家庭道德环境各有不同；二、在校内，道德教育的培养没有形成系统化管理，缺乏系统的指导与培养；三、学校在日常的德育、少先队活动中虽然渗透了一些道德教育内容，但有些活动内容与学生实际生活联系不紧密，学生兴趣不大，同时缺乏一整套科学完善的道德教育长效机制，道德习惯养成没有形成良好的循环，从而导致道德教育一直处于左右徘徊的不稳定阶段。

柏拉图曾经说过，"真实的善是每个人的心灵所追求的，是每一个人作为他一切行为的目的的"，追求善良和美好是做人的根本。为了进一步丰富学校德育活动内容，创新学校德育工作方法，不断提高广大青少年的思想道德素质，逐步培养广大青少年的良好行为习惯，从2007年春季开始，学校广泛开展"日行一善"教育实践活动。世纪小学以好习惯课题研究为主线，以"日行一善"教育实践活动为契机，以"日行一善，积善成德"小专题活动为切入点，积极探索中小学生德育工作的新途径，使我校的德育工作体现学校特色，使学生养成良好的道德素养。在全体师生中深入开展好习惯养成系列活动，培养崇高人文素养，提高养成教育成效，营造了"文明校园、礼仪校园、和谐校园"的氛围。通过实施"日行一善"教育实践活动，我校学生充分体验到习善、行善、扬善的快乐，逐步实现由"日行一善"到"时时行善"，最终实现"善行一生"。通过活动引导学生从小树立善念、拥有善心、实践善行来实现人格的优化与完善，让学生"勿以善小而不为"，从而积善成德，形成健全的人格。同时通过"小手拉大手"，带动家庭成员共同参与，起到"一个学校教育一批学生，一个孩子带动一个家庭"的社会效应，构建学校、家庭、社区三位一体的德育教育网络，达到全社会参与、全方位育人的目的，形成人人向善、人人崇善、人人行善的社会道德新风尚，推动全民道德水平的提高。

通过"日行一善"活动，我们将抽象的道德建设活动转变成为学生可视、可行、可做的日常生活小事，从具体的小事做起，让学生在切实可行的活动中体会到行善事、做善事的快乐，很多家长在孩子们的带动下也积极参与到活动中来，取得了良好的效果。这些活动形式新颖、教育实效性强。学校多次举行以"日行一善"为主题的成果展示会，教育局、团市委、家长会会员、全体师生及社会各界人士积极参加，各级新闻媒体均进行过报道。我们还将"日行一善"活动与课题结合，顺利完成了威海市级重点课题《培养新时期学生良好习惯》的研究和结题工作，参加了威海市课题现场会典型交流，被评为威海市级课题先进单位，5项成果被评选为威海市级优秀成果。"九层之台起于累土，千里之行始于足下"，经验在于不断地积累。由于我们长时间地坚持"日行一善"，使学生的道德水平得到大幅度的提升，我们迫切需要将这些教育成果结集成书，与所有的教育者共享，于是在各级领导和全体老师和学生家长的共同努力和参与下，几易其稿后，一本关于《小学德育教育的研究与探索》的教育书籍付诸出版发行了。

本书以"日行一善"为主线，将《理论篇》《践行篇》《感悟篇》三大板块紧密相连，利用全年41个传统节日和纪念日对学生进行施行"善"的教育，寓"善行教育"系列活动于德育教育中，实现了"三个结合"：与少先队主题相结合、与社会实践相结合、与时代发展相结合。从大处着眼，小处着手，构建"活动—体验—实践—内化"的德育教育活动模式。在充分调动学生积极性的基础上，针对不同班级、学生、学科、时间、地点，采用不同的方法，从而形成具有世纪小学特色的德育教育模式，推进了新课程的全面实施和学校育人目标的实现，收到了显著的效果。

善是中华民族传统文化重要的特质和核心价值。第一章《理论篇》分为三小节，分别从"善源追溯""方式探微""活动展示"三方面全面诠释的善的含义。告知人们善行天下必须有一颗高尚无私的心，助人就是助己。

"善源追溯"集萃了知善明义、善论纵横、善行天下三部分内容。知善明义重点从善的字形变化、善的本意、善的定义等方面了解善的起源。善论纵横着重汇集了中外学者和思想家对于善的理解、分析和精神追求；善行天下罗列了诸多中外政治家、科学家的事例，用他们的亲身经历对善做了最好的见证。

对善的本源追寻和探究，为第二节"方式探微"提供了有力的理论支撑。对小学生进行善的教育要注意方式、方法。本节中运用故事启迪法、经典润泽法、活动承载法、善行评价法、家校合作法、榜样示范法等教育学生以"日行一善"达到"善行一生"，用爱实现自己的人生价值。

当我们了解了善的含义，并能学会运用各种方法对学生进行善的教育时，我们就要通过一些具体的活动方式来实践善，于是在"活动展示"一节中就把我们学校的一些活动方案、经验做法和成果等一一陈列出来，让读者对我们的教育成果有一个全方位的了解和评价。

德育教育是新时期培养社会主义合格接班人的重要教育工作。我们以传统节日里"日行一善"为起点，寻找教育的新契机，为学生幸福的一生奠定基础。于是第二章《践行篇》分"善在家庭""善在校园""善在社会"三部分对学生实施善的教育。"善在家庭"教育学生热爱父母，感恩亲人；"善在校园"教育学生热爱党，热爱人民，注意用善举保障自己和他人的生命安全；"善在社会"教育学生热爱环境，保护家园，传递爱心，热爱祖国，关心每一个需要帮助的人。以善的教育，引导师生家长用善的理念、行动，实现教育特色发展的内涵，构建特色品牌文化。从而实现我们德育教育的新途径、新探索。"善在家庭"一节中以中国最具传统意义的春节、元宵节、端午节和以母爱、父爱等爱的延伸为主题，分别开展了"欢欢喜喜过大年""元宵乐""永远的祝福""劳动我最棒""粽情飘香端午，品味传统文化""对不起，妈妈让您久等了！""小手拉大手　爱在指间传动""父爱如山　感恩六月""心存感恩　践行仁爱""从我做起，让爱无限延伸""诚信勤俭我为先"等主题实践活动，使学生在浓郁的中国传统氛围中接受爱的教育，润泽他们幼小、澄明的心灵，形成善的意识。

校园生活是学生接受德育最重要的领地，因此善在校园中就以"学雷锋精神，树文明新风""节约每一滴水""安全伴我行""一路书香伴我行""让微笑浇开和谐之花""七彩童年，快乐六一""亲爱的党啊，生日快乐""传承民族精神，做个了不起的中国人""忆建军之旅，扬世纪军威""拥抱幸福""感谢师恩，爱在我心""携手今朝，喜迎国庆""点燃共产主义理想的火花""铭记历史，缅怀英烈""学习消防知识，共创平安校园""宽容大度，快乐人生""知荣明耻，共建和谐校园""勿忘国耻，振兴中华"18 个主题活动为主线，把安全、环保、读书、爱党、爱国、爱老师、敬仰英雄的情愫融入学生血液中，让学生时时刻刻不能忘却自己所应担负的社会责任和历史责任，以善来践行自己的言行举止，做对社会有用的人，做有意义的事。

社会是个大家庭，每个人都是社会的一员，都和社会都有着千丝万缕的联系，人不能脱离社会而生存，因此探讨集体主义的重要性尤为重要，为此在我们对"善在社会"做了全面的调查、探究之后，形成了本书中囊括"歌声飞扬庆元旦　激情澎湃迎新年""关注湿地，保护家园""关注我们未来的气候""改善居住条件，创造优美环境""种一棵小树，绿一方净土""传递爱心，牵手未来""青山埋忠骨，英雄励后人""将垃圾食品'删除'，做健康少年""我们只有一个地球""做环保卫士，创绿色家园""让爱洒遍每一个角落""让和平之鸽永驻人间""心系国防，强我国防""我和动物交朋友""一粒米的烦恼""关爱残疾人"16 个主题实践活动，学生从多角度、多层面的参与社会生活，关注气候、环保、和平、战争、垃圾、食品等现在的很多社会热点问题，学会思考和探究这些与人类活动的直接和间接联系，将给人类带来的益处或恶果，使善成为学生服务社会，服务于全人类的坚实信念。

作为教育工作者，我们时时行善，指导学生用美好的情感、善良的心灵、真诚的行为去对待他人和社会，让每一个孩子都在阳光下健康、快乐地成长。有人说："要给人以阳光，你心中必须拥有太阳。"教师是教育者、领路人，只要我们心中拥有太阳，洞悉学生的心理，对学生教育动之以情、晓之以理、持之以恒、和风细雨，定然润物无声。正是这种无时不在的善行意识浇灌着孩子纯洁的心灵，才有了日行一善的行为和感悟，形成了彰显心灵的第三章——《感悟篇》。

本章优中选优，分别从老师、家长、学生三个角度撷取了最有代表意义的作品，把他们在善的形态意识中的言行举止，记录下来的与读者分享。

以教师在"日行一善"教育实践活动中的 20 个教育故事告诉我们，学生的人格培养就在日常的善念、善心、善行的教育中；以家长参与学校构建多维德育教育网络体系中发生的变化，以及他们对教育孩子的方法产生的 21 个感悟与反思，告诉我们只要人人向善、人人崇善、人人行善，我们的社会将更加美好；以学生在参与活动时亲身经历的 23 个故事，告诉我们只有在习善、行善、扬善中实现"时时行善""善行一生"，才是教育的最大成功。

老师随笔中用白描般的朴实手法记录着学生在"日行一善"活动开展中的种种令人欣喜的表现。如在《变化，在不经意中》一文中，独具慧眼的老师观察到学生在学校中的种种善迹；《善，其实很简单》中讲述了老师在公交车上亲历的学生从不让座到让座的显著变化；《五角钱该给谁》中老师当了一回法官，轻松地解决了以前不容易解决的小麻烦；《谢谢你，孩子们》用细腻的文笔表达了老师因孩子们对老师的理解，使老师深深触摸到学生对老师怀揣着一颗感恩的心，从而发出"你们知道你们有多么的可爱吗？"这样让人眼润心热的哽咽之声；《善在左，德在右》中记录了一个学生从人人厌恶转变成大家喜欢的好孩子的故事，在老师的耐心引导下，再黯淡的小星星都会发出璀璨的光芒；《爱心纸条》则传递着老师对学生宽容的爱，温暖了学生寂寞脆弱的心灵，让爱在善的教育中传递下去。

作为孩子的第一任老师——家长，是最能感受到"日行一善"带给自己孩子的种种不同改变，也是善的最直接的受益者。他们看到孩子的自私行为，衣来伸手饭来张口的坏习惯，浪费，乱耍脾气的恶习在"日行一善"的活动中不知不觉地消失了；而自主的意识，感恩的行为，节约的观念，环保的行为都在不知不觉中树立起来了，让家长在喜悦的同时心灵倍感欣慰，因此高声疾呼希望学校能在教育中将"日行一善"的活动始终坚持下去，这难道不是我们为人师者的心声？

学生则用稚嫩的手、聪慧的心写下他们对善的体验和收获。他们把"心中有善""行动有爱""我行善我快乐""善悄悄地改变了我""百善孝为先""帮助他人快乐自己""日行一善让我 365 天都幸福""善就在举手间"这些当作自己行善的动力，让善成为绽放在心中最美丽的花，永不凋零。

看着这师生与家长对"日行一善"的真切感悟，我们坚信：只有积极探索德育教育的新途径，学校的德育工作才能实现"时时教育""教育一生"的最终目标。

纵观全书，字里行间闪烁着"小善孕育大爱""小善涵养大德"的教育智慧。我们以"日行一善"的特色教育引导教师、家长、学生用爱给予他人真诚的帮助，温暖着每个人的心，感动着身边的每一个人，让善之爱的意义更加深远。

　　教育是一段旅程。在这段旅程中，孩子们怀揣着美好的憧憬，希望在旅程中欢乐幸福；家长们怀揣着美好的祝福，祈想着路途风景美丽旖旎。在这段旅程中，学校教育究竟应该带给孩子们什么呢？教育应远离功利主义，逐步实现人们期盼的那个让生命自由呼吸的季节，期盼着给生命以尊严、幸福、良善。因此当我们用"日行一善"的教育，引领孩子们与善结缘走进五彩烂漫的人生的花园时，我们坚信"日行一善"已深深扎根于孩子们的心灵深处，而我们也将继续沿着"日行一善"的足迹执着前行，持续谱写着德育教育最快乐的"善"之歌。

　　　　　　　　　（推荐单位：中共荣成市委宣传部　　课题组成员：
车君岭　蔡慧兰　樊景丽　张　伟）

威海市中小企业融资情况的调查与思考

姜玉娟

近年来，威海市民营经济和中小企业经济保持了平稳健康的发展态势。2011年，全市规模以上民营工业企业共有1068家，占全市规模以上工业企业的比重为64.45%；实现工业总产值3169.20亿元，同比增长22.91%，占全市规模以上工业企业的比重为60.38%。而其中的中小企业贡献尤为突出，全市中小企业占企业总数的99%，规模以上中小企业完成总产值、实现销售、利润、利税分别占全市规模以上工业的68.33%、66.4.3%、62.66%和61.75%。截至2011年底，全市144家山东省成长型中小企业实现营业收入和利润分别为589亿元和27亿元，144家山东省成长型中小企业占全市规模以上中小工业企业的比重仅为9%，而营业收入和利润完成额分别占全市规模以上中小工业企业的比重为18%和17%。据测算，对于每1元资金投入来说，中小企业创造的就业是大型企业的8~10倍，创造的GDP是大型企业的4~6倍。

尽管威海市民营经济和中小企业的发展成果显著，但是随着全球经济危机影响的不断扩展，全市市出口导向型、劳动密集型的中小企业遭到了前所未有的打击，经营风险显著放大，中小企业融资难问题再一次凸显出来。要解决这个问题，需要政府、金融机构、社会有关部门以及中小企业自身从体制、机制、政策和市场等方面进行全方位的努力。本课题组对此进行了较长时期的跟踪调研，走访了中小企业局、人民银行、银监局、金融办、财政局、经济和信息化委、统计局和部分中小企业等单位，在各个部门的帮助下，组织力量，采取了座谈讨论、实地察看、听取情况介绍以及抽样与问卷调查相结合等方式，对全市近几年中小企业（包括小微企业，下同）融资情况进行了全面的调查，特别是在5月份通过市统计局提供的材料，抽样选取了5家生产经营正常、财务管理规范的小型工业企业和1家小额贷款公司（以下简称抽样调查企业），对其2011年到2012年第一季度的经营状况和融资情况进行了深入的调查，从中取得了第一手资料，并进行了定性研究和定量分析，提出了缓解当前威海市中小企业融资难的一系列意见和建议。

一　抽样调查企业的总体状况

（一）企业主营业务收入增速有所下滑

由于受国际国内经济增速回落影响，调查企业订单明显减少，其中有 3 家企业现有订单只能坚持到 6 月份。调查的 5 家企业 2011 年主营业务收入比上年同期增长 8.5%，而 2012 年第一季度，主营业务收入同比仅增长 4.1%，与 2011 年相比增速回落了 4.4 个百分点（见表 1）。其中，威海经超渔具有限公司第一季度主营业务收入比上年同期下降 42.5%。

（二）企业融资困难持续增加

5 家企业 2011 年资产负债比上年同期增长 12.2%（见表 1），其中一家企业资产负债率已超过 75%。5 家企业目前共有各类贷款 3293 万元，占调查企业负债总额的 33%。5 家企业均有银行贷款，银行贷款余额为 2483 万元，1 家企业在小额贷款公司获得资金 600 万元，2 家企业通过民间借贷获得资金 210 万元。5 家企业中，有 3 家企业认为目前融资需求基本得到满足，还有 2 家企业目前融资需求尚来得到满足，资金缺口在 400 万元左右。

（三）企业经营成本费用继续增加

由于人力、原材料价格的持续上涨，加上各种费用的增加，尤其是高额的利息支出，导致企业融资成本急剧上升。2011 年 5 家企业利息支出同比增长 33.1%，2012 年第一季度 5 家企业利息支出则同比增长 40.5%。2012 年第一季度 5 家企业主营业务成本比上年同期增长 4%，而利润同比则下降 1.2%。有 4 家企业预期下季度生产经营状况将继续呈下降态势（见表 1）。

表 1　调查企业生产经营主要指标

单位：%，人

	主营业务收入		主营业务成本		资产负债	从业人员	
	2011 年同比增减	2012 年第一季度同比增减	2011 年同比增减	2012 年第一季度同比增减	2011 年同比增减	2012 年第一季度末	同比增减
合计	8.5	4.1	7.1	4.0	12.2	271	0.4

续表

	主营业务收入		主营业务成本		资产负债	从业人员	
	2011 年同比增减	2012 年第一季度同比增减	2011 年同比增减	2012 年第一季度同比增减	2011 年同比增减	2012 年第一季度末	同比增减
调查企业 1	7.1	6.7	3.8	11.1	25.0	18	0
调查企业 2	13.3	0.4	14.6	0.1	9.1	33	0
调查企业 3	-13.1	-42.5	-15.2	-44.8	-14.0	30	-3.2
调查企业 4	20.6	29.0	7.0	23.4	29.1	125	1.6
调查企业 5	7.6	7.6	8.1	8.1	6.1	65	0

二 威海市中小企业融资现状

通过抽样调查和问卷调查以及座谈走访，了解到在当前国内外经济复杂形势的影响下，威海市中小企业融资难的问题较以往更加突出，表现在三大方面。

(一) 银根紧缩，中小企业发展举步维艰

1. 融资难度加大

近两年来，由于央行多次上调存款准备金率，流动性持续收紧，银行新增信贷额度不断缩减。截至今年 3 月底，中小企业贷款余额 479.28 亿元，占全市贷款余额的 39.11%。虽然统计数据显示中小企业的贷款余额增幅高于大型企业的增幅，但因为银行政策倾斜一般仅照顾少数优质中小企业客户，且对中小企业贷款的担保和抵押要求没有放松，在这种情况下，绝大多数中小企业融资仍然较难。融资困难的中小企业集中在微小和初创、劳动密集型、没有核心竞争力、产品缺乏市场的四类企业。根据调查，90% 的规模以下中小企业无法从银行取得任何借款，95% 的中小企业未从银行得到任何贷款。

2. 融资渠道缺乏

当前中小企业大多呈现规模小、固定资产少、承担风险能力弱等特点，获得银行贷款难度较大，需要融资时，仍首选银行贷款，其主要原因是银行贷款利率远远低于其他类型贷款利率。调查的 5 家企业中，均存在银行贷款，最高年利率为 9.4%，最低年利率为 6.65%。5 家企业从银行贷款总额占调查企业贷款总额的 75.4%。据统计，全市 80% 的中小企业融资的主要渠道还是银行信贷资金。

3. 融资成本提高

近几年全市中小企业贷款利率一般上浮 10%～20%；总体利率较全省平

均水平低 10% 左右，是山东省内除济南以外平均利息水平最低的城市。但从去年以来，由于受央行多次上调人民币存贷款基准利率、紧缩银根的影响，企业融资成本也大幅上升，目前全市中型企业银行贷款中 26.2% 的贷款利率为基准利率，其余部分处于基准利率上浮 10% ~ 50%；小型企业银行贷款中 14.1% 的贷款利率为基准利率，其余部分处于基准利率上浮 10% ~ 100%。除了利率上浮以外，部分金融机构还要加收额外的财务咨询费、管理费等，致使企业实际融资成本大幅提高，加剧了企业的财务风险。

4. 小微企业经济状况恶化

一是传统微利行业度日艰难。文登市 750 家以接外贸订单为主的小微家纺企业，因汇率波动大，再次陷入困境，截止到去年底，已有 15 家企业关门，很多企业是处在自生自灭的状态。二是小微配套加工企业受制于龙头大企业，生产不振，效益开始下滑甚至亏损。为三星电子企业提供配套的本地 50 余家小微企业去年有 40% 亏损，50% 效益下滑。三是小微企业用人招不进，留不住。文润测控设备有限公司开出 1.5 万元的月薪，却招不到合适的专业人才；锦富信诺精密塑胶有限公司上半年员工流动性高达 50%；东舟医疗器械、高科医疗设备、翔宇环保等企业均反映专业人才招聘困难。四是小微企业在贷款上受歧视。营业收入占全市企业收入一半多的小微企业，只用到全部企业贷款余额的 1/5，且贷款利率一般要比基准利率上浮 10% ~ 100%。今年以来已发生两起因企业资金链断裂无力偿还银行贷款引发的诉讼案件。由此可见，小微企业的融资难题，有时会成为压倒这些"小不点"们的"最后稻草"。

5. 小额贷款公司稀缺

据荣成市成山小额贷款公司介绍，一方面，小额贷款公司由于借贷手续比正规的金融机构宽松，特别是银行贷款抵押后的剩余价值再抵押（如银行抵押贷款 40% ~ 50% 的资产，小额贷款公司再抵押 20% ~ 30% 的资产），基本能快速办理，特别是开展的短期过桥贷款业务，受到急需资金的企业的欢迎。但是由于小额贷款公司利率是银行同期利率的 3 ~ 4 倍，企业很难承受如此高额的利息成本。另一方面，目前全市只有小额贷款公司 14 家，资金规模只有几亿元，由于不能吸收存款，其贷款资金大多为资本金，面对巨大的市场需求，难以满足企业的资金需要，对解决中小企业融资问题仍是杯水车薪。

6. 民间融资活跃

调查发现，在银行和小额贷款公司都难以满足中小企业融资要求的情况下，不少企业被迫寻求民间借贷支持。主要是采取向亲朋好友及其他企业等民间借款方式，也就是采用"千家帮一家"这种模式来筹措资金，虽然这种方式有助于企业资金快速周转，但是成本过高、风险过大，特别是最近两年这种民间借贷利率节节攀升，甚至出现了10%的高额月息。在企业经营正处于困难的前提下，难以承受高额利息之压，同时，超出法律保障范围的高利率，很容易导致社会纠纷的产生。目前民间借贷有逐渐演化为高利贷的现象，如威海久华精工钓具有限公司，由于银行贷款不能满足该企业资金周转需求，因此采用民间借贷方式借款160万元，年利率22.5%，加剧了企业的经营困难，一季度该企业亏损1.7万元，这是本次抽样调查企业中唯一的亏损企业。

（二）创新不足，直接融资状况不尽理想

1. 债券融资停滞不前

2010年政府主管部门先后与民生银行、省再担保公司及中介服务机构多次对接，采取"政府牵头、企业自愿、集合发行、分别负债、统一担保、统一组织、市场运作"的融资模式，于当年10月成功组织4家企业发行了第一期中小企业集合票据，融资5.5亿元。之后，又筛选了10家企业参与发行威海市2011年中小企业蓝色经济专题集合票据。该产品大大缓解了一些中小企业融资难的问题。但是今年却因民生银行总行授信规模限制，暂停发行。集合票据虽然被视为单个中小企业难以在债券市场直接发行债券的重大突破，但在企业筛选、担保增信、信用评级及风险控制等方面也存在诸多难题，特别是审核的门槛之高、获批的速度之慢，对大多数中小企业来说是可望而不可即的。

2. 股权融资势单力薄

去年政府主管部门结合资本市场发展趋势，积极引导企业上市融资。在奖励时点上，变事后奖励为事前补贴与事后奖励相结合；在奖励标准上，对上市公司再融资进行分档奖励；在适用范围上，调整了对"新三板"挂牌企业的奖励，新增了对区域性股权交易市场挂牌企业的奖励。共推举了上市企业13家，融资达130多亿元；同时还创立了威海市大有正颐创业投资有限公司，通过与山东省高新技术投资有限公司建立战略合作关系，将专业优势与本土优势有机结合，打造了又好又快培育上市后备资源的价值发现平台。设立以来，已为企业引进股权投资6000多万元。这标志着全市在股权融资道路上迈出了可喜的一步，但是这种方式的局限性在于只是少数技术含量高、效益好、市场前景广阔的中小企业才具备股权融资的条件，绝大多数企业仍处于初创期，很难达到上市的门槛，也不易吸引创投的目光。特别是创业板的上市条件、上市程序与主板基本相同，并不能真正解决有限的上市资源与庞

大的上市需求之间的矛盾，大多数中小企业还是被挡在了门外。

（三）担保信用体系尚未建立

虽然近年来全市也组建了一些民营企业融资担保公司，但实际效果远未发挥出来，原因是数量较少、规模偏小，且资本不足。威海市担保机构户均注册资本低于全省7810万元的平均水平，过亿元的担保机构少于全省13家的平均水平，骨干企业少、担保资金薄弱、业务品种单一、担保能力受限等因素制约了担保行业发展。同时，缺乏社会共享的企业信用信息评价体系，面对信息不透明的中小企业客户，担保机构在获取企业信息方面存在较大困难，业务成本较高，承担较大的经营风险。另外，银行与担保机构合作中尚未建立起明确的风险共担机制，担保机构要承担百分之百的信贷风险，银行与担保机构合作不对等、准入门槛偏高。由于缺乏有效的担保信用体系，中小企业融资就很难获得银行的认同。

三 威海市中小企业融资难的成因

（一）企业方面

1. 资信度不高

部分中小企业内部治理结构不完善，企业管理机制、财务制度不健全，财务账表管理不规范。据调查，大约80%的中小企业会计报表不真实，财务报表经过审计的几乎为零，企业的资产、销售等基本财务数据在其财务报表中的真实性、透明度不高，致使银行对企业的资信状况难辨真伪，迫使银行从紧掌握贷款。

2. 信用观念差

少数企业经营者素质不高，管理水平较低，信用观念不强，诚信度不高。而且，由于民营企业法人资产与自然人资产缺乏严格区分的现象比较普遍，使得不少企业一旦经营困难时，业主往往抽逃企业资产且难以控制，使得贷款保证难以落实。有个别企业更是一开始动机就不纯，借时就没准备归还，通过企业改制、破产、转产、注销法人等方式悬空和逃废债务，使得银行对中小企业的放贷信心严重受损，破坏了银企合作的信用基础。

3. 贷款担保难

中小企业由于规模小，自有资金不足，相当部分企业生产经营主要依靠高负债方式，且贷款的风险化解和补偿能力较弱，使得银行对中小企业贷款始终有后顾之忧，导致对其发放贷款积极性不高。另外，担保难、抵押难的主要问题是中小企业不能提供银行贷款所需的抵押担保条件，可抵押物少，除了土地和房地产外，银行很少接受其他形式的抵押物。很多担保公司门槛较高，接近银行贷款标准，要求企业抵押、质押，基本没有信用担保，同时要求实行反担保。

（二）银行方面

1. 银行市场定位障碍

我国至今尚未为中小企业设立提供专门服务的金融机构。国有商业银行的经营战略定位主要是"双大"（大城市、大企业）、"四重"（重点客户、重点行业、重点地区、重点产品），中小企业尚难成为信贷支持的重点。同时，由于国家加强宏观调控、实行信贷结构的调整，商业银行为了防范信贷风险，压缩中小企业贷款存量、提高信贷门槛等，使得中小企业贷款难上加难。

2. 贷款手续烦琐

中小企业融资特点是"小、急、频"，而上级银行为防范风险对基层银行的授权、授信严重不足，而且审批严格、手续烦琐、中小企业申请贷款时，仅银行内部需要的各种资料就多达几十页，而且考察评估时间长，办理一般的抵押贷款也要一周至一个月的时间。有时候即使费尽周折贷上款，但企业已错过了最佳商机，所以，那些有市场、有效益、有利于增加就业且急需资金的中小企业，对银行贷款只能望"银"兴叹。

3. 信贷责任制的负面效应

实行信贷审批责任制有利于防范金融风险，但是，在客观上也加剧了中小企业融资的难度。当前，银行在贷款责任的管理考核上重约束、轻激励，其自身利益与信贷责任极为不对称，产生了"多贷不如少贷、少贷不如不贷"的"惧贷"心理。同时，银行对中小企业贷款的管理成本，与对大企业的基本相当，而国有大中型企业的利率（贴息）水平、呆坏账处理渠道都优于一般中小企业，中小企业贷款一般又具有贷款次数多、额度小、风险大的特征，所以银行对中小企业信贷的积极性自然难以提高。

（三）银企外部环境

1. 配套政策、措施不完善

银行支持中小企业信贷的配套措施落实不够、民间借贷方面的政策不健全、中小企业融资担保体系和社会服务体系不够完善等因素，也制约着中小企业融资。此外，集体土地所有权的问题，也在相当程度上制约了金融机构对中小企业的信贷投放。中小企业申请贷款需要用土地和房产进行抵押，当前许多中小企业使用的是集体土地，而根据我国现行法律规定，集体所有的土地使用权一般是不能抵押的。

2. 融资成本障碍

目前，有关部门对企业融资过程中的收费过高，主要集中在抵押登记、资产评估、信用等级评定、过户、风险保证金、咨询费和利息等方面，如：办理抵押时，不但抵押物的评估登记收费很高，还涉及国土、房产等多个中介部门，部分银行还要求办理财产保险、公证等，各种中介收费总计占融资总额的 2% ~ 4%，且要交纳 10% ~15% 不等的保证金。据调查，贷款 100 万元，除去各项费用及保证金只剩下 80 万元左右，过高的中间成本加重了企业的负担。

3. 服务中小企业的氛围不浓。

近年来，国家颁布了一系列支持中小企业的法律法规，金融部门和各级地方政府也先后出台了一系列支持中小企业发展的文件，但是这些政策措施的贯彻落实需要一个长期而渐进的过程，个别银行或者采取"雷声大，雨点小"的做法，或者在执行时大打折扣。所以，解决好中小企业融资难的问题，需要社会各方共同努力，切实营造支持中小企业发展的良好环境。

四　解决威海市中小企业融资难问题的建议

解决我国中小企业融资难的问题任重而道远，需要政府、银行、社会各部门和企业自身的共同努力，既需要产业、信贷、财政等国家宏观政策的调控，又需要地方政府、企业、民间等微观措施的协调配合。

（一）建议国家有关部门运用宏观政策来构建有利于中小企业融资的长效机制

1. 政府

中小企业融资难问题表面上看是融资渠道狭窄、银行支持不力、自身条件差等原因，从深层次上看其根本原因是制度障碍所致。因此，政府才是解决这一问题的突破口。

（1）完善法制建设

加快制定并实施《中小企业投资法》《中小企业技术革新促进法》等法

规，以立法的形式确立中小企业在国民经济中应有的地位和作用，确立中小企业管理机构的法律地位，使之成为促进我国中小企业发展重要的法律保障。另外明确银行的中小企业贷款问责制度，采取对机构贷款不良率总量控制方式，取消中小企业贷款责任终身追究制度；明确司法部门可以单独制定银行处置中小企业担保物的司法程序和办法，通过法律手段减少借款人悬空担保物的行为、打击逃废银行债务的行为。

（2）建立政策性银行

从国际经验看，为中小企业提供融资方面服务的，主要是政府的政策性金融机构。这些银行因其运作成本低、资金灵活、分工专业化等诸多优势，非常适合中小企业的自身特点及市场需求。当前，在解决关乎社会稳定和经济健康发展的中小企业融资难题上，可借鉴国外的经验，建立一些政策性银行，这些银行不以营利为目的，不求做大，其职能是做好为中小企业的服务。

（3）建立健全信用担保体系

建议由政府出资成立非营利性质的中小企业贷款担保基金，并将其制度化和法制化，当被担保企业不能偿还债务时，由信用担保基金承担约定责任，进行清偿。另一方面要出台政策鼓励非公有制经济设立商业性或互助性的信用担保机构，从组织形式上保证信用辅助制度的落实，完善信用担保的行业准入、风险控制和损失补偿机制，构建多层次、有序、可控的中小企业信用担保体系。

（4）设立中小企业发展基金

尽快推动设立中小企业发展基金，每年由财政为基金注入扶持中小企业发展专项资金，加大力度支持符合国家产业政策、有产品、有市场、有发展前景的中小企业。中小企业发展基金、科技型中小企业技术创新基金和中小企业国际市场开拓基金一起，各有侧重地协同促进中小企业发展。

2. 银行

要求以追求利益最大化的商业银行加大对中小企业融资的力度，通过简单化的硬性规定和片面要求是无效的，必须通过制度创新使得银行有一定的外部压力和内部动力，能积极主动地加强对中小企业的融资。

（1）通过优惠的税收、信贷政策引导银行支持中小企业融资

在银行内部设立面向中小企业的贷款部门，通过立法强制和政策引导，保证对中小企业的融资比例，同时，为鼓励银行向中小企业融资，可针对性地通过税收优惠、财政奖励等方式，提高其对中小企业融资的积极性。

（2）通过宽松的利率政策来引导银行支持中小企业融资

要提高银行对中小企业贷款的积极性和原动力，必须放宽对银行贷款利

率的严格限制，允许银行在规定利率浮动上限的范围内，根据企业贷款数额、风险程度等具体情况灵活确定贷款利率，通过利益导向强化银行向中小企业融资的内在动力。

3. 民间

针对我国中小企业的特点，加大银行对内开放力度，放开政策，放松管制，构建以中小银行和非银行金融机构为主体的中小金融体系。

（1）大力发展以民营资本为主的地方性中小银行

一是通过国有银行的集团化改造，将一级法人改为多级法人，将基层金融分支机构改造为独立的地方性中小银行。二是选择一些符合条件的城市信用社，将之改造成区域性股份制商业银行。三是放宽准入条件和限制，允许民间投资人以股份合作的形式创办新的民营中小银行，以更直接、更有效的形式集聚更多的民营资本。四是扶持农村信用社改制为地方股份制银行，引导当地民间资本合理介入，将其改造成为农村社区服务的地方性金融服务体系。

（2）促进民间借贷等非银行金融机构的发展和完善

民间借贷在一定程度上缓解了中小企业的资金困难，填补了正规金融不愿涉足或供给不足所形成的资金缺口。所以，应建立有针对性的监管和检测机构，对民间借贷的资金投向进行必要的监管和引导，同时也可以借鉴国外成功的做法，如对几年内信用指标良好、运营合法的民间借贷团体，通过银行系统或信托系统给予一定的担保政策等。

（3）完善制度安排和体系建设

在放开政策、鼓励创建中小银行和非银行金融机构的同时，政府必须进一步完善法律法规和相应的制度安排，如制定中小银行及非银行金融机构的准入标准、竞争规则、风险管理制度、监管办法；允许中小银行和非银行金融机构在一个规定的利率上限范围内，根据融资主体的实际情况和贷款条件灵活确定贷款利率；建立一套中小企业融资风险的事前预警和防范系统等。

4. 企业

不但要强化企业内部管理，使其更符合向银行融资的标准和条件，而且要用好政策，开辟多元化融资渠道。

（1）强化信用意识

提升信用等级，树立信贷形象，以自身的综合水平、经济实力和良好信用取信于社会，取信于银行；规范企业管理和会计报表制度，及时提供真实、充分反映企业生产经营状况的会计报表。

（2）拓宽融资渠道

在筹集资金时，不但要考虑资金的时间价值以及风险与收益的平衡，还要积极开展招商引资，谋求靠大联大，充分挖掘自身潜力，开辟多元融资渠道，要敢于利用企业内部股权融资，引入民间资本，充分挖掘担保资源，建立"抱团增信"机制，开展多户联保贷款方式。

（3）用好用活政策

利用好各级政府搭建的融资平台，加强与金融机构的沟通，了解银行的融资新产品和融资渠道，有效地利用国家财税、金融、产业、贸易等优惠政策为自身服务。同时，还要积极利用政府搭建的银企座谈会、衔接会等平台，抓住时机，搞好融资工作。

（二）建议威海市政府各部门和金融机构从微观角度来制定有利于中小企业融资的短期应对措施

1. 建立和完善为中小企业服务的金融和非金融组织体系

（1）探索发展城市商业银行和农村信用合作社

城市商业银行和农村信用合作社的机构网点主要分布在中小企业密集的市、区两级，与中小企业联系紧密，能够洞察中小企业的金融需求，信贷交易成本低，更为重要的是这些信用合作组织可以实现对退出地方金融的国有商业银行分支机构的功能替代，占据国有商业银行退出后的经营空间，成为地方金融组织体系中的一支有生力量。从城市和农村信用合作组织的发展历史看，中小企业一直是它们的主要客户之一。如 2012 年第一季度威海市商业银行和农村信用合作社近年来为中小企业提供的贷款一直占全市 11 家金融机构提供贷款总额的40%以上，建议尽快出台政策发展地方性商业银行和农村合作社（见表2）。

表 2　2012 年第一季度威海市主要金融机构中小企业贷款情况

单位：亿元，%

金融机构名称	贷款余额	占全市中小企业贷款余额比重
农村信用合作社	124.06	25.88
威海市商业银行	79.54	16.60
中国工商银行	76.11	15.88
中国农业银行	49.70	10.37
中国银行	47.35	9.88
中国建设银行	25.74	5.37

续表

金融机构名称	贷款余额	占全市中小企业贷款余额比重
农业发展银行	27.20	5.68
中信银行	15.63	3.26
交通银行	20.33	4.24
招商银行	10.96	2.29
邮政储蓄银行	2.66	0.55
全市合计	479.28	100

（2）探索发展小型金融机构

目前市场上缺乏与中小企业相匹配的中小民营金融机构，后者的经营方式比国有商业银行更为灵活高效，更能够为中小企业提供优质的服务，所以，要尽快发展对中小企业服务方面具有综合比较优势的新型中小金融机构，如金融租赁公司、社区银行、小企业信贷中心（具有独立法人金融机构）等；同时着力扩大小额贷款公司试点，建立覆盖各市、区的小额贷款公司网络，支持有实力的企业或民间资本发起设立小额贷款公司，支持有条件的小额贷款公司转为村镇银行。

（3）探索建立和发展中小企业投资公司

如果按资金用途划分，中小企业的融资缺口可分为"资本性融资缺口"和"债务性融资缺口"两种情况。中小企业投资公司通过投资持有中小企业的股份，可满足中小企业对创业资本的需求。中小企业投资公司的发起人，可以是产业或产品具有较强关联性的中小企业，也可以是看好中小企业发展前景的其他类型的市场主体。至于公司的组织形式，既可以是合伙制的，也可以是股份制的。政府应通过税收优惠措施促进这类公司的发展。

2. 探索政银企保多方合作的融资平台

（1）创新搭建政银企保网上融资平台

积极整合政府部门、金融机构、担保机构等资源优势，创新搭建面向中小企业的专业网上融资平台，打造政银企保"四位一体"的网上融资新渠道。中小企业通过上网免费发布贷款融资需求，快速筛选获得多家银行服务，有效缩短银行找贷、企业求贷时间，减少相关融资成本，达到方便快捷的融资目的，还可为有关部门监管提供一定的信息支撑。

（2）探索构建政银企保多方对接机制

可通过编发企业资金需求手册、举办"银企保"融资推介活动、建立各大商业银行中小企业专营机构，更好地为中小企业提供一站式金融服务。市财政局在这方面做了有益的尝试，去年，该局通过组织银企洽谈会推动了二十多个中小企业获得贷款几十亿元。建议政府各部门结合各自部门特点，利用本部门资源，通过各种宣传和推介活动为中小企业的融资牵线搭桥，共同构筑政银企保多方对接机制

（3）探索银企的深度合作模式

可通过对中小企业贷款的统计监测，建立中小企业贷款通报机制，定期以《威海中小企业信息》简报的形式公布全市 11 家银行对中小企业的贷款情况，可通过签订银企长期战略合作协议、协议银行设立中小企业专营机构、增加中小企业授信额度等服务模式，引导金融机构加大对中小企业的信贷投入力度，推动金融机构转变观念，强化主要为中小企业服务的市场定位。

3. 探索适合中小企业特点的融资模式

（1）完善续贷过桥周转机制

为防范企业资金链断裂和银行不良贷款反弹，在保证资金安全的前提下，利用财政间歇性资金，无偿为资金周转不畅的企业提供短期"搭桥"，提供临时资金拆借服务，这一机制运转了两年，收到了很好的效果。虽然保障的力度不大，却是"及时雨"，可解燃眉之急。需要强调的是不能因为曾经出现过个别企业无力偿还的事件而取消该项政策，而应该从强化财政部门的监管力度入手，不断地修订和完善该项政策。

（2）完善贷款风险补偿和奖励机制

去年市财政局开展了对银行业本年度小企业贷款季均余额超过上年 15%的部分，按不高于 5‰的比例给予补偿奖励。这一政策有利于引导金融机构由偏重于大企业信贷支持的传统观念向扶持中小企业信贷支持的观念进行转变，在一定程度上降低金融机构为中小企业贷款的风险，弥补金融机构因不良贷款造成的损失。政策实施后的效果很好，对于鼓励和引导银行加大对中小企业的信贷扶持力度具有很大的推动作用。建议继续保持和完善该项政策。

（3）加大政府采购信用融资的力度

中小企业凭中标通知书或政府采购合同，即可到银行办理贷款，为中小企业加快发展打造绿色新通道。市财政局开展的政府采购融资平台，不仅使银行在风险可控的情况下，拓宽了业务范围，获得良好的效益，也为中小企业增加了新的融资渠道，缓解了融资难等问题。而从目前情况看，受益的中小企业范围较小，建议政府应考虑降低政府采购准入门槛、提供贷款贴息、项目预付款等其他更多扶持手段，同时要进一步探讨研究在政府采购支持中

小企业融资过程中，融资风险、效率、成本、具体模式选择等问题，从而把中小企业政府采购信用担保融资工作提升到促进中小企业平稳健康发展的工作层面。

4. 探索推出适合中小企业特点的融资产品

（1）全力推广集合信托直接融资业务

集合信托是指多家中小企业联合起来作为一个整体，通过信托公司统一发行信托计划募集资金，并把募集到的资金分配到各家企业的融资方式。作为一种创新融资产品，集合信托将多家中小企业作为一个整体打包融资，形成"1+1＞2"的规模效应，相对于单个企业贷款，具有贷款额度核定宽松、资金使用方便、融资成本较低、手续简便、审批速度快等特点，如不能提供抵（质）押或保证的，可依托融资性担保公司增信。从其他城市运行了几年后而取得的经验来看，对于中小企业融资，这是目前门槛最低、潜力最大、可持续强、覆盖面大，且最具操作性的融资产品，可作为未来中小企业融资业务的发展方向，建议大力推广发行。

（2）探索合同能源管理等融资方式

通过组织参加面向全国重点中小企业上市培训辅导活动，推动威海市中小企业利用资本市场直接融资；特别是建议通过建立合同能源管理企业项目库向省内、外各类融资租赁公司推介宣传，通过融资租赁的方式取得资金来源；要积极引导全市规模以上中小企业参与信用评级，以争取更多的机会介入合同能源管理的融资方式

（3）探索中小企业行业内联保贷、无形资产质押、股权质押等集合贷融资产品

积极与金融机构探索多层次、多类别的质押方式，如行业内联保贷、无形资产质押、股权质押等。联保贷适用于从事相同或相近行业，规模相近、相互了解且自愿组成联保的中小企业，相互间通过抱团增信获贷并承担连带责任；股权质押是指以公司股东股权为标的物而设定的质押行为；知识产权质押是以无发明、专利等无形资产而设定的质押行为。今年中小企业局正在与民生银行探讨设定的海参养殖加工"联保贷"融资产品是一个很好的尝试。对于股权质押，政府还要做更多的工作，建议采取北京、天津等地的经验，由政府出面，通过承办融洽会、"拉郎配"等形式，为那些既不能在银行借贷，又不能享受其他金融机构融资产品的中小企业开辟股权融资的新方式。对于无形资产质押，很多科技型中小企业手握大量知识产权，却无法通过知识产权质押取得贷款，因为"产业化经营规模"等门槛将这类企业拦在门外，

建议政府能对金融机构发放知识产权质押贷款按增量给予适度补助，指导和协助金融机构在知识产权交易市场上及时处置质押物等，推进通过无形资产质押取得贷款工作的开展。

5. 研究推进担保体系建设

（1）创新担保新模式

加快制定全市关于进一步规范支持担保业发展的意见，加强银保合作。引导商业银行与担保行业依据银监会的有关规定，在存入保证金、利益共享、风险共担方面有所突破；开展银保"双推双荐"活动，把新设立的担保公司向商业银行推荐，把新进入威海的金融机构推介给担保公司，引导担保公司与合作银行互荐，共享客户资源。

（2）加大资金新扶持

一是探索建立担保机构业务和专项资金管理网上申报系统，进一步规范行业管理，积极争取国家、省、市三级中小企业信用担保专项资金扶持，不断完善担保机构风险补偿和奖励机制。二是探索通过财政注资一些信用评级较好的中小企业担保机构，对符合为中小企业提供担保额达到一定比例的担保机构免征一些税费的优惠，落实准备金提取和代偿损失税前扣除政策等。

（3）引导开发新产品

针对中小企业融资特点，引导担保机构创新担保产品抵（质）押方式，开展在建厂房、设备、应收账款、集体土地使用权、股权质押、林权抵押等新型担保抵押贷款方式，扩大担保贷款领域，积极探索药品专营权与股权质押反担保、让与产权担保、资产分置抵押担保、汽车合格证质押担保、医药收费权质押等模式，完善联贷联保模式、村级信用互助模式，推行个人反担保、会员大联保、集体全担保等机制；综合运用银行承兑汇票、信用证、保函、远期外汇等各种表外金融工具，满足中小企业多元化的融资需求；房管、工商、国土、银监等部门要根据国务院文件精神，支持扩大抵押担保物范围，凡是法律不禁止、评估价值较合理、权属较清楚的财产都要允许进行贷款抵押。

总之，通过长效机制和短期举措的结合，经过各方的共同努力，我们有理由相信，困扰威海市中小企业的融资难问题会逐步得到解决。

（作者单位：中共威海市委党校　课题组成员：于秀芝）

运用税收政策促进威海战略性新兴产业发展的研究

孔庆俊

新兴产业是指随着新的科研成果和新兴技术的发明、应用而出现的新的部门和行业。战略性新兴产业是以重大技术突破和重大发展需求为基础，对经济社会全局和长远发展具有重大引领带动作用，知识技术密集、物质资源消耗少、成长潜力大、综合效益好的产业，是引导未来经济社会发展的重要力量。培育和发展战略性新兴产业，是适应经济科技变革、转变发展方式、抢占未来科技制高点、增强综合国力、实现我国经济社会持续较快发展的重大战略举措。税收作为政府调控经济和推动产业发展的重要手段之一，在引导、促进产业发展方面有着不可替代的作用。为加快发展战略性新兴产业，必须在现有税制框架下，按照产业政策导向，用足用好现有税收优惠政策，不断补充和完善税收政策体系，充分发挥税收政策在促进战略性新兴产业发展方面的积极作用。

一 战略性新兴产业的基本特征和内容

（一）战略性新兴产业的基本特征

战略性新兴产业不同于传统产业，首先，它在国民经济中具有战略地位，对经济社会发展和国家安全具有重大和长远影响；其次，这些产业是面向未来、着眼长远，抢抓产业变革先机，依靠科技创新培育国家未来经济发展的支柱产业。其基本特征表现为以下三个方面。第一，自主创新性。战略性新兴产业是新兴科技和新兴产业的深度融合，技术含量高且以科技创新为支撑，它的成熟程度取决于关键核心技术的获取，其实质是以自主创新为主要特征的新一轮产业革命。第二，市场前景广阔。战略性新兴产业目前尚处于发展初期，产品和服务不成熟、相关的标准和政策不完善，但其可在短期内创造新的市场需求，并具有稳定的发展前景和广阔的市场需求，并能非常快速地发展。第三，带动力强。战略性新兴产业与其他产业之间存在大量的产品、劳务、生产技术、投资等要素关联，其快速发展会对其他产业的发展产生带动作用，从而带动经济社会持续、快速发展。

（二）中央、山东省和威海市发展战略性新兴产业的部署

2010年10月18日，在国务院总理温家宝主持召开的国务院常务会议上，审议并原则通过了《国务院关于加快培育和发展战略性新兴产业的决定》，将节能环保、新一代信息技术、生物、高端装备制造、新能源、新材料和新能源汽车七大产业列为国家重点支持发展的战略性新兴产业。2012年5月30日，国务院又讨论通过了《"十二五"国家战略性新兴产业发展规划》，进一步明确了我国战略性新兴产业发展的重点方向和主要任务，有利于又好又快地培育和发展相关战略性新兴产业，促进经济长期平稳较快发展。

山东省出台了《山东省人民政府关于加快培育和发展战略性新兴产业的实施意见》，将新能源、新信息、新医药、新材料和海洋科技开发等作为战略性新兴产业发展的主攻方向，这也是山东省转方式调结构的关键环节和步骤。2010年11月2日，山东省发改委公布了第一批战略性新型产业重点项目，涵盖新能源、新信息、新医药、新材料和海洋开发五大重点发展领域，共50个项目，总投资839.5亿元。2010～2012年，山东将综合运用财政、税收、土地、金融信贷、政府采购等办法，全力扶持新材料、新医药、新信息和海洋科技四大战略新兴产业加快发展，使战略新兴产业年均增幅在20%以上。今年，山东省通过省级财政安排2亿元、省基建基金安排2亿元设立省级新能源专项资金，加大对重点新能源生产、推广应用和技术研究等环节的资金扶持；省级财政每年筹措20亿元支持高新技术产业自主创新，推动山东省战略性新兴产业进入发展快车道。

发展战略性新兴产业是政府在立足自身发展现实、借鉴历史经验与他国发展经验的基础上，不断探索而提出的长远发展战略；也是面临国际金融危机，在经济增长与能源资源不足等多重压力下以国际视野和战略思维所做的必然选择。中央和省委省政府的高度重视，为威海市战略性新兴产业的发展营造了良好环境。近年来，威海市立足自身丰富的海洋资源和良好的产业基

础，抓住国家发展战略性新兴产业的重大机遇，出台了《威海市新能源产业发展规划》，提出加大对风能、太阳能、生物质能、海洋能等自然资源的开发力度，加快培植新能源等产业链条，推进海洋产品加工、海洋造船、海洋能源等蓝色产业发展步入"快车道"。2011年，山东省政府先后公布了全省第一、二批省级战略性新兴产业项目名单，第一批、第二批分别为100和50个项目，两批名单中威海市共有17个项目列入，居全省前列，威海拓展纤维有限公司系列高性能碳纤维产业化项目等10个项目入围第一批，占全省第一批的10%；第二批次仅限新一代信息技术和海洋开发两个产业，山东新北洋信息技术股份有限公司高端专用打印扫描及相关技术集成产品产业化等7个项目入围第二批，其中新一代信息技术项目4个，海洋开发项目3个，7个项目总投资27.3亿元。2012年2月，威海市委书记孙述涛在山东省十一届人大五次会议上明确提出工业强市战略，以先进制造业为重点，以项目建设为抓手，以骨干企业膨胀为支撑，以科技创新为动力，大力发展工业经济，把实体经济尽快做大做强。特别是提出要按照"两轮驱动"的思路，一手抓传统产业的升级改造和集群化发展，一手抓战略性新兴产业的培育发展，不断提高产业层次和竞争力，形成具有威海特色的现代产业体系。在此基础上，威海市出台了《威海市国民经济和社会发展第十二个五年规划纲要》，明确提出要立足全市的区位、产业、资源等实际，重点培育和发展新能源及配套、新材料及制品、新能源汽车、新信息、生物医药、节能环保、海洋科技开发七大战略性新兴产业，尽快推动发展成为区域经济的先导性、支柱性产业。这些都为全市战略性新兴产业健康快速发展奠定了坚实基础。

二　税收政策促进战略性新兴产业发展的作用机制

战略性新兴产业的发展包含技术研发、设计试制、产品化、商品化等阶段。在技术研发和设计试制的前期开发阶段，由于相关技术尚不成熟，具有高风险、高投入、低收益的特点，进入战略性新兴产业则意味着一定时期内的经济投入与经济效益预期不一致，一般经济个体难以主动选择；在产品化和商品化阶段，由于无法借鉴成熟的生产工艺流程、行业标准和销售模式，在产品定位、适应市场等方面存在诸多不确定性，会在一定程度上影响企业的盈利预期。基于此，战略性新兴产业的发展需要政府公共政策加以推动，而税收政策是推动产业发展的重要手段之一。税收政策促进战略性新兴产业的作用机制，一是制定激励资本投入方向的税收优惠政策，发挥税收政策的引导作用；二是针对战略性新兴产业发展的不同阶段面临的不同风险和困难，制定相应的税收激励政策，在一定期限内对某些特定的课税对象实施不同类型的税收减免让利，发挥税收政策激励和扶持作用。通过发挥税收政策的引导和激励作用，引导要素的投入方向、培育自主创新环境、提高进入该产业企业的预期收益，从利益机制上激励企业主动选择战略性新兴产业，进而建立以企业为主体、市场为导向、产学研相结合的技术创新体系，促进战略性新兴产业持续健康发展。

三　促进战略性新兴产业发展的现行税收政策及存在的问题

目前，我国战略性新兴产业正处于崛起的时期，其发展是需要政府的鼓励和支持，税收政策作为国家宏观调控的重要手段，对战略性新兴产业的发展起了不容忽视的促进作用。然而，战略性新兴产业是近年提出的产业概念，我们国家还缺乏专门针对新兴产业系统的税收优惠政策，虽然国家已经相继出台了一系列与战略性新兴产业发展密切相关的税收政策，覆盖面限于节能环保、新材料、新能源、集成电路等产业部门以及一般性的高新技术产业、科技研发与转让等方面。如何进一步完善税收优惠政策对战略性新兴产业的促进作用成为目前探讨的热点问题。

（一）现行与促进战略性新兴产业发展的相关税收政策

1. 增值税

①对属于增值税一般纳税人销售其自主开发生产的软件，按17%的税率征收增值税后，对其增值税实际税负超过3%的部分实行即征即退政策。②对利用风电生产的电力产品实行增值税即征即退50%的政策。③国内企业为生产国家支持发展的重大技术装备和产品而确有必要进口的关键零部件及原材料，免征进口关税和进口环节增值税。

2. 营业税

①对单位和个人从事技术转让、技术开发业务和与之相关的技术咨询、技术服务业务收入免征营业税。②对符合条件的科技企业孵化器向孵化企业出租场地、房屋以及提供孵化服务的收入免征营业税。

3. 企业所得税

①符合条件的高新技术企业，减按15%的税率征收企业所得税。②在一个纳税年度内，居民企业技术转让所得不超过500万元的部分，免征企业所

得税；超过 500 万元的部分，减半征收企业所得税。③新办软件生产企业经认定后，自获利年度起，第一年和第二年免征企业所得税，第三年至第五年减半征收企业所得税。国家规划布局内的重点软件生产企业，当年未享受减免税优惠的，减按 10% 的税率征收企业所得税。软件生产企业的职工培训费用，可按实际发生额在计算应纳税所得额时扣除。集成电路设计企业视同软件企业，享受软件企业的有关企业所得税政策。对生产线宽小于 0.8 微米（含）集成电路产品的生产企业，经认定后，自获利年度起，第一年和第二年免征企业所得税，第三年至第五年减半征收企业所得税。投资额超过 80 亿元人民币或集成电路线宽小于 0.25 微米的集成电路生产企业，可以减按 15% 的税率缴纳企业所得税，其中，经营期在 15 年以上的，从开始获利的年度起，第一年至第五年免征企业所得税，第六年至第十年减半征收企业所得税。④企业开发新技术、新产品、新工艺发生的研究开发费用，未形成无形资产计入当期损益的，在按规定据实扣除的基础上，按照研究开发费用的 50% 加计扣除；形成无形资产的，按照无形资产成本的 150% 摊销。⑤创业投资企业采取股权投资方式投资于未上市的中小高新技术企业 2 年以上的，可以按照其投资额的 70% 在股权持有满 2 年的当年抵扣该创业投资企业的应纳税所得额；当年不足抵扣的，可以在以后纳税年度结转抵扣。⑥企业从事符合条件的环境保护、节能节水项目的所得，自项目取得第一笔生产经营收入所属纳税年度起，第一年至第三年免征企业所得税，第四年至第六年减半征收企业所得税。⑦企业购置并实际使用《环境保护专用设备企业所得税优惠目录》、《节能节水专用设备企业所得税优惠目录》和《安全生产专用设备企业所得税优惠目录》规定的环境保护、节能节水、安全生产等专用设备的，该专用设备投资额的 10% 可以从企业当年的应纳税额中抵免；当年不足抵免的，可以在以后 5 个纳税年度结转抵免。⑧企业以《资源综合利用企业所得税优惠目录》规定的资源作为主要原材料，生产国家非限制和禁止并符合国家和行业相关标准的产品取得的收入，减按 90% 计入收入总额。⑨企业从事农作物新品种的选育、林木的培育和种植等项目所得免征企业所得税。⑩由于技术进步，产品更新换代较快的固定资产，可以缩短折旧年限或者采取加速折旧的方法。集成电路生产企业的生产性设备，折旧年限最短可为 3 年。

（二）促进战略性新兴产业发展相关税收政策存在的问题与不足

当前，国家已出台了大量税收政策，在鼓励技术创新、支持战略性新兴产业发展发挥了积极作用，但与发展战略性新兴产业的迫切要求相比，我国现行税收政策还存在不足之处。

1. 税收激励政策重技术应用、轻技术研发，不利于自主创新能力的培育

我国现行针对技术进步和创新的税收优惠政策主要集中于高新技术领域，以企业所得税减免让利等直接优惠为主，允许企业税前扣除技术开发准备金等着力于降低企业自主创新投资风险的税收优惠政策措施不足，且现行相关税收优惠政策主要集中在技术研发成熟以后的应用和推广期（主要是指对认定后的高新技术企业实施所得税等优惠，受益者多为应用科技成果的企业）。而美国、日本等发达国家实行以间接优惠为主的税收优惠方式，税收激励的着力点是新产品、新技术的研究开发环节。一方面，高新技术使用与自主创新并非同一范畴，高新技术使用主要强调技术的领先性并不关注技术的产权所属，自主创新主要强调核心技术产权掌握在国内企业手中。另一方面，直接优惠方式侧重于事后优惠，有较大的局限性，而间接优惠侧重于事前优惠，能够影响技术研发的直接成本，降低企业自主创新的投资风险，对技术创新活动形成更有效的激励。自主创新的基本特征是投入大、收益不确定，税收优惠政策的着力点应在帮助企业分担自主创新的风险上，而不是对企业利润的直接让渡。如果税收激励政策偏重于技术成熟阶段对企业利润的优惠，税收政策激励企业自主创新的效果将大打折扣。

威海拓展纤维、三角轮胎、黄海造船、山东新北洋、好当家集团等17个项目列入省级战略性新兴产业项目，据统计，2011年这17户龙头企业共入库地方税收29828万元，占全年地方税收总量的2.8%。由此可见，战略性新兴产业在全市经济中占有重要的地位。以广泰空港为例，该企业目前生产的集电机、电控、整车研制等多项自主知识产权的纯电动公交车，在产品性能、市场占有等方面都具有一定优势，但目前在税收方面没有明确的税收政策扶持，只有在企业所得税方面有相关扶持政策。

2. 缺乏鼓励企业自主创新成果转化的动能

战略性新兴产业属于典型的高科技高附加值产业，特别是新材料、新能源和新一代信息技术等产业，其特点是消耗原材料少、研发费用高，无形资产和研发过程中的智力投入往往构成其产品的主要成本。从科研成果向现实生产力的转化过程看，科研成果必须与企业的生产实践、产品的技术标准和工艺流程相一致，被企业的生产制造过程所接受，才能实现科研成果向产品化的转化。其间要经过多次磨合、工艺改良和产品试制。从经济个体的决策选择看，一项新的科研成果只有在投资评价、预期收益可行的情况下才会被企业采用。我国目前的税收政策并不允许对企业技术含量高的中试产品、新

产品实行减免税优惠，也不允许对新技术、新工艺的投资进行税收抵免，其结果必然是阻碍新技术、新工艺的运用，延长自主创新成果向现实生产力转化的周期。

3. 以企业为优惠主体的高新技术企业优惠政策激励目的与成效存在偏差

一方面，高新技术企业认定门槛较高。《高新技术企业认定管理办法》（国科发〔2008〕172号）在国家需要重点扶持的高新技术企业认定标准中，除了要求企业持续进行研究开发与技术成果转化，拥有核心自主知识产权，产品属于《国家重点支持的高新技术领域》规定的范围之外，还要求高新技术产品收入占企业当年总收入的比例在60%以上。部分大型、综合性企业虽然其高新技术产品收入总额并不低，但由于其产业规模庞大，高新技术产品收入占比难以达到60%，而企业为了能享受优惠，不得不将高新技术部分剥离，独立成立一个企业，在一定程度上加大了企业的管理和运营成本。另一方面，不能认定为高新技术企业的企业，其技术创新活动不能享受优惠，而认定为高新技术企业的企业，其非技术创新收益也享受税收优惠，存在税收优惠政策被滥用之嫌。高新技术税收激励政策的目的是鼓励高新技术发展，促进技术创新和进步。而技术创新和进步并不完全依赖高新技术企业，只要经济个体的行为有利于科技发展和技术进步都应该享受税收优惠。所以，以创新项目而不是以企业作为扶持对象，更能体现国家鼓励科技创新的激励目标。

（三）借鉴国外发达国家支持战略性新兴产业发展的税收政策

国外对战略性新兴产业发展问题研究的个案并不缺乏，美国、欧盟、日本、韩国等都建立了战略性新兴产业发展战略，制定了相关法律制度。

1. 将税收政策纳入法制化管理

发达国家与地区普遍将税收政策作为鼓励新兴产业发展的重要政策，重视新兴产业税收政策的法制化管理，基本形成比较完备的技术创新税收优惠法律政策体系，如进入21世纪，美国政府以新能源为核心签署了总额7870亿美元的《2009美国复苏与再投资法案》，其中包括2883亿美元左右的减税和税收直接支出计划，给予高新技术企业尤其是小型企业和个人广泛的税收抵免和再融资税收信贷。日本制定了《促进基础技术研究税则》《增加试验研究费税额扣除制度》等。实践表明，以法律形式来体现的税收政策确保了科技税法的严肃性和执法的刚性，有效地增强了税收优惠政策的激励效应，为这些国家成为世界科技创新强国奠定了坚实的法律基础。

2. 将税收激励政策作为支持企业自主创新研发的先决条件

补偿和降低新兴产业的投资风险成为世界各国税收政策导向的共识，各国不约而同地将税收政策支持重点选择在新兴产业可持续发展的源头上，加大在研发投资的税前抵扣、允许向后结转或追溯抵扣、研发设备的加速折旧、提取技术准备金等科研开发费用补偿和中间试验阶段税收优惠的激励力度。实践表明，将税收激励政策的重点置于企业自主创新的研究与开发阶段，能有效地降低企业自主创新的研发成本，减少企业自主创新的风险，其政策的有效性在许多发达国家得到了很好的检验。

3. 以普惠方式确保科技创新的顺利开展

在税收优惠方式上，各国偏向于采取加速折旧、投资抵免、税前列支、加计扣除、计提技术（风险）准备金等税基减免的间接优惠手段，税率式与税额式减免等直接优惠方式相对较少，这种强调事前调整的方式可以激励企业采用先进技术和加强科技开发来享受相应的税收优惠，达到产业升级和优化结构的目的。如美国对非营利性科研机构免征各项税收，对企业研究与开发费用实行税收优惠；英国通过税收优惠，为科技计划匹配资金等多种有效措施，吸引和鼓励战略性新兴产业增加科技投入，开发自己的核心技术和核心产品，以便在世界上占据主导地位；法国通过较大幅度的税前扣除等税收优惠政策支持战略性新兴产业开展技术研发等。

4. 以企业所得税优惠为主促进新兴产业体系发展壮大

世界各国对新兴产业和创新企业的税收激励主要体现在企业所得税优惠上，在流转税上优惠较少，这与各国以所得税为主的税制结构有很大关系。采取流转税税制的国家也大多选取消费型增值税形式，对进项税额的抵扣更加宽泛，不仅包括固定资产，还延伸到整个工业生产流程及大部分生产性服务领域。当前，生产性服务业和现代制造业加速融合，各国对生产性服务业的进项抵扣成为增值税抵扣链条不可或缺的重要环节，极大促进了新兴产业体系发展壮大。

5. 以构建产学研相结合的完整体系促进新兴产业发展

新兴产业的发展最终还是取决于人才，对科技人才实施税收激励政策，成为世界各国的共同选择。从税收实践来看，主要表现在技术转让和技术服务收入等个人收入的所得税减免和教育支出的税前扣除等方面。各国均鼓励企业与大学和科学研究机构的合作，企业资助大学和科学研究机构的研究开发，或者企业委托大学和科学研究机构为其进行研究开发，均可享受税收减免。各国政府普遍看中中小企业的研究开发能力，对技术密集型的中小企业的创业初期大都实行一定期限的投资抵免和税收优惠。

（四）借鉴国内先进地区支持战略性新兴产业发展的政策

国内先进地区在培育和发展战略性新兴产业过程中，积极探索，采取了有效的政策与措施。

1. 制定发展规划，全面实施战略管理

在国际金融危机爆发前，江苏省就启动实施高新技术产业"双倍增"计划，提出用5年时间使全省高新技术产业产值突破1万亿元，金融危机后又进一步制订了六大战略性新兴产业的发展规划；四川省研究中心编制了《四川省"十二五"战略性新兴产业发展规划》，新材料、新能源、新一代信息技术、生物医药、节能环保、航空航天和新能源汽车7个产业也基本完成产业发展规划的编制工作；天津市正在制定《"十二五"战略性新兴产业发展规划》，从自主创新和产业发展的重点领域、科技创新体系布局、产业化基地建设、人才队伍建设、体制机制创新等方面明确目标和任务，制定相关政策。

2. 实施重大项目，带动产业整体竞争力提升

各地将自主创新放在发展战略性新兴产业的核心位置，通过实施重大项目，集中突破关键技术。湖南省2006年以来共实施重大专项36个，研发形成重点新产品397个，获得专利221项；江苏省组织实施高技术产业发展"841攀登计划"，开展800项关键技术攻关、400项重大科技成果转化、100项重大战略产目、30项新引进项目、50项新技术产业化项目，并加大要素保障和管理服务的落实力度；天津市确定了大项目、好项目拉动战略，部署实施重大项目940项，促进生物医药、新能源等新兴产业持续发展。

3. 建立科学的财税扶持机制，助推战略性新兴产业发展

上海市制订了关键装备首套补贴政策，对经认定的首套风力发电、核电、IGCC、薄膜太阳能电池和智能电网等关键装备，给予资金支持。广东省在"十二五"期间，财政将每年新增安排20亿元，五年投入100亿元，支持高端新型电子信息、LED产业、新能源汽车、太阳能光伏、核电装备、风电、生物制药、新材料、节能环保、航空航天、海洋11个战略性新兴产业，每年设立20亿元的专项资金，由省财政预留40%，其余部分切块安排到省经信委、省发改委和省科技厅，分别用于支持高端新型电子信息、LED产业、新能源汽车三大近期重点突破的产业发展。江苏省在科技成果转化上，由省财政安排专项引导资金10亿元，推动沿海开发战略、自主创新"双百工程"实施，省财政安排省级科技服务平台专项引导资金2.5亿元，围绕新能源、新

医药等新兴产业，支持 174 个科技创新体系项目的实施。上海市推出一系列税收优惠政策支持高新技术企业发展，如对符合条件的技术先进型服务企业，减按 15% 的税率征收企业所得税；技术先进型服务企业职工教育经费按不超过企业工资总额 8% 的比例在企业所得税税前据实扣除。

四　运用税收政策促进战略性新兴产业发展的建议

（一）完善税收激励政策，全面扶持战略性新兴产业发展

税收政策应与国家产业政策密切配合，既要针对产业发展所处的不同阶段和产业特点制定相应的税收激励政策，又要采取以流转税和所得税为主的优惠措施，兼顾中央和地方的财力承受能力，充分发挥税收政策资源的效能，全面支持战略性新兴产业的发展。

1. 确定战略性新兴产业的范围，明确政策激励目标

运用税收政策扶持战略性新兴产业发展，首先需要解决的问题是尽快界定该产业的具体范围和内容，便于税收激励政策有的放矢。建议参考高新技术企业税收优惠管理办法，相关部门在《国务院关于加快培育和发展战略性新兴产业的决定》框架内，尽快制定《战略性新兴产业认定管理办法》和《国家重点支持的高新技术领域》，明确具体激励主体。同时，税务部门要明确对战略性新兴产业实施税收优惠的管理办法和操作程序，确保税收激励政策的全面、准确、及时落实。

2. 增加间接优惠措施，提高企业参与技术研发的积极性

一是允许战略性新兴产业范畴的企业按营业收入或销售收入的一定比例（如 3%~5%）计提高新技术开发投资风险准备金，在一定年限内（如 3 年）用于自主创新活动，准予税前扣除；二是适当提高职工教育经费的税前扣除限额比例，或者参照软件生产企业的政策，实行据实扣除的办法，提高企业对人力资本培育的积极性。

3. 适当增加和调整直接优惠措施，加快产业化进程

一是降低中试产品销售的增值税税率，或直接对中试产品免征增值税，减轻企业技术转化环节的税收负担。二是对完成产品中试进入产业化阶段的企业给予阶段性税收优惠，如允许企业在进入产业化阶段的 1~2 年内，比照现行对软件企业增值税税负超过 3% 的部分实行即征即退的增值税优惠政策，以降低成本，促进新产品市场的快速形成。三是变高新技术企业优惠为高新

技术项目优惠，将《企业所得税法》中"国家需要重点扶持的高新技术企业，减按15%的税率征收企业所得税"改为"国家需要重点扶持的高新技术项目所得，减按15%的税率征收企业所得税"。同时，相应地将高新技术企业认定变为高新技术项目认定，并要求企业将高新技术产品与传统产品分开核算，便于优惠政策的执行。四是允许成熟期的企业在税前列支按照销售收入或营业收入的一定比例（如3%）提取技术创新准备金，并规定技术创新准备金在提取后的一定期限内（如3年）必须投入企业的研发项目，否则予以征税，激发优势企业持续创新动力的同时鼓励企业做大做强。

4. 统筹运用多种政策措施，引导资本投向

一是适当修改创业投资企业享受优惠的条件，将投资于"未上市中小高新技术企业"的创业投资税收优惠修改为投资于"未上市战略性新兴产业企业"税收优惠，鼓励资本投向战略性新兴产业；二是对高能耗、高污染、资源型等落后产能产业实行高税率，淘汰落后产业，引导资本向新兴产业集中。

（二）整合现有税收政策，扶持新兴产业发展

将目前零散的各个税种的税收优惠政策进行整合，针对战略性新兴产业的具体项目，如节能环保，出台鼓励节能环保行业发展的意见，既便于纳税人理解掌握，又向各级政府、社会公众传递了税务部门的积极态度。近年来，山东省地税局按照此种模式先后出台了促进服务业发展、促进循环经济发展、促进科技自主创新、促进社会主义新农村建设4个税收政策意见，取得了良好效果。

（三）加大政策落实力度，用足用好现有税收优惠政策

税务部门要处理好组织收入与促进经济发展的关系，牢固树立不落实税收优惠政策就是收"过头税"的理念，围绕用足、用好、用活国家在支持高新技术企业发展、促进节能环保事业发展等方面的税收优惠政策，积极采取事前介入、事中服务、事后跟踪的一条龙服务措施，加大对现有优惠政策的宣传、辅导和落实力度，充分发挥税收优惠政策在促进战略性新兴产业发展方面的积极作用。

（四）优化纳税服务，积极打造优良税收环境

良好的税收环境是经济发展的助推器。在全面落实税收优惠政策同时，要不断优化纳税服务、规范税收执法，全力打造服务高效、税负公平的税收

环境。要大力开展政务公开，加大公开办税力度，简化审批流程，全面推行
"一站式"服务，提高服务效率。要规范税收执法行为，扎实开展税源专业化
管理工作，切实加强不同行业、不同规模企业间的税收管理，全面实现税收
管理的科学化、精细化、规范化，营造公平公正的税收环境。

（作者单位：威海市地税局）

蓝色经济区建设中的海洋文化
旅游发展研究

梁　栋

2009 年 4 月，胡锦涛总书记视察山东时提出"打造山东半岛蓝色经济区"的战略构想，荣成市为此明确提出打造山东半岛蓝色经济区先行区。2011 年 1 月，国务院又以国函〔2011〕1 号文件批复了我国第一个以海洋经济为主题的区域发展战略《山东半岛蓝色经济区发展规划》，使蓝色经济区的建设上升为国家战略。我们认为在这场蓝色竞赛中，传统滨海旅游业必须突破原有发展模式，用文化破解发展命题，大力发展海洋文化旅游，为蓝色经济先行区提供核心动力。

一　海洋文化旅游产业是打造蓝色经济区的必由之路

海洋文化是人类文化的重要组成部分，是人类认识、把握、开发、利用海洋，调整人和海洋的关系，在开发利用海洋的社会实践中形成的精神成果和物质成果的总和。具体表现为人类对海洋的认识、观念、思想、意识、心态，以及由此而产生的生活方式。其内容丰富，特色鲜明，代表着开放、开拓和进取。蓝色经济与海洋文化有着天然的联系，以海洋文化为内涵的海洋文化旅游产业日益成为构成蓝色经济区软实力和综合实力的关键要素。

首先，21 世纪是海洋的世纪，科学开发利用海洋资源是解决人口增长、资源短缺、环境恶化三大世界难题的必然选择，是实现人类社会可持续发展的重要途径。随着经济全球化进程的加快，我国人口、产业快速向沿海聚集，我们未来将与海洋息息相关且日趋紧密，社会发展将越来越多地依赖于海洋，海洋在生产力布局中的战略空间地位正日益突出。面向海洋、开发海洋是打造蓝色经济区的潜力所在、希望所在、机遇所在，蓝色经济区建设离不开海洋文化的支撑。

其次，随着我国人民生活水平的普遍提高，整体进入小康，人民群众在文化娱乐、体育康复、旅游度假、精神寄托、心灵慰藉等方面也提出了更高的要求，文化需求更加强烈，文化消费进入了快速增长期，海洋文化旅游产业的崛起迎来了重大的机遇。

最后，国家转方式、调结构政策目前已进入了实质性推进阶段，蓝色经济区担负着实现传统产业转型升级、推进社会进程的历史重任，要抓住机遇，赢得先机，必须寻求新的实质性突破。在此背景下，海洋文化旅游产业凭借其知识功能密集、附加值高、技术含量高、低成本、无污染、可重复开发等独特优势，成为我们在建设蓝色经济先行区的过程中，应对世界性的新技术革命浪潮和产业结构升级、转变增长方式、实现跨越式发展、构建和谐社会的重要战略选择。海洋文化旅游产业将日益成为蓝色经济中关联度高、带动性强、最具魅力、活力和最有前途的朝阳产业。

二 荣成打造海洋文化旅游产业的优势条件分析

荣成位于山东半岛蓝色经济区重要节点上，处于蓝色经济区建设的深蓝区，打造海洋文化旅游产业具有得天独厚的优势条件。

1. 优越的自然条件

海域区位独特。荣成位于山东半岛最东端，三面环海，北与辽东半岛、东与朝鲜半岛和日本列岛隔海相望，位居中、日、韩形成的大三角中，以及威海、烟台和青岛形成的小三角中，具有很强的旅游区域竞争力。尤其是海上交通便捷，沿海自北向南分布着包括国家一类对外开放港口——石岛新港和龙眼港在内的9大商港，与大连、天津、威海、烟台和青岛港形成便捷通道，成为山东半岛地区重要的客货中转站，是衔接日韩与国内的重要海上交通枢纽，发展海上休闲运动和邮轮旅游具有天然独特的优势。

海洋资源丰富。荣成市三面环海，海岸线长近500公里，拥有滩涂15万亩，20米等深线以内浅海水面200万亩。在千里黄金海岸上分布着风光秀丽的十大港湾、70多个岛屿和十大天然海水浴场，山、海、岛、礁、滩及历史人文遗迹遍布境内，具备了国际公认的"阳光、沙滩、海水、空气、绿色"五个旅游资源基本要素。近海生物资源丰富，石岛渔场是中国四大渔场之一，经济生物有300多种，海参、鲍鱼、海胆等海珍品驰名中外，各项渔业经济指标连续 28 年位于全国县级之首，为海洋文化旅游产业的发展奠定了坚实的物质基础。

生态环境优良。荣成生态环境优势明显，属于暖温带大陆性季风型湿润气候，受海洋影响，冬少严寒、夏无酷暑、气候温和、四季分明、年平均气温 12℃、日照 2600 小时、降水 800 毫米左右。沿海地带森林覆盖率达 40%，空气清新，质量上佳，每升空气中负氧离子平均 80 万个以上，是全国空气质量最优的城市之一，极宜人类居住，是休闲养生的绝佳之处。先后被评为国家生态市、国家环保模范城市、中国优秀旅游城市、国家园林城市、首届中国魅力城市、中国人居环境范例城市。荣成良好的人居环境和恬然的滨海氛围非常适合现代人追求健康生活的心理需求。

2. 深厚的文化底蕴

海洋文化博大精深。新石器时代，荣成人就依海而居，傍海而存，繁衍生息。千百年来逐鹿海洋的文化传承和历史积淀，造就了荣成源远流长、深厚淳朴、特色鲜明的海洋文化特色。随着时代的发展，其内涵不断丰富，外延不断扩展，形成了俊逸秀美的海洋民俗文化、源远流长的海洋宗教信仰文化、山明水秀的海洋景观文化、精美独特的海洋渔业文化、中外交融的海洋商贸文化，还有富含海洋特色的盐业文化、港口文化、科教文化、体育文化、文物古迹、名人文化、文学艺术等。荣成海洋文化历经数千年的演进、整合与重构，始终保持着一脉相承的基本精神：海纳百川的开放性，兼容并蓄的亲和力，博采众长、厚积薄发的创新力，植根民间、生生不息的生命力和影响力。其蕴含的思想价值、艺术价值和审美价值潜藏着巨大的旅游市场商业价值。

海洋现代科技实力雄厚。荣成是中国海洋事业的摇篮，中国海洋科技发展史上若干个第一都出自荣成。目前云集了中国海洋大学、中科院海洋所、水科院黄海所等 20 多个国内科研、教学机构，有 20 多个国家海洋 "863" 项目落户荣成，成为中国渔业的 "硅谷"，建起 12 个国家级、省级和威海市级水产品良种场，成为国家海洋 "863" 计划成果产业化基地、国家科技兴海示范基地，科技进步贡献率达到 60%，为海洋文化的发展提供了强有力的高端支撑。

3. 快速的发展势头

近几年来，荣成坚持把旅游业作为国民经济的重要产业进行培植，通过创新机制，放开搞活，全市旅游业得到了快速健康协调发展。沿着漫长的海岸线，自北向南，依次有成山头自然风景区、大天鹅自然保护区、花斑彩石奇石馆、渔家傲、荣成人与海历史文化展馆、市民文化中心和海滨文化广场、滨海公园、海水浴场、赤山法华院、好当家高尔夫球场等旅游文化基础设施，成为海洋文化的极好载体。2010 年，全市接待中外游客约 800 万人次，旅游总收入约 64 亿元，较上年分别增长 12.8% 和 15.1%。其中，境外游客约 59 万人次，旅游创汇约 2 亿美元。旅游业的规模发展为海洋文化的嵌入提供了广阔的空间。

三　荣成发展海洋文化旅游产业面临的挑战及存在的问题

多年来，荣成市在旅游产业建设方面取得了突飞猛进的发展，但不可否认，荣成市旅游产业海洋地域特色不突出，海洋文化资源优势还没有充分发挥出来，海洋文化在整个旅游构成中仍是短板，主要表现为以下几个方面。

1. 对海洋文化系统性的研究和规划尚显不够

荣成市对海洋文化的探究，相对于发展海洋经济、海洋科技而言，还比较薄弱，并处于初始阶段。对海洋文化在滨海旅游业中的地位和作用还没有形成一种广泛的共识，尚缺乏一个综合、全面、超前的海洋文化发展规划和市场结合点。在现有旅游产业发展的政策规划中，很少有专门涉及海洋文化的内容，大多讲的是相对笼统的滨海旅游业，海洋文化还没有成为荣成市的主流文化。

2. 对海洋历史文化的挖掘和整合程度浅显

在特色文化的挖掘上，虽然挖掘了渔民文化、祭海文化、海洋宗教文化等品牌，但同其他地区相比，相似性太强，没有个性和比较优势，缺乏垄断性和独占性，普遍存在内涵品位不高、海洋特色不浓，不能真正彰显出荣成海洋文化的特有内涵，不能完全容纳深厚的海洋文化历史背景和时代意义。

3. 对海洋文化的营销宣传缺乏力度

近年来，荣成成功举办了六届国际渔民节，组织了荣成国际滨海旅游度假周和"好运荣成"旅游大篷车等促销活动，取得了显著的成效，但总体上与突出彰显海洋文化还有一定距离。同时在城市主题宣传方面，荣成市虽众多荣誉称号，但却没有一个明确的、富有海洋文化特色的宣传主题。

4. 海洋文化产品的开发和创作不突出

虽然荣成市具有渔歌、渔民画、渔家表演、贝类工艺品等传统海洋文化产品，但产品比较单一，缺乏深度开发和规模开发，档次不高，影响力不大，极具海洋特色、文化内涵及收藏价值和纪念意义的海洋文化产品更是寥寥无几。以海洋为题材、生动形象的大众文化产品，如电视剧、书法、绘画、工艺品很少，思想性和艺术性兼具、叫好又叫座的就更难见到。作为传统的海洋强市，荣成市在整个海洋文化市场上还没有形成大的品牌。这种海洋文化繁荣的缺乏，在一定程度上降低了荣成滨海旅游产业的内涵。

5. 海洋文化功能设施有待于完善

近年来，荣成滨海旅游业发展迅速，但同广东、江苏、浙江等沿海发达县市相比差距较大，与省内的蓬莱、长岛也有一定的差距，表现为文化功能配套不足、参与性项目少、产业链条短，主要体现为四个不到位：在吃的方面，尽管荣成海洋风味小吃丰富，但由于缺乏整合开发，没有形成高档次、大规模的海洋餐饮产业及餐饮文化；在住的方面，虽然目前已有不少星级宾馆饭店，但高端海洋休闲养生设施缺乏，荣成所特有的海洋文化特点不突出，不能满足多层次的文化消费需求；在购物方面，缺乏大型综合性、高档次的海产品、海洋旅游产品购物市场，缺乏高端吸引力；在娱乐方面，缺少现代化的海洋娱乐基地，造成现有的滨海旅游业缺乏活力和海洋文化资源的闲置及浪费。

四　突出海洋特色打造海洋文化旅游产业的思考建议

海洋文化是蓝色经济区的灵魂，荣成旅游经济要上档升级，必须走与海洋文化相融之路，以千里海岸丰富的旅游资源为支撑，以资源整合为手段，突出海洋文化特色，大力发展海洋文化旅游产业，努力把荣成打造成国际海洋文化圣地。

1. 创新价值理念，实现海洋文化旅游产业的可持续发展

要科学定位海洋文化旅游产业的发展方向与追求目标，超越单一的经济效益观念，把产业发展的终极价值目标定位在促进人的全面和谐发展上，以提升人的知识水平、思想理念、道德情操、感情品位为基点，追求对人素质的全面培养与升华，把海洋文化置于"以人为本"理性之光的照耀下。注重通过文化塑造公众的价值取向、情感操守，强调文化对心灵的渗透性和感染力，增加滨海旅游产业的亲和力和认同感，提高旅游品位，取得旅游产业价值和客户价值的同步增长，实现文化事业为民谋利、为民造福的价值回归和区域价值的全面提升。这是新形势下海洋文化旅游产业可持续发展、具有强大生命力的根源和"给力点"。

2. 加强研究规划，营造海洋文化旅游产业良好的政策环境

组织一批海洋文化研究机构开展海洋文化的理论研究与探索，梳理、挖

掘优秀海洋文化，研发海洋文化创意产业的可操作性形态，建立具有荣成特色的海洋文化理论体系；逐步确立海洋文化在全市文化研究中的学科地位，逐渐扩大海洋文化在全市文化领域的影响，并把海洋文化纳入全市教育、宣传体系。制定把海洋文化旅游产业作为蓝色经济主导增长方式的发展规划，实施文化强市战略，坚持政府主导、市场运作的旅游开发思路，为滨海文化旅游的发展提供强力的政策支持。

3. 挖掘整合资源，打造好运文化旅游品牌

对传统海洋文化要进行深度挖掘与整合，以"福"文化为底蕴，紧扣海洋文化主题，采取文化与科技联姻，传统与现代熔铸，政府与民间合作，城市与乡村互动等形式，开发打造文化的"好运"高地，形成"中国好运角"品牌和"东方第一角"的地标。一是利用荣成市优良的港口、发达的渔业和广阔的海上养殖牧场，大力发展海上休闲渔业、海上牧场采摘、深海观光、游轮旅游、海底潜艇体验等旅游项目。二是利用海岛优势建设海岛休闲娱乐城、海岛养生园、异域风情狂欢岛等海岛文化产业。全市共有大小海岛 70 多个，但目前除了海驴岛有了初步的开发外，其他海岛在海洋文化旅游开发上大多处于空白，像人和镇的大、小王家岛开发保护方案于 2008 年就已获得省里批准，然而这个开发保护项目至今还没有进入实质性阶段。因此要根据《中华人民共和国海岛保护法》积极制定荣成市无人岛开发实施细则，合理规划，把海岛开发提到议事日程。三是利用广阔的海域和优质的沙滩，发展海洋体育、休闲体育产业，加快建设综合性海洋体育中心和海上运动产业基地，积极引入国际、国内相应的体育项目。四是利用海洋民俗文化，进一步做好中国海草房生态博物馆的建设和典型原生态村保护工作，充分展示早期渔民生产、生活和村落的原生状态，促进赶海、垂钓、祭海、观海、赏渔家民俗等娱乐项目的开展；同时积极引入现代电、声、光等高科技手段，建设现代海洋艺术城，发展海洋庆典、海洋会展、海洋工艺品展销、海洋文艺演出等文化项目，形成规模的海洋文化长廊。五是充分发挥荣成作为全国最大的海洋冷冻调理食品、海藻食品、海洋水产罐头食品生产加工基地优势，依托"四大无公害渔业综合示范区"和"国家无公害农产品"认证，弘扬荣成海洋饮食文化，以"滨海养生"为主题，大力发展海洋餐饮业和海洋保健品业。对上述海洋文化产业链中的各个文化要素，要进行整合梳理，实行整体打包，构建富有活力的现代海洋旅游文化产业集群，凭借综合实力实现海洋文化旅游产业高速度超常规的有序膨胀。

4. 实施精品战略，加强海洋文化产品的创作生产

努力凝聚一批高素质人才，繁荣海洋文化创作队伍，面向社会、面向市

场，推出更多融思想性、知识性、艺术性、观赏性为一体的精品力作。目前应着力实施海洋文化精品和品牌战略，建设有影响力和带动力的海洋文化产业园，通过文化创意打造一批原创的、体现先进海洋文化特点的文学、美术、书法、摄影、影视、动漫、雕刻、工艺品等海洋文化艺术精品，以展现海洋风采、展示荣成形象，提升消费品位，拉动海洋文化旅游上档升级。

5. 发挥政府优势，加强公益性海洋文化事业建设

应构建以政府公共财政投入为主导的海洋公共文化建设服务体系。整合完善现有设施的服务功能，依托优越的滨海区位和千里海岸优美的生态环境，在现有设施的基础上，完善高端配套，重点建设集科技性、趣味性、知识性、生态性于一体的具有浓郁海洋风情的海洋系列博物馆和大型海洋主题公园，建设一批代表荣成海洋文化形象的重点文化设施、文化信息资源共享工程。加大对重要社科研究机构、体现海洋特色的高水准的艺术团体、创作表演单位的扶持力度；以政府采购的方式购买海洋文化产品提供给社会，不断提高海洋文化产品和服务的供给能力，让财政的阳光为海洋文化产业提温。

6. 提高宣传能力，完善海洋文化的促销机制

在挖掘总结荣成独有的不可替代的形象定位的基础上，提炼出独特的形象符号和口号，以"极地胜境，好运荣成"为核心，搞好形象策划，合理规划、改造和发展地区性海洋文化平台拓展传播渠道，充分利用各种媒体特别是新兴媒体，发挥各类海洋文化节庆活动的传播作用，采取举办"海洋文化创新和发展"论坛等形式，不断丰富传播手段，提升海洋文化的传播能力，强力提升荣成海文化旅游品牌在国内外的知名度和影响力。

7. 构建开放平台，推进海洋文化的对外合作与交流

在国内积极与青岛、烟台、京津冀、长三角、珠三角、东三省以及港澳台进行分工合作，相互取长补短，共享文化资源。在国际上，要利用与日韩近邻的优势，充分利用国家赋予龙眼港、石岛港国外游客免签证的优惠政策，把发展的触角伸向海外，通过组织举办高水平的国际海洋文化交流活动，进一步推动荣成和其他民族地区海洋文化元素的深度融合，实现区域间的良性互动，营造包容、均衡、有机发展的海洋文化生态，打造一个有影响力的海洋文化国际合作交流平台和海洋城市为主题的国际性网络，积极推动荣成海洋文化走向世界。

（作者单位：中共荣成市委党校　课题组成员：董丽霞
高和进　孙承延）

立足实际　突出特点
全力推进现代服务业快速发展

辛东波

近年来，在威海市委、市政府的坚强领导下，高技术产业开发区（以下简称高区）紧紧围绕"做强工业、突破服务业"的工作思路，把推动服务业大发展作为产业结构优化升级的战略重点，不断优化环境，提升层次，扩大总量，大力培育新型业态，服务业实现快速健康发展。第三产业占比由 2005 年的 29.2%，提高到 2010 年的 32.4%，年均提高 1.26 个百分点。2010 年，全区实现社会商品零售额 61.5 亿元，增长 18%。今年 1～6 月份，完成服务业固定资产投资 29.5 亿元，同比增长 20.6%；实现社会消费品零售额 35.4 亿元，增长 18%。

一　以威高、金猴、联桥、迪尚等骨干企业为依托，推动国际国内服务贸易快速发展

按照"企业自愿，依法依规"的原则，鼓励有条件的企业成立单独的贸易公司、销售公司，解决二产、三产"混统"的问题，大力进军国内外市场，促进区域服务业发展。今年 1～6 月份，全区完成对外承包工程合同额 1.23 亿美元，外派劳务 694 人，同比增长 40.37%。威高集团在全国建立了由 10 个销售大区，40 个销售分公司、办事处和 107 家城市代表处组成的庞大销售网络，其产品销售 5400 多家医疗单位和分销商。特别是与美敦力公司合作成立的骨科器械有限公司是威海市投资规模最大的外资医疗器械销售公司，去年实现营业额超过 5 亿元，利润 1 亿元。联桥集团先后在非洲博茨瓦纳、苏

丹等地承担工程额达到 1.18 亿美元，完成工程营业额 8000 万美元。今年 5 月份又在苏丹签订了合同额 1.05 亿美元的吉拉德电站项目。金猴集团新成立的国际控股公司，主要进口煤炭等大宗商品，年内营业额将达到 1.5 亿美元。迪尚凯尼以进出口贸易为龙头，经营领域涉及销售、对外承包工程、劳务输出、货运代理、金融担保等多个领域。去年实现主营业务收入 3 亿元，利税2990 万元。这些骨干企业的膨胀扩张、多元发展，为服务业的繁荣发展开辟了新的空间。

二 以汇峰物流中心、威高初村物流园为主体，推动物流业快速崛起

抢抓经济总量扩大、物流业务迅速增长的机遇，规划建设了两大物流园，为工业经济做大做强提供支撑。总占地 194 亩、总建筑面积 5.1 万平方米的汇峰物流中心，已完成投资 4000 万元，入驻企业 86 家，去年实现营业额3000 多万元。我们计划将物流中心继续向南扩建，使整个物流中心的占地面积达到 300 亩，将对高区建成区乃至全市的物流交通产生巨大的辐射带动作用。正在规划建设的威高初村物流园，总投资 1 亿元，总建筑面积 13 万平方米，分三期建设，特别是 10 万平方米的威高初村"医疗器械、药品物流园区"，总投资 6000 万元，主要包括医疗器械区、药品区、国际区、配货服务区等，全部项目将在 5 年内建成并投入使用。届时，将成为国内领先的第三方医疗器械综合物流服务商，为国内外其他医疗器械公司提供专业化物流服务。同时也为威高初村工业园、IT 产业园两大园区的发展提供服务，加速科技新城的开发建设。

三 以威韩商贸城、高新商贸广场、奥特莱斯商业中心、威百购物为中心，推动重点高端商贸设施快速建设

把商贸项目建设作为推动服务业发展的重要抓手，全年共安排商贸服务项目 23 个，总投资 58 亿元。其中，重点商贸服务项目 14 个，总投资额 51 亿元，总建筑面积 115 万平方米，计划完成投资 18 亿元，初步形成了布局合理、特色鲜明、辐射力强的四大商贸板块。一是以威韩商贸城为中心的商贸区。投资 5 亿元、占地 60.6 亩、建筑面积 16.2 万平方米的威韩商城改造项目；投资 4 亿元、占地 21 亩、建筑面积 9.7 万平方米的东方新天地项目；投

资 1.6 亿元、占地 15 亩、建筑面积 4.6 万平方米的银洁商业大厦项目近期可开工建设。二是以高新商贸广场为中心的商贸区。投资 20 亿元、占地约 260 亩、总建筑面积 37.62 万平方米的高新商贸广场项目正在快速推进。三是以奥特莱斯商业项目为中心的商贸区。投资 3.5 亿元、占地 22 亩、总建筑面积 11 万平方米的奥特莱斯商业中心项目正在加紧施工建设，主力招商基本完成，其中，大润发、名士·奥特莱斯等世界 500 强企业已签订入驻协议。四是以威百购物为中心的科技新城商贸区。总投资 1 亿元、占地 36 亩、建筑面积 5 万平方米的威百购物中心项目正在调整设计方案，计划 10 月份开工建设。

四　以创新创业基地和创业大厦为载体，推动软件及服务外包业集聚发展

充分发挥我区首批"山东省国际服务外包示范基地"的优势，全力推进动漫、软件创意及服务外包业加速发展，打造全市软件及服务外包产业聚集区。目前，高区共有各类软件及服务外包企业 99 家，注册资本 2.61 亿元，从业人数 2600 多人，有承接服务外包业务能力的企业 30 家，软件及服务外包企业数量、质量和规模均居全市首位。其中，山东新北洋信息技术股份有限公司、奥博软件、联亚软件开发等 5 家公司被认定为省重点服务外包企业；农友软件有限公司的农业信息化软件系统、科润信息技术有限公司的食品及农产品安全追溯管理平台软系统、山东渔翁信息技术股份有限公司的信息安全软件系统在全市、全省乃至全国都有一定的知名度和影响力。1~6 月份，全区新批准进驻软件及服务外包企业 14 家、注册资本 1632 万元，完成服务外包合同额 757 万美元，完成离岸服务外包执行额 433 万美元。

五　以便民利民和规范化管理为重点，推动家政和物业管理蓬勃发展

高区家政服务业经过短短几年的发展，已呈现出良好的发展趋势。目前，全区共有家政服务企业 400 多家，从业人员 2000 余人，去年实现营业收入 4000 万元。在住宅建设上，经过一季度的短期下滑后，商品房市场消费逐渐活跃，继续保持了稳定发展的态势。今年 1~6 月份，完成房地产投资 25.6 亿元，同比增长 27.6%；销售住宅面积 22 万平方米，实现销售额 10.6 亿元，分别同比增长 30.2%、21.7%。在物业管理上，基本实现了新建住宅小区全

覆盖、旧住宅小区社会化、专业化的目标，市场化运作机制基本形成。目前，全区共有物业服务企业54家，其中区属企业43家、区外进区服务企业11家，区外进驻的山东明德物业管理有限公司威海分公司为全省第一、全国前50强物业企业。截至去年年底，全区创建国家级物业服务示范小区2个（盛德世纪家园、海悦国际公寓）、省级优秀小区6个、市级优秀小区18个。特别是盛德物业服务公司服务的"世纪家园"住宅小区，从"市优""省优"到"部优"，一年一个台阶，为我区的物业服务起到了很好的示范和带动作用。

六 以提升金融服务水平为核心，推动金融保险业稳步发展

高区现有银行企业9家、网点42处，保险企业9家，创业投资公司1家，小额贷款公司2家。今年以来，各银行业金融机构认真贯彻落实稳健货币政策，在调控信贷总量的同时，加大调整信贷投放结构，合理把握投放的节奏、重点，加大对区内企业的信贷资金支持力度，保持了业务总量和保费收入持续增长势头。截至6月底，各项存款余额为141.87亿元，比年初增长11.2%，比上年同期增长19.2%；各项贷款余额为115亿元，比年初增长8.2%，比上年同期增长15.1%。其中，个人消费贷款为23.7亿元，比年初增长7.7%，比上年同期增长9.2%。保费收入为1.14亿元，同比增长23.8%；赔款支出为2652万元，同比增长48.5%。

（作者单位：威海高技术产业开发区服务业发展局）

威海城建开发公司优化内部管理摆脱发展困境的主要做法

张展开

威海城建开发公司是成立于 1983 年的国有独资企业，现有职工 150 人，持二级开发资质证书，年开发能力 20 万平方米。主业为房地产开发与经营，兼营物业管理、园林绿化、装饰装修等。近年来，由于历史以及国有企业特有的经营体制、管理体制等因素影响，企业生产经营一度面临很大的困难和压力，生产资金严重短缺，资产负债率曾高达 90%。近年来，在市委、市政府的正确领导下，在市城建委、市国资委的精心指导下，企业以建立现代企业制度为主线，从变革思想方法和工作方法入手，提出了以"权力公有化""责任私有化""利益合理化"为抓手，通过机制创新与制度建设等活动和举措，强力推行"三化"管理内部运行机制。目前"三化"管理机制已在企业初步建成并日渐成熟，企业生产经营开始进入良性循环轨道，各项工作取得显著成效。其中项目竣工 150000 平方米，新开工 38000 平方米，房屋销售面积 50000 平方米，合同销售金额 3 亿元，实现利润 3000 多万元，上缴税金2400 多万元、同比增加 30%，全员人均收入增长 15.8%，管理费用同比减少20%，资产负债率降低到 54%。2011 年该企业被山东省企业经营管理学会授予"山东省明星企业"荣誉称号，其先进的管理方法在省属有关企业进行了大力推广。

一 优化内部管理，压缩经营成本

针对企业综合管理基础薄弱，有些工作没有制度和章法可依、随意性大的问题，企业抽调各部门的业务骨干组成创建小组，用半年时间开展机制和制度创建活动，通过"总经理工作交流对话"和走访调研、各部门参与制定和修改、中高管层和职代会汇总评审等程序，最终形成近 20 万字、12 大章节、100 多项制度的《综合管理手册》，从人本管理与制度建设、体制与机制创新、业务流程与细节管理、工作效率与执行力、责任界定与业绩考核、团队建设与企业文化等多方面入手，建立了新的经营机制与管理体系，促使企业管理由过去"缺章少法"的"人治"加速向规章制度健全的"法制"方向转变。从 2010 年开始，企业在重大项目招投标方面，严格按照新制定的管理程序进行招投标，由分管副经理和成本、技术、工程、物资等部门专业人员参与审核把关，确保做到择优外包队伍、货比三家采购物资，既保证了质量，又有效降低了成本。比如从洪福庄园二期开始，公司将所有较大的外包工程全部采用招投标方式，引进专业规范的施工队伍和供应商，在不提高成本，甚至降低成本情况下，能够有效保证质量、工期和信誉。粗略估算，与过去传统的指定施工方和供应方的方式相比，洪福庄园二期工程通过招投标可以间接为企业节约 1000 多万元，增加了企业的经济效益和社会效益。在业务招待费开支方面，把业务招待费由"实报实销制"改为"申报审批制"，严肃了审批流程，建立了"工作连带需求式"制度，有效地减少了时间、精力、财力等"成本浪费"。招待费审批制度运行一年来，费用较往年同期下降了 50%。

二　创新经营思路，拓展发展空间

作为主业单一的专业化住宅开发公司，企业原有的项目储备严重不足，面临断炊断粮的不利处境。针对这种情况，公司班子成员花大力气四处寻找项目，先后跟踪论证了温泉小城、蔬菜批发市场、合庆军队地块等多个项目，最后综合外部因素和公司的现实能力，成功拿到寨子蔬菜批发市场项目（中心城区商住综合楼项目，占地 30 亩，规划建筑面积 12.98 万平方米）。面对企业生产资金紧张的窘况以及银行准备金率多次上调给企业融资带来的冲击，该公司积极创新资本运作方式，把闲置多年的寨子大楼和地理位置比较偏僻、销售困难的石岛桃园项目捆绑在一起，以 4000 多万元的价格转让给公司项目合作方，用置换出来的资金启动新项目，把公司目前的项目结构和资产结构进行了优化调整。这一运作取得了"一石三鸟"的功效，首先是把沉淀多年、收益不大的资产置换成更有发展、效益更高的优质资产。其次是借此机会捆绑处置了销售艰难的石岛桃园项目，置换出来 4000 多万元的沉淀资金。最后是带来 3000 多万元的流动资金，保证了洪福庄园二期的前期投入。目前该公司储备了 100 多亩土地，规划建筑面积 30 万平方米，筹划向以住宅、商场、酒店等产品种类丰富的商业房地产项目进发。在得知威海市园林绿化行业上档升级这一情况后，公司投资近 500 万元，成立了威海新绿洲园林绿化工程有限公司，开展园林绿化工程，创建了 150 多亩苗圃绿化基地，栽种培育园林绿化用的各类苗木，为总公司小区建设配套服务，并进行市场化销售经营。这一举措，进一步开拓了企业新的经营方向，推进了企业多元化发展的步伐。

三　引入竞争机制，调动职工工作积极性

一直以来，城建开发公司沿袭着计划经济时期的国企工资奖金制度，职工干多干少、干好干坏一个样，岗位职称、经验技能、贡献大小等方面的差别不大，导致人浮于事，效率低下，主观能动性差。在企业创新制度建设后，开始着手在职工中推行"分类考核＋绩效工资"的分配体制，以绩效工资代替了平均化的工资，把每个部门和每个岗位的工作任务量化分解，设定目标，定期考核，根据考核结果确定绩效工资。员工全年总收入 40% 是基础工资，60% 是绩效工资。在日常考核与月终、年末兑现上，都有一套严格的操作程序和尺度，相对合理地拉开了劳动力自身两种工资构成和不同劳动力及其不同劳动成果之间的分配差距，初步实现了"利益合理化"，解决了"吃大锅饭"、效率低下等弊端，体现差异化的、激励式的工作结果，每个人都有了干劲和奔头，增强了企业活力。在工作中，实行"人人是人才，成才须竞争"的人才观，坚持"判断人才的标准是竞争、衡量人才的标准是业绩"。职工工资由原来的重学历、重职称转变到重能力、重业绩上来，激发了全员的效率意识和效益观念。2010 年底，公司首次实行竞争上岗，公布了《部分中层副职岗位公开竞争上岗实施办法》，鼓励普通职工通过公开竞选争取 4 个中层副职岗位。此次竞争上岗共有 13 名员工报名参加，经过激烈公平的竞争，有 4 名同志走上了中层领导岗位，打破了过去几十年形成的企业干部论资排辈、能上不能下、年轻人才缺少干事机会的弊端。

四　推行民主管理，凝聚发展合力

公司党政领导新班子上任后，牢牢把握一点：职工是企业的主人翁。企业的重大经营战略、决策制定以及制度制定必须经职代会评议方可通过。公

司在 2010 年 6 月、9 月和 2011 年 3 月分别召开了三次全公司职工代表大会，凡企业重大问题，涉及职工切身利益的大事要事，不经职代会讨论通过均不出台。对需要提交职代会审议通过的重要议案和文件，提前向每个职工代表征求意见。2010 年以来共征集职工代表提案 600 多份，总经理亲自审阅批转 300 多份，收集对公司有益的建议达 100 项，解决各类实际问题上百件。在实际工作中，牢牢抓握依靠职工办公司的方针，抓住"尊重人、理解人、关心人、爱护人"这条主线，大力开展"人心工程"，充分尊重员工的民主管理权益，提升自主管理意识，使员工真正"干主人的事业，做事业的主人"。在学习上，开展全员综合管理培训，公司利用 2011 年春节后行业淡季的一周多时间开展了封闭式的"学习、思想、工作作风整顿暨综合管理学习培训活动"，邀请省内外著名专家学者授课，总经理带领中高管层上台宣讲，此次活动范围广、规模大、时间长，是公司前所未有的一次活动，效果非常显著。组织开展全员读书活动，提出"创建学习型组织，争当知能型员工"的倡议，先后下发十二本管理与励志书籍，鼓励大家多学习、多看书。集中组织了相关干部和业务骨干外出参加成本控制与管理专题学习、全国房地产行业职业岗位证书培训、企业文化与战略培训等，全年共有四批次、30 多名中高层干部外出学习。在生活中，坚持以和谐的"家庭效应"凝聚人，建设了职工食堂、文体活动中心，开展了春游爬山、"七一"红色之旅等活动，极大地凝聚了企业发展合力。

（作者单位：威海市国资委）

创新金融模式　服务外贸企业
全力支持蓝色经济区建设

唐彬彬

一　前言

　　威海是我国最早对外开放的地区之一，外向型经济一直是威海地区经济的主流形式。威海现有 9 个省级以上开发区，已与英国彻特纳姆市、意大利比拉市、韩国丽水市、日本宇部市、美国圣塔·巴巴拉市、俄罗斯索契市、新西兰蒂玛鲁市、突尼斯苏斯市 8 个城市建立了友好城市关系，与 197 个国家和地区建立了经贸关系。按照威海蓝色经济区建设总体规划，在未来十年，威海将定位于海洋优势与开放优势相结合的蓝色经济区的先行区，进一步致力于扩大开放领域，优化开放结构，全力提高开放型经济的层次和水平，构建全方位、宽领域、高水平的开放新格局。

　　基于威海的开放式定位，外贸企业如何将海洋优势利用于自身发展成为一个战略性课题。外贸经济是威海蓝色经济区建设规划的重要组成部分，但由于威海外贸企业普遍存在一些问题，如企业自主创新能力不足、资源矛盾较为突出、资本市场发育迟缓、企业融资渠道不够顺畅、整体竞争力不强等，这些问题严重制约了企业自身的发展，也使得威海外贸经济难以形成强有力的产业集群，成为影响威海蓝色经济区建设的突出因素。

　　商业银行在服务地方经济、推动蓝色经济区发展中肩负着义不容辞的责任。从威海外向型经济特点来讲，大力改善外贸企业融资环境、提高金融服务水平是蓝色经济区建设的必然，但从当前情况看，商业银行对外贸企业的信贷支持力度仍显不够、服务模式略显单一。在蓝色经济区建设的大背景下，如何创新金融服务模式、加大对外贸企业的全方位支持力度，是银行业金融机构应该长期关注并思考的重点课题，尤其对商业银行来讲，是基于市场定位，在蓝色经济区建设中充分发挥金融服务职能的战略选择。

二 威海市外贸企业运行情况

（一）威海市外贸经济运行情况概述

从威海市经济形式看，外贸经济一直占据绝对比重。近几年，全市外贸经济呈现结构优化、质量提高的良好发展势头。从企业性质看，全市进出口以外商投资企业为主，中小企业蓬勃发展；从贸易方式看，全市进出口以加工贸易为主，劳动技术水平不断提高；从市场情况看，全市贸易市场以韩、欧、美、日为主，并不断向新兴市场延伸；从出口商品看，全市以机电产品、纺织服装、轮胎、农产品、渔具这五大类商品为主，出口额占全市出口额的90%以上。

从威海政府网站统计数据看，今年以来，在经济保持平稳向好、国际市场大宗商品价格大幅上涨以及各项外贸政策实施等因素共同作用下，全市进出口呈现快速增长态势。

从进出口总量看，1~4月份，全市完成外贸进出口总额53.35亿美元，增长29.6%，其中，进口总额21.52亿美元，增长39.3%，出口总额31.83亿美元，增长23.7%。从出口商品看，机电产品实现出口总额15.9亿元，同比增长19.1%，占全市出口总额的50%。

从港口运行情况看，全市口岸1~4月份累计完成港口货物吞吐量1523万吨，同比增长34.3%；完成外贸货物吞吐量615万吨，同比增长6.3%；完成国际集装箱18.3万标箱，同比增长11.8%；运送出入境旅客30.5万人次，同比增长8.7%。

虽然当前全市外贸经济发展总体形势较好，但是外贸企业在经营发展中仍存在很多困难和问题，主要体现在以下几方面。

1. 国内政策持续收紧

自2011年以来，货币政策逐渐由适度宽松转为稳健，央行加大货币调控力度，连续加息和上调法定存款准备金率，造成市场流动性持续趋紧；为贯彻执行稳健货币政策，各银行业金融机构不断压缩信贷投放规模，企业融资难度上升，资金链压力加大。由于外贸企业对资金链具有更高的要求，市场流动性的紧张造成其经营环境恶化。

2. 生产成本不断上涨

（1）人工成本上涨

自 2011 年以来，"招工难"现象成为全社会关注的焦点，企业用工成本持续上涨，对劳动密集型产业形成巨大压力。由于威海外贸经济以劳动密集型产业为主，产品附加值相对偏低，人工成本的上涨对外贸企业的经营利润形成巨大冲击。据粗略估计，威海部分造船企业人工成本上涨超过 30%，其他如机械制造、纺织服装等行业人工成本涨幅也都在 20% 以上。

（2）原材料价格上涨

自 2011 年以来，通货膨胀问题日益严重，钢材、塑料、棉花等主要原材料价格同比普遍上涨，同时运输、用电成本也有明显提高。CPI 的持续增长大大增加了外贸企业的成本，尤其对纺织行业，由于威海地区纺织企业产品附加值较低，部分贴牌代工生产，原材料价格上涨一方面使得部分企业订单减少，另一方面压缩了利润空间，给外贸企业尤其是实力较弱的中小企业带来了不小的冲击。

3. 国际贸易环境日益恶化

（1）人民币升值压力不断增加

近年来，国际经济危机影响下，许多国家选择通过货币贬值等手段扩大出口来提高对外贸易的总体竞争力，人民币对美元汇率中间价持续上升，人民币被动升值，使原本就以商品价格低廉为竞争手段的外贸企业利润空间不断压缩；同时，受金融危机的影响，出口贸易的需求量下降，使得外贸企业的产品积压，不得不以大幅降价来加快资金周转。在面对成本上升和价格下降的双层积压下，许多企业处于停产、破产及倒闭的边缘，经营压力陡然剧增。

（2）贸易保护主义持续干扰

经历了全球化的金融危机，各国都在从衰退走向复苏阶段，在需求不振的大的经济背景下，各种贸易风险也在加强，为了保护本国的经济利益，各国政府或多或少地增加了贸易保护主义干扰，并可能采取比较强硬的对外经济政策，这使得许多国际经济问题掺杂更多的政治色彩。同时，我国自身在经济结构体制和国家政策保护上也存在着诸多问题，相继出台了贸易限制措施和保护措施，也致使中外贸易之间的摩擦日益增多，给我国外贸企业的发展带来了一定的阻碍。

4. 自身缺陷难以克服

（1）"大而不强"的结构性问题

全市外贸企业多为劳动密集型产业，产品附加值偏低，长期依赖于引进和模仿，科研投入严重不足，缺乏新技术研发能力和再创新能力，拥有自主知识产权和知名品牌的商品所占出口总比重较低。

（2）总体发展不平衡

全市外贸企业结构分布不合理，出口市场集中度过高，中小外贸企业单体规模相对较小，经营管理水平较低，在政府或金融服务方面缺少足够支持，与大型企业相比，缺乏市场竞争力，严重阻碍了全市外贸经济的产业转型和更新换代。

（二）外贸企业的发展分化

在蓝色经济区整体发展规划框架内，全市外贸企业的转型升级迫在眉睫。只有通过转型升级，克服自身发展缺陷，提升产品的档次，转变贸易方式，走集约化、集群化、集团化、多元化的发展道路，才能突破发展瓶颈，形成对威海经济的有力支撑，在蓝色经济区建设中发挥应有的作用。从全市外贸企业经营现状看，大中小型企业面临着不同的发展抉择。

2010年，全市有进出口实绩的企业2597家，较上年增加78家，其中进出口额过亿的企业有14家，分别为三星电子数码打印、三角集团、成山集团、三星重工、三进船业、日月光半导体、迪尚集团、黄海造船、世一电子、荣成迦耶船业、宣杨数码、金猴集团、华岳集团、世元电器装配，进出口额过千万的企业有190家。从今年上半年的运行情况看，这些企业的发展变化出现较大波动。

总体来看，全市大型外贸企业由于具备良好的经营基础，具备一定的资本、技术及价格优势，在内外部不利环境影响下，能够主动转变经营模式，通过加大科技投入力度、提高产品附加值等手段实现风险转嫁，发展相对平稳。

相比而言，全市中小型外贸企业的发展分化现象较为严重。受多方面因素影响，全市中小型外贸企业的抗风险能力相对较弱，经营波动较大，在蓝色经济区建设中面临的机遇不同，企业自身风险偏好不一，在当前生存压力较大的情况下，企业分化明显。尤其是全市的轮胎、玩具、渔具等企业，因属于劳动密集型产业，面临招工难等问题，开工率难以保障。随着国际贸易环境更加复杂，订单不稳定，后劲不足，部分外向型企业开始逐步向国内市场转移。

（三）蓝色经济区建设中的外贸企业发展机遇

发展外贸经济是威海蓝色经济区板块的重要组成部分，从地区发展战略出发，为推动外贸经济转型升级，威海政府正在积极贯彻落实一系列振兴举措，这既为外贸企业发展提供了良好发展机遇，也为银行提高金融服务水平提供了切入点，主要集中在以下几方面。

第一，将园区建设作为规划重点，依托现代化的港口体系，在充分发挥现有国家级开发区、省级开发区引领作用的同时，积极推进文登南海新区、威海科技新城（初村）、威海临港工业园（崮山）、石岛工业园、俚岛工业园、乳山经济开发区（乳山口）、威海临港科技产业园为重点的临港临海工业园区建设，大力发展运量大、外向型和港口依赖度高的现代制造业，不断扩大海洋生物医药、海洋食品加工、海洋装备制造、港口物流等国际合作规模。

第二，充分发挥保税港区的功能优势，争取在工业新区建立保税区，通过互动合作、功能叠加、政策延伸，实现区港联动发展，形成覆盖全市的多元化保税物流和保税加工网络，促进全市外贸经济发展。

第三，围绕海洋经济，积极发展海洋高技术产业，重点培育海洋生物医药、海洋装备制造、海洋化工、能源矿产、海水综合利用等产业集群，大力发展海洋信息服务、滨海旅游等新兴海洋服务业，带动水产养殖及加工、海洋食品、保健品、生物医药、海洋运输、观光旅游、渔港码头建设等一系列产业的发展。

第四，着重发展农业，努力打造"农产品质量安全最放心城市"这一品牌。

从威海蓝色经济区规划看，大力发展外贸经济将持续作为政府工作的重点来抓，同时推动外贸企业转型升级成为蓝色经济区建设的重点工作之一。在政策导向下，外贸企业面临良好发展机遇，为企业获取金融支持提供了有力保障。

三　威海市外贸企业融资环境分析

（一）威海市外贸企业融资问题浅析

近年来，受金融危机影响，威海市外贸企业运行状况趋弱，受国内外各种因素影响，市场风险上升，融资环境相对较差，金融支持力度十分薄弱。主要反映在以下几方面。

1. 宏观经济形势制约

金融危机后，全市外贸企业处于缓慢复苏期，出于生产性投资、技术性投资等的资金需求正在扩张，而在稳健货币政策影响下，市场流动性紧张，资金供给紧缺，这就造成了资金供给与需求的不对称；同时，面对严峻的外贸形势，境外买方银行及信用保险公司等采取了缩减或调低客户额度的措施，这些导致企业获得贸易融资的难度加大，外贸企业融资决策成本上升。

2. 制度安排不合理

全市外贸企业以中小型规模的占大多数，虽然外贸企业一直是政策扶持的重点对象，但中小型外贸企业却并未获得足够支持，在信用担保服务体系不健全、政策性优惠力度不足的情况下，全市外贸经济发展不平衡的状态仍将延续，这严重制约了外贸经济产业集群的发展壮大，中小型外贸企业的融资环境将呈持续恶化局面。

3. 商业银行的信贷投放积极性不高

银行在进行信贷决策时，必然首先考虑信贷业务的成本、收益、安全、风险等因素，并围绕这些因素建立严密的考核体系。当前国际贸易环境的复杂性加剧了外贸企业的经营风险，由于贸易融资涉及买方银行、卖方银行，还有中间商等多个环节的信誉，任何一个链条断裂，都会引起连锁反应，因此国内银行面对贸易融资申请也更为审慎，出于防范信贷风险目的，商业银行转移信贷投向，不断提高外贸企业准入门槛、减少对外贸企业的支持。

从蓝色经济区发展规划看，全市外贸企业面临转型升级压力，融资需求强烈。一方面，全市外贸企业以劳动密集型为主，产品附加值低，利润空间小，在对外贸易中缺乏话语权，议价能力不足，资金链薄弱，易受冲击形成资金链断裂；另一方面，出口状况的恶化致使外贸企业普遍存在库存压力，库存产品不能及时在国际市场上得到消化，从而占用企业大量的流动资金。外贸经济对商业银行的融资需求是基于外贸企业实际贸易规模而定的，从全市宏观经济的运行状况看，威海的外贸经济保持了稳定增长态势，融资需求将在一定时期内持续。

（二）融资环境建设的建议

为推动外贸经济发展，结合半岛蓝色经济区自身发展特点，针对全市外贸企业融资环境，现提供以下建议。

1. 充分发挥政府主导作用

加强政策性指导，推动外贸企业转型升级，鼓励企业充分利用外资，提高市场竞争力；加大财政扶持，充分利用财政补贴和税收杠杆作用，引导企业加大自主创新力度。

2. 建立健全社会信用体系

针对大多数外贸企业规模小、融资需求旺、频率高、额度小的特点，制订适合外贸企业特点的信用评估办法，通过对现有信用资源的重新整合、开发、利用，规范对外贸企业的评级管理，科学合理地反映外贸企业的经营状况和偿债能力。改善信用环境，推动蓝色经济融资环境的整体优化。

3. 推行外贸企业信息公开化

制定完善信息流通机制，收集外贸企业产品情况、市场情况、进出口情况及资信情况等，建立外贸企业信息库，以保障中小企业的融资和经营行为的顺利开展。

4. 创新市场化投融资体制，拓宽企业融资渠道

提高融资担保服务水平，创新担保方式，减轻外贸企业融资难度；搭建融资平台，有效整合各类金融资源，引导政府、银行、信托、担保、创投和其他社会投资者等多方参与，积极发展各种债权、股权类融资平台，为区域内企业提供集合融资服务。

四　商业银行支持外贸经济的模式选择

（一）信贷支持外贸经济的案例分析——以威海市商业银行为例

威海市商业银行的前身是威海市城市合作银行，作为城市商业银行，威海市商业银行确立了"服务地方经济、服务中小企业、服务城市居民"的市场定位，努力成为品质卓越的现代商业银行。近几年，威海市商业银行取得了跨越式发展，截至目前，在威海市银行业金融机构中，威海市商业银行无论是资产业务还是负债业务都占据较大的市场份额，研究其对外贸经济的信贷支持轨迹具有典型意义。

从成立初期，威海市商业银行便立足威海外向型经济特点，持续加大对外贸经济的支持力度，近几年，威海市商业银行对外贸企业的金融支持质量和服务水平都得到了一定提高，主要体现在以下几方面。

1. 信贷投放规模不断增大

近年来，威海市商业银行对外贸企业信贷投放一直保持增长态势（见图1）。粗略统计，截至 2011 年 5 月，威海市商业银行对威海地区出口企业发放贷款余额为 11.33 亿元，较年初增长 1.82 亿元，增幅 19.14%。从行业投向看，纺织服装行业占比最大，约为 42.07%，其次为食品、渔具、船舶制造、电子及机械制造等行业。

2. 业务品种不断创新

为全方位满足外贸企业的融资需求，威海市商业银行根据外贸企业的资

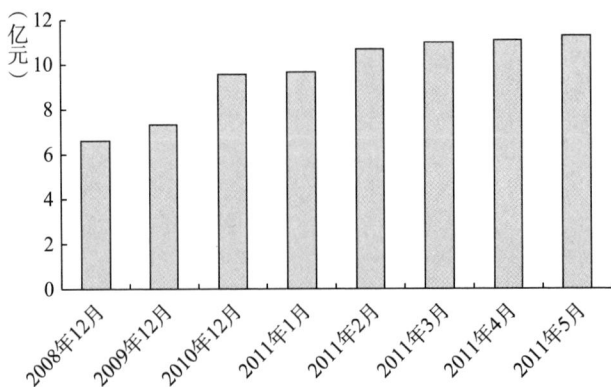

图1　威海市商业银行对威海地区出口企业贷款投放趋势

注：出口贸易额占收入30%以上的企业为"出口企业。"

金流转方式及结算周期等特点，先后开发推出了知识产权质押融资、保易通、海域使用权抵押融资、订单融资、出口退税账户托管贷款等业务品种，极大满足了市场需求。

3. 国际业务营销力度持续加大

自2010年威海市商业银行成立国际业务部以来，国际业务营销力度持续加大，国际业务服务质量和水平持续提高。截至2011年5月，威海市商业银行外汇存款余额为419.03万美元，外币类贷款（含贸易融资）余额为2384万美元，各类国际业务有序开展，有效支撑了出口贸易的发展。

从以上分析可以看出，威海市商业银行在发展中逐步加大了对外贸经济的支持力度，但同外贸企业巨大的融资需求相比，威海市商业银行对外贸经济的信贷支持力度仍显薄弱。对2011年上半年数据进行粗略统计，威海市商业银行对出口行业信贷投放占比不足7%，业务开展主要集中在传统的贷款、贴现、承兑等表内外品种上，国际业务开展规模较小，信贷投放以大中型外贸龙头企业为主，小企业贷款占比低（见图2）。从担保方式看，采用保证担保方式的在70%以上；以物权抵押担保的占比偏低，不足20%；以动产或权利质押的最低，不足10%。

（二）威海市银行业金融支持外贸经济问题探究

威海外贸经济构成中，中小型企业占据多数，在国际贸易当中，中小企业因为规模小、市场竞争力弱，往往需要通过更优惠于对手的结算、融资方式来获得订单，这就使得中小企业本就紧张的资金状况变得雪上加霜，这也是威海外贸经济面临的主要融资问题。从对威海市外贸企业进行走访及市场

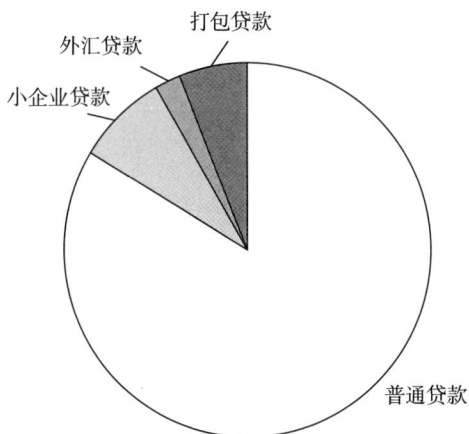

图2　威海市商业银行对威海地区出口企业贷款投放情况
注：出口贸易额占收入30%以上的企业为"出口企业"。

调研情况看，外贸企业仍旧主要依靠银行融资这一间接渠道获得资金支持，威海市商业银行的案例分析体现了整个威海市银行业的一些共性问题。从全市金融运行情况看，商业银行对外贸经济的信贷支持主要存在以下问题。

1. 客户结构集中

商业银行在提供金融服务时，需要考虑资产的安全性、流动性、赢利性，传统的"垒大户"理念下，一批外贸行业龙头企业获得了较大的信贷支持，数量众多的中小企业获得的融资额很少。

2. 业务品种单一，业务发展不平衡

目前，全市商业银行的业务仍然集中在传统的人民币业务，国际业务相对较弱，在人员、技术等方面都不具备优势，导致银行提供的贸易融资产品，仍然以传统的信用证结算与融资相结合的方式为主，如打包放款、贴现、进出口押汇等。虽然这些业务风险较低，但是品种少，且功能单一。国际保理、福费廷、结构性贸易融资等新型的贸易融资方式开展较少，且发展缓慢，难以满足中小企业的融资需要，限制了其发展。

3. 中小外贸企业融资门槛高

一方面，由于中小外贸企业普遍存在资金实力弱、财务制度欠缺规范性的情况，且面临复杂风险因素，抗风险能力不足，在传统的信贷评级理念下，外贸企业的融资风险被放大；另一方面，多数中小外贸企业难以提供银行认可的足量抵质押品，部分抵质押品因存在抵押率低、费用高、手续烦琐等问题而超出了企业承受能力，由于行业特性，大企业不愿意承担为中小企业担保的风险，所以银行无法在担保没有落实的情况下为其提供融资额度。

4. 缺少高素质业务人员

商业银行开展国际业务具有高度的专业性，需要精通法律、国际贸易、金融、外语等的复合型人才，受威海区域发展限制，银行业金融机构中的人才储备略显不足，缺少贸易融资方面专业人才的现象严重。一方面，从业人员对金融工具、贸易手段、结算方式的不了解加大了银行国际贸易融资的风险；另一方面，高素质人才的缺乏还限制了商业银行国际贸易融资方式的创新。

5. 操作环节和审批程序烦琐

由于国际业务涉及范围广且业务规则要遵守国际惯例，因此银行在业务操作时把控风险的难度较大，导致中小企业在申请贸易融资时遇到的障碍比申请普通流动资金贷款时更多；同时，银行普遍缺乏各种融资形式的严格标准，业务操作流程欠规范，且缺乏中小企业明细的备案资料，难以全面准确地了解及分析该企业的实际经济及经营情况。烦琐的审批环节，复杂的经办手续及很长的操作时间，使企业在办理业务时障碍重重。

（三）商业银行金融支持外贸经济的模式创新

威海蓝色经济区发展规划是威海市委、市政府深化区域经济发展战略、统筹安排经济布局的重大决策，是威海经济发展的新起点、新阶段。金融支持对外贸经济的发展起着举足轻重的作用，通过对威海市外贸企业的市场调研，不难发现，外贸企业的融资现状不容乐观。全市银行业金融机构普遍存在对外贸经济信贷投放规模薄弱、服务模式单一、支持范围局限等问题，在蓝色经济区建设中，随着外贸企业的战略转型，银行服务模式也应及时更新升级，为适应蓝色经济区建设需要，全市银行业金融机构应该抓住这一历史机遇，深化金融改革，在金融支持模式上不断创新。

从威海外贸经济结构出发，银行业金融机构应立足于加大对中小型外贸企业的金融支持力度，贸易金融服务要从国际贸易领域向与之相配套的国内贸易领域延伸，从单一环节的贸易融资向内外贸一体化的多环节、全过程的贸易链融资模式转变。主要措施主要集中在以下几方面。

1. 转变经营理念

商业银行在营销和业务处理中，要强化"客户导向"的概念，把满足客户需求作为一切工作展开的目标和中心，以可持续发展战略为指导，建立新的营销观念。其原则应以最大限度地满足社会和客户的需求作为营销目标，合理进行战略资源配置，针对客户的不同规模、类型、需求偏好，提供量身定做的个性服务，充分挖掘银行金融产品和服务的最大潜力。

2. 加大产品创新力度

商业银行对外贸企业的融资需求以传统授信业务为主，在业务品种上自主创新能力不足，在蓝色经济区建设规划下，为极大满足外贸企业资金需求，推动外贸经济转型升级，商业银行必须根据当前外贸形势和客户经营特点加快产品创新。

（1）充分利用新的金融工具满足实际需求

商业银行要充分整合自身在境内外、离在岸、内外贸投商行的各类资源，在传统的国际结算业务基础上，根据对国际市场的分析，不断发展和开发新的贸易融资业务，如积极开展票据融资、结构性贸易融资、融资租赁等方式，并针对具体情况进行各种融资产品组合，强化物流金融账款融资、保理、船舶出口、避险理财等国际业务的联动，积极满足企业在不同结算方式、贸易环节、贸易条件下的结算和资金需求。

（2）为企业量身定做与它们实际情况和风险承受能力相匹配的金融产品

对外贸企业，尤其是中小型外贸企业，商业银行要研究制定科学合理的准入门槛，针对其有效担保不足等问题，商业银行要积极探索各类动产质押融资办法，能够根据贸易环境进行金融工具创新、拓展业务范围，并基于客户履约能力，通过结构性设计，充分利用贸易自偿性和上下游信用捆绑实现还款和风险控制，以降低中小企业的融资成本、增强其交易收款安全性，降低银行贸易融资风险。

（3）大力开展中间业务

商业银行要实时和企业进行沟通和联系，向企业推介合适的业务品种，发挥理财顾问作用。要利用传统业务的交叉销售，大力拓展财务顾问、债券承销、资产管理、银团贷款、表外融资等中间业务产品，重点抓好现金管理、第三方存管、资产托管等新兴业务，充分利用国际金融市场投资机会，加大对基金销售、理财产品的创新，着手开发金融衍生产品交易等新产品，有效推进中间业务发展。

3. 创新服务模式，提升服务水平

为切实推动中小型外贸企业转型升级，商业银行应从单一的"产品销售者"转变为"服务提供者"，通过持续强化自身的金融服务功能建设，不断创新服务模式，为外贸企业提供满足切身需求的专业化贸易金融综合解决方案。

（1）提高信贷管理的精细化水平

在制度安排上，商业银行要加大对外贸企业科技创新的支持力度，鼓励高附加值产品出口，尤其对海产品加工、海洋先进制造业等海洋经济类产业加大信贷投放力度；在审批流程上，按照"绿色信贷"要求加强流程改造，为涉农类外贸企业提供绿色通道，优化内部审批流程；在业务办理过程中，各业务部门加强内部联动，各部门积极配合，提高业务审批效率。

（2）针对外贸企业对银行不断增长的多元化服务需求，提供一揽子金融服务

如提供专业的汇率风险防范、结算保值咨询等服务，帮助客户提前规避汇率风险；对重点企业和项目定点沟通，协助做好进出口项目规划论证，进行筹资分析，拟订专门的金融服务方案，随时跟进外贸项目进展，切实帮助企业降低风险；充当财务顾问，帮助中小企业加强财务管理，建立规范的财务制度及流程；帮助理财，为中小企业提供投资决策参考；及时向外贸企业提供各种产经、财经、外汇走势、商品行情等资讯，帮助客户合理制定资金使用计划，为企业发展出谋划策。

（3）加强银政以及金融同业间的合作。商业银行应加强与相关政府部门的沟通和交流，积极为政府振兴外贸提出建议，并加强相关政策的传导和执行，以政府组织的各种银企推介会、商务论坛等活动为契机，为外贸企业解读金融政策、分析国际市场变化、设计融资方案，解决企业融资业务操作中的问题和困惑；同时，金融同业应在信用环境建设方面加强合作，通过为外贸企业举办培训班等活动增强企业的信用维护意识，帮助企业不断建立完善信用机制，通过分享产业链中核心企业的信用资源，在同业间开展客户互荐等活动，扩大受益企业群体，促进外贸企业的持续发展。

4. 完善内部风险监控体系

外贸企业经营中存在对国际贸易融资业务的巨大需求，而银行业金融机构在发展国际业务时，需要建立完备的内部风险控制体系作为保障。

一是提升经营管理水平。商业银行应当从注重个体风险转移到注重行业风险上来，通过对外贸行业风险的有效预警，密切掌握外贸行业的发展趋势和波动规律，积极探索风险传导机制；密切跟踪经济基本面和经济政策变化，始终保持经营理性；密切跟踪利率政策变化，加强利率风险管理和资本管理。

二是加强统一授信管理。商业银行应将国际贸易融资业务纳入统一授信管理体系，根据不同业务的风险系数严格控制敞口规模，建立专门的风险评估制度，对国际贸易融资的企业进行风险评级，核定风险限额或授信额度。

三是完善风险预警管理。为防止业务潜在风险扩大，商业银行应随时掌握外贸企业生产和贸易状况、物流和资金周转情况、付款结算方式和结算量

等；同时，应加强对经济周期敏感行业企业的跟踪，对信用风险以及操作风险等加强预警信号管理。

四是加大科技支撑力度。商业银行应开发应用针对外贸风险的专门测试系统，前台人员对不同行业、不同规模、不同融资产品的风险进行分析，严格准入管理；后台人员通过实时监控和内部稽核对风险予以控制。

五是加强考核管理。商业银行应通过建立和完善岗位问责制度和奖惩制度，加强银行员工在业务上的责任心。

五　结语

今年是"十二五"规划的开局之年，也是蓝色经济区建设的起步之年，威海外贸经济的发展面临难得的机遇。从银行角度来讲，如何创新金融模式以加大对外贸企业的金融支持力度，这既是转变经营理念、经营方式的问题，也是关乎商业银行转型升级的战略思考；从区域经济角度来讲，商业银行作为服务地方经济的重要力量，如何尽快创新服务模式以更好地推动外贸经济发展是关乎威海经济布局的重要战略思考，对威海蓝色经济区发展有着不容忽视的意义。

（作者单位：威海市商业银行　课题组成员：孙华斌
焦念胜　王　蓉　景鲁勇）

加快打造威海蓝色经济区

郑　强

当今世界，一场向海洋要食物、资源、财富的"蓝色革命"浪潮正席卷全球。眺望国际，越来越多的国家把目光转向海洋，对海洋发展战略给予空前重视。海洋经济已经成为一个独立的经济体系，并以明显高于传统陆地经济的比例快速增长，相当一部分国家的海洋产业已成为国家支柱产业。回望国内，随着经济全球化进程的加快，我国人口、产业快速向沿海集聚，海洋在生产力布局中的战略空间地位日益突出。党的十七大则进一步做出了"发展海洋产业"的重要部署，一股强劲的海洋经济发展势头正在中国大地掀起，蓝色经济将成为"十二五"国民经济新的增长点。

胡锦涛总书记 2009 年两次视察山东时，做出了"大力发展海洋经济，科学开发海洋资源，培育海洋优势产业，打造山东半岛蓝色经济区"的重要指示，为山东经济社会发展带来重大历史机遇。威海既是山东半岛蓝色经济区七个重点城市之一，又是胶东半岛高端产业聚集区四个重点城市之一，在山东半岛蓝色经济区"一区三带"总体发展格局中的作用举足轻重。

威海作为海洋经济大市，打造蓝色经济区具有得天独厚的优势和条件。

一是区位优势独特。威海拥有占山东省三分之一的近千公里海岸线。威海海岸线占全国陆地海岸线总长度的 1/18，海域面积约 1 万平方公里，接近其陆地面积的两倍；地处山东半岛最东端，三面环海，一面接陆，与辽东半岛、朝鲜半岛、日本列岛隔海相望，是中国大陆与韩国距离最近的城市。从交通设施看，全市拥有 3 个国家级口岸，开通了威海至韩国仁川、釜山的空中航线以及威海至韩国仁川、平泽、釜山和日本博多、门司、名古屋的海上航线。这一区位优势，决定了威海在中日韩经贸合作特别是正在论证的中日韩自贸区建设进程中将发挥独特的作用，可以说是对韩日开放的"先导区"。

威海位于山东半岛蓝色经济区的核心区域，在中国经济最为发达的京津冀和长三角两大经济圈之间，并连接环渤海经济圈和泛黄海经济圈，是东北亚经济圈的重要节点城市。经过近些年的发展，威海的海洋产业已经形成一些产业隆起带，海洋资源优势突出，并且在承接日韩产业转移方面具有非常突出的区位优势，这些优势都是威海在蓝色经济区发展战略中抢占先机的基础。

二是综合实力较强。建市 24 年来，威海经济社会迅猛发展，成为中国改革开放以来发展最快、活力最强的地区之一。全市地区生产总值现居山东省第九位，人均地区生产总值居山东省第 2 位。海洋资源优势得天独厚，沿海分布 114 个岛屿，浅海、滩涂面积 300 多万亩。2010 年，全市海产品产量达到 213.17 万吨，实现海洋产业产值 1230 亿元，增长 12%，连续多年居全国地级市首位。海洋产业增加值 590 亿元，占 GDP 的比重达到 31%，产业发展与蓝色资源高度关联，可以说是山东半岛蓝色经济的"深蓝区"。中国社会科学院发布 2010 年《城市竞争力蓝皮书》，威海在生态环境竞争力和环境优美度竞争力两项排名中进入前十名，分别排名全国第五、第六。近日，中国海关总署所属《中国海关》杂志发布 2009 年至 2010 年中国外贸 100 强城市及外贸潜力竞争力前 30 强城市，山东省威海市以 72.8 分位列中国外贸 100 强城市第 30 位。威海现已发展成为全国最大的渔具、轮胎、医用高分子制品、木工机械、地毯等生产基地。

三是海洋资源丰富。全市海岸线长 985.9 公里，近海生物资源丰富，是我国最重要的渔业生产基地之一；海岸带多为基岩海岸，具有丰富的深水岸线资源；海岸带和近海海域蕴藏着大量矿产资源，已探明可供开采的有金、铁、铜、锌等 30 多种，其中黄金、磁铁、石英砂、花岗岩、锆英砂等在全国、山东省占有重要位置；海岸带海洋能蕴藏量较大，主要包括风能、潮汐能、潮流能、波浪能和温差能，开发利用条件较好。

四是生态环境优良。威海四季分明，气候宜人，冬无严寒，夏无酷暑，一年四季不干燥，不潮湿，具有明显的海洋性气候特征。整个辖区依山傍海，自然风光秀丽，旅游资源丰富，城、山、海、岛、滩、湾、林、温泉等独具特色。环境保护成效显著，城市饮用水源和海洋功能区水质全部达到和优于国家标准，是全国空气质量、海水质量最好的地区之一。立足于优良的生态环境，着眼于打造世界精品城市，威海坚持不求最大、但求最好的理念，努力建设"小而特、小而精"的新型城市，在改善人居环境方面走在全国的前列。

随着国家区域协调发展战略的实施，中西部加速崛起，东北振兴步伐加快，东部沿海区域发展势头强劲。目前，我国沿海初步形成"三大五小"的经济区整体布局："三大"即环渤海地区、长三角和珠三角地区，"五小"指辽宁沿海、山东黄河三角洲生态经济区、江苏沿海经济区、海峡西岸经济区和广西北海经济区。这些区域的发展已经进入国家战略。区域间的竞争日趋激烈，威海面临较大的竞争压力。

打造蓝色经济区将有利于威海进一步提升海洋优势产业，促进海陆统筹、协调发展，推动海洋资源优势尽快转化为海洋经济优势；有利于集约利用海陆资源，保护滨海生态环境，提升"人居"品牌含量；有利于进一步拓展对外开放的广度和深度，加强与东北亚地区特别是日韩的产业分工协作，在更高层次、更宽领域参与国际合作与竞争；有利于加快传统产业的改造升级、推动高新技术产业的加速发展和新兴产业的培育提升，促进产业结构和产业层次加速向高端、高质、高效方向发展。更为重要的是，通过蓝色经济区建设，能够促使我们更加深刻地理解和把握科学发展观，更加积极主动地转变发展方式，更加自觉地从战略的高度谋划威海的发展，不断增强区域经济的竞争力，确保在山东省发展大局中的优势地位。

以威海的资源禀赋、产业基础和科技力量为立足点，以山东半岛周边沿海城市为参照系，按照城市地缘发展规律的客观要求，确定威海在山东半岛蓝色经济区中的定位是：山东半岛蓝色经济区核心区域的重点城市，海产品生产加工、船舶修造、新能源和滨海旅游休闲度假等产业的领军城市，与韩国经贸合作的前沿城市和东北亚海上客运中心，滨海生态人居示范城市。

依据威海的地域特色及产业分布，坚持统筹兼顾与合理安排的原则，确定威海蓝色经济区的总体布局为"一线、两区、四带"。

"一线"即千公里海岸线。发挥威海海岸线长、港湾众多、地质稳定、沿海资源丰富的优势，以千公里海岸线为依托，以现代化立体交通网络为支撑，向海域、陆域辐射延伸产业空间，科学规划发展海洋产业、临海产业、涉海产业，将千公里海岸线建设成为生态线、旅游线、经济线，形成海外、远洋、近海、临海、内陆产业统筹、特色突出、层次分明的蓝色经济区发展新格局。

"两区"中一是高端产业聚集区。以促进产业高端化、高端产业聚集化为目标，以"高层次人才聚集区、产学研结合密集区、科技成果转化汇集区"为依托，以调整优化结构和转变发展方式为根本途径，大力实施高端高质高效产业发展战略，重点发展四大高端产业领域，建设十大高端产业聚集园区，着力推动一、二、三次产业向更高层次攀升，努力打造技术密集、知识密集、人才密集、金融密集、服务密集的高端产业聚集区。

二是滨海生态人居示范区。加强全域性生态环境保护，对自然保护区、风景名胜区、水源涵养区、饮用水源保护区、森林公园、湿地、海岸线等生态环境脆弱区域，依法实施强制性保护，严禁从事不符合生态保护区功能区划的开发建设活动，坚决杜绝各类违法建设；以建设生态威海、精品威海、人居威海为目标，坚持高起点规划、高标准建设、高效能管理，突出以威海中心城区为主体，以荣成、文登、乳山市区及石岛城区为次中心，以建制镇为补充的城市发展格局，加快城市化进程，努力建设设施完善、功能齐全、环境优美、独具特色的现代化、生态化、和谐化的世界人居精品海湾城市。

"四带"中一是滨海旅游文化产业带。威海冬无严寒，夏无酷暑，被誉为"最适合人类居住的地方"，而且旅游资源丰富，有80多处旅游景区和众多海滩浴场，其中刘公岛、成山头、赤山法华院、银滩4处国家4A级景区；还有9处地下温泉，每天可出水1.5万立方米。我们将依托千公里海岸线，充分发挥山、海、岛、滩、湾和温泉等资源优势，着力打造旅游休闲度假目的地和"中国温泉之乡"。

二是临港物流产业带。根据港口的归属及服务功能，对全市港口岸线资源统一管理。以港口体系为核心，以疏港路连接立体交通网络，延伸物流产业发展空间，形成连通开放型经济与陆域产业发展的临港物流产业聚集带。威海现有17个商港，万吨以上泊位19个，拥有国家一类开放口岸3个、一类开放作业区5个，发展港口物流基础较好。尤其是客运业发展较快，目前威海到韩国的客滚航线13个、航班64个，均占山东的一半以上。当前威海正在加快整合港口资源，积极引进战略投资者，加大港口的改建扩建力度，重点推进威海港国际客运中心和航运服务中心、石岛新港港口物流集配中心等项目，积极拓展出口加工区保税物流功能。

三是临海现代制造业带。依据《威海市海岸带分区管制规划》，充分发挥岸线资源优势，在俚岛湾、皂埠湾和石岛湾建设三大船舶工业聚集区，构筑沿皂埠湾、龙眼湾、俚岛湾、石岛湾、靖海湾、埠口湾、前岛湾、乳山口湾的沿海造船工业带；在荣成镆铘岛建设石油化工基地；在沿海区域科学布局核电、风电等新能源产业；依托港口规划建设适宜开放型经济发展的临港工业园区。

四是海洋渔业产业带。根据全市自然环境特征、社会经济条件及渔业资源修复基础，在沿海构筑乳山湾、五垒岛湾、靖海湾贝类和甲壳类，荣成东部沿海、经区沿海海珍品和鱼类，环翠区高区北部沿海海珍品、鱼类和藻类三大渔业资源修复链，规划建设乳山湾、五垒岛湾、靖海湾、荣成东部沿海、经区沿海、环翠区高区北部沿海六大养殖区域；依托丰富的海产品资源，在荣成、文登、乳山三市建设以海洋"三品"为重点的精深加工产业基地。

打造威海蓝色经济区的关键是要找准突破产业和产业突破口。遵照这一思路，选择现代海洋渔业、临海先进制造业、涉海服务业和海洋战略性产业四大高端产业作为突破口，重点规划建设了六大海洋优势产业基地。一是以海洋"三品"为重点的海产品生产加工基地，涵盖海水健康生态增养殖、海产品精深加工和渔港服务业。二是以船舶修造业为重点的现代制造业基地，重点加快建设皂埠湾、俚岛湾、石岛湾三大造修船业聚集区，配套发展船舶零部件产业。三是以东北亚地区为主要目的地的港口物流基地，形成以威海湾港区为中心，石岛港区为辅助，龙眼湾港区、蜊江港区、靖海湾港区、乳山口港区为补充的港口格局。四是以千公里幸福海岸为载体的滨海旅游休闲度假基地，重点实施"一线六板块"旅游产业空间发展战略。其中，"一线"即千公里海岸旅游线，"六板块"即中心城市旅游板块、成山头极地海滨生态旅游板块、石岛渔家民俗风情旅游板块、昆嵛山文化旅游板块、文登温泉休闲旅游板块、大乳山福地养生旅游板块。五是以核能、风能为主的新能源产业基地，建设新能源产业基地。目前威海的新能源建设已经有了良好的开端。风电，合理布局风电场，稳步发展海上风电，到2015年全市风电装机达到100万千瓦以上，建设大型风电基地。核电，重点抓好石岛湾高温气冷堆核电站示范工程一期、国家大型先进压水堆核电站示范工程建设，择机启动乳山红石顶核电项目前期工作，推进核电基地建设。六是以镆铘岛石化项目为主体的现代石化基地。目前已实施总投资715亿元的镆铘岛石化基地项目。在配套码头项目已列入山东及威海港口总体规划的基础上，积极争取项目列入国家"十二五"规划，开工建设2000万吨/年炼油、1000万吨/年天然气、100万立方米原油储备库、100万立方米成品油储备库、5万吨/年固体及5万立方米/年液体化工周转库及配套码头的综合性大型石化基地。

威海，这座充满活力的蓝色之城，让人们看到了蓝色经济的无限魅力，向人们证明了新兴城市的无限潜力。展望未来，我们无限期待。

（作者单位：中共威海市委党校）

慢性病防控"乳山模式"的实践与解读

孙保广　段桂顺

慢性病全称是慢性非传染性疾病，不是特指某种疾病。主要指以心脑血管疾病（高血压、冠心病、脑卒中等）、糖尿病、恶性肿瘤、慢性阻塞性肺部疾病（慢性气管炎、肺气肿等）、精神异常和精神病等为代表的一组疾病，具有病程长、病因复杂、健康损害和社会危害严重等特点。

目前，慢性病所导致的疾病负担已经超过传染病，因慢性病死亡的人数占我国总死亡人数的80%，以心脑血管病、肿瘤、糖尿病和呼吸系统疾病为代表的慢性病，已成为威胁我国居民健康的主要公共卫生问题。而且，随着全球化、城市化和老龄化的不断发展，慢性病所导致的疾病负担还将呈上升趋势。从卫生经济学的角度看，预防和控制慢性病已成为我国正在面临并亟待解决的健康难题。"如果没有有效的干预措施，未来30年将是中国慢性病井喷的年代。"卫生部部长陈竺用"井喷"二字敲响了我国慢性病防控的警钟。

在2011年11月8日举行的国家级慢性病综合防控示范区现场考评工作反馈现场通报会上，卫生部疾控局副局长孔灵芝将"政府主导、部门联动、群众参与'三位一体'，构建以生活方式干预为核心、以公共医疗服务为支撑、以社会环境营造为外围"的慢性病综合防治创新性模式，称之为慢性病防控"乳山模式"，并认定为可在全国推广的慢性病防控的"县级样板"。

一　慢性病防控任务繁重，形势紧迫

（一）慢性病不可忽视的危害性

1. 因病返贫较为普遍，医保支付捉襟见肘

中国健康促进基金会的调查显示，慢性大病患者住一次院一般要花掉城

镇居民人均年收入的一半左右，要花掉农村居民人均年收入的 1.5 倍以上。在消耗掉患者积蓄的同时，医保也为大病付出巨大支出。以北京为例，每年门诊方面费用增长幅度超过 20%。其中，慢性大病支出花费增长最快、数额最多。2010 年北京市医保收入约 296 亿元，支出约 285 亿元；2011 年威海职工基本医疗保费收入 17.1 亿元，支出 16.2 亿元，余额 9580 万元，收支平衡度均已达到极限状态。

2. 危害人民身心健康，影响小康生活质量

"大病一场，小康泡汤。"按目前态势估算，到 2020 年，我国将有过亿家庭可能因治病返贫，小康社会也将面临"小康不健康"隐忧。而目前看，患慢性大病的患者，近一半为 18 岁至 59 岁的劳动力人口，如果大病势头继续发展，就会减少劳动力人口数量，削弱人力资本质量。因此，应对慢性大病不但是一项宝贵的健康投资，而且应被视作对人群生产力及收入潜力的投资。

值得指出，慢性病的流行已从城市向农村蔓延，从大年龄组向低年龄组蔓延，从白领阶层向蓝领阶层蔓延，正由"富贵病"转向普通的一般性疾病，如现在不采取措施任其发展，将来防控更加困难。由此可见，慢性病防控直接关系到人民群众的身体健康，直接关系到国家经济建设的发展，直接关系到我国的国际形象，已成为人民群众最直接、最现实、最迫切需要解决的问题，成为当前各级政府面临的一项亟待解决的重大民生任务。

（二）慢性病不断蔓延的高发态势

据 2011 年第六次全国人口普查统计，全国有 13.39 亿人，60 岁以上的人口 1.78 亿人，占总人口的 13.26%；65 岁以及以上人口 1.19 亿人，占总人口的 8.87%。按照国际标准，我国已步入老龄化社会。老龄人口比重的逐年增加，势必使慢性病发病率增高，客观上加大了慢性病防控工作任务。当前，我国慢性病处于高发态势。其中，心脑血管疾病在城乡居民主要疾病死亡构成比中已占 40% 以上。脑血管病已成为我国居民死亡原因的第一位，如果不能采取切实有效的措施，慢性病的快速增长将成为影响人民健康水平和经济社会健康发展的潜在的巨大障碍。

（三）慢性病预防管理工作滞后

1. 预防知识严重匮乏

随着我国步入小康社会，城市化进程加速，人们的生活水平极大改善，肉蛋奶的比例提高很快，人们的生活环境、工作环境和生存空间发生了较大

改变。最突出的表现是吃得好、穿得好、住得好、体力劳动少，与此同时也出现了抽烟、酗酒、大吃大喝等社会问题，加之水源、空气、土地、食物等的污染，构成了慢性病致病的先决条件。由于宣传工作和干预手段没有及时跟进，人们在享受现代化生活的同时，对预防慢性疾病的知识相对匮乏，是导致慢性病快速上升的一个重要因素。

2. 预防工作滞后

主要表现在"三个不足"：专业人才不足、经费投入不足、工作力度不足。首先，缺少一支强有力的慢病防控专业队伍；其次，全市慢性病防控专项经费主要是中央转移支付的，远不能适应工作需要；最后，缺乏长远规划和近期工作目标，对基层的引导力、监管力、约束力不够。

3. 管理手段不足

慢性病防控组织功能发挥不到位、有关部门配合不协调、督查工作不给力等比较普遍。目前慢病患者基本靠社区服务中心和乡镇卫生院管理，是以初次诊治建立健康档案的方式进行的。其档案的形式基本还处于原始的手写状态，很容易造成错登漏记、数据和内容失准，给慢性病防控的统计、使用、指导、管理乃至决策等造成诸多困难。

二 慢性病防控 "乳山模式" 的实践

近年来，乳山市始终坚持"没有和谐就不是科学发展、没有稳定就不是健康发展"的理念，把保障改善民生摆在最为突出的位置，把维护群众健康作为义不容辞的责任，围绕建设健康乳山这条主线，统筹推进食品安全、公共卫生、全民健身和健康环境等体系建设，积极探索创新慢性病防控新模式，实现了对慢性病的初步控制，受到了卫生部及山东省各级领导的高度肯定。

(一) 以生活方式干预为核心，强化人群健康促进，推动慢性病防控向健康管理转变

长期以来，部分居民特别是农村居民保健意识不强、健康意识较差，对慢性病知识了解不多、重视不够，极少进行健康查体，甚至对自身血压、血糖水平完全不知情，往往因没有及时治疗而导致病情加重，成为危害群众健康的重要隐患。针对群众存在患病不知情、得病不会治、生活方式不健康等问题，乳山市从三个方面入手，着力遏制危险因素水平、加强人群健康促进。一是开展全民慢性病普查，促进慢性病规范管理。采取政府买单的方式，组

织广大镇村医生进村入户，为 40 多万居民进行高血压、糖尿病筛查，并为每名居民建立电子健康档案。按照"医疗机构分包社区、社区医生分包患者"的原则，建立起镇村两级责任管理团队，推行"家庭医生"式贴近服务，规范做好慢性病患者的综合治疗、跟踪管理和生活干预等工作，让慢性病患者变被动管理为主动参与。二是强化健康知识宣传，促进群众主观约束。慢性病防控的关键在于预防，根本则是促进人群健康生活行为的养成。乳山市在全社会深入开展以合理膳食、适量运动、戒烟限酒、心理平衡为内容的全民健康生活方式行动，倡导健康生活行为方式和理念，推动健康知识进农村、进课堂、进社区、进家庭、进重点场所，不断提高群众健康知识知晓率，形成自我管理、自我调节、自我约束的生活习惯。从 2011 年开始，乳山电视台、报纸等新闻媒体设立健康生活专题节目和专版，教育部门将慢性病防治等健康知识列入中小学课程，餐饮、妇联等部门举办餐馆厨师、家庭妇女健康饮食培训班 20 余期，全市共发放各类宣传材料 50 多万份、健康生活行为方式干预礼盒 1 万套，为 12 万户家庭配备定量盐匙。三是加强危险因素控制，促进外部客观约束。围绕在全社会控制烟草、饮酒和不合理饮食等健康危险因素，广泛开展健康示范单位、示范社区、示范食堂餐厅创建活动。建设慢性病防控宣传一条街，在城市广场、公园等所有公共场所设立健康生活方式"温馨提示"，开展中小学阳光体育运动，实施机关工作人员工作日禁酒，建立干部职工定期查体和工间操制度，在审计、民政等单位开展"无烟机关"创建试点并逐步推开。加快公共场所、医疗教育机构禁烟步伐，在全社会营造控制烟草消费、倡导合理饮食、开展健身运动的环境氛围，形成了促进城乡居民健康生活方式养成的外部约束机制。

（二）以基层医疗服务为支撑，深化体制机制创新，推动慢性病防控向综合改革转变

乳山市从深化体制机制改革入手，先后探索实施了三项改革，推动实现了三大转变，为慢性病防控工作奠定了基础。一是农村卫生室公办运营，推动农村医疗机构职能转变。乳山市从 2003 年开始推行农村卫生室公办运营，将所有农村卫生室改为镇级卫生院的派出机构，乡村医生由镇级卫生院负责考录管理，逐步建立完善考聘、培训、考核等管理机制，农村卫生室职能由盈利为主转向公共服务为主。乡村医生队伍实现了稳定发展，全市在岗乡村医生达到 586 名，每千名农村群众拥有乡村医生 1.45 名。二是构建卫生信息平台，推动患者诊疗行为和管理模式转变。为破解卫生投入、资源配置等刚性因素制约，先后投资 300 多万元建成以居民电子健康档案为核心，集医疗诊治记录、医疗信息查询、医疗费用结算、医药全程监管等于一体的市域卫生信息平台。在提升信息资源利用、动态监测健康状况的同时，形成了"危重治疗靠市级、基本医疗有镇级、随访管理在社区"的基层首诊、分级诊疗、双向转诊的就医新格局。三是改革收入分配制度，推动镇村医务人员工作职责转变。随着镇村医疗机构职能向预防教育、综合施治、跟踪服务等全方位拓展，配套建立目标管理和绩效考核体系，将慢性病患者日常随访管理纳入镇村医疗人员服务数量和质量考核，与经济收入和公共卫生服务经费发放挂钩，有效调动基层人员参与慢性病防治等公共卫生服务的积极性。

（三）以社会环境营造为外围，发挥政府主导作用，推动慢性病防控向促进健康与环境协调转变

慢性病预防既需要个体行为的主动改变，更离不开社会环境的综合支持。乳山市以开展健康乳山行动为主线，强化政府主导，调动群众参与，在全社会营造保障和维护群众健康的配套体系。一是政策支持体系。市政府成立了由市长任组长，分管市长为副组长，卫生、教育、体育等 22 个部门主要负责人为成员的慢性病综合防控领导小组，制定出台了《乳山市慢性非传染性疾病防治工作规划（2010—2019）》，将慢性病综合防控工作纳入第十二个五年规划，形成开展慢性病工作的强大合力。二是服务支持体系。坚持公共卫生公益性质，探索基层卫生机构管理和基本药物制度实施机制，在山东省率先实现国家基本药物制度城乡全覆盖。近年来，先后筹集资金 3.2 亿元对市、镇、村三级医疗设施进行全面升级改造，完成了 15 处镇级卫生院搬迁改造及内部设施上档升级，规范改造 337 处标准化农村卫生室，打造出服务半径 1.5 千米的便民医疗服务圈。三是健身支持体系，筹集资金 8000 多万元在农村、社区建设体育健身场所 500 多处，建立农村老年体协和全民健身辅导站 460 多个，累积培训社会体育指导员 2100 多名。持续开展以体育健身指导为主要内容的"全民健身月"活动，提高全民健身意识，激发群众健身热情。四是生态支持体系，坚持把生态环境保护放在首位，大力发展低碳经济、绿色经济、循环经济，尽量减少对生态环境造成的影响；按照管理无盲区、投入无违禁、产品无公害、出口无隐患、百姓无担忧"五无"目标，大力实施农产品质量安全管理，健全完善农资直供、产品检测、质量认证等体系，保障农产品质量安全；统筹规划建设城乡环保设施，城市生活污水处理率和生活垃圾无害化处理率分别达到 95% 和 100%，为每个镇驻地建设了污水处理设施，

推行"村收集、镇转运、市处理"的农村垃圾处理模式，实现农村污水和垃圾处理全覆盖；大力实施绿山、绿路、绿滩、绿村"四绿工程"，城市绿化率和森林覆盖率分别达到42%和40%，真正实现让居民饮食放心、环境舒心、运动开心、生活安心，不断推动健康城市、安全城市和幸福城市建设。

三 防控工作亮点、存在的问题和改进的建议

（一）防控工作亮点

1. 政府主导的慢性病综合防控机制不断健全

乳山市政府高度重视慢性病防控工作，成立由市长挂帅的慢性病防控工作领导小组，各成员部门职责明确，任务落实到位；从关注和改善民生的高度出发，积极推进慢性病综合防控，近年来累计投入资金3.5亿元构建公共卫生服务保障体系，先后将高血压综合防治、慢性病防控示范区创建等工作列入政府公开承诺的便民利民实事工程；将慢性病防控工作纳入《乳山市国民经济和社会发展第十二个五年规划纲要》，摆上各级政府、部门议事日程，下发《乳山市慢性非传染性疾病防治工作规划（2010—2019）》，并配套出台基本药物免费治疗高血压、医疗保险慢性病门诊统筹补助、重大慢性病慈善救助等有关惠民政策，让群众共享改革发展成果。

2. 慢性病监测范围和质量不断提高

为掌握辖区慢性病及相关危险因素流行分布特征，乳山市2006年启动全人群死亡因素监测工作，建立了稳定、灵敏的监测网络体系。2008年开始开展住院伤害监测，2010年开始进行脑卒中、冠心病发病登记监测。作为全国新增肿瘤登记点，2010年启动肿瘤登记报告工作。死亡与发病具有全人群监测、医疗机构全覆盖、网络化直报的优势，为进一步制定慢性病防控策略、评价防控效果奠定了良好基础。

3. 健康促进与社会化支持氛围日渐浓厚

实施慢性病防治知识"五进"活动，发挥大众媒体的传播力和公信力，在电视台、报社开辟健康知识宣传专栏（刊），利用慢性病相关主题宣传日开展大型宣传活动，借助社区宣传栏、健康教育活动室、社区文化大院等平台，加大慢病防治知识宣传和健康行为促进，提升群众自我预防保健意识和能力。

4. 全民健康生活方式行动深入开展

紧紧围绕"健康四大基石"核心内容，重点实施健康知识一条街打造、

健身广场、公园规划、全民健身活动促进等活动,并通过开展示范创建活动,发挥示范引领和标杆作用,推动"健康一二一"齐步走。

5. 卫生信息化平台实现互联互通

立足资源共享、互联互通,构建起以居民电子健康档案为核心,集公共卫生服务、医疗诊治、新农合结算于一体,覆盖市、镇、村三级网络化市域卫生信息平台,对高血压、糖尿病患者及高危人群实行全程诊疗和管理服务。截至目前,累计管理高血压患者94867人,患者管理率、规范管理率和血压控制率分别为91.17%、70.56%和30.35%;管理糖尿病患者8665人,糖尿病患者管理率、规范管理率和血糖控制率分别为96.32%、68.27%和25.63%。

(二) 存在的问题和改进的建议

1. 高危人群发现

高危人群发现和干预工作是慢性病综合防控的重要一环,乳山市在落实企事业单位职工定期体检方面还有一些不足,下一步如何提高职工定期体检覆盖率,推动全民健康体检工作发展,需要进一步探索。

2. 食品营养标签执行

食品营养标签是一个帮助消费者了解食品营养成分和特征的有力工具。消费者可以根据营养标签上的信息和自己的健康需要来合理选择食品,构建膳食的营养平衡。但乳山市食品加工企业食品营养标签工作刚刚起步,销售企业在食品采购中对营养标签要求和登记制度落实还不到位,市民对营养标签了解程度不高,下一步乳山市应联合有关职能部门进行重点管理和普及宣传。

3. 口腔卫生

口腔疾病是重要的公共卫生问题,乳山市儿童、青少年龋齿填充和窝沟封闭工作尚需加强。下一步应抓住乳山市被列为山东省中小学生口腔疾病综合干预试点县这一契机,积极争取各级经费支持,全面开展适应征儿童、青少年龋齿填充和窝沟封闭工作。

四 借鉴乳山防控模式,推动威海慢性病综合防控
示范区创建扩面升级

今年威海将推动慢性病综合防控示范区创建扩面升级,构建"医院—社区"一体化的慢性病防治管理模式,继乳山、文登分别创建为全国、山东省首批慢性病综合防控示范区之后,启动荣成和环翠区示范区创建示范区工作。

开展肿瘤发病登记和心脑血管急性事件报告工作；以高血压、糖尿病等慢性病防治为重点，加强对基层医疗机构的业务指导和人员培训；继续开展"健康山东，微笑少年"口腔疾病综合干预试点项目；依托重性精神疾病患者日常筛查和信息报告机制，探索实施"医保报销、医疗救助、财政补助"三方共济的救治保障政策，及时将精神分裂症纳入新农合重大疾病和门诊特殊病种保障范围，促进患者规范治疗与康复。为此，有必要借鉴乳山防控模式成功之处，从慢性病防控关键在政府主导、难点在提高全民意识、重点在建立健全长效机制入手，推动威海慢性病综合防控示范区创建步伐。

（一）提高认识，强化领导，健全慢性病防控保障体系。

从组织、政策、财政等方面入手，强化对慢性病综合防治工作的全方面保障。一是健全组织保障。成立慢性病综合防控工作领导小组，形成政府主导、部门协作、一体推进的工作机制。同时，建立健全部门联系和信息沟通制度，定期召开协调会，确保防控工作有序有力推进。二是完善政策保障。将慢性病防控列入便民利民之中，并纳入"十二五"规划，制定慢性病综合防治工作规划。配套乡村医生补助政策，着力稳定乡村医生队伍。三是强化财政保障。将健康事业投入放在财政支出的优先位置，对市、镇、村三级医疗设施进行全面升级改造。在全市镇级医院、社区卫生服务机构和镇村一体化管理的村卫生室全部实施国家基本药物制度，将基本药物制度延伸到村卫生室；配套慢性病综合防治专项经费，为慢性病综合防控工作提供强有力的资金保障。

（二）全民参与，规范管理，使慢性病防控有序有力。

从健康教育活动入手，全力打造全民参与防控的良好氛围，以建立公共卫生队伍建设为抓手，全面提升慢性病管理水平。一是强化宣传加强引导。在全社会广泛开展以"我行动、我健康，和谐我生活、健康威海人"为主题，以合理膳食、适量运动、戒烟限酒、心理平衡为内容的全民健康生活方式行动，通过新闻媒体报道、举办培训班以及主题活动等形式，倡导健康生活行为方式和理念，促进健康知识进农村、进课堂、进社区、进家庭、进公共场所，不断提高群众健康知识知晓率，形成自我管理、自我调节、自我约束的生活习惯。二是创新机制科学施治。采取政府购买服务的方式，为全市高血压、糖尿病患者建立健康档案，并按照"镇级医生包村、乡村医生包人"的原则，由镇村医疗人员分包负责辖区居民慢性病管理治疗，规范做好综合治疗、随访管理和生活干预等工作。三是规范管理夯实基础。成立卫生系统慢性病综合防治工作领导小组，根据工作职责下设专家组等不同组别。以威海疾控中心慢性病防制科为主体，加强对慢性病管理和技术指导。各基层医疗单位设立公共卫生服务科，配齐专职慢病防治工作人员，推行主动服务和上门服务。

（三）统筹推进，形成合力，确保慢性病防控可持续。

创新工作思路，做好慢性病防控工作与信息化建设、健康威海行动、城乡环境综合整治、农产品质量安全、社区文化健身等方面结合的文章，推动慢性病防治工作向纵深发展。一是与市域卫生信息平台建设相结合，构建起以居民电子健康档案为核心，集诊治记录、保险结算、信息服务、医药监管于一体的三级网络化市域卫生信息平台，实现慢性病管理的信息化、动态化和规范化。二是与保障群众饮食安全相结合。实施农产品质量安全管理，按照管理无盲区、投入无违禁、产品无公害、出口无隐患、百姓无担忧"五无"目标，健全完善农资直供、产品检测、质量认证等体系，建立农产品质量可追溯体系和问责机制，保障农产品质量的安全。三是与健康威海行动相结合。专题研究制定行动方案，在总体内容与上级要求保持一致的基础上，结合威海实际，将减盐控制高血压、国家慢性病示范区创建活动和全民健康生活方式创建活动纳入其中，进行一体化推进。四是与城乡环境综合整治活动相结合。以净化、亮化、美化"三化"为目标，大力实施农村改水、改厕、改灶"三改工程"及草堆、粪堆、垃圾堆"三大堆"清理工程，实行街道硬化、村庄绿化、干道亮化，改善农民的饮水卫生和居住环境。五是与完善城乡健身设施相结合。将农村、社区文化体育设施增配列入便民利民实事工程中，在农村、社区建设体育健身场所。同时，持续开展以体育健身指导为主要内容的"全民健身月"活动，通过采取健康知识咨询、国民体质监测等形式，提高全民健身意识，激发群众健身热情，为群众身心健康提供保障。

（四）着力于普及慢性病防治知识，努力营造全民防控氛围，建立科学文明的生活方式

一要利用多种媒介开展慢性病防控知识的宣传教育，宣传内容要具体生动，看得见、摸得着、学得会，把慢性病防控知识交给群众，摒弃陋习，树立新风，养成科学文明的生活方式，切断慢性病形成链条，为防控奠定坚实基础。二要抓早、抓小。根据慢性病发生发展的过程，慢性病防控工作要从年轻人抓起，从学生抓起。建议在初中以上的学校开设卫生课，增添慢性病防控内容，从小养成科学文明的生活习惯。三要抓住重点宣传。鉴于中青年工作压力大，不良生活方式如吸烟、饮酒、暴饮暴食、工作紧张、劳累等较多，要作为宣传重点。通过宣传，将慢性病防控知识交给群众，让广大群众充分认识慢性病的严重性、危害性和防控的艰巨性，不断改变不良生活习惯和不良生活方式，把慢性病防控工作作为全民的自觉行动。

（作者单位：中共乳山市委党校）

如何引导扶持高校毕业生网络就业

郭景璐

当前，大学毕业生、农民工和就业困难人员，已成为各级政府就业工作中的三大重点人群。而大学毕业生，又是这三大人群中的重中之重。

据新华网报道，上一年"全国高校毕业生达 630 万人，经各级政府的不懈努力，截至 2010 年 7 月 1 日，全国通过各类方式实现就业的大学毕业生已达 456 万人，就业率达到了 72.2%。"尽管这一数据看起来很喜人，但其就业的稳定性不尽如人意。在这种形势下，2011 年有 660 万高校毕业生步入社会。再加上往届未实现就业的，需要就业的毕业生数量之大可想而知。而人社部统计预测，"十二五"期间全国应届毕业生年平均规模将达 700 万人。因此，如何使这部分人既能实现充分就业，又能达到稳定就业，就成为摆在各级政府面前的大事。

一 网络就业既有长远意义又符合现实需要

在多数大学生追捧国有企业、政府机关、事业单位，对一些小型民营企业的营销类以及一线岗位缺乏热情的情况下，有人规劝大学毕业生要解放思想、不挑不拣、从基层甚至是从"蓝领"做起。表面上看，这无可厚非，但从"高校毕业生就业和择业趋于务实"的角度出发，不但他们本人心有不甘，其父母家人也会因投入大量教育经费换来的却是"暗淡前途"而灰心。因此，在"白领"岗位需求有限以及我国互联网业发展而产生"电子商务"的前提下，通过政府鼓励扶持使众多大学毕业生实现"网络就业"就成为破解大学毕业生就业难题的重要手段。

据最新资料显示，截至今年 6 月底，我国网民规模已达 4.85 亿。而伴随互联网浪潮成长的新新人类，都有着全新的价值观念、思维方式、生活理念和消费模式，他们又是未来社会的主流和消费市场的主导者。所以，通过网络手段开展商品推销、广告代理、冲浪和游戏以及下载软件等业务获得劳动报酬实现就业，既具有长远意义，又符合现实需要。

有媒体报道，江苏徐州的沙集镇原本是一个没有资源、原有产业只是"收破烂"的地方，但是在网络创业热潮的带动下，如今该镇已有1200多家网店、33家家具加工厂，产品销往全国大、中城市，快递公司、电脑店、纸箱厂、胶带厂、五金配件厂等周边产业也随之发展。目前，该镇仅快递费收入每年就高达600万元。不仅如此，亚洲最大网络零售商圈淘宝网，于2010年5月正式对外发布淘宝网的就业指数，称截至2010年4月30日，已有106万人通过在淘宝网上开店实现了就业。网络就业还创造了物流、支付、营销等产业链就业机会230.51万个。

二 网络就业过程中存在的问题

其实，网络就业不仅是开网店一种形式。近年来，网上新职业一直不断涌现。网络搜索引擎员、网络编辑员、数字视频（DV）策划制作师、网络课件设计师、数字音乐制作人、网络"保安"等新职业，使互联网逐渐成为一个集无限创业和就业机会于一身的"黄金宝地"。

据国家信息部门统计，今后五年我国从事网络建设、应用和网络服务的新型网络人才需求将达100万至135万人，而现有符合企业要求的人才还不足20万人。所以，尽管网络创业和就业机会很多，但其中存在的问题还有待各级政府尽早解决。

其一，新型网络人才正面临着严重短缺的问题。虽然目前我国已有许多人实现了网络就业，许多高等院校也开展了电子商务教学课程，但更多参与网络就业的人，对网络技术的了解还很肤浅，高等教育一般也仅局限于计算机网络基础知识，许多毕业生在短期内大都不能适应企业电子商务应用的要求。因此，无论是系统设计者、软件设计人员，还是网络实施者都十分缺乏，这一问题也使网络就业者缺乏稳定性。

其二，社会上还有许多人对网络就业存有片面的模糊认识。一些民众对利用网络提高信息获取能力认识不足，太多人只限于从网上获取消遣性信息，没有充分利用网络资源。尽管电子商务被"炒"得火热，但许多企业家仍持怀疑、犹豫、观望甚至拒绝态度。有人甚至一提起网络就业，就会想到网络购物上当、上网成瘾犯罪以及利用网络诈骗等网络的负面影响。当然，网络就业本身也有一定局限性。一方面，交易的安全性一直是人们关注的热点。尤其是在开放网络上处理交易，很多人担心遭到黑客的侵袭而导致信用卡信息丢失。另一方面，交易间的诚信问题、搜索效率以及配送发货的速度问题，也都影响了网络就业的发展。

其三，网络方面的法律法规不健全，影响人们对网络创业和就业的认知度。当前，我国对于网络管理还没有一套完整的法律、法规标准。对网上交易的网络运营商没有一个统一管理标准。各级政府在扶持创业和就业的政策中，也从未把网络创业和网络就业纳入其中。

三　网络就业亟待解决的问题

2010 年，温家宝总理在第十一届全国人民代表大会第三次会议的政府工作报告中指出："要加强商贸流通体系等基础设施建设，积极发展电子商务。"可以说，鼓励和支持网络就业，对正处于蓬勃发展中的中国电子商务市场而言，应该是最好的政策环境支持。因此，各级政府应为有效解决网络就业问题尽早设置合理的运行机制和运行标准。要制定积极的网络人才培养、融资、物流、诚信等法规和政策，强化网上交易的信任与安全管理，使网络就业能在公平、合理、稳定的环境下得到健康、持续、快速的发展。与此同时，还要相应做好以下具体工作。

一要着重解决网络就业者的社保问题。可以参照灵活就业者的办法，把更多的网络就业人员纳入社保体系中来。同时，还要出台积极的扶持政策，对他们在养老、医疗、生育等其他社会保险方面给予一定优惠。目前，许多城市针对"灵活就业"者都出台了各项保险措施，但由于缴费比例较高，网络创业初期一般收入不稳定，许多人还徘徊在社保体系的边缘之外。

二要在财政方面给予相应扶持。目前，许多地市对进一步拓宽"个体私营企业"融资渠道的政策落实情况并不乐观，一些以网络创业和就业的大学毕业资金信贷更是艰难。因此，要出台积极的信贷政策，放开商业银行放贷额度、鼓励新增贷款向网络就业者倾斜；要设立网络就业发展专项资金，创建为网络就业融资的社会担保体系，让更多的网络就业者切实得到实惠。

三要拓宽网络就业者的发展空间。构筑和完善专为网络业服务的公共信息和技术服务平台；制定鼓励未就业的大中专毕业生主动从事网络创业的各项优惠政策。同时，要积极探索和创新网店营业执照制度，对网络创业平台和网络创业者给予税收优惠和适度宽松的管理政策。

四要提高网络就业者的社会地位。一个良好的社会环境应该提供最大限度的多样性，既有为你组织的，也有你自己组织的工作；有需要你参加，也有不需要你参加的工作。因此，要加大舆论宣传力度，树立正确的就业观，倡导新的工作方式、新的价值理念、新的差异和个性化的社会风气，使更多的大中专毕业生通过网络就业的方式，实现自我管理自我完善，以达到适应消费者多品种、个性化、低成本和快速运转的要求，最终使网络就业成为我国新的就业增长点。

（作者单位：威海市人力资源和社会保障局）

基层人力资源社会保障公共服务平台建设情况调查

张言报　朱复刚

基层人力资源和社会保障公共服务平台（以下简称基层平台）是政府社会管理与公共服务体系的重要组成部分，也是人力资源社会保障政策落实的重要载体。近年来，威海市基层平台建设步伐明显加快，但随着保障改善民生政策的连续出台和人力资源社会保障工作重心的不断下移，下大力气规划和加强人力资源社会保障基层服务平台建设、进一步促进各项惠民政策面向城乡就近尽快和均等化落实，显得尤为迫切和重要。

一　基层平台发展的现状

（一）机构人员情况

截至2010年底，全市73个镇和街道全部建立了劳动保障事务所，共核定事业编制212个，平均每个劳动保障所2.9个。实际从事人社工作的实有人员204人。其中，在编人员118人，占编制总数的55.7%；其余86人为编外聘用人员。全市401个社区中，有312个社区共配备334名专兼职工作人员，2587个行政村均聘用村会计或妇女主任为劳动保障协理员。

（二）场地设施情况

73个镇街基层机构办公场所总面积达到3395平方米，配备电脑102台、打印机73台，其中有3个街道配备了电子大屏幕和触摸查询机。城市社区一般在社区综合便民服务大厅中设立专门服务窗口，配有1台专用或兼用电脑。

行政村大多处于无场所、无设备的状态。

（三）平台运行情况

各市区基层平台建设受起步早晚、地域环境、经济发展水平、重视程度、职能下放等因素影响，其工作内容各有侧重，主要四种运行模式。一是依托居委会、全面覆盖的模式。主要以环翠区、经济技术开发区（以下简称经区）的城市社区管理为代表。基层平台全部依托居委会而建，居委会办到哪里，基层平台就设在哪里。目前，环翠区98个社区全部建立劳动保障工作站，经区33个社区都建立了基层服务平台。二是依托中心社区、分片管理的模式。主要以高技术产业开发区（以下简称高区）的城市社区管理为代表，结合"城中村"改造，建立"大社区"管理服务模式，在中盛园和金峰塔2个大社区综合服务中心设立劳动保障服务窗口，分别负责5~7个村改居社区的基层服务工作，并在每个村改居的区域内分别聘用1名协理员，在保证服务质量的前提下，较好地降低了平台建设成本和行政运行成本。三是派遣协管人员、双重管理的模式。主要以文登市、荣成市的镇街机构管理为代表。为解决镇街基层平台人员不专一、业务不专业等突出问题，去年两市面向本专科学历毕业生共招聘60多名人社协管员，派遣到镇街基层机构工作，实行人社部门统一管理、统一考核、镇街政府负责日常管理使用的办法，保证专职专用。四是强化乡镇职能、下沉服务的模式。主要以工业新区为代表。工业新区针对区级机关建成时间短、人员较少又没有下属事业机构的客观实际，主动下放职能、下沉服务，把大量的管理和服务工作下放到镇，充分发挥镇人事劳动工作站的功能作用，形成了弱化两端、强化中间的纺线槌管理服务模式。

二 基层平台普遍存在的问题

（一）建设还不够规范

随着人力资源社会保障事业的发展，基层平台的政策环境、工作内容、任务要求等都发生了很大变化，统一的发展规划和规范的管理制度都需要随之调整，各市区之间普遍存在机构名称不统一、工作职责不统一、工作制度不统一、长效保障机制不健全、城乡发展不平衡等问题，既影响了基层人社工作统一的服务形象，又影响了各项工作整体向前推进，还给日常管理、基金监管、行风评议等带来隐患和漏洞，不利于基层服务平台持续快速发展。

（二）经办力量不足

全市基层平台担负着除城镇职工外近 200 万的庞大服务人群，平均每个工作人员要服务 9800 多人，远远达不到人社部提出的每 6000 名服务对象应配备 1 名基层工作人员的要求。镇街工作人员混岗混编、事业编制挪用的现象比较严重。现有事业编制中有 54.3% 被挪作他用；即使对口工作的人员中，大多也是身兼数职，还肩负着包村跑片等任务，不同程度出现"种了别人田，荒了自己地"的现象。另外，人员工作不稳定，流动性大。在编人员经常面临轮换岗位的问题，聘用人员中的年轻人往往因为工作生活环境、工资收入、恋爱结婚等原因不安于现状，致使人员轮换频繁，降低了岗位专业素质和业务熟练水平，影响了服务水平。

（三）经费缺少保障

一是建设经费缺少保障。除了近年开始的扩大失业保险金支出范围提供一定资金支持和开展新农保工作配备了电脑以外，各市区财政对基层平台建设一直没有专项经费支持，镇街财力又十分有限，致使基层平台建设经费严重不足。笔者在杭州学习考察时了解到，杭州实行市级财政补助、区县配套的方法给予经费保障，对镇街平台建设补贴 12 万元，社区和村服务站分别补贴 2 万元、1 万元，各区县不低于 1:1 配套。二是办公及人员经费缺少保障。镇街基层平台名义上是财政拨款，但实际上经费极其有限，公益性服务经费更无来源。杭州同样实行市级财政补助、区县配套的办法予以保障。三是各项财政补贴难以落实。威海规定各市区要按不低于年度基金收缴额的 1% 补充新农保基层人员经费，要求对村级协理员按每年 500 元的标准给予岗位补贴，多没落实到位。

（四）场地设施配备不足

尽管各镇、街道和城市社区都有固定的办公场所，但城乡差别、区域差别比较突出，特别是镇劳动保障所多在镇政府办公，有的场所只有 20 平方米，办公桌椅和档案柜一摆，基本上没多少空间开展现场服务。在设施投入上也不够，普遍存在着设施落后、设备不足的问题，甚至有的工作必备的计算机还不专用，更不用说电子显示屏、触摸屏等先进设备了。浙江安吉县 106个行政村配备了 4 平方米的电子显示屏，工作人员也是人手一台专用电脑。没有硬件设备做基础，基层平台信息化建设就不可能达到上下贯通、覆盖城乡、数据真实、信息共享的水平。

（五）政府考核权重较低

全市对人力资源社会保障基层工作的考核缺乏足够重视，就业和社保工作在镇、街道政府总体考核中的权重较低，有的仅占 2 分，而江浙地区一般占 8~10 分，最高的可占 20 分。考核引导不到位，考核促进不及时，未能形成一级抓一级、一级考一级、一级促一级的长效考核监督奖励机制。

三　加强基层平台建设的对策思考

随着人力资源和社会保障事业的重心下移，要达到无缝隙、全覆盖的目标，必须依靠基层平台全方位承担起直接面向基层群众的公共服务职能。因此，各级必须紧紧围绕改善民生、保障民生、惠及民生这一永恒主题，切实把基层服务平台高标准建设好。

（一）提升认识高度，紧紧抓住基层平台建设的良好机遇

"十二五"时期党和国家把改善和保障民生放在更加突出的位置，将会有更多的保障政策贯彻到基层、落实到民众。这既使人力资源和社会保障工作面临更大的压力，同时也给事业的发展带来了良好的机遇。十七届五中全会明确提出："必须逐步完善符合国情、比较完整、覆盖城乡、可持续的基本公共服务体系。"胡锦涛总书记、温家宝总理也多次强调要加强和创新社会管理，完善覆盖城乡的公共就业和社会保障服务管理平台建设，发挥其对促就业、保基本的积极作用。人民群众对人力资源社会保障公共服务的需求日益增长，就近便捷享受公共服务的愿望非常迫切，对加强基层平台建设充满了期待。人社部在《关于进一步整合资源加强基层劳动就业社会保障公共服务平台和网络建设的指导意见》中要求，到2012年以公共就业、社会保障、劳动关系协调、劳动人事争议调解和劳动保障监察为重点，有效整合服务资源，明确职能职责，完善服务设施，保障工作经费，在全国街道、乡镇和社区、行政村基本建立健全公共服务平台和网络。面对新形势的要求，基层平台建设迫在眉睫、刻不容缓，早抓早主动，晚抓就被动。因此各级要在思想上高度重视，在行动上不拖不等，把基层公共服务体系建设摆上重要议事日程来研究、部署和推进。

（二）搞好建设规划，把基层平台建成规范化与多样化并存的运行模式

在规范化建设上，重点搞好五个方面统一规范。一是机构称谓，将原基层服务机构统一更名为镇街"人力资源和社会保障事务所"、社区"人力资源和社会保障工作站"。二是管理体制，在全市实行镇街政府日常管理、市区人社部门业务指导和工作考核的管理模式。三是服务标准，重点抓好制度建设，不断提高规范化、标准化水平。四是场地设施，按照"满足需要、方便群众、经济实用"的原则，综合考虑服务对象数量、地理交通、服务半径、服务内容等要素，确保场所设施配套到位。五是服务标识，统一制作服务标志，便于群众识别，增加服务的亲和力。在"五统一"的基础上，充分考虑工作基础和城乡需求，确定科学的服务模式。在农村，有条件的镇应设独立的人社服务大厅，条件暂不具备的可以在综合便民服务中心内设立专门服务窗口，让群众能够找到办事的地方。有条件的行政村可以设立村级服务站，没有条件的行政村可以聘请专兼职协理员协助办理具体事务，把服务覆盖到镇域内的所有居民。在城市，按照街道中心综合社区分片管理的思路和模式，在街道中心综合社区设立基层人社工作服务站，覆盖周边几个居委会，每个居委会或生活小区设立专兼职协理员协助办理具体事务，既能让居民就近享受良好服务，又能避免重复建设、降低行政运行成本。

（三）扩大服务功能，不断丰富基层平台的服务项目和内容

按照群众需求，不断充实基层平台的服务项目和服务内容。学习江浙各地的模式，逐步扩大由提供就业服务向提供各种社会保障服务延伸，再向劳动关系协调、劳动人事争议调解仲裁和劳动保障监察等领域拓展，发挥基层平台"小人社局"的作用。在服务手段上要不断加强信息化建设，按照"数据向上集中，服务向下延伸"的要求，尽快实现基层平台与省、市、县的四级联网。加快提升"网上经办"的能力水平，促使基层服务由手工操作的简单经办向以信息化为支撑的便捷服务转变，以此缓解基层人少事多的矛盾，节省大量的人力投入。

（四）建立稳定队伍，保障基层平台落实政策的连续性

要借鉴外地成功经验，采用政府购买服务、"以钱养事"的方式解决基层人员的不足，公开招聘一批大中专毕业生到基层平台专门从事人社工作经办和服务，保证专岗专人专用；鼓励吸纳优秀高校毕业生，特别是"三支一

扶"、大学生村干部到基层一线从事人社服务工作。建立完善有效的基层人员聘用、培训、考核、监督机制，加强基层工作人员岗位培训，提高业务素质、服务能力和操作技能，保证基层人员队伍的成长与进步。有关部门也要加强对镇街平台混岗混编等现象的监督检查，杜绝事业编制挪作他用，确保在编人员的岗位稳定。

（五）建立有效机制，用长期的经费投入保证基层平台健康发展

各级政府要加大财政投入力度，建立市级财政与市区财政、镇街财政三级配套的经费投入机制。市级财政将基层平台建设经费列入年度预算，各市区和镇、街道按照市级财政投入额度进行相应配套，确保基层平台建设经费的长效保障。要处理好"砖头""人头"和信息化升级的关系，各级财政既要有一次性建设经费的投入安排，还要有持续稳定的工作经费、人员经费、信息化建设和维护的经费投入，做到"人随事转""费随人转"，确保基层平台有效运转。各级人社部门要充分利用延长扩大失业保险基金支出范围的契机，积极争取专项资金支持基层平台建设，以内力促外力，用人、财、物的有机结合打造好基层平台的经办服务能力。

（六）建立考核机制，以有效的激励措施促进基层平台建设上档升级

在镇、街道基层千头万绪的繁杂事务中，人力资源和社会保障工作能否引起基层党委政府的重视和支持，除了自身的认识程度和工作力度外，关键在于党委政府的考核力度。因此，基层平台的建设和发展要建立和完善各级党委政府与人社部门的双重考核机制。市委、市政府要加大对各市区党委政府的考核力度，在年度目标任务考核中提高人社工作考核的分值权重，促使各市区加大对乡镇和街道党委政府的目标考核，形成一级抓一级、一级考一级、一级促一级的长效考核机制，引导各级像重视抓经济工作那样重视抓人社工作。威海市人社部门也要加强全系统内的管理考核，并把考核的结果与经费划拨、设备配置、评先选优挂钩，实行以奖代补、奖优罚劣。同时要推行星级评比管理，用管理促服务，用管理促升级，充分调动基层平台管理服务的积极性，以此树立亲民、爱民、便民、惠民的全新形象，使基层人力资源社会保障服务平台真正成为保障和改善民生的重要着力点和主力军，为推进全市社会管理和建设提供有力支撑。

（作者单位：威海市人力资源和社会保障局）

网络环境下党的群众工作创新研究

孙保广　杨绍平

坚持群众路线，做好群众工作，是我们党的优良传统和传家宝。进入 21 世纪，在网络迅速发展的新形势下，面对网络生活中各种经济利益的诉求、人民群众反映的社情民意、网络监督和参政议政多样化的新趋势，如何在继承和发扬党的优良传统的基础上应对网络环境下党的群众工作所面临的机遇与挑战，是摆在我们各级党组织面前的重大而现实的课题。

一　充分认识网络环境下党的群众工作的重要性

所谓网络环境下党的群众工作是指依托互联网技术，利用网上直播、网上同步交流、信息检索、现实虚拟、短信发送等新的互联网传播方式，开展宣传群众、发动群众、教育群众和组织群众等群众工作的统称。

根据中国互联网信息中心的统计，2007～2010 年，中国网民规模与普及率分别为 2.10 亿、16%，2.98 亿、22.6%，3.84 亿、28.9%，4.57 亿、34.3%。截至 2011 年 12 月底，中国网民数量突破 5 亿，达到 5.13 亿，全年新增网民 5580 万；互联网普及率较上年底提升 4 个百分点，达到 38.3%（见图 1）。面对如此庞大的网民队伍，做好网络环境下党的群众工作具有重要意义。

（一）巩固党的执政基础需要做好网络环境下党的群众工作

人民群众是我们党的力量源泉。失去了人民群众的拥护和支持，党的事业就无从谈起。随着科技的不断发展，互联网已把人类带入一个多维信息化时代，我们党的执政环境也发生了深刻变化。互联网以其强大的影响力、渗

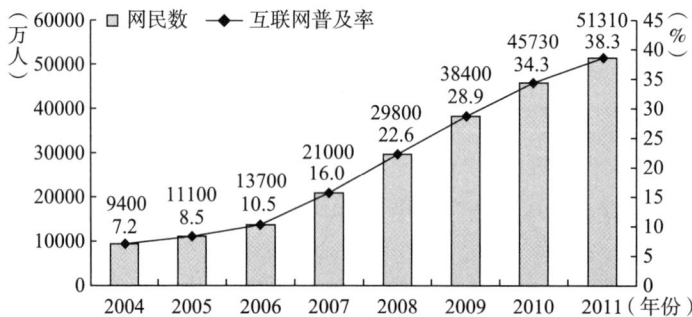

图1　中国网民规模与普及率

透力和独特的互动性、流动性，加剧了局部问题全局化、简单问题复杂化、个体问题公众化、一般问题热点化的趋势。当前我国社会正处于加速转型期，各种矛盾叠加，各种利益纠结，在这种情况下一些普通问题一旦被别有用心的人利用，谣言就会借助网络肆意蔓延，如果处置不当，普通问题就会被政治化，损坏党和政府的威信。这就需要我们党在新的时期下掌握对互联网舆情的理解和驾驭能力，正确处理各阶层之间的关系，加强与各阶层人民群众的密切联系，调动网络民意的积极性，巩固党的执政基础。

（二）保持党同人民群众密切联系需要做好网络环境下党的群众工作

始终代表人民利益，全心全意为人民服务，是我们党的根本宗旨。当前，网络已成为新时期密切与人民群众血肉联系的新桥梁。网意也是民意，是民意的一部分，在一定程度上代表社会群体的意愿。如今，深入田头车间和百姓家是密切联系群众，在网络世界里有领导者身影，同样也是联系群众的好形式。只有加强和完善网络环境下党的群众工作，拓宽党、政府与群众联系的渠道，更好地了解社情民意，协调社会各方面关系，平衡不同群体利益，缓和化解社会矛盾，提高执政能力，维护社会稳定，才能始终保持党同人民群众的血肉联系，始终得到人民群众的拥护和支持。

（三）创新新时期下党的群众的工作方式方法需要做好网络环境下党的群众工作

在发展社会主义市场经济、建设全面小康社会和社会主义和谐社会的新形势下，需要我们党创新网络环境下党的群众工作的方式方法，发挥党善于组织群众、宣传群众、联系群众的政治优势，切实关注和解决群众关心的诸如就业、再就业、反腐倡廉、上学难上学贵、看病难看病贵、社会治安、环境污染、医疗服务、住房改革、农民增收、社会保障等热点、难点问题，通过创新网络环境下行之有效的群众工作，统一认识、理顺情绪、集中智慧、凝聚力量，加强党的执政基础建设和执政能力建设，使党同人民群众的血肉联系更加牢固。

二 网络环境下党的群众工作面临的机遇和挑战

互联网的各个终端之间自己连接，数据在这样的网络中无论采取何种行进方式，最终都会到达目的地。这样的组织结构模式决定了互联网运行的各个终端彼此之间是平等的。如果条件允许，每个终端发布的信息其他任何终端都可共享。如果其中某个或某几个终端发生问题，并不影响其他终端之间的信息交流，互联网仍可正常运行。概言之，就是主体身份平等、信息资源共享和交流无障碍。互联网运行的这种组织结构模式，决定了网络环境的基本特征。首先是取消集权。由于终端与终端之间是平等的，资源是共享的，也就不存在凌驾于其他终端之上的终端，也就是不存在集权。其次是主体的身份虚拟及其自由感。在互联网上，主体一般将自己的真实身份隐蔽起来，显示给对方的则是一个代码或一组数字，因此，人们完全可以按照自己的真实意愿来表达意见。最后是平等感。在网络环境下，无论你是谁，都是平等的。在互联网中没有权威和地位的光环，平等交流、以理服人是互联网的基本规则。网络环境自身的以上特征，为党的群众工作带来新机遇的同时，也给党的群众工作带来了新挑战。

（一）网络环境下党的群众工作的新机遇

继 2008 年胡锦涛总书记与网民在线交流后，2009 年温家宝总理也在网上直面网民、真情互动。温家宝首次和网民在线交流时说："我觉得这种交流能使我看到网友的意见和要求，网友也知道政府的政策。一个为民的政府应该是联系群众的政府，与群众联系的方式可以多种多样，但是利用现代网络与群众进行交流是一种很好的方式。"

1. 为党的群众工作提供了新的方式

当前我国的改革发展已进入攻坚时期，利益关系更加复杂，社会矛盾日益突出，这对做好群众工作提出了新的、更高的要求。党传统的群众工作需要继承和发扬，但也要看到它的局限所在，即难以适应新形势的发展和群众工作的需要。网络作为一种新型的传播技术和交流工具，快速便捷等特点为新时期党的群众工作提供了新的方式。

2. 为党的群众工作提供了新的空间

网络作为一种全新的社会生活方式，既有现代化的手段和技术，更有现代化的观念和内容，它具有巨大的创新发展空间，为网上群众工作的开展提供了前所未有的强大技术平台，对群众工作有极大的推动和促进作用。可以预见，网络技术的发展必将给群众工作的发展创造更加广阔的空间和渠道，使党的群众工作的覆盖面和影响力进一步扩展。

3. 为提高群众工作水平提供了新的渠道

群众工作的本质要求是实现党和政府决策与社情民意的上通下达，它的首要任务就是要确保群众声音的传播能够有效互动、畅通无阻和快速及时。而互联网互动、快捷、不受时空限制的特点，正与新时期党的群众工作要求相契合。善用信息网络渠道，对于提高群众工作水平和效果有着重要意义。

4. 为党和政府了解社情民意提供了新的窗口

在网络日益普及的今天，党员干部通过网络了解社情民意有其必要性，也是必须掌握的一种工作方法。通过上网收集信息了解网民反映，是党员干部联系群众的重要渠道，也是了解群众意愿、实现民主决策、科学决策的重要手段。通过网络征求到的意见更广泛、更直接，也更具参考应用价值。

5. 为群众表达意见、进行监督提供了新的通道

改革开放以来，群众利益诉求不断向多元化、多层次发展。不可否认，党和政府在政务公开、民主监督和人民意见表达及传递上的工作并非十分理想。和传统媒体相比，网络在表达民意、进行监督方面具有独特的优势和强烈的时代特征。以网络为平台，实施党务、政务公开化，同群众进行对话交流，自觉接受监督，有利于各类矛盾的化解。

（二）网络环境下党的群众工作的新挑战

1. 舆论引导权遭遇挑战

互联网大规模兴起之前，传统媒体对信息发布的主要载体手段就是书刊报纸、广播电视等传统媒体，群众工作主要采取规模化、"灌输"的方式。在这种单向的传播模式下，执政党可以很容易做到信息的控制和传播。因为受众是信息的被动接受方，这种接收过程也存在一些问题：比如接收信息可选择性差、意见反馈速度慢、效率低下，而且这种传播方式还要受到时空因素的制约。网络时代则打破了信息准入权的限制，信息发布不再是传统媒体的专利。网络舆论已成为社会舆论的重要组成部分，开辟了舆论引导的新领域，

影响力也越来越大。个人网站、博客等网络新媒体的出现，使得信息源头更多更广。据调查，网络、电视、报纸是网民这个特殊群体获取信息的主要途径，所占比例分别是：网络 82.6%，电视 64.5%，报纸 57.9%。此外，杂志、书籍和广播也是网民获取信息的途径，比例各占 15% 左右（见图 2）。

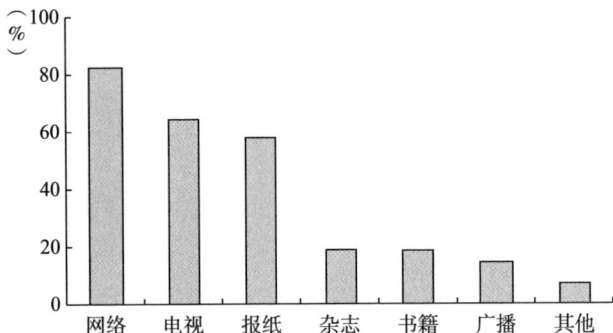

图 2　网民获取信息途径统计

2. 政府公信力遭遇危机

在涉及政府与群众关系的问题上，我国网民形成了传播学中的所谓"刻板印象"，即对公权力不信任、对社会公正缺乏信心，而且这类认知和情绪在一些突发事件上不断得到验证。特别是一些部门和党员干部没有公共危机的概念，当网络出现突发性的传播事态后，一些部门和领导干部不是主动披露信息，引导舆论，而是极端轻视公众的判断力，滥用公众对党和政府的信任和情感，极力掩盖事实真相，有损政府公信力。还有一些地方政府视批评为诽谤，不仅删帖、封堵 IP，甚至动用警力抓捕发帖人，处理方法简单粗暴，严重破坏了党和政府在群众中的形象。而这些突出问题的存在又很容易加重"群体极化"效应，即群体中原已存在的倾向性通过相互作用而得到加强，使一种观点朝着极端的方向转移，对此，我们要有清醒的认识。

3. 网络舆论压力增大

网络作为舆论传播的加速器，具有强大的无与伦比的优势。近年来，网上曝光事件从湖北巴东邓玉娇案到武钢徐武案，从工信部强制安装上网过滤软件事件，到铁道部"7·23"动车事故的善后处置，呈现"没有处理结果就绝不罢手"的态势。网上舆论已经形成一个有现实影响力的虚拟"压力集团"，对当事人特别是负有社会管理责任的公权力形成压力，或多或少地改变了事件的走向。舆论是把双刃剑，一方面它确实加快了很多问题的解决；另一方面，当公众舆论被误导后，也有可能背离最初舆论监督的宗旨，网络监督随之变成网络干预、网民审判，在民意不可违下，政府、司法也面临被其支配的危险。

4. 网络规范困难重重

互联网在向人们展现人类文明成果的同时，也遇到了诸如网络失范等问题。首先，有害信息屡禁不止。虚假、色情、暴力、封建迷信等信息大量存在，扰乱人们的视线，弱化人们的道德自律精神和社会责任感。其次，"网络暴力"冲击法律规范。网络群众运动肆意，已经超越了监督的门槛，开始争夺网络执法权，直接侵犯当事人的隐私和权利。最后，"网络犯罪"愈演愈烈。网络活动的隐蔽性，使网民容易忘记自己的社会角色和责任，淡化法律意识，从而诱发犯罪。因此，加强和规范网络管理，遏制有害信息传播，打击网络违法犯罪，是十分迫切和必要的。

三　如何创新网络环境下党的群众工作

（一）善于利用网络，提高运用网络的能力

在网络时代，如何利用网络做好群众工作成为一门必修课。善于利用网络不仅体现领导干部的自身素质，同时还体现对群众诉求的积极回应，关系到党和政府的形象。善于利用网络，主要体现在以下几个方面。

1. 加强主流新闻网站的建设，树立起网络传播信息源的权威性

党和政府要充分发挥互联网的全覆盖、全天候、超链接的传播特点，加强主流新闻网站的建设。应及时发布信息，让事实真相比流言走得更快，及时占据舆论制高点，更好地发挥网络舆论的引导作用，树立信息源权威。主流网站在做好新闻报道和对外宣传的同时，还应承担政务信息发布和建站服务等相关任务。如人民网、新华网等中央主流新闻网站承建的中国共产党网、中国政府网、全国人大新闻网、全国政协新闻网等，已成为党务、政务信息发布的重要平台。此外，各地方主流网站（如中国·威海网、威海信息港）也成为当地党委政府有关部门发布信息的首选，成为网民公认的权威信息发布平台。同时，主流网站要大力推动马克思主义中国化最新理论成果在网上的传播，鼓励党政部门新闻发言人及各行业、各领域的权威人士、专家学者等开办博客、播客，在主流网站上与网民互动。

2. 利用互联网的技术优势，增强正面舆论的吸引力

发挥互联网多媒体技术和虚拟现实技术优势，学会用网民喜闻乐见的时

尚的组织方式与交流形式，如博客、播客、BBS、网上邮箱、实时在线交流等与网民进行沟通，将宣传工作内容有机地融入网络文化和娱乐活动之中，使网民在轻松愉悦的互动参与过程中升华思想，从而增强正面舆论的吸引力。同时，针对网络民意表达过程中出现的问题，规范网民的网络行为。首先，可以通过加强网络监管，完善相关法律法规对网民上网行为进行约束。另外，网络运营商实行固定 IP 和实名制度，能有效降低部分网络上的不良行为。通过这些可行措施使网民合理有效利用网络资源的同时，增强公民应负有的社会责任意识，回避那些有违宪法、法律和社会公德的言论，使他们做到表达心声与社会和谐一致。

3. 建立网络新闻发言人制度，加强党群沟通，引导网民健康理性的情绪

网络舆论在传播过程中都遵循一个规律，即"沉没的螺旋"。"沉没的螺旋"是指在舆论传播过程中那些主流的、多数人的声音往往会越来越大，从而上升为螺旋的顶端，而那些少数人的、非主流的声音往往会越来越小，从而下沉为螺旋的底端。这个规律告诉我们没有必要把所有不一样的声音都消除掉，只要做那个最大的、最主流的声音就可以了。特别是在防范与应对网络舆论危机时，各级党政领导干部要充分发挥网络的沟通交流功能，勇于承担责任，真诚沟通交流，充分保障网民话语权。通过建立网络新闻发言人制度，以主动面对社会、公众的开放态度，利用网络及时、主动、准确地发布权威信息，尽快澄清虚假、不完整信息，消除误解，化解矛盾，正确引导网络舆论和网民健康理性的情绪，进一步凝聚网民、凝聚网力，打造网上舆论文化的一种和谐状态。

4. 发挥移动互联网的优势，力求在第一时间发布权威准确信息

所谓移动互联网是指将移动通信和互联网二者结合起来成为一体，如手机上网。2008～2011 年，我国手机网民规模分别为 1.18 亿、2.33 亿、3.03 亿、3.56 亿（见图 3）。随着智能手机的普及，庞大的智能手机网民规模为移动互联网应用的爆发提供了基础，各大互联网服务商也开始纷纷布局移动互联网，进一步推动手机网民进入下一轮高速增长周期。通过发挥移动互联网传播的便捷性以及搜索引擎链接的聚合性特点，在第一时间发布突发事件或重大事件的权威准确信息，及时表明党和政府的立场态度和处置意见等，有助于增强正面舆论的强势地位。

（二）创新网络环境下党的群众工作的体制机制

创新网络环境下党的群众工作，应建立体现时代特点、反映社情民意、

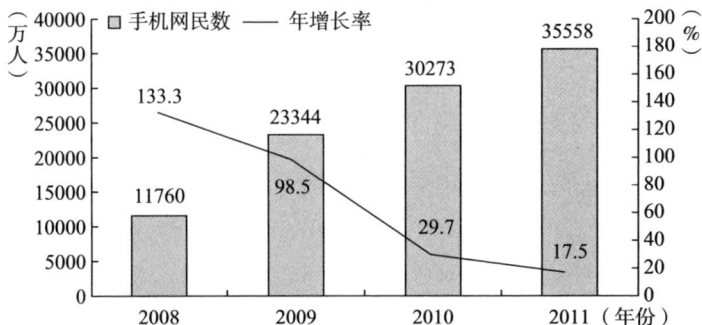

图 3　我国手机上网网民规模

快速反应联动、解决热点问题的规范有序的群众工作信息网络体系。

1. 畅通网络环境下与党群关系的渠道，构建良好的党群沟通机制

运用网络密切党群关系机制建设的核心问题是运用网络构建与各阶层群众良性沟通的机制，只有党和群众沟通联系的渠道畅通，"上情下达与下情上传"渠道顺畅，党才能和群众在不断交流互动中密切联系。传统的党群沟通方式在网络时代遇到了一些困难：随着经济发展群众工作节奏加快，流动迁徙频繁，传统面对面的沟通方式受到时空因素的限制。因此，如何通过便捷、公开、透明的网络来做好党群沟通交流，实现党群之间的良性互动，这是网络时代实现党群关系密切和谐的重要途径。

2. 加强网络人才队伍建设，优化人才培养机制

网络虽然功能复杂、作用强大，但最终还是由人来创造和管理的。而党员干部对新媒体的掌握运用程度决定了党运用网络开展党群工作的最终结果。如果党员干部不能很好地学习和掌握网络，不能够灵活运用，就谈不上运用网络密切新时期的党群关系。因此，加强网络人才队伍建设，造就一支既具有马克思主义理论水平和丰富实践经验，又具有全面的网络技术水平；既具有较高理论水平、熟悉思想政治工作规律，又掌握运用网络密切党群关系的工作人员，是网络时代密切党群关系的人才和智力保证。

3. 加强法制建设，建立健全网络规范管理机制

随着网络时代的到来，如何对网络进行相关规范是我们必须面对的重要问题。虽然我国相关部门很早就对网络法制建设高度重视，制定了为数不少的法律法规，但是由于网络及相关技术发展日新月异，新情况、新问题不断出现，极易产生新的问题与矛盾，从而导致立法相对滞后。已经制定的法律法规在某些方面难以适应现实需要。此外，网络法制建设是一个系统工程，它不仅涉及网络本身的法制建设，还牵涉到整个社会法制建设对网络的影响。

因此，我们要健全管理法规，为网络密切党群关系提供法律保障。

（三）把互联网作为创新和加强群众思想政治工作的有效载体，不断完善网络环境下群众工作的条件手段

信息网络化迅速发展，各种社会思潮相互碰撞，群众思想的独立性、选择性、多变性、差异性明显增强，影响群众行为的因素和渠道也越来越复杂多样。因此，新时期加强和改进党的群众工作，必须从巩固社会主义主流意识形态的战略高度，把创新网络环境下的群众工作与准确把握人们特别是青年思想观念的深刻变化一起考虑，在充分发挥党报党刊、文件、会议、舞台、宣传栏等传统载体功能的同时，进一步拓展和创新群众工作的载体。要不断增强群众工作的时代感和吸引力，积极主动发挥和利用现有电子政务、电子党务网站、党建网站的作用，充分利用 Internet 等公共互联网覆盖面广、影响力强的积极作用，积极探索建立群众工作专门网站，开发相应的群众工作软件系统，利用 BBS、E-mail、Blog、IM（Instant Messaging，即时通讯）软件等广大群众喜闻乐见的网络交流方式来拓展宣传群众、教育群众、引导群众、提高群众的便捷渠道，进一步增强思想政治工作的时代感，增强思想政治工作的针对性、实效性。

（四）加强对党员干部网络知识培训，不断提高他们做好网络环境下群众工作的能力和水平

在网络时代，群众工作面临许多新课题、新挑战。需要准确把握和谐社会建设中群众工作的重点难点和目标任务，针对群众关心、社会关注的热点难点问题，利用网络有针对性开展群众工作。然而一些领导干部的信息素养与网络的快速发展不相适应，难以利用网络来解决问题、引导舆情。在强大的网络舆情面前，党员干部的应对能力、承受能力正在经受前所未有的考验。同时，利用网络优势开展群众工作，需要澄清目前一些党员干部忽视、曲解甚至否定网络的认识，使他们尽快掌握一定的网络知识，逐步提高他们了解社情民意的能力、协调不同群体利益关系的能力、化解人民内部矛盾的能力、做好思想政治工作的能力、动员组织群众的能力和处理突发事件的能力。

（作者单位：中共乳山市委党校）

关于目前威海土地方面存在的问题及对策建议

高建斋

威海市党代会和人大、政协会议结束后，全市上下正在认真贯彻落实市委、市政府的战略部署，抢抓机遇，攻坚克难，全力推进蓝色经济区发展，努力实现富民强市的新跨越，加快建设现代化幸福威海。而土地特别是建设用地，是全市经济发展和城市建设的基础，其管理和利用水平的高低直接影响着威海国民经济发展的各个环节，地位举足轻重。为此，我们围绕加快推进落实好市委、市政府的决策部署，促进全市经济社会又好又快发展，就有关土地问题进行了广泛调研和分析论证，具体情况如下。

一 关于土地增减挂钩的问题

（一）增减挂钩的意义和目前威海工作开展情况

增减挂钩是将需改造的农村居民点、废弃砖瓦窑场、工矿废弃地等农村建设用地拆除复垦成耕地，农村复垦退出多少，城镇就可以增占多少，一拆一建两者相挂钩，达到不新占耕地的目的，实际上是一种用地优化调整策略。增减挂钩一是可以改变农村村容村貌、改善农民生活居住条件，加快新农村建设步伐。二是可以将半闲置状态的农村居民点、空心村等拆除，重新规划建设，提高土地使用效率。三是可以对土地进行优化调整，不占常规用地指标，缓解用地压力。四是可以节省资金，挂钩得来的用地指标搞建设，不需要上缴新增建设用地有偿使用费。就威海来说，环翠区每亩可节省3.2万元，荣成、文登每亩节省2.3万元，乳山每亩节省1.6万元。五是可以节省建设用地规模。挂钩节余指标搞建设，不占用上级下达的建设用地规模，能够有效节省规划空间。

增减挂钩工作应主要靠各市区政府（管委）推进。自 2006 年威海在全国首批开展挂钩试点以来，全市共上报批准增减挂钩项目 5 批、39 个，拆迁总规模 10683 亩，周转节余指标面积 9936 亩。其中，荣成市通过挂钩节余 4668 亩，文登市节余指标 4417 亩，环翠区节余 513 亩，工业新区节余 338 亩，乳山、高技术产业开发区（以下简称高区）、经济技术开发区（以下简称经区）暂未开展增减挂钩工作。

（二）目前威海市挂钩工作存在的问题

一是区域推进不平衡，有的地区具有较好的挂钩潜力，资源较为丰富，但因种种原因没有得到有力推进。二是个别市区"重申报、轻实施""重指标、轻建设"的思想仍然存在，区域论证不合理且建设工程进度缓慢，质量不高，导致无法通过验收，指标无法使用。三是个别市区对挂钩工作认识不足，仍然停留在取得经济利益和土地指标的层面，投入少、项目少。

（三）挂钩工作的对策及建议

山东省对增减挂钩工作越来越重视，正在研究制定新增建设用地计划指标与土地整治挖潜指标同步配比下达办法，增减挂钩工作开展的好坏将直接影响威海年度计划分配指标。对此，威海应抓紧时机，将增减挂钩工作与社会主义新农村建设有机结合，扩大增减挂钩规模；尤其是进展较慢的市区，应尽快启动一批挂钩项目，充分挖掘土地潜力。对已批准的挂钩项目规划，要采取有效保障措施加快推进，争取早日验收、早用指标，使群众早得实惠。同时，在今后的农村居民点改造中，要严格控制用地面积，尽可能节余出更多的建设用地。

二 关于目前威海土地节约集约利用情况

（一）威海土地节约集约利用水平不容乐观

2010 年山东省国家级开发区每亩工业用地平均投资强度为 332.2 万元，与江苏省相差 114.75 万元；产出为 459.9 万元，与广东省相差 879.8 万元。而威海高区、经区的工业用地亩均投资强度仅为 240.8 万元和 216 万元；产出为 417.46 万元和 266.5 万元，即使与全省平均水平相比，也有较大差距。

近期国土资源部、山东省国土资源厅组织开展了国家级、省级开发区土地集约利用评价。从结果来看，威海国家级开发区工业用地产出尚不足全国的一半；省级开发区投入产出也低于全国、全省平均水平。在参评的 218 个国家级开发区中，出口加工区排名 117、高区排名 118、经区排名 167；在东部地区 127 个国家级开发区中，出口加工区排名 78、高区排名 79、经区排名 101，全部处于中游偏后。在参评的 150 个省级开发区中，威海工业园区排名第 3（计算投资产出时未包括苘山、汪疃两镇，如果计入两镇，排名将大大靠后）、文登经济开发区排名 50、乳山经济开发区排名 112、荣成经济开发区排名 116、荣成工业园区排名 143，在全省仍处于中下水平。目前，威海每年需新增建设用地为 2 万亩左右，如果按投入水平最高的江苏省计算仅需 10200 亩，按全省平均投入水平计算也仅需 13750 亩，集约节约用地潜力巨大，亟待加强。

（二）提高威海土地利用水平的对策建议

一是严格执行建设项目用地准入标准，提高工业项目建设用地准入门槛，落实工业项目投资强度、容积率等控制性指标，控制资源消耗高、产能过剩、土地利用强度低、投入产出效益差的项目用地。二是建立土地利用总体规划管控制度。按照土地利用总体规划确定的人均建设用地标准从严控制规划期内城镇工矿用地，确保农村现有建设用地总量不增加；实行建设用地功能区控制和空间管制，压缩非生产性用地比例，提高容积率，防止项目圈地占地、浪费土地。三是转变招商引资观念。不变相降低用地门槛，不以土地优惠为竞争条件，着眼长远，切实提高土地承载能力，使有限的资源消耗支撑更大规模的经济增长。

三 关于已批土地供应情况

（一）全市已批土地闲置情况及原因分析

截止到 2012 年 3 月 31 日，全市 2007～2011 年度批准土地平均供地率 71.54%，有 29379.39 亩尚未完成供应。其中，批复两年以上的土地仍有 12279 亩没有供出去（部分指标已批准超过 4 年），闲置指标数量相当于每年威海获得分配指标的 2.5 倍，是威海每年使用的新增建设用地数量的 1.5 倍。

造成土地批而未供的原因包括：一是各地按在谈项目上报审批土地，土地批准后项目没有落实；二是原谈判的项目规模大，实际落地的项目规模缩小，造成批多供少；三是征地拆迁未及时实施或补偿不到位，无法供地；四是项目未供先占，迟迟不办理用地手续；五是为争取用地指标虚报项目，以达到囤积土地的目的。

（二）建议采取的措施

一是政府主导，齐抓共管。因政府原因造成供地迟滞的，应抓紧确定规划条件，完善征地拆迁、场地平整及市政配套等相关工作，加快征地供地进度。因用地单位自身原因造成供地迟滞的或项目不落实的，调整安排给急需的建设项目使用。对已签订成交确认书的工业项目用地，督促其抓紧办理立项、规划、环评等有关手续，限期签订出让合同，完成供地。二是限定供地时限和供地率。2007～2011 年度批准的建设用地，2012 年底前供地率争取达到 80% 以上；2012 年将要批准的建设用地，提前做好供地准备，待用地批准后尽早供地。三是各市区在用地安排上，不能让"土地等项目"，久拖不决，造成土地批而未供，而应将已批土地优先供应给落实的项目，避免因统筹不当人为造成土地"瓶颈"。

四 关于威海土地违法情况

（一）2012 年威海违法用地情况

从今年土地卫片统计情况看，威海涉及违法土地 148 宗，面积 4632.8 亩（包括耕地 1255.18 亩）。部分市区出现较大宗、性质严重的违法案件，大量占用基本农田，且查处整改不及时，引起了有关部门关注。国土资源部、山东省国土厅今年已先后两次来威海核查督导。

（二）对策建议

一是招商引资上项目必须要看规划。土地利用总体规划必须严格执行，尤其是基本农田，绝对不得占用，这是基本国策。凡因此导致项目不能落地的，不是土地原因，而是招商行为本身有问题，招商引资不能随意占地。二是要落实责任，维护良好的土地秩序。要按照属地管理的原则，落实辖区负责制度。主要负责同志作为耕地保护的第一责任人，要亲自抓、亲自过问土地执法工作，确保卫片执法强力推进，不扯全市后腿。三是要认真做好整改查处。凡未依法取得用地审批手续的在建项目，一律停止建设进行整改；对需要拆除并复耕的，要尽快拆除复耕。对违法占地行为不能失职、渎职，对违规建筑物拆除整改不能以罚代拆，对违法占地责任人不能包庇纵容，确保政府职责履行到位，控制全市年度违法占用耕地面积占新增建设用地占用耕地总面积的比例，确保三市要降到 5% 以下，四区要降到 2% 以下，确保威海"不被通报、不被曝光、不被约谈、不被问责"。

（作者单位：威海市国土资源局）

威海入境旅游发展现状及对策建议

于胜涛

入境旅游在旅游业发展中具有特殊的重要地位。近年来，威海入境旅游稳步发展，取得了一定成绩，但与现代旅游产业快速发展的要求相比，仍然存在差距，需要在思想上再重视、措施上再加强，切实把促进入境旅游发展作为加快旅游资源优势向旅游经济优势转变的一项重要工作来抓，着力提升旅游产业发展质量和效益。

一 发展入境旅游的重要意义

（一）发展入境旅游是拉动经济增长的重要力量

从出口看，入境旅游是就地"出口风景""出口商品""出口服务"，是服务贸易出口的重要组成部分。2010 年，威海旅游外汇收入 1.9 亿美元，平均接待 1 名入境游客创汇 513 美元，分别相当于出口 100 根渔竿、93 双皮鞋、25 个轮胎和 5 台数码打印机，而且与加工贸易出口相比，入境旅游没有贸易壁垒和摩擦。从消费看，来威海的入境游客一般选择四星级以上宾馆，体验高尔夫、温泉等高端旅游业态，购买高档特色商品，其人均消费是国内游客的 4 倍。从投资看，今天的入境旅游者就是明天的投资者，入境旅游市场的发展有利于吸引外商、引进外资，有助于推动旅游基础设施完善和旅游项目建设。目前全市在建的 38 个旅游重点项目中，65% 以上是针对入境高端休闲度假市场的。

（二）发展入境旅游是扩大对外开放的重要途径

近年来，随着威海开放步伐的加快，入境游客越来越多。"十一五"期间，全市接待入境游客年均增长 20.6%，去年达到 37.2 万人次，来自亚洲、欧洲、美洲、大洋洲、非洲 30 多个国家和地区。特别是随着威海至韩国航线的增多和俄罗斯哈巴至威海旅游包机的开通，大批韩国、俄罗斯游客来威海观光、避暑、购物、打高尔夫球、泡温泉，威海已成为韩国、俄罗斯游客出境游的重要目的地。入境游客的大量涌入，不仅形成新的人文景观和旅游亮点，也推动威海与世界接轨，提升了威海"蓝色休闲之都、世界宜居城市"的知名度和美誉度。

（三）发展入境旅游是促进产业转型升级的必然要求

当前，威海旅游业单纯依靠增加国内普通游客数量来实现新发展的空间有限，只有增加入境游客数量，加快发展高端旅游，提高人均消费水平，才能提高旅游经济整体效益，拓展更广阔的发展空间。而且，发展入境旅游，可以推动旅游基础设施改善，提升行业整体素质和服务水平，扩大旅游知名度和竞争力。可以说，加快入境旅游发展，是威海旅游业发展的重要内容，是促进旅游产业升级的必然要求。抓住入境旅游，就抓住了提高质量、打造精品、提升效益的关键。

二　威海入境旅游发展存在的问题

一是市场结构失衡。2010 年，威海入境游客占全市游客总量的 1.7%，低于全国 6% 的比重；入境旅游人数占城市人口比重为 13.2%，低于国际旅游城市 40% 的最低标准。从客源构成看，外国游客 35.6 万人次，占 95%；港澳台同胞 1.6 万人次，占 5%。排在前 6 位的外国客源市场分别是：韩国 29.2 万人、日本 3.4 万人、俄罗斯 1.7 万人、美国 3240 人、英国 1458 人、新加坡 857 人。80% 以上的入境游客来自韩国，客源市场结构的高度集中和过于单一，造成威海入境旅游市场抗风险能力较差。

二是环境有待提升。主要表现在：市场主体培育不足，旅行社普遍散、小、弱、差，在入境游市场开拓上缺乏有效战略和手段，产品与国际市场接轨不够，接待方式与国际散客潮、自由行趋势不吻合，网络化经营水平低。2010 年，威海 99 家旅行社接待入境游客 4.4 万人次，占入境游客总人数的 12%，低于全国 18% 的比例。入境游客公共服务与配套设施不齐备，适合境外游客的娱乐设施、高档餐厅和购物场所少；部分景区卫生环境，尤其是厕所卫生环境较差；景区、星级饭店的中外文标识、外文旅游资料还不完备；

缺乏入境促销人才、外语导游人才；旅游服务与国际化接轨水平不高；电子商务和网络营销发展滞后。

三是促销政策滞后。2004 年以来，威海在全省率先实行了《奖励旅行社促销招徕活动暂行办法》，不断加大旅游宣传经费投入，成功打响"走遍四海，还是威海"的旅游品牌。但是随着形势的发展，特别是面对其他城市争夺入境客源市场的激烈竞争，威海原有的政策措施已经滞后，需要调整和创新。比如，2010 年无锡设立入境旅游贡献奖励资金，对接待或引进过夜入境游客的旅行社进行奖励；今年西安拿出 600 万元对 2010 年在入境旅游中做出突出成绩的旅行社进行奖励；三亚对年接待入境过夜游客 2000 人次以上的旅行社给予奖励；海口制定了新的《航空客运市场开发奖励办法》，将奖励政策延伸到包机公司。重点旅游城市的促销政策，直接影响入境旅游市场发展。

三　加快发展入境旅游的对策建议

当前和今后一个时期，威海发展入境旅游的战略方向是，巩固提升韩国市场，恢复振兴日本市场，延伸扩大俄罗斯市场，突破发展港澳台和东南亚市场，积极开拓欧美市场。重点实施"四项战略"。

（一）实施产品升级战略，着力打造特色旅游精品

打造符合国际市场需求、富有浓郁地方特色的旅游产品，是吸引入境游客的根本所在。一是推动景区由单一的观光游览点向综合性旅游目的地转变。主要是丰富景区的文化内涵，提升景区的服务功能，努力把景区打造成集多种要素于一体的综合性、区域性的体验地，使游客可游览、可停留、可娱乐、可体验、可消费。二是推动产品由低端、雷同化向高端、特色化转变。突出海上休闲、温泉养生、高尔夫运动、山地探险、民俗体验、体育健身、中医保健、婚庆旅游、商务会展、修学旅游等特色产品开发，深挖文化内涵，精心策划包装，逐步形成一批成熟的、高品质的富有威海特色的旅游精品。加快建设双岛湾、好运角、九龙湾、文登南海等大型旅游综合体，形成新的旅游热点。三是推动旅游线路由单一型、依赖型向复合型、创意型转变。将线路作为解决产品落地、吸引游客消费、拉长产业链条的关键环节，针对不同客源市场，设计不同主题、不同时间、不同价格的旅游线路；积极邀请境外旅行商到威海踩线，设计针对本国游客需求的个性化线路。加强与周边城市和国内入境旅游热点城市的线路统筹规划，推出"一程多站"式旅游线路和

跨区域精品旅游线路。积极举办旅游线路策划、设计大赛，不断创新线路，为入境游客提供更多的个性化、特色化选择。

（二）实施营销创新战略，着力提升宣传推介实效

开展有针对性、创新性、实效性的市场营销，是开拓入境市场最直接、最有效的手段。一是创新促销手段。进一步整合资源，统一宣传口号，统一旅游标识，丰富和完善旅游形象系统。充分利用外事、商务、侨务、对台等外宣渠道，广泛开展旅游宣传活动。积极运用影视歌曲、动漫和游戏软件等营销方式和手段。加强旅游网络市场营销，建立统一的威海旅游目的地管理系统和旅游电子商务平台，办好威海旅游多语种网站。二是搭建促销平台。加强与威海境外友好城市、驻外办事机构和国家旅游局各驻外办事处的联系合作，发挥其熟悉当地经济社会情况的优势，开展灵活多样、富有实效的宣传营销。选择韩国、俄罗斯和我国台湾地区的重点客源城市合作设立威海旅游办事处，扩展推介内容，创新推介形式，更加有效地招徕客源。三是强化节庆拉动。进一步整合资源、突出特色、放大效应，把节庆活动、体育赛事、会议会展办成吸引国际游客的旅游品牌。在国际人居节、帆船拉力赛、霍比帆船赛、铁人三项赛、国际渔具展等节庆活动的基础上，策划和举办新的旅游节庆活动，积极争取国际旅游活动和会议在威海举办，全力打造"四季节庆会议"城市，扩大威海旅游国际影响力。

（三）实施政策推动战略，着力凝聚社会各界力量

有力的扶持政策是推动入境旅游发展的加速器。一是加大促销资金投入。调整威海旅游促销资金使用结构，加大对主要入境旅游客源地的旅游广告投入，积极"走出去"宣传推介。二是建立政策激励机制。设立入境旅游目标奖、入境旅游创汇奖、入境旅游接待奖、入境旅游宣传促销奖。对积极开展入境旅游包机（船）业务的旅游企业，对为发展威海入境旅游做出突出贡献的单位或个人予以奖励，充分调动各市区和旅游企业的积极性。三是实施目标责任考核。将入境旅游指标纳入全市旅游重点工作专项考核体系，每年向各市区和相关部门下达入境接待人数和旅游创汇指标，加大考核力度，形成发展入境旅游合力。四是建立跟踪评估制度。坚持每次市场营销都要做到"事前有计划、事中有跟踪、事后有评估"，每年年终对促销工作进行考核评估，摸清促销效果，总结经验教训，更加科学合理、有的放矢地开展对外推介。

（四） 实施环境提升战略，着力打造国际旅游城市

城市是入境旅游者的首要接待站，要按照国际化、人文化、标准化要求，不断强化城市旅游功能，完善旅游配套服务设施，为入境游客打造文明、舒适、便利、安全的环境。一是推进市场主体规模化。鼓励威海旅行社与境外有影响的旅游组织、旅行社、酒店等合作开展连锁业务，支持有条件的企业直接在境外设立经营、办事机构。鼓励重点景区、旅行社、星级饭店、运输公司、购物商场、航空公司实施关联性发展，打造集航班衔接、交通接送、景区游览、食宿安排、美食购物等"一条龙"服务的旅游集团。鼓励条件成熟的旅游企业上市融资，通过联合、兼并、收购等多种方式进行资产重组，培育一批能够参与国际竞争的跨地区、跨行业的大型旅游集团。二是推进配套服务国际化。重点推动航空设施建设，大力开展包机航班业务，努力增开国际新航线，简化签证手续，推动对有条件的客源地实施免签证。充分挖掘地域文化优势，积极打造特色旅游城镇和民俗风情街区，设立适应国际游客餐饮习惯的餐厅。积极创造条件，争取离境退税政策，建立旅游购物退税商店。三是推进旅游行业标准化。建立健全符合国际惯例的旅游行业服务质量标准，加强旅行社、星级宾馆、旅游景区、工农业旅游示范点的管理，规范旅游服务质量操作流程，推进旅游行业管理制度化、规范化、国际化。四是推进人才队伍专业化。制订旅游人才培训计划，加强人才培养的国际合作。定期举办旅游行业技术比武大赛，以赛代训、以训提高，努力建立适应入境旅游需求的旅游从业人员队伍。五是推进旅游服务人性化。推动威海旅游宣传品进机场、进口岸、进酒店，用不同语种在星级酒店公共区域以及客房内免费播放威海旅游形象宣传片。加快旅游公共服务中心及网络化布点建设，完善中外文标识系统和适应入境旅游需求的信用卡支付、外币兑换等金融服务体系。建立旅游安全救援指挥系统，推动旅游投诉与110、119、120、12315等联动报警，快速处置游客服务质量纠纷。实行随团服务质量跟踪制度，规范旅游服务流程，维护游客合法权益。

（作者单位：威海市旅游局）

新时期企业文化建设与党建的有机结合

——国家电网山东乳山市电业总公司
"三同经验"调研报告

乳山市电业总公司

引　言

国家电网山东乳山市电业总公司（以下简称乳山电业）是山东电力集团公司的全资子公司，担负着乳山市 15 个镇（街）、2 个省级开发区的电力供应和服务工作。截至 2011 年 12 月，公司拥有固定资产 7.12 亿元，现有职工 1489 人。

21 世纪初，由于管理方式和经营体制等原因，乳山电业企业发展陷入困境。人心涣散，干群关系疏远，各类矛盾和问题集中爆发，一度成为舆论关注焦点和各级领导的一块心病。2003 年底，于信友同志调任公司总经理。新的领导班子成立以来，坚持抓发展、抓管理、抓队伍、创一流，企业管理日新月异，公司业绩和面貌出现了天翻地覆的变化。

——公司八年来销售收入以年均 15.3% 的幅度递增，上缴税金增幅达 42.95%。

——公司先后荣获全国五一劳动奖状、全国模范职工之家、全国内部审计工作先进集体、全国诚信文明示范单位、国家电网公司先进集体和文明单位、山东省文明单位、山东省职工职业道德建设十佳单位、山东省守合同重信用企业、山东省消费者满意单位、山东电力集团先进单位、先进基层党委等荣誉。

——从 2004 年到现在，乳山电业在省市组织的各类考试、竞赛、比武中，共夺得 27 个第一，同时创造新技术、新经验 122 项，其中获得省级奖励的有 7 项，获地市级奖励的有 15 项，一大批"金牌工人""技术拔尖人才"

等骨干涌现出来，成为支撑企业发展的栋梁。

乳山电业的突出业绩引起了社会各界的广泛关注和重视。中华全国总工会、中国思想政治工作研究会、山东省委组织部、山东省委宣传部、山东电力集团公司等部门先后到乳山电业进行调研。威海市委组织部下发《关于印发乳山市电业总公司党委加强企业党建工作调查报告的通知》（威组通字〔2008〕99号），要求区内各单位结合实际认真学习借鉴。威海市委宣传部起草《关于推荐乳山电业总公司作为省级先进典型予以考虑宣传的报告》（威宣发〔2011〕59号），上报山东省委宣传部。山东电力集团公司向山东省委宣传部上报《关于推荐乳山市电业总公司作为全省先进典型有关情况的请示》（鲁电集团党〔2011〕39号），并撰写《关于山东乳山市电业总公司党建工作先进典型选树工作的汇报》，向国家电网公司进行专题汇报。山东省委宣传部把公司"干群三同"经验作为创新思想政治工作、努力提高国有企业思想工作科学化水平的重要典型，组织14家省内主要媒体进行集中宣传推广。中宣部的《调查与研究》、中组部的《党建研究》分别对公司"干群三同"经验进行刊载。此外，新华社、《工人日报》、《科技日报》、《中国经济时报》、《中国企业报》、《大众日报》、《中国电力报》、《国家电网报》、《中国电业》等媒体先后在突出位置以较大篇幅介绍有关乳山电业开展"三同"活动、争先创优的经验。

乳山电业的"三同"到底是怎么一回事？在实际中又是怎么操作的？取得了那些效果？究竟是什么缘故使得乳山电业的经验受到社会各界如此的重视？从乳山电业的经验中到底能够获取一些什么样的东西？2011年9月，中国社会科学院"三同"国情调研课题组来到乳山进行了为期5天的调研。调研组通过访谈、到基层单位和机关科室实地考察，初步掌握了有关"三同"的情况。回到北京后，调研组细致分析收集的各类文本材料，并在课题组内部展开深入讨论，认为乳山电业"三同"经验的核心是将新时期的党建工作与加强国企管理、创建健康积极的国企企业文化建设有机结合起来，为探索、积累新时期国有企业管理改革提供了鲜活、有效的经验和实例。这一经验值得和广大国有企业学习借鉴，应采取各种有效的方式予以推广。

一 "三同"实施的基本情况

（一）什么是"三同"？

1. "干群同约"

"干群同约"指的是公司领导与员工一起，通过自律书等形式共同遵守公司出台的各项规章制度和"约定"，不搞特殊、没有例外。目前在乳山电业内部有各种规章制度 420 项，而主要的约定则包括鼓励员工"一岗多能，成为某一领域专家"的"励志约"；提倡"每人每年提一条有利于公司发展建议"的"贡献约"；要求"不以权谋私、不消极怠工"的"自律约"；倡导"助人为乐、见义勇为"的"公德约"；以坚持"五环工作法""牵头部门负责制"等为主要内容的"工作约"等。

与此同时，公司结合企业实际，认真践行国家电网公司"诚信、责任、创新、奉献"的企业核心价值观，先后提出"说老实话、办老实事、做老实人"和"从我做起、从现在做起、从小事做起、从身边事做起"的"三老""四从"做人做事观念，"敢想、敢干、敢为人先"的创新观念和"唯一是争、唯冠是夺"的拼搏观念，"认真做事把事情做对，用心做事把事情做好"的工作观念等。这些精神、观念通过公司内部报纸、网站和各种会议等多种途径，广泛宣传到基层每个班组、每个员工，成为干部员工的行动指南。

干群同约，"约"出一个好的企业风气，养成开展批评与自我批评的良好作风。这种作风，不仅表现在党委的各种会议上，也同样表现在日常业务工作中；不仅表现在上级对下级，也同样表现在下级对上级。领导班子成员虚心对待批评和建议，并本着有则改之、无则加勉的原则，对每条意见都诚恳地给予认真回复，真正体现了干群在规章制度面前一律平等。

2. "干群同训"

"干群同训"指的是公司领导与员工共同参加企业组织的各类培训和学习活动。乳山电业的培训和学习主要包括两个方面。

一是聘请青岛橄榄树培训机构，先后举办 7 期"精英团队集训营"活动，开设"空中飞人""过电网"等项目，通过党员干部带头，让大家在近乎严酷的军事化训练以及对体能与意志的极大考验中，树立"上下一盘棋"的观念和攻坚克难的信心。培训结束后，组织 680 名参训人员结合实际写体会、做交流、谈打算，把"有令必行，令行禁止""团结协作"等精神融入工作当中，不断增强员工的团队意识，干部员工的精神面貌也发生了质的飞跃。

公司党委书记曹明轩在谈到该培训时说："这种高强度的训练不仅仅磨炼了干部员工的意志，更重要的是在乳山电业初步形成了唯冠是夺的拼搏精神、众志成城的团队精神、不屈不挠的敬业精神。"

二是日常的学习制度。乳山电业党委认为，只有队伍的整体素质提升了，企业才会有更大的发展。因此，在团队培训的基础上，公司进一步提出实施旨在全面提高干部员工的文化素养和业务素质的"素质工程"，倡导"工作学习化、学习工作化"的理念，制定了"40＋4"的工作学习制度，即每周工作40小时、学习4小时，推行全员学习计划，按层次和实际需要，实行全员学习培训。8年多来，共办各种培训班600期，受训人次达5万之多。公司副总经理马廷学说："开展全员学习的目的，主要是想提高领导干部的管理执行能力、专业技术人员的应用创新能力、生产一线员工的技能操作能力。"

"干群同训"，"训"出了崇尚学习的浓厚氛围，学技能、练本领在公司蔚然成风。公司成为乳山市干部教育培训基地、威海市首批技师工作站，培训管理做法荣获山东省企业管理创新及优秀应用成果一等奖，并连续6年被山东电力集团公司在全省推广。

3. "干群同考"

"干群同考"是指公司领导与干部员工共同被考核，并实行责任共担，若工作出现问题，领导也要承担相应的责任，与员工一样被考核，没有特权、一视同仁。这一制度又被称为"三级联动考核"。具体说来，"干群同考"在实行过程中有如下四个关键要素。

一是人人被考核。乳山电业实行的"三级联动考核"中，三级指的是公司考评委、职能部门和基层单位。三者之间的关系为公司考评委考核职能部门、职能部门考核基层单位、基层单位对职能部门提出考核意见，以此确保考核范围涵盖每一个部室、车间，上至公司领导，下至普通员工，人人参与考核，人人被考核，使干部职工在制度面前真正做到一律平等。

二是经济责任制。三级联动考核本着责、权、利相一致的原则，把安全生产、经营管理、优质服务、日常工作等十几个方面，细化成120款、600余条，实行日常、月度、季度和年度考核相结合的办法，经过"上级考下级、下级考上级"的互相考核，将结果交由决策层领导、中层干部、基层群众三个层面选拔组成的考评委员会进行最终评定，确保考核结果公平、公正。奖勤罚懒的激励机制，极大地激发了员工参与公司管理的热情和积极性

三是联动。所谓联动指的是当出现考核细则规定条款的行为时，不仅直接责任人要受到经济处罚，与此相关的各级领导也要根据考核细则受到相应的经济处罚。在该公司已经出刊的90期《考核通报》中，公司6名领导干部累计被联责处罚并通报批评234次。其中，总经理和党委书记两个一把手，每人平均被联责处罚了61次。

四是考核结果公开。不论是月度、年度考核还是日常的考核，考核结果都在全公司范围内进行通报。公司专门设立《考核通报》这一内刊，通报考核结果，并在内部局域网公示。

乳山电业每年修改完善考核条款，细化项目门类，量化考核指标，提高考核，实施动态管理。以安全生产为例，乳山电业量化了包括 35 千伏及以上线路和主变停电时间、10 千伏线路（计划、故障）停电时间、电网一类障碍次数、用户设备引发的线路故障次数、外力破坏次数和不发生重大及以上电网、设备、火灾事故等一系列考核指标。2010 年，公司把电网二类障碍次数的指标设定为 35 次。2011 年这一标准则被定为 20 次。超过这一指标，公司领导、有关责任单位及人员都将受到处罚。这样就促使公司干部员工必须全力以赴、认真对待，一步一个脚印、踏踏实实地用心去做，通过提高自己的专业技能和敬业精神来努力完成设定目标，确保工作一年迈上一个新台阶。"干群同考"，"考"出了求真务实的作风、"考"出了永不懈怠的干劲、"考"出了干群一心的和谐关系。不仅全面增强了干部员工的效率、效益意识，更重要的是提升了全员责任意识，形成"事事有人管、人人都管事"的工作格局，公司管理水平在"干群同考"中稳步提升。

（二）实施"三同"带来的变化

持之以恒坚持 8 年之久的"干群三同"，使领导干部和职工群众紧密地打成一片。原先横在职工群众心里的"沟"填平了，一盘散乱的"沙子"变成坚强磐石，干群凝心聚力谋发展，一股劲儿将事业推向前进，企业和谐兴旺，发生了五个方面的巨大变化。

一是干部员工的精神面貌显著转变，队伍素质持续提升。长期以来，由于历史原因，乳山电业曾在系统中排名落后，部分干部员工存在不求上进、"破罐子破摔"等消极心态。"干群三同"的推出，犹如打了一支"兴奋剂"，首先公司干部员工的精神面貌发生巨大变化，大家的人生观、世界观、价值观得到重新定位，爱岗敬业、无私奉献、团结协作、奋力攻坚、唯一是争、唯冠是夺已成为全体干部员工的不懈追求。关心企业、爱护企业、维护企业利益的身边事层出不穷，已变成全体员工的自觉行为。几年来，先后有 132 人次被评为全国、省、市劳动模范、山东省富民兴鲁劳动奖章、巾帼建功标兵、威海市新长征突击手、十佳新职工等荣誉。87% 的员工由原来的单一技能变为一岗多能；有 237 人通过了省级技能鉴定；有 294 人获得各类专业技术资格、执业资格；冷裕、于淞等 5 名员工享受威海市政府津贴；肖向波、徐华等 14 名职工成为国家电网公司、山东电力集团公司以及威海市优秀人才，成为支撑企业发展的栋梁。

二是企业软实力显著增强，团队执行力、战斗力、创新力不断提升。多年来，乳山电业认真贯彻国家电网公司企业文化"五统一"要求，积极推进文化落地。通过思想启迪、理念宣贯等措施，把"诚信、责任、创新、奉献"核心价值观转化为全体员工的自觉行为。将广大干部员工的个人目标、个人利益同公司的发展目标结合为一体，把上进心升华为事业心，营造"企业以员工为本，员工以企业为家"的浓厚氛围。"讲文明、讲诚信、讲责任、讲学习、讲贡献、讲奉献""说老实话、办老实事、做老实人""从我做起、从现在做起、从小事做起、从身边事做起"等已成为全体干部员工人人遵守的行为准则。团队执行力、战斗力、创新力不断提高，打造出一支特别顾大局、特别负责任、特别能吃苦、特别能战斗、特别能奉献的"电业铁军"。2011年，公司职工思想政治及企业文化建设经验在中华全国总工会工作调研会上做典型交流。此外，公司党建工作、队伍建设、创建和谐企业、诚信建设、创先争优等7项工作经验先后在山东省、威海市层面推广。

三是企业管理水平显著提高，实现经济效益与社会效益双丰收。乳山电业结合企业实际，持续不断地进行管理创新，先后推出了量化绩效考核、牵头部门负责制、三级联动考核、亮点与挑刺、公示、隐患排查等一系列管理新思路、新方法、新举措，取得显著成绩。公司主要经济技术指标屡创新高。8年来，公司10千伏线损率下降了6.7个百分点，0.4千伏线损率下降了11.75个百分点，仅降损就减少电量损失1.5亿千瓦时，为国家减少经济损失上亿元；电费回收率、上缴率连续10年实现双结零；在购电成本持续攀升的情况下，公司税收实现了年均42.95%的高速增长，2011年实现税收8000万元；资产负债率下降了35个百分点，总资产翻了3番。截至2011年12月31日，实现连续安全生产7597天。先后荣获山东省安全生产工作先进单位和安全标准化供电达标企业，连续多年被威海市政府评为安全生产先进单位。

与此同时，废旧物资管理等9项成果荣获山东省企业管理现代化创新及应用成果一、二等奖；牵头部门负责制、自律书等5项工作方法在全省农电系统予以推广；探索推出的"事前介入、事中监督、事后完善"审计工作新方法，被国家审计署在全国推广。去年，公司被评为国家电网公司先进集体，是山东电力集团公司唯一受表彰的县公司；连续两届获得国家电网公司文明单位；连续三年被山东电力集团公司授予综合管理标杆单位、先进县供电企业、先进基层党委等荣誉，被乳山市委、市政府选树为全市企业管理的典范。

四是公司党委的威信显著增强，向心力、凝聚力、号召力全面提升。领导关心员工，员工关爱企业。工作中，乳山电业坚持凡事"先理思想、后顺行动"，不搞强迫命令，不搞临时动议。在每项重大决策出台前，特别是涉及公司长远发展和职工切身利益的事项，公司都先召开党委会和职工代表大会，做出全面解释，征求各方意见，在民主讨论中交流思想，在反复酝酿中提升思想，在开阔视野中统一思想。而决策一旦做出，就严格执行，不搞弹性，不留余地，使公司党委的意图与干部职工的意愿相协调、相一致，以干群同心，保证各项工作决策的全面贯彻落实。同时，大力推行公示制度，把招待费、运输费、办公费、电话费以及干部职工用暖、用电等情况全部予以公示，广泛接受员工监督，实现"阳光管理"，增进了理解，消除了误会，融洽了干群关系，近三年没有一封人民来信，确保了企业和谐、稳定。公司被授予"山东省和谐劳动关系优秀企业"称号，并在威海市和谐劳动关系表彰大会、乳山市信访稳定表彰大会上做典型经验交流。

五是履行社会责任意识显著增强，供电服务水平和客户满意率稳步提高。近年来，立足服务地方经济发展大局，乳山电业积极主动承担社会责任，不等不靠、自我加压、提前运作，不断加大电网建设改造力度，使全市形成南北两个 220 千伏电源点互为补充、互相支撑，35 千伏及以上电网设计科学、结构坚强、布局合理的供电格局，全面提升了乳山电网的供电能力，提高了电网安全可靠运行水平。同时，不断创新服务手段，积极实施超前介入、零点工程、带电作业等服务举措，为广大城乡客户提供优质、方便、规范、真诚的服务。与此同时，公司还广泛参与救助弱势群体等社会帮扶活动。在认购 2000 万元慈善基金的基础上，先后出资 40 余万元帮助 7 个贫困村发展集体经济、改善农村基础设施；出资 30 余万元，资助 118 名贫困学生；出资 60 余万元，帮扶 200 多名贫困户。另外，组建 200 多人参加的无偿献血、献造血干细胞志愿队伍，几年来已累计无偿献血达 3 万多毫升。公司先后荣获"全国用户服务满意单位""全国文明诚信示范单位""山东省慈善企业"，"风雨彩虹"服务品牌被评为山东省服务名牌。连续 8 年在全市行风测评中名列第一。连续 4 届被评为乳山市"十佳文明窗口"，并在全市表彰大会上做典型交流发言。

二　乳山电业总公司"三同经验"的解读

如何认识乳山电业的"三同经验"？通过深入考察，乳山电业"三同经验"的核心在于将新时期党的优良作风建设与加强国企管理、创建健康积极的国企企业文化建设有机结合起来，探索了新时期国企党组织发挥政治核心作用的途径和方法，积累了新时期国企加强现代企业制度和企业文化建设的有益经验。"三同经验"中的"约""训""考"实际上是代表现代企业管理制度和企业文化建设中的基本内容，而"三同经验"中的"同"则集中体现了企业党组织在新时期国企改革中发挥核心领导地位以及加强和改进自身建设的途径和方法。

（一）新时期的国企改革与企业文化建设

1. 国企改革

新时期以来，我国国有企业的管理体制和经营机制发生了深刻变化。总的来看，在宏观层面，政企分开迈出重大步伐，国有经济布局和结构得到改善，股份制改革步伐加快，市场体系逐步完善；在企业微观层面，现代企业制度建设逐步推进，以市场为导向的企业运营机制逐步建立。作为城市经济改革的重点，国有企业改革在整个经济社会的建设中占据重要地位，也是实现两个转变的重要主体。胡锦涛同志曾经强调，"国有企业是国民经济的支柱。以公有制为主体的现代企业制度是社会主义市场经济体制的基础。只有把国有企业搞活搞好了，社会主义市场经济体制才能真正建立起来，我国的发展目标才能胜利实现"。

建立现代企业制度是国企改革在微观层面的核心领域，也是改革成果的重要体现。党的十四届三中全会通过的《中共中央关于建立社会主义市场经济体制若干问题的决定》指出建立现代企业制度的基本特征包括五个方面：一是产权关系明晰，国有资产所有权属于国家；二是企业以其全部法人财产，依法自主经营，自负盈亏；三是出资者投入企业的资本额享有所有者的权益；四是企业按市场需求组织生产经营，政府不干预企业的生产经营活动；五是建立科学的领导制度和管理制度。

在上述五个特征中，有的涉及企业和国家、政府的关系，如第一个方面和第四个方面；有的涉及企业和投资者的关系，如第二个方面和第三个方面；而第五个方面则主要是强调企业内部管理的问题。

企业管理指企业对自身的生产经营活动进行组织、计划、指挥、监督和调节的活动。从管理对象来看，企业管理包括业务管理和行为管理。其中，业务管理侧重于对组织的各种资源的管理，比如财务、材料、产品等相关的管理；而行为管理则更侧重于对组织成员行为的管理，以此而产生组织的设计、机制的变革、激励、工作计划、个人与团队的协作等方面的管理。

　　将企业的管理单独作为建立现代企业制度的重要方面进行强调有其深刻的现实原因。我国国有企业的管理历来是一大难题，在长期实行计划经济的年代，形成了诸多有悖于现代企业成长的顽疾，国有企业在管理方面的薄弱已经成为制约国有企业发展的瓶颈。典型的问题包括：采用集权管理方式，决策程序不科学；管理者的管理素质和管理水平不高；企业内部管理缺乏民主、监督机制和规则；管理制度的制订与实施不科学，不能充分调动员工的积极性和创造性；技术创新没有充分发挥应有的作用，自身技术能力、创新能力不强；企业人力资源的管理混乱，企业对人力资本的投入不足；缺乏科学的考核机制，此外，在市场经济改革过程中，一些国有企业简单地运用经济理性指导企业行为，企业社会责任弱化；等等。因此，创建培育健康的企业制度、加强企业管理，是当前国企改革的迫切要求，有着重大的现实意义。

　　2. 国企企业文化建设

　　企业文化有广义和狭义之分。广义上的企业文化一般是指企业在发展过程中长期形成的共同理想、基本价值观、作风、习惯和行为规范，是企业在经营管理过程中创造的具有本企业特色的精神财富的总和，对企业成员有感召力和凝聚力，能把员工的兴趣、目的、需要以及由此产生的行为统一起来，是企业长期文化建设的反映。企业文化包含价值观、最高目标、行为准则、管理制度、道德风尚等内容。企业通过宣传、教育、培训和文化娱乐等方式，最大限度地统一员工，规范员工行为，凝聚员工力量，为企业总目标服务。广义上的企业文化内容主要包括物质层、行为层、制度层和精神层等四个层次。狭义上企业文化侧重指企业的深层价值观念，重点强调企业的理念、价值体系和精神等方面的内容，基本上相当于广义企业文化的第四个方面，即精神层。（本文中，除特殊说明外，均是指广义层面的企业文化）

　　我国的国有企业是国家所有或国家控股，是社会主义公有制的主要实现形式，是国家调控经济和社会发展的基本力量，是实现广大人民群众利益和共同富裕目标的重要保证，其最终目标是实现员工价值、企业利益和社会效益三者综合效应的最大化。从这一角度来说，国企的企业文化建设必须坚持以人为本、可持续发展以及创建和谐社会的基本理念。

　　从经济属性看，国有企业要为社会提供优质产品和服务，不断提升竞争力，创造更高的经济效益，促进国民经济平稳快速发展。具体到单个企业来说，就是需要不断提升企业经济效益，实现国有资产的增值，并在此过程中改善员工的生活状况，促进员工的发展，提高员工的满意度。从政治属性看，国有企业是社会主义制度存在和发展的经济基础，是国家实行宏观调控的主要经济保障，它承担着维护社会主义市场经济秩序，为国家应对突发事件和重大经济风险提供可靠支持的重任。与此同时，国有企业文化还是社会主义社会中精神文明的重要体现，是社会主义核心价值观的重要承载者和体现者。从这一角度说，国有企业文化具有服务政治的功能。此外，企业文化倡导的诚信、公平等理念能够起到调节企业与市场、企业与社会、企业领导与员工、企业员工与员工之间的关系的作用，不仅促进企业内部和谐，还能促进社会和谐。因此，国有企业文化还具备服务社会的功能。

综上所述，新时期国企企业文化建设目标就是建立起适应社会主义市场经济体制和社会主义精神文明要求的一整套共同理想、基本价值观、作风、习惯和行为规范。而要实现这一目标，从根本上来说，则必须坚持以人为本、可持续发展以及创建和谐社会的基本理念，必须立足于培育适应社会主义市场经济的现代企业管理制度和运营机制，必须致力于充分发挥企业文化服务经济、服务政治、服务社会的功能，并以促进"两个转变"的顺利实现、发挥国有企业在社会主义建设中的应有作用为终极目标。

（二）约、训、考：全方位抓企业管理和企业文化建设

1. "约"：培育良好的制度和文化

什么是"约"？在乳山电业，约包括两项基本内容：制度和约定。从调查中看，这些制度主要指的是乳山电业企业管理规章制度，主要包括考核制度、培训制度、公司决策制度、公司运营制度、财务制度、日常行政管理制度、党务制度以及工青妇工作制度等多个方面。目前，乳山电业可以称为"约"的内容，已经细化为780余条。其中最主要"约"的内容如表1所示。不难发现，乳山电业的"约"中所包括的制度乃是一般意义上的企业管理制度。从表1中所列的制度可以清楚地看到，乳山电业从2004年开始就开始着手完善企业的制度体系，而最早的一项制度就是关于中层干部参加培训的规定（第8项）。

表1　乳山电业的主要规章制度（截至 2011 年 9 月 30 日）

类别	序号	名称	生效时间
考核制度 （共 7 项）	1	《内部审计管理标准》	2008.12.20
	2	《绩效考核管理标准》	2008.12.25
	3	《乳山市电业总公司工程决算管理办法（试行）》	2010.10.28

续表

类别	序号	名称	生效时间
考核制度 （共 7 项）	4	《乳山市电业总公司日常工作考核细则（暂行）》	2011.03.30
	5	《"亮点"与"挑刺"工作管理办法》	2011.05.05
	6	《乳山市电业总公司招标采购活动管理细则》	2011.07.05
	7	《乳山市电业总公司招标外采购活动管理办法》	2011.07.13
培训制度 （共 8 项）	8	《中层干部培训学员管理办法》	2006.03.30
	9	《兼职教师管理办法》	2006.07.10
	10	《教育培训工作管理考核细则》	2006.08.10
	11	《培训基地安全卫生管理办法》	2006.08.10
	12	《培训班考核细则》	2006.09.04
	13	《学员管理办法》	2006.09.04
	14	《教育培训档案管理办法》	2007.07.08
	15	《职工教育管理标准》	2008.12.20
公司决策制度 （共 3 项）	16	《乳山市电业总公司中层干部重大事项请示报告制度》	2007.08.30
	17	《重大决策管理标准》	2008.12.10
	18	《乳山市电业总公司"三重一大"事项管理制度》	2010.11.10
公司运营制度 （共 5 项）	19	《乳山市电业总公司关于违反"三个十条"及行风建设有关规定处罚暂行规定》	2006.05.25
	20	《企业发展规划管理标准》	2008.12.20
	21	《电网规划管理标准》	2008.12.20
	22	《方针目标管理标准》	2008.12.25
	23	《牵头部门负责制管理标准》	2010.12.10
财务制度 （共 4 项）	24	《资金管理标准》	2008.12.20
	25	《财务预算管理标准》	2008.12.25
	26	《投资项目管理标准》	2008.12.25
	27	《债权债务管理标准》	2008.12.25
日常行政制度 （共 3 项）	28	《油耗考核管理办法（试行）》	2011.03.02
	29	《废旧物资公示管理办法》	2011.04.02
	30	《乳山市电业总公司废旧物资处置公示管理办法》	2011.07.15
党务制度 （共 4 项）	31	《基层党支部工作管理标准》	2008.12.20
	32	《党风廉政建设管理标准》	2008.12.25
	33	《纪检监察管理标准》	2008.12.25
	34	《党员管理标准》	2008.12.25

类别	序号	名称	生效时间
工、青、妇工作制度（共4项）	35	《职工合理化建议管理标准》	2008.12.20
	36	《职代会管理标准》	2008.12.20
	37	《共青团管理标准》	2008.12.25
	38	《工会女职工工作管理标准》	2008.12.25

资料来源：根据国家电网山东乳山市电业总公司提供资料整理。

约定则主要是关于工作、学习和生活理念的号召和提倡，主要的约定包括"励志约""贡献约""自律约""公德约"等内容（见表2）。不难看出，这些内容其实是狭义上的企业文化内容。

表2　乳山电业的主要约定（截至2011年9月30日）

序号	名称	主要内容	对应于狭义企业文化的内容
1	"励志约"	一岗多能，成为某一领域专家	员工职业发展态度
2	"贡献约"	每人每年提一条有利于公司发展建议	员工与企业关系
3	"自律约"	不以权谋私、不消极怠工	员工工作态度和工作纪律
4	"公德约"	助人为乐、见义勇为	员工个人道德修养
5	"工作约"	五环工作法、牵头部门负责制	部门间工作协作意识
6	"三老"	说老实话、办老实事、做老实人	员工个人道德修养
7	"四从"	从我做起、从现在做起、从小事做起、从身边事做起	员工作风和习惯
8	"拼搏"	敢想、敢干、敢为人先；认真做事把事情做对，用心做事把事情做好	员工作风和习惯

从企业管理的角度看，制度一般适用于企业正式活动，是企业对员工的刚性要求，适用于对员工显性行为进行约束和管理，这些行为通常有可观察的指标或表现，比较方便进行考核，对这些行为的管理依据是企业和员工之间的契约关系，即劳动合同关系。而"约"则通常是企业对员工的软性约束，其所约束的行为一般来说是在劳动合同关系之外，并且难以被观察或考核。这些约束因为不在劳动合同之内，员工的执行程度很难保证，企业必须通过持续的教育宣传来将理念和价值观内化到员工身上，获得员工的认同，从而实现有效管理。同时，这些行为虽然和企业的生产经营没有直接的关系，但实际上对企业运营的效率有着非常大的影响。

乳山电业所提出的这几项"约"反映了乳山电业的基本企业理念和价值

观。比如，"励志约"和"自律约"实际上是倡导培育爱岗敬业、进取奋斗的个人职业道德，"贡献约"实际上是倡导树立爱企如家的良好风气，"功德约"是提倡员工养成良好的个人道德修养，五环工作法则是倡导一种科学的工作方法和认真负责的工作态度，而"工作约"中的牵头部门负责制实际上是在倡导新型的工作模式。从实际工作看，乳山电业提出的"约"深刻地改变了企业的风气和面貌，对企业的业务运营也产生了良好的影响。这里列举两个小事例：

例1：爱企如家，驾驶员成为义务巡线员。胡毅是乳山电业的一名驾驶员。2010年秋天，他开车经过35千伏诸崖线时，那天风很大，线路舞动的厉害，停车时他发现一块反光膜挂在导线上，随时都有可能造成线路速断跳闸。他立即拨打了报修电话，通知相关单位及时进行维修。这类的事情很多，每次做完，胡毅都觉得很光荣，觉得自己又为公司出了一把力。供暖是公司每年的一件大事，公司全体干部职工都在为之努力。在配合供热公司进行查暖期间，虽然胡毅只是一名驾驶员，但每次出车检查时，他都和供热的同事一起耐心地向客户宣传供暖小常识和如何保护供暖设施，大家都戏称他是"编外的供热热线员"。

例2：牵头部门负责制调动总经理。2009年冬，城区祥和小区和政府二区之间一处供暖管道破裂，影响到两个生活小区居民的正常供暖。抢修人员赶到现场，不巧有一个较大的活动在这里进行，人海车流，使他们无法正常抢修。紧急情况下，抢修班长傅波毫不犹豫直接拨通总经理于信友的手机，要求总经理出面跟市里协调。若按惯例，班长须先请示队长，然后是队长请示部门领导，部门领导请示分管经理，分管经理再找总经理协调，这至少得经过4级。而按照新办法直接请示总经理，不仅高效快捷地解决了问题，而且整个"权力链条"上的每一个负责者，都认为这是一种工作上的常态，就应该这么做。

2. "训"：建设团队和学习型组织

团队一般是指为了实现某一目标而由相互协作的个体所组成的正式群体。它强调合理利用每一个成员的知识和技能协同工作，来实现短期和长期的各种奋斗目标。团队的基本特点包括：统一的目标（愿景）、统一的思想（理念）、统一的规则（制度）、统一的行动（协同）、统一的声音（态度）。团队的精髓是沟通、分工、合作、共同进步。在现代企业中，团队一般指员工和管理层组成的共同体，有时候也指根据某种目的（如项目攻关）刻意在组织中划分出来的合作群体。

对团队的强调根源于现代化大生产带来的分工体制。由于生产日益复杂，要完成一项任务往往需要经过多道程序，同时需要多个部门配合以及具备不同技能的人员进行合作，在这一过程中，团结协作、相互配合就显得尤其重要。正因为如此，加强团队建设就成为许多现代企业日常管理中的一项重要内容。通过团队建设，可以促进参与者和推进者彼此增进信任、坦诚相对，增强团队的战斗力和执行力。

乳山电业对团队的强调可谓恰逢其时。受历史及体制等多种因素影响，曾经一段时间，有企业管理混乱，干部职工存在不求上进、"破罐子破摔"等消极心态。这种情况下，任何改革措施都难以推行。一家企业的员工如果没有良好的精神面貌和心态，很难想象企业的业务能够顺利开展。因此，必须开展以培养集体荣誉意识、增强凝聚力、提升士气、培养合作意识为目的的团队建设。从实际情况看，乳山电业的团队建设取得了明显的成效，确实锻炼出一支特别能吃苦、特别能战斗的员工队伍。2011 年大年三十晚上，受罕见海雾冰冻灾害天气影响，乳山电网线路覆冰严重，城区及多个乡镇断电，热电厂停炉、停机，供暖中断。面对突如其来的灾害，乳山电业正在休假的800 多名干部员工立即赶到工作岗位开展抢修工作。经过连续奋战，在大年初一的下午恢复了全部受灾地区的供暖和供电。威海市委书记王培廷为此专门给乳山电业打来电话进行表扬。

学习型组织（Learning Organization）这一概念是美国学者彼得·圣吉（Peter M. Senge）在《第五项修炼》（The Fifth Discipline）一书中提出的管理观念。这一概念认为在现代社会中，各类组织都面临变化剧烈的外在环境，整个组织应保持终生学习的态度、不断进行自我组织再造，以维持竞争力。对于现代企业来讲，这一点尤其重要。建设学习型企业，是转变经济发展方式的必然要求，也是提升企业管理水平、建立现代企业制度、提高企业综合竞争力的必然选择。21 世纪是知识经济的时代，科技进步日新月异，市场竞争日益激烈。在这样一个充满挑战和机遇的环境里，学习能力必将成为社会、企业以及个人适应形势、把握变革的核心能力，建设学习型组织是企业未来发展壮大的必然趋势。个人必须接受终身教育、企业必须实行可持续发展战略已经成为现代企业文化的基本理念。

乳山电业对"训"的强调实际上是在进行创建学习型组织的实践。通常来说，在组织中推行创建学习型组织的活动要解决如下几个问题：一是思想认识问题，也即"为什么要学"；二是学习的内容，也即"学什么"；三是建立合适的学习机制，也即"怎么学"。乳山电业在这三个方面均交出了令人较为满意的答卷。

首先是解决"为什么要学"的问题。一流企业应该是学习型的企业，但是任何一流只能是相对的一流，如果不能自我超越，就会成为二流、三流。要始终居于一流企业的行列，唯一的办法就是学习，把企业建设成为学习型的一流企业。乳山电业的总经理于信友对此有深入的认识。他一直反复强调，"工作学习化，学习工作化""今天不在学习中超越，明天就有可能在工作中被淘汰""咱们职工有了知识就会有力量，而有了力量就要再去获取更多的知识""一台机器靠加油保持活力，一个人靠学习增强活力，一个企业靠善于学习的员工才能永远焕发活力"等。从上述话语中不难看出，虽然乳山电业没有明确提出创建学习型组织这一口号，但实践中正是按照创建学习型组织的要求去做的。几年下来，在公司的反复强调之下，学习已经成为全体职工的自觉行动。按照惯常的说法，职工的认识已经从"要我学"转变到"我要学"的境界。

在解决了思想认识之后，接下来解决的就是"学什么"的问题。在创建学习型组织的过程中，选择学习内容十分重要。一方面，"学什么"是参与者能否保持长期的学习积极性的重要影响因素；另一方面，"学什么"更是决定学习效果的重要因素。如何针对企业的工作实际、结合员工的需求，开设出员工愿意学、学完有效果的课程是一个值得重视的问题。在乳山电业，员工学习内容最初包括法律、财务、管理三大类，后来增加了技术、技能、人生理想、礼仪等方方面面，这些课程对于员工提高工作能力和综合素质都起到了良好的作用。

创建学习型组织的核心是要在组织内部建立完善的"自我学习机制"，即鼓励组织成员在工作中学习、在学习中工作，并让学习成为工作新的形式。这实际上是一个"如何学"的问题。在这方面，乳山电业也积累了较为成功的经验。公司规定，每次学习前都要随机选择部分干部员工根据上次所学的内容，结合自己的工作谈体会、定措施，将学习内容融入实际工作。另外，公司提出的学习形式有自学、集体学等多种方式，有时还聘请专业老师授课或者组织外出、现场观摩等。联系实际紧密、形式多样的培训方式有效地提高了员工参加培训的积极性。

此外，为了让学习深入企业每一个员工，并且让学习和工作充分结合，乳山电业还创造性地制定了"兼职教师"制度。所谓兼职教师，是指公司内部的一些优秀员工和技能高手，乳山电业聘请他们给其他人员授课，授课的内容主要是业务技能讲解。成为兼职教师的条件主要包括：①公司内部职工，具备较高专业理论水平和管理技能的各单位技术负责人；②因工作业绩突出受到市级及以上部门表彰的优秀人才；③在威海市公司及以上技术比武、技能竞赛中取得优异成绩的技术技能人员；④高级优秀人才和"112"优秀人才。乳山电业规定，由公司培训中心根据公司职工教育培训年度计划和兼职教师应具备的基本条件，聘请兼职教师；聘请前须征得其部门领导和分管领导同意，经公司经理批准后下发执行。兼职教师聘任期限为一年，可根据培训工作需要连续聘任。每年年初，根据公司年度培训计划和培训重点工作并结合兼职教师工作业绩，适当调整兼职教师。聘任的兼职教师均采取无偿授课，在传授知识的同时，也给兼职教师提供展示自我的舞台。这一制度在实践中起到了非常好的激励作用。一方面，这种培训方式紧扣工作实际，不搞"空对空"，员工学了有收获，培训效果可以马上体现到生产和工作中；另一方面，这种培训制度给业务优秀人员提供了新的荣誉，同时还节省了大量的培训经费。乳山电业信息中心员工史玉峰，2006 年主动申请到北京学习计算机知识，回来后在公司举办了 3 期培训班，有近 300 人主动参加。

3. "考"：抓住企业管理关键环节

管理是社会组织中，为了实现预期的目标，以人为中心进行的协调活动。而企业管理则指对企业的生产经营活动进行组织、计划、指挥、监督和调节的活动。在企业管理的诸要素中，考核占有突出的地位。从控制论原理来说，管理必须是一个闭环工作体系，而考核在这个闭环中则起着承前启后的关键作用。可以说，没有考核就等于没有管理。

"考"在现代汉语中的主要意思是指考核、考评。在组织管理理论中，"考"一般是指绩效考核。具体来说，是指企业在既定的战略目标下，运用一定的标准和指标，对员工过去的工作行为及取得的工作业绩进行评估，并运用评估的结果对员工将来的工作行为和工作业绩产生正面引导。

根据不同的标准，可以将绩效考核分为多种类型。如根据考核的周期，可以将考核分为定期考核和不定期考核。其中，定期考核又可以根据周期的长短进一步细分为周考核、月考核、季度考核、半年考核和全年考核，采取什么样的周期进行考核跟企业的性质和生产服务方式有关。而不定期考核主要是指对各种日常行为进行考核，发现问题及时解决，同时也为定期考核提供依据。此外，也可以根据考核的内容将考核分为特征考核、行为考核和结果考核。其中，特征考核是对被考核对象的特质进行考核，企业组织的面试、民主测评等活动均可看作特征考核；行为考核是典型的过程控制，它主要是对被考核对象的行为表现进行评价；结果考核则是最为常见的考核行为，它主要考核工作质量，如产量、合格率、劳动效率、事故率、满意度等。

在乳山电业，考核首先作为企业管理的一项正式制度和工作得到了很好的贯彻执行，也即三级联动考核。同时，考核也作为一种工作方法和工作理念贯彻在每个人的工作之中，这一点突出反映在"五环工作法"以及"亮点与挑刺"活动中。

三级联动考核的基本内容此前已经做过介绍，主要包括四个要点：人人被考核、经济责任制、联动考核和考核结果公开。三级联动考核的有关制度主要体现于《乳山市电业总公司日常工作考核细则（暂行）》中，该文件对考核的实施做出了详尽规定。例如，文件总则的1.1.4条明确规定"日常工作考核本着责、权、利相一致的原则，实行日常、月度、季度和年度考核相结合的方式"。总则1.1.7条则规定，"日常工作考核分为通用部分考核和专项工作考核两部分。通用部分考核包括考勤、劳动纪律、治安纪律、组织纪律、行政纪律、考核纪律等。专项工作考核：包括重点考核、安全生产管理、经营管理、用电管理及优质服务、供热管理、党群管理、行政管理、信息系统管理、后勤管理和个人通用考核十个方面"。这十个方面实际上涵盖乳山电业日常工作的全部内容。在考核程序方面，乳山电业明确体现出"不是为了考核而考核"的思路。日常考核程序的1.3.1条规定，"发生违反《自律书》规定事件、发生业绩责任书中应考核事件、发生违反本细则等其他应考核事件，责任单位要在事件发生后2个工作日内主动提出考核意见传递给主责考核部门及考评办；责任单位未提出考核意见，职能管理部门必须在事件发生后5个工作日内提出考核意见传递给考评办和责任单位。考核意见应当载明考核的事由、依据、整改措施及整改时限，必要时应加以点评分析"。从这条规定可以看出，考核的重点在于整改措施而不是在于考核本身，充分体现了"抓考核，促改进"的指导思想。

"五环工作法"出现在乳山电业的"工作约"中，其主要内容是要求每个人的工作都要"有布置，有检查，有落实，有总结，有汇报"。这"五有"实际上体现了一个完整闭环控制结构。一项工作始于"布置"，完成工作的过程也就是"落实"的过程，"检查"则是对工作的考核，同时"汇报"中也体现出考核的要素，而"总结"则是每个人对自身工作得失的一次检查。虽然没有奖励和惩罚，但实际上也可以看作当事人对照各种工作标准和工作要求对自身的一次考核。"五环工作法"的初衷是让每个人养成良好的工作习惯，并促使每个人在工作中不断提高业务水平，说到底是当事人对自身行为的监督和管理，可以看到考核作为管理核心要素所起到的作用。

"亮点与挑刺"活动是乳山电业的另外一项创举。该项活动始于2010年7月，其初衷是及时宣传各部门、各单位的好做法、好经验，在企业内部进一步树立良好风气，同时也对存在的问题进行曝光。该活动最初为每月进行，由公司发展策划部组织，并编辑《"亮点与挑刺"活动简报》下发公司内部。该简报分为《亮点纷呈》和《瑕"刺"会诊》两个栏目，前者主要是报道好做法、好经验，而后者则是对当前的问题提出批评，并且提出整改措施。此处以《"亮点与挑刺"活动简报》第二期为例来加以说明：

【亮点纷呈】栏目内容
标题：乡镇电管部——现场培训 突显实效
内容：乡镇电管部组织的SG186安全生产电网运行、安全监督方面的功能培训工作具有很强的针对性、可操作性，前期将有关功能的应用方法下发基层单位先行学习，特别是对于涉及多个部门流程传递的工作票功能采取了抓图的方法存于文档中，然后又组织相关人员进行现场培训，在现场培训中将有关功能应用采取用文字详细描述操作步骤讲解，并且现场操作演示，同时联合有关职能部门现场讲解确定，培训取得良好效果。
点评：SG186工程是目前山东电力集团公司重点推广的工程，今后我们许多工作都将依托此平台。乡镇电管部为了让各单位尽快熟练掌握该系统的使用和维护知识，采取先期下发学习内容，再组织现场培训，最后联合职能部门验收的方式，组织相关人员进行系统使用前培训工作，使职工能够提前掌握应用方法，快速适应新的工作环境。开展培训工作不一定就是按部就班地坐在教室里听讲师授课，有时候面对面的现场授课效果更明显，乡镇电管部这种实用实效的培训方式，值得各单位借鉴应用。

今年以来总公司各单位结合各自工作实际，开展了各种培训活动，电力安装公司开展的施工现场分散授课，热力安装公司组织的焊工实操技能培训竞赛，生技部开展的现场点评培训活动，电力器材公司开展的技术培训回访活动，电业宾馆开展的班前班后"即时课堂"，发展策划部开展的轮流担任教师方式，计量中心开展的"每周一课""每月一考"，客户中心开展的员工每周一问答活动，人事部开展的岗位知识互换培训方式，监察审计部开展的下基层服务培训活动，实业公司开展的"下基层、解难题、办实事、促发展"现场走访活动，乡镇电管部落实的"以会代训"活动等，都各具特色，有效地提高了广大干部职工的业务水平和综合素质，为公司的持续发展提供了人才保证和智力支持。

【瑕"刺"会诊】栏目内容

标题：施工工艺着眼细处

内容：10kV 石头圈#4 杆线路杆号被电缆抱箍遮挡，违反总公司杆号印刷管理要求，影响线路巡视、作业现场勘查。

点评：上述现象在一些线路检修、改造包括业扩工程中时有发生，说明部分单位线路检修、施工在工作细节上注意不够，在质量和标准上有待提高，验收也存在把关不严的现象。要求，今后无论是检修、改造包括业扩项目，相关责任单位要严格执行国家、行业及总公司规程、规定要求，防止出现认真一点、仔细一点就能避免的问题。生技部要提高工作标准，加强工程验收把关工作，对存在问题要多召开现场会，协调会进行解决，加大考核力度，从而全面提高业扩项目质量。

从这一期《"亮点与挑刺"活动简报》可以看出，这一活动挑出的亮点也正是业务上的好做法、好经验，而批评的瑕疵也正是存在的各种隐患和问题。对于一家输送电力的企业来说，安全用电始终是重中之重，而乳山电业的"亮点与挑刺"活动正是牢牢地把握工作重点，将其贯彻于日常考核之中，通过抓日常考核，达到促进整体绩效的目的。

（三）"同"：密切联系群众

乳山电业的"同约、同训、同考"中有一个重要的字眼，那就是"同"。按照乳山电业人员自身的理解，"同"也就是干部和群众、上级和下级、领导和员工都共同地接受约定，共同参加训练和学习，并绑在一起参加考核。实际上，这个"同"字有非常重要的含义，那就是坚持中国共产党密切联系群众的优良作风。正是由于"同"，乳山电业的"约""同""考"才能取得显著的成效；也正因为"同"，乳山电业的经验才不是一般意义上的企业文化建设经验，而是将企业文化建设和党建有机融和的新时期国企改革的经验。

密切联系群众是中国共产党的三大优良传统之一，也是中国共产党区别于其他政党的显著标志之一。中国共产党之所以能够带领广大人民群众取得革命、建设和改革事业的一个又一个胜利，就是因为我们党深深扎根群众之中，与广大人民群众同呼吸、共命运。密切联系群众既是党的宗旨，又是党的世界观。更重要的，它还是党的工作路线。

乳山电业党委班子正是牢牢地记住这一点，并在提高国企管理水平的"约""训""考"实践中自觉继承和发扬党的这一优良作风。在乳山电业，密切联系群众主要体现在以下几个方面：

1. "三同"：和群众打成一片，不搞特殊化

首先，在"同约"方面，乳山电业明确提出"制度面前人人平等"。在不少的企业，制度往往是用来约束下级，而领导往往不受制度约束，但乳山电业却有效地避免了这种情况。这一避免在很大程度应归功于乳山电业领导层对自身的严格要求。总经理于信友在各种场合不止一次地强调说，"如果我们的规章和约定有问题，那么就进行修改和调整；如果我们的规章和约定没问题，那么我们就坚决执行落实。约定就是铁，承诺就是钢，在'铁'和'钢'面前，谁也没有'豁免权'，谁也不能搞特殊化"。按照这个思路，公司对现有规章制度等进行一番重新梳理，经过反复研究审定，废除原来无法执行的条款60条，修订、完善条款232条。几年来，因为触约，公司班长及以上干部累计被通报处罚4308次。乳山电业的这种做法让职工看到了制度的严肃性，有效地保证了制度的贯彻实施。

其次，在同训方面，乳山电业的领导和各级干部带头参加各类培训，为员工做出表率。同时，公司出台《中层干部培训学员管理办法》，对中层干部参加培训做出了严格规定："学员要遵守学习时间，按照规定的时间上课和休息，不得迟到或早退。上课期间必须保持教室肃静，手机关闭或打在静音，禁止在教室接听电话""请假程序需本部门主要负责人提前持有写明事由的请假条，经分管副总经理批准后，培训中心备案，方可有效（电话请假一律无效）""如本周培训请假，请假者下周二晚将参加补课""对于违犯以上规定的学员按总公司经济考核细则的有关规定处理，对其所在单位将根据情节轻重考核1~2分。"而对于公司组织的团队训练来说，不少公司的领导都参加了2~3次。领导率先垂范在乳山电业的培训工作中起到显著的带动作用。

最后，在同考方面，乳山电业领导层更是做到严于律己。根据三级联动考核的规定，各级领导对所管部门的业绩和表现负有连带责任，凡是下级出了问题，领导干部一律要受到相应的处罚。这种办法其实是体现了管理学中"责权一致"的思想，但它更强调领导的责任。从实际实行的情况看，这一办法极大地提高了乳山电业员工对考核公正性、透明度的认可，同时极大地提

升了考核的严肃性，将员工对考核的抵制情绪降到了最低，并且能够以平和、开放的心态来接受考核，最终促进了工作的改进。

此外，乳山电业领导层还特别注意防止"特权"。乳山公司党委明确提出，在规章制度和各种约定面前，如果说党员干部有什么特权的话，那就是带好头、引好路，以比普通员工更高的标准要求自己、遵守制度、践约履约。并要求党员干部制订"自律书"，提出更高的目标和要求，为广大员工做表率。同时，为防止"身边人"打着自己的旗号违规办事，于信友总经理在公司大会小会上强调："所有打着我的亲戚、朋友、同学旗号找你们的都是假的，任何人不用照顾，谁给面子拿谁是问！"不仅如此，他经常找司机、办公室等"身边人"座谈，要求他们严格遵纪守法，不能因为跟总经理接触多而搞特殊，一旦违犯，绝不姑息。2004 年，于信友的大姐来公司承揽标牌制作业务。办公室觉得 5000 块钱的业务不算大，就答应了。没想到第二天于信友知道后，要求"马上停，合同作废"，并亲自做大姐的思想工作。"这个口子不能开，我家里的任何人都不能在公司经营、经济上插手！"

2. 密切联系群众，重视群众意见

从群众中来，到群众中去，这是我党的重要工作路线。曾经担任中组部部长的张全景同志前些年在谈到密切联系群众作风时曾经这样说道："现在，有的领导干部不懂党的群众路线，不会做群众工作，对群众疾苦漠不关心，对群众诉求置若罔闻。有些地方在征地、拆迁等方面，不按法律规定办事，损害群众利益；有些党员、干部不关心群众疾苦，对群众迫切需要解决而又能解决的问题熟视无睹，久拖不决；有些干部不会联系群众，不会群众语言，不会调查研究，不会做思想工作。群众反映，现在交通方便了，一些干部和群众反而疏远了；通讯发达了，一些干部与群众交流反而减少了；文化水平提高了，一些干部做群众工作的本领反而降低了；电脑多了，一些干部与群众直接接触反而少了。"这种情况在乳山电业却找不到。

乳山电业总经理于信友同志在上任之初的一个重要举措就是将自己的手机号向全公司和全社会公布，并表示欢迎大家随时提出意见和建议。一位退休老职工在接受笔者调查时这样说道："我心想，我倒要试试看，这个手机号是不是打得通，是不是关机了。"于是这位老职工在一次下班后时间拨打了这个手机号码，结果接电话的正是于信友同志。这位老职工是一位退伍军人，在乳山电业工作了 30 多年，退休前工作于乳山电业机关部门。他曾经是让往届领导头疼的"刺头"，以前多次组织退休人员上访，反映公司的管理问题。但和现在的公司领导班子接触后，没有一次上访，还成为为班子出谋划策的积极人员。用他的话说，"现在的这个班子风气很正，什么事情都没有忘记我们这些职工，要是早些这样，公司早就好了"。

密切联系群众的另外一个事例发生在培训工作启动之初。当时，一些职工对开展团队建设这样的活动并不理解。2004年，职工宫国栋当面向总经理于信友提意见："咱们的培训是做无用功，既劳民伤财，又浪费时间。"当时于信友同志正在专心致志抓培训，但他听了不仅没生气，还耐心细致地给宫国栋讲培训的意义，同时又虚心征求了宫国栋在其他方面的意见和建议。此后宫国栋非但没有怨言，还成为培训和学习的骨干。

此外，在乳山电业推行的"亮点与挑刺"活动中，有大量意见是对公司目前存在问题的批评，有的问题涉及公司形象，有的涉及机关作风，还有的问题涉及个人利益。乳山电业领导层对这些意见都非常重视，不仅将其刊登于活动简报，更要求相关部门和机构制定明确的整改措施。自2004年以来，乳山电业先后多次组织企业人员开展各种座谈会，征求大家对企业发展的意见。仅2005年就先后召开了老同志、生活困难职工、三产企业等座谈会20余次，包括春节组织离职内退人员召开座谈会，通报工作情况并征求老同志意见，使他们离岗不离心，多出主意想办法，当好参谋；七一组织退休老党员到总公司观摩参观，体现组织的关怀之情；老人节组织离退休老同志观摩座谈，创造尊老、敬老良好氛围；三八妇女节组织外出参观学习；五四青年节组织青年登山比赛、经验交流、谈体会、做游戏等活动，培养青年成长成才意识等。正是由于乳山电业的班子重视群众意见，虚心接纳群众批评，整个企业干群关系呈现积极、和谐的局面。

3. 关心群众利益，一切为了群众

一切为了群众是我党的根本宗旨。这一宗旨在乳山电业中得到鲜明的体现。2004年以来，乳山电业非常重视关心职工生活，从建设职工休闲广场、改善职工就餐条件、定期进行健康体检等细微小事入手，并组织对家庭生活困难的职工进行救助、对考上大学的职工子女进行助学奖励，这些实实在在的举措暖了职工们的心，赢得职工的尊重和信任。

重视关心职工生活的事实已经在各大媒体得到宣传报道。而在笔者调查中发现的两个事例则更加鲜明地体现了乳山电业将群众利益确确实实放在根本性的地位。

第一个事例是关心职工的成长和发展。在谈到乳山电业如何看待自身取得的成绩时，总经理于信友说，乳山电业目前在利润的提高、业绩的上升等方面取得了一些成绩，也得到了社会各界的认可，但作为乳山电业最自豪的是"乳山电业"四个字现在成为乳山乃至威海市人力资源招聘中的一块金字招牌，成为不少大学生甚至部分研究生就业的首选。这和以前职工们在社会上羞于承认自己是乳山电业员工形成鲜明对比。于信友讲道，"我们抓管理，抓培训，抓考核，有一个重要的想法就是说，不论员工今后是否在乳山电业工作，他们出去之后能够成为其他单位抢着要的人才。如果我们的员工因故到新岗位上工作，会因为他曾经在乳山电业工作过而身价倍增，公司才算真正的成功"。从这一事例可以看出，乳山电业十分关心职工的成长和发展，并且在人力资源理念上十分开放。

第二个事例是乳山电业如何对待犯错误的职工。与其他企业一样，乳山电业也有自己的一套严格的规章制度，最高处罚措施也是解除劳动合同。但是，在实行工作中，乳山电业很少使用这项处罚措施。对待违反规定的职工，他们本着"惩前毖后，治病救人"的原则，摆事实、讲道理，耐心地进行说服教育，使被处罚者从内心深处认识到自己的错误，从而在以后的工作中，时刻警醒自己、端正态度，以更加饱满的热情投身工作，避免再度发生类似违规情况。对于违纪行为恶劣、后果严重、确实需要解除聘用合同的员工，乳山电业也不是简单地除名了之，而是反反复复地做其思想政治工作，使被处罚者意识到自己行为的严重后果，不仅心悦诚服地接受处罚，而且虚心诚恳地汲取教训，放下思想包袱，重新开始，不会因为心生怨悔再做出危害社会的事情。在他们看来，解除聘用合同后并不意味着公司和被解聘的职工从此就毫无关系，毕竟他们曾经是乳山电业的员工；在被解聘的职工离开公司以后，乳山电业继续和其保持联系，关心其经济状况和生活状况，并想方设法通过各种途径保证被解聘的职工不因暂时失去工作而致贫。2004 年以来，曾经先后有 6 名职工因各种原因被解除聘用合同，但没有发生过任何被解聘职工不满而导致的上访或破坏性事件。这种做法不仅帮助教育了犯错误的职工，同时也向在岗的职工展示了乳山电业的管理理念，赢得了职工的信赖。

（四）"三同"：企业文化建设与党建的有机结合

胡锦涛总书记在一次讲话中明确指出："我国的国有企业是社会主义的企业，我们深化企业改革的目标是建立中国特色的现代企业制度，不管企业的资产如何重组，企业的组织形式、经营管理体制如何改变，企业党组织的政治核心地位不能变，党对企业的政治领导权决不能丧失，企业党的工作只能加强、不能削弱。当然，企业党组织的活动方式和工作方法必须改进。要结合建立现代企业制度的改革实践，积极探索企业党组织发挥政治核心作用的途径和方法，认真总结党组织参与企业重大决策，保证监督党和国家方针政策贯彻执行的经验。"这一段话指出了新时期加强企业党建工作的重要性和不可动摇性。

乳山电业的"三同"实践自觉贯彻了胡锦涛总书记的这一重要指示。新时期党建工作的内容十分丰富，涵盖思想建设、组织建设、作风建设、制度建设以及政治建设、干部队伍建设等多个方面。其中，作风建设是和各级党组织尤其是基层党组织联系最为紧密的一项，同时也是最能为广大人民群众所观察、所了解的一项。从这个意义上讲，党的作风建设事关党在群众中的形象和影响力，各级党组织都应予以高度重视。2001年9月，党的十五届六中全会通过了《关于加强和改进党的作风建设的决定》；2007年1月，胡锦涛总书记在中纪委第七次全体会议上提出全面加强领导干部队伍建设的命题，号召各级领导干部树立八个方面的良好风气：勤奋好学，学以致用；心系群众，服务人民；真抓实干，务求实效；艰苦奋斗，勤俭节约；顾全大局，令行禁止；发扬民主，团结共事；秉公用权，廉洁从政；生活正派，情趣健康。我们对乳山电业经验的基本解读是他们将企业文化建设和党建进行了有机结合，其最突出的特点是以党的作风建设为核心，将党建工作和企业文化建设（包括企业管理）充分结合起来，探索新时期国企党组织发挥政治核心作用的途径和方法，积累了新时期国企加强现代企业制度和企业文化建设的有益经验。

乳山电业抓住党的作风建设与企业文化建设的多个有效结合点，这些结合有的体现为公司的制度，有的体现为公司的精神文化，还有体现为员工的行为。表3是乳山电业结合企业文化抓党的作风建设的整体速写。

表3 乳山电业党建工作和企业文化建设的结合点

		企业文化建设			
		基本理念和价值观	规范（制度）	行为和活动	作风
党的作风建设	勤奋好学，学以致用	一岗多能，成为某一领域专家；"工作学习化、学习工作化"；诚信，创新；"今天不在学习中超越，明天就有可能在工作中被淘汰"	《中层干部培训学员管理办法》《教育培训档案管理办法》《职工教育管理标准》	同训；"精一门、会两门、通三门"	"认真做事把事情做对，用心做事把事情做好""五环工作法"

		企业文化建设			
		基本理念和价值观	规范（制度）	行为和活动	作风
党的作风建设	心系群众，服务人民	职工的事再小也是大事；	《职工合理化建议管理标准》	退休人员座谈会；青年座谈会；女职工座谈会；老党员参观活动；"风雨彩虹"服务品牌；"百姓评议农电工"	助人为乐、见义勇为；"五带头、五争当"
	真抓实干，务求实效	责任，奉献；"三老"、"四从"；"不让老实人吃亏，不让为企业做出贡献的人吃亏"	《牵头部门负责制管理标准》《乳山市电业总公司日常工作考核细则（暂行）》《"亮点"与"挑刺"工作管理办法》	同考；超前介入；带电作业；零点工程；帮扶社会贫困，参与慈善事业	"唯一是争、唯冠是夺""敢想、敢干、敢为人先"
	艰苦奋斗，勤俭节约	节省成本，杜绝浪费	《乳山市电业总公司招标采购活动管理细则》《油耗考核管理办法（试行）》《乳山市电业总公司废旧物资处置公示管理办法》	"亮点与挑刺"中的保养设备经验	
	顾全大局，令行禁止	尊重制度		同约；"领导被打屁股"	"约定是铁，承诺是钢""有令必行，令行禁止""团结协作"
	发扬民主，团结共事	没有完美的个人，但有完美的团队	《乳山市电业总公司"三重一大"事项管理制度》《重大决策管理标准》	团队建设培训	"把企业当家业来对待，把职业当事业来追求"
	秉公用权，廉洁从政	"工作好坏不分亲疏，提拔使用不分远近"	《党风廉政建设管理标准》；自律书制度	选拔干部的标准："良好的群众基础，一定的领导才能；孝敬父母、尊重领导；身边的亲人、朋友必须积极向上，支持总公司的工作；原则上是党员、团员；有承受批评、挫折、压力"	不以权谋私、不消极怠工

三 乳山电业总公司"三同经验"的启示

乳山电业的"三同经验"给我们的启示十分丰富,可以从新时期国企改革、思想政治工作、构建和谐社会、争先创优、培养人才、以人为本等多个角度来学习这一经验。考虑到乳山电业是一家国有企业,笔者认为首先可以从如下几个方面来进行探讨和认识乳山电业的"三同经验"。

(一) 新时期国企改革必须坚持党的优良作风

早在 1996 年,胡锦涛同志就强调指出,"一定要实事求是地看到国有企业在经营机制、组织形式、管理方式等方面,确实存在着不适应社会主义市场经济发展要求的问题,必须坚定不移地深化改革。同时也必须看到,国有企业在多年实践中创造和积累了一些好经验、好传统。比如,发挥党组织的政治核心作用和战斗堡垒作用、全心全意依靠职工群众、结合生产经营做好思想政治工作和勤俭办企业,等等。在深化国有企业改革中,这些好经验、好传统都不能丢掉,还要适应新的形势加以发扬光大。在看待国有企业改革问题上,一定要讲两点论,不能有片面性"。

这一强调可谓高瞻远瞩,对当前的国企改革实践有着重要的现实指导意义。当前,干部队伍作风中仍然存在许多不利于企业健康发展的突出问题。比如有的干部饱食终日,得过且过;有的干部墨守成规,思想僵化,不思进取;有的干部见名利就上,见责任就推,见困难就避;有的干部工作拖拉,不讲效率,无服务观念、责任意识和创新意识;有的干部图形式、走过场,缺乏真抓实干的精神;等等。但是,党的作风问题就是形象问题,国有企业干部队伍的作风反映干部队伍的形象,关系着企业深化改革、转机建制的顺利进行,关系着企业干群之间的和谐,关系着企业的兴衰。没有好的作风,国企改革的成功就失去了保障。

乳山电业的"三同经验"充分体现了新时期加强党的作风建设的重要性。正是因为乳山电业党委一班人和各级干部牢牢树立为群众服务的思想,坚持我党密切联系群众的优良传统,才有乳山电业的腾飞和崛起,才有乳山电业职工的满意和乳山市社会各界对乳山电业的满意。"三同经验",既是党的优良传统作风的具体体现,又是新时代、新形势下的一种创新。这一经验对于提高和保持党在人民群众中的崇高威望,对于增强人民群众在党的带领下落实科学发展观、建设富强国家和美好小康社会的信心,对于以人为本和构建社会主义和谐社会等，都有着深远的政治意义和积极的现实意义。

（二）干部作风建设要与企业实务无缝对接

新时期如何加强干部作风建设是一个关键问题。乳山电业的经验表明，加强干部作风建设，必须把搞好企业管理、提高经济效益、提高职工生活水平作为工作的出发点和落脚点，让干部作风建设与企业实务无缝对接，才能避免"空对空"，才能让作风建设落到实处。

作为一家基层供电企业，乳山电业的首先任务是保证乳山全体人民的生产生活用电（及）供热。从这一意义上来说，乳山电业是一家不折不扣的服务型企业。完成这一首要任务并不容易，设备管理、人员管理、技术支持、安全问题、营业网点的窗口服务态度、日常规章制度的制订、贯彻和实施，任何一个方面出了问题都无法完成这一任务。干部作风好不好，不是看嘴上讲得怎么样，而是要看实际工作效果怎么样。要避免干部作风建设做样子、走过场，就必须把干部作风建设和企业实务进行无缝对接，这也是乳山电业"三同经验"的精髓之一。从笔者看到的各种事例来说，不管是抓降线损、抓人员业务学习和培训、抓设备安全，还是实施彩虹工程，都是和企业的实务紧密结合在一起，没有须臾的脱离。作风的改善反映于业绩的提升，业绩的提升见证作风的转变。这样的作风建设是受到群众欢迎的作风建设，也是国企改革和建设真正需要的作风建设。

（三）企业管理层对于搞好国企管理是关键

俗话说，"兵熊熊一个，将熊熊一窝"。乳山电业的经验充分表明，一个优秀的企业领导人、一个具有团结协作精神和进取意识的领导班子对于搞好国有企业管理有关键的作用。

在以于信友同志为班长的领导班子上任以前，乳山电业的情况可以说是滑到了历史的最低点。而经过 8 年的卧薪尝胆和奋发图强，乳山电业取得了辉煌的成绩（具体情况详见本报告第一部分第二小节，此处不赘述）。

业务没有变动，职工还是那些职工，乳山电业能够取得上述成绩，相当大程度上要归功于新的领导班子。一方面来说，好的企业领导班子在各类业务层面（比如制订企业的发展战略、企业日常管理、开拓市场）会表现出突出的能力；另一方面，好的企业领导班子往往可以开创好的企业文化。常言道，有什么样的企业家就有什么样的企业文化。企业文化建设对增强员工参与程度、塑造员工的态度和行为以及提高企业凝聚力等方面起着重要作用。如果说文化是企业的乐谱，起着规范企业和员工行为的作用，那么领导人就是乐谱的作者兼乐队的指挥。企业领导人是企业文化的主旨设计者、积极倡导者、身体力行者，更是企业文化更新和转换的积极推动者，这是不容置疑的。

（四）企业文化建设和党建相互促进的实践大有可为

乳山电业的"三同"实践表明，深化国企管理、加强企业管理和企业文化建设，建立现代性的企业制度和加强党的领导和建设、弘扬党的传统、继承和发扬党的优良作风不仅丝毫没有矛盾，而且完全可以紧密结合，发挥更大的作用。一方面，企业管理过程和企业文化创建过程为加强党的建设提供基本的场域和载体；另一方面，加强党建为顺利推进企业改革、提升企业管理水平、建设先进企业文化提供了重要的保障。乳山电业提供了党的作风建设与企业文化建设相互融和促进的典范，表明在建设新时期国企改革过程中，两者相互促进的实践大有可为。乳山电业的"三同"实践启示我们，党对国企的领导不能放松，也不应该放松，需要我们努力探索和实践的是找到新的途径和方式，更好地发挥党组织的作用，促进国企改革的顺利进行。

论冷战后联合国在维护世界和平中的成就

隋书卿

在半个多世纪的风雨历程中，联合国经历了种种考验，为人类的和平与发展事业做出了重要的贡献。冷战期间，美苏互相制衡，在联合国内很难达成一致，使联合国难以履行保障集体安全的承诺。冷战后，联合国以新的形象活动于国际社会中，虽然面临重重困难，但在军控、维和、反恐等方面都发挥了积极的作用。

一 军控与裁军有所进展

军控与裁军是维护世界和平的重要步骤，也是联合国的一项重任。冷战后，联合国在军控与裁军领域的作用和地位明显加强。

（一）核军控取得成效

首先，联合国监督美苏（俄）实现了大规模的核裁军。在联合国的不懈努力下，美苏（俄）签订了一系列削减核武器的条约。1991 年美苏（俄）签订了《第一阶段削减战略武器条约》，规定双方将各自的战略导弹弹头削减至6000 枚；1993 年美俄又签订了《第二阶段削减战略武器条约》，双方承诺将在第一阶段削减的基础上，将其战略核弹头削减至 3000 枚到 3500 枚。在联合国的关注下，美俄已开始削减各自的战略核弹头，表明真正的核裁军已经开始。1998 年 10 月 14 日，美国军备控制与裁军署署长霍勒姆在第 53 届联合国大会第一委员会发言中指出，根据美苏（俄）达成的《中导条约》和《第一阶段削减战略武器条约》，美国已经销毁了 1 万多枚核武器、1700 件导弹发射架和轰炸机，并从其核武库中取出 200 多吨裂变材料。同时，俄罗斯也封存或销毁了 1.8 万枚战略和战术核弹头。2002 年 5 月 24 日，俄美签署《俄美关于削减进攻性战略力量条约》，规定在 2012 年底前，两国将各自的核弹头数量削减至 1700 枚到 2200 枚。核武器的大规模削减，有利于减少核战争的危险。

其次，联合国在防止核扩散问题上发挥了重要的作用。1968 年，联合国大会通过了《不扩散核武器条约》，要求核武器缔约国不得向无核武器国家转让核武器，无核武器缔约国不得获取核武器。冷战结束后，联合国继续巩固和扩大核不扩散机制。该条约是目前世界上参加国家最多的一个条约，共有 180 多个缔约国。1995 年 4 月，175 个国家在纽约召开大会，通过了《关于无限期延长〈核不扩散条约〉的决定》。大会文件的最后指出，无限期延长《核不扩散条约》"对国际和平与安全、实现彻底销毁核武器的目标以及在严格有效的国际监督下缔结全面、彻底裁军条约都极为重要"。1996 年 9 月，经过裁军谈判会议的努力，联合国大会通过了《全面禁止核试验条约》。条约禁止任何核武器试验爆炸或任何其他核爆炸，并且建立了完善的核查制度，大大强化了核不扩散机制，推动了国际核裁军向深度和广度发展。2009 年 5 月 15 日，美、俄、英、法、中五国在 2010 年《不扩散核武器条约》审议大会第三次筹备会上发表共同声明，重申五国致力于核裁军的一贯而明确的承诺，支持促进《全面禁止核试验条约》早日生效，并欢迎当今世界唯一的多边军控谈判机构——日内瓦裁谈会在其最近达成的工作计划框架内，谈判一项《禁止生产核武器用裂变材料条约》。上述举措将有助于维护国际社会对于《不扩散核武器条约》的信心，并全面加强该条约机制，确保在核裁军、防扩散、和平利用核能等领域进行成功而平衡的审议。

（二）禁止化学武器成果突出

化学武器在第一次世界大战中被广泛使用，给人类的生命财产和生态环境造成了巨大危害。日内瓦多边裁军谈判机构历经 24 年的谈判，于 1992 年 9 月 3 日终于达成了《禁止发展、生产、储存和使用化学武器及其销毁公约》，同年提交联合国大会通过。1993 年 1 月 13～15 日，联合国在法国巴黎召开了签约大会，会议期间即有 130 个国家签署该公约。1997 年 4 月 29 日公约正式生效，并将无限期有效。到 2003 年 7 月，该公约已有 153 个缔约国。该公约有助于防止化学武器扩散，并最终达到彻底将其销毁的目的，有利于维护世界和平与安全。

（三）禁止杀伤性地雷初见成效

冷战后，杀伤性地雷对人们安全尤其是平民造成的伤害日益受到国际社会的重视。联合国在许多区域进行了排雷活动，在禁雷方面也做了大量的工作。1997年9月17日，国际地雷大会在挪威奥斯陆召开，通过了《关于禁止使用、储存、生产和转让杀伤人员地雷及销毁此种武器的公约》。2004年12月3日，联合国在肯尼亚召开禁雷公约生效以来的第一次审议大会。大会通过了《内罗毕宣言》和《行动计划》。2009年《渥太华禁雷公约》第二次回顾大会通过了《公约执行情况》《卡塔赫纳行动计划》《卡塔赫纳宣言》等文件。以上努力对早日使人们完全免除杀伤性地雷的威胁起了重要的作用。

（四）常规军控有一定的成效

冷战后，联合国裁军审议委员会做出了积极努力，1990年完成了关于常规裁军议题的审议并提出了相关建议，1991年开始就科技与裁军问题进行审议，1994年对国际军备转让问题进行了审议并提出了结论和指导方针的案文，供各国执行和参考。为了增加军备透明度，1991年12月第46届联大通过决议，决定自1992年1月1日起建立常规武器的普遍性和非歧视性登记制度，即《常规武器登记册》制度。登记将"包括有关国际武器转让的数据，以及会员国提供的关于通过国家生产和有关政策而获得的军事持有物和采购情况的资料"。大会要求会员国每年向秘书长报告其作战坦克、装甲战车、大口径火炮系统、作战飞机、攻击型直升机、战舰以及导弹和导弹系统的盘存数量和进出口数量。这项制度有助于增加国家之间的相互信任和安全感，减缓军备竞赛。

二 维和行动作用明显

冷战时期，受美苏两极对峙格局的影响，联合国维和行动较少。冷战后，联合国维和行动的频率显著增加，联合国在促进谈判、监督停火、战后重建、组织大选、安置难民等方面做了大量工作，为控制与缓和地区冲突发挥了积极的作用。其中有许多成功的事例。

（一）1991年5月至1995年4月，联合国在萨尔瓦多的维和行动

这次行动以和平的方式完成了使命，是一次十分成功的维和行动。萨尔

瓦多是中美洲最贫穷的国家，"二战"后一直实行军人独裁统治，国内政局始终动荡不安。进入 20 世纪 90 年代，国际局势进一步缓和，萨尔瓦多国内形势也出现转机。时任联合国秘书长德奎利亚尔抓住这一有利时机，促成了萨尔瓦多冲突双方之间的和平谈判。

（二）1992 年 3 月至 1993 年 9 月，联合国在柬埔寨的维和行动

冷战后，随着国际形势的变化，越南侵略者退出柬埔寨。但是柬埔寨内部各派之间为了彼此的利益继续冲突、流血。联合国这次行动主要是缓解冲突，组织和监督当地的大选，以实现柬埔寨政局的稳定。在联合国的努力下，柬埔寨大选取得成功，使柬埔寨基本实现和平。

（三）1992 年 12 月至 1994 年 12 月，联合国在莫桑比克的维和行动

该行动是一次综合性维和行动，包括政治、经济、军事等各方面的任务。1994 年 10 月 27～29 日，在联合国监督下，莫桑比克顺利举行独立以来的首次多党制大选。同年 11 月 21 日，联合国安理会批准了莫桑比克的选举结果，大选取得成功，国内秩序得到恢复。

（四）2005 年 1 月至今，联合国在苏丹的维和行动

过去 20 年来，苏丹政府同苏丹人民解放运动——解放军一直在权力、资源、自决等问题上争斗不休。2005 年 1 月 9 日，由副总统塔哈代表的苏丹政府同由主席加朗代表的苏丹人民解放运动——解放军在肯尼亚内罗毕签署了《全面和平协定》，成为苏丹历史上的一个转折点。2005 年 1 月，联合国安理会通过了第 1590 号决议，决定建立联合国苏丹特派团，即"联苏特派团"，以便对苏丹进行相关的人道主义援助。

三　反恐方面力度加大

恐怖主义由来已久，破坏世界的和平与发展。冷战后，恐怖主义的危害日益凸显，严重威胁各国和国际社会的安全。联合国加大反恐的力度，取得了一定成绩。

（一）为反恐提供法律依据

联合国宪章本身体现的现代国际关系准则是反恐的基本法律依据。在此

基础上，联合国还通过了一系列决议、公约。1990 年，联合国预防犯罪和罪犯待遇大会通过了《打击国际恐怖主义的措施》，在打击国际恐怖主义的刑事管辖、引渡制度、危险品管理、传播媒介指导方针等方面做出明确规定，是反恐活动的重要文件。1994 年 12 月，联合国大会通过了《消灭国际恐怖主义措施宣言》，谴责一切形式的恐怖主义活动。1997 年 12 月 15 日，联合国大会通过的《制止恐怖主义爆炸的国际公约》是人类历史上第一个专门打击恐怖主义爆炸活动的国际法律文件，加强了国际社会在反恐方面的合作。2002 年 4 月，联合国大会通过的《打击向恐怖主义提供财政资助的国际条约》生效。2004 年 10 月 8 日，联合国安理会通过了关于反恐问题的第 1566 号决议，其中包括若干措施，加强了联合国在打击恐怖主义方面的作用。2005 年 4 月 13 日，第 59 届联合国大会一致通过《制止核恐怖行为国际公约》，公约明确规定了哪些行为是核恐怖犯罪，还要求签约国在本国法律中将这些行为列为犯罪行为，并处以相应的刑罚。冷战后联合国通过一系列反恐决议和公约，为反恐活动提供了重要的合法来源，同时也推动了国际社会的反恐合作。

（二）建立专门的反恐机构

为了加大反恐力度，帮助各国提升反恐能力，向各国提供技术援助，2001 年 9 月 28 日联合国安理会决定成立反恐委员会。该委员会是联合国的第一个反恐专门机构，要求各国必须向其提交反恐报告。2002 年 1 月，有 117 个国家提交了报告；2002 年 12 月，有 175 个国家提交了报告；2003 年，只有 3 个国家未向联合国提交报告。目前，反恐委员会已与大多数联合国成员建立了良好的合作关系。

（三）在具体反恐活动中积极作为

对支持恐怖主义的国家实施制裁，是联合国反恐的重要手段。20 世纪 90 年代，经济制裁成为联合国反对恐怖主义活动的主要方式。这期间，联合国主要对利比亚、苏丹和阿富汗塔利班政权实施了制裁。

1992 年 1 月 21 日，联合国安理会通过了第 731 号决议，要求利比亚合作处理 1988 年和 1989 年两起民航客机爆炸案，遭到利比亚的拒绝。3 月 31 日，联合国安理会通过第 748 号决议，提出对利比亚实行武器禁运等制裁措施。1998 年，美国驻肯尼亚和坦桑尼亚大使馆遭到炸弹袭击，美国怀疑是受塔利班政权庇护的本·拉登所为。从 1999 年到 2001 年，联合国连续对塔利班实施了经济、军事等方面的制裁。2001 年 "9·11" 事件发生后，联合国以前所未有的姿态投入反对恐怖主义的斗争中，安理会通过第 1368 号决议，呼吁所有国家紧急合作，将该事件的组织者、行凶者和发起者绳之以法。安理会准备采取一切必要措施打击一切形式的恐怖主义。

2001 年 9 月 28 日，联合国安理会通过了第 1373 号决议，要求成员国不惜一切代价打击国际恐怖主义；同时采取有力措施，冻结任何涉嫌从事恐怖主义行为的资金，对向其提供资金或经济来源的组织进行严厉打击。该决议显示出联合国在组织国际反恐联盟方面的作用。安理会首次一致承认一切国际恐怖主义行为都对国际和平与安全构成威胁。第 1373 号决议对联合国所有成员国都有约束力，成为联合国反恐斗争的基石。联合国的努力促进了国际反恐活动的进行。

目前，越来越多的国家认可联合国的地位与作用，全球化的发展也需要联合国发挥更大作用。在维护世界和平方面，联合国是得到最广泛承认的国际行为合法性的来源。联合国必将在维护世界和平中发挥更大的作用。

（作者单位：中共威海市委党校）

推进公共文化惠民工程建设 保障公民基本文化权益

张丽峰 李怀阳 张一真

加强公共文化服务体系建设，是新时期党和政府提出的新要求，是构建社会主义和谐社会的重要内容，是实现好、维护好、发展好人民群众基本文化权益的主要途径。党的十七届五中全会指出，"满足人民群众不断增长的精神文化需求，基本建成公共文化服务体系"，对于促进人的全面发展、提高全民族的思想道德和科学文化素质、让广大群众享用发展成果具有重大的现实意义，已成为当前各级政府及社会普遍关注的热点问题。

一 公共文化惠民工程的内涵及作用

公共文化服务体系是指为满足社会的公共文化需求、保障公民基本文化权利，向公众提供公共文化产品和服务的运行管理机制系统的总称。主要内容包括公共文化政策理论体系、公共文化资金保障体系、公共文化基础设施体系、公共文化生产运营体系、公共文化创新服务体系、公共文化人才体系、公共文化信息体系和公共文化考评体系八个方面，其实质是对提供什么样的公共文化服务、怎么提供公共文化服务以及如何对服务过程实施科学管理的竖成条、横成块、条块结合的运行与管理系统。党的十七大报告指出，要全面加强"公共文化惠民工程"建设。这是在物质生活水平快速提高之后提出的一项惠及全国人民、普及大众文化的民心工程。公共文化惠民工程是指以广播电视村村通工程、文化信息资源共享工程、乡镇综合文化站和基层文化阵地建设工程、农家书屋建设工程、农村电影放映工程为主要内容的一系列文化惠民工程的总称。

从两者的关系来看，公共文化惠民工程是公共文化服务体系的重要组成部分，是公共文化服务体系实施的基础，是广大群众享受发展成果的具体体现。大力实施公共文化惠民工程是当前新形势下推进公共文化服务体系建设的必然选择，其作用不可替代。

一是有利于增强全民体质。身体健康、生活质量高是人们追求的永恒主题。近些年来，各种健身路径纷纷落户各生活区，健身设施入驻各个村居，真正使健身场所和设备搬到百姓家门口，广大居民在锻炼身体的同时，也收获了快乐，体会到"我运动、我快乐"的真谛，群体健身已成为人们生活的一道亮丽风景。

二是有利于丰富业余生活。公共文化惠民工程的实施，调整了群众的业余生活方式，有效解决了群众业余文化生活单调贫乏问题，彻底改变了过去白天打麻将、晚上看电视，甚至搞封建迷信活动打发业余时间的局面，能有效丰富群众的业余文化生活，营造浓厚的文化气息。

三是有利于提高居民素质。物质文明的提高带动了群众更高的精神文明追求。通过实施农家书屋、公益电影下乡等惠民工程，让群众在工作之余读书看报、欣赏电影，既能消除疲劳，又能增长知识、陶冶情操，使整体文明素质在潜移默化中得到提升，有利于"爱我家园、和睦互助、知礼崇德"文明之风的形成。

四是有利于推动和谐社会建设。文化惠民工程的实施在解决群众切身利益问题的基础上，能有力推动基层精神文明建设和社会建设，给广大群众搭建沟通交流的平台，化解基层矛盾和纠纷，为共建和谐社区、和谐社会奠定基础。

二　公共文化惠民工程存在的问题及成因

2002 年以来，党中央、国务院首次提出"建设覆盖全社会的公共文化体系"的发展战略，并下发《关于加强公共文化服务体系建设的若干意见》，为加快推进公共文化服务体系建设，尤其是加快发展公共文化惠民工程指明了方向、奠定了基础。近年来，各级党委、政府认真按照中央、省、市部署要求，以五大文化惠民工程为抓手，把加强公共文化惠民工程建设作为实践科学发展观、保障城乡居民基本文化权益、实现城乡统筹发展的举措来抓，不断加强组织领导，加大财政投入，狠抓设施建设，提升服务水平，使公共文化惠民工程建设取得了较大成效。各类社区文化中心、镇级综合文化站迅速崛起，基本实现全面覆盖，村居各类文化大院、图书室、农家书屋一应俱全；文化信息资源共享工程、广播电视村村通工程和农村电影放映工程实现全覆盖；各种文化活动精彩纷呈，形成基础设施齐全、功能布局合理、城乡统筹协调的格局，有效满足了群众的文化生活需求。

但与新形势发展要求和群众文化需求相比，惠民工程建设还存在一定差距。表现在以下几个方面。

一是投入不足，投资结构单一。"十一五"以来，公共文化事业得到高度重视，实现快速发展，但与其他事业投入（如科技、卫生、教育等）相比，还缺乏有力的财政保障和资金支持；与群众潜在的巨大文化需求相比，投入明显不足，且投入的重点大多放在文化设施、文化场所硬件建设上，与配套设备维护资金、文化服务活动开展启动资金的投入不相匹配。同时，在投资结构上，来自社会、集体、个人的捐赠和赞助极少。

二是发展不均衡，未能实现全覆盖。从城区来看，近年来以创建全国文明城市为契机，大部分社区建立了文化活动中心，并设有图书室、阅览室、棋牌室、健身房等场所。在生活小区安装了篮球架和健身路径等公共设施。从农村来看，各村建成文化活动中心、农家书屋等。但总体上来看，公共文化服务资源多数集中在城区，城乡发展差距大，新建小区活动场所、设施较为齐全，老小区、农村则差距较大。

三是管理滞后，设施利用率不高。尽管配备了公共文化设施，但存在建而不用、挪作他用、规范管理缺位问题，导致文化设施闲置浪费现象。一方面，由于村居文化站（中心）所配备的管理员年龄偏大、人员老化、身兼数职，缺乏专业知识，在时间和精力上无法保证管理到位；另一方面，一些文化站（中心）开放时间不规律，致使一些文化站（中心）长期闲置，投入与产出不成正比，基层公共文化设施服务能力大打折扣。

四是服务水平偏低，群众参与覆盖面不够。尽管各级政府组织了各种文化系列活动，但由于内容、形式单一，随着时间的推移，广大群众的参与率有所降低，说明政府提供的公共文化服务活动还不能够有效满足广大群众的文化需求，部分群众觉得政府组织开展的活动较少。

存在上述问题的主要原因有以下四个方面。一是宣传力度不够。很多群众之所以感觉文化活动较少，一个很重要的原因是宣传工作还不到位，使群众对政府组织开展的文化活动知晓率和参入率较低。二是服务基础薄弱。从总体上看，个别区域尚未建立综合文化馆，没有专业人员，缺乏培训机制，基层文化专业人才匮乏，社会参与人员年龄老化，无法满足群众对文化的需求。三是服务内容单一。随着社会的快速发展，人们对公共文化服务的水平和档次的要求越来越高，而目前所提供的公共文化产品和服务较为单调，文化活动的主要内容是看电视电影、看文艺演出、棋牌娱乐等，满足不了公众对公共文化服务的多层次和多元化需求。四是文化精品较少。由于在提供公共文化产品和服务过程中，能感染人、引导人、鼓舞人的文艺精品相对较少，无法形成服务主体与对象间的良性互动，适应不了当今社会在公共文化服务方面面临的复杂化、多样化需求。

三　推进公共文化惠民工程建设的对策与建议

随着经济社会的快速发展，公共文化惠民工程已成为社会建设的重要组成部分，必须坚持以人为本的原则，按照结构合理、发展平衡、网络健全、运行有效、惠及全民的要求，以政府为主导，以镇街、村居为载体，鼓励全社会参与，健全保障机制，切实保障人民群众的基本文化权益。在工作思路上必须树立"一个理念"，实现"三个转变"，即牢固树立"实现好、维护好、发展好人民群众的基本文化权益是文化建设的宗旨和归宿"的理念，着力实现从公共管理向提升服务水平转变；从硬件建设向软硬件建设并重转变；从抓"点""线"向"点线面"结合转变，进一步整合文化资源，实现公共文化服务上档升级。

公共文化惠民工程具有以下特征：一是均等性，即公共文化服务资源（场所、设施、设备等）为全体社会成员共同拥有，每位公民都能公平享受到同等服务；二是基本性，即满足居民的基本文化需求；三是公益性，即公共文化服务不以营利为目的，免费或低收费；四是便利性，即公共文化服务的时空服务半径和方式公民可便利获得。按照公共文化惠民工程这一特征，工作中应着力抓好四个方面的工作。

第一，加大财政投入力度，建立多元投入保障机制。政府是公共文化惠民工程建设的投资主体。《山东省公共文化设施建设标准和文化事业经费投入考核标准》中规定："确保地方财政对文化的投入增幅高于同级财政收入的增长幅度，使文化建设的投入每年有较大增长。到2010年，文化事业费占财政支出的比重达到0.8%。"这就要求各级政府要加大调整对公共文化惠民工程的投入力度和投资结构，逐步提高公共文化支出在财政支出中的比重和总量，设定投入保障底线，并根据当年政府财政收入增长状况同步提高投入比重，尤其是在设施投入、活动经费等方面予以保障。同时，要改变单纯靠财政投资的单一格局，积极克服"等、靠、要"思想，出台落实相关扶持政策，千方百计找米下锅。如采取公益性捐赠、服务业企业减免税、公益性文化活动奖励等多种措施，鼓励社会、个人捐赠和赞助，吸引多种经济成分共同投资公共文化惠民事业，探索形成以财政投入为主，以社会、集体、个人投入相结合的多渠道、多元化投资新格局。

第二，加大设施建设力度，形成布局合理的设施网络。要继续加大公共文化惠民设施建设力度，适当增加公共文化设施数量，缩小城乡之间差距，使公共文化惠民设施达到布局合理、功能齐全的要求。要全面覆盖村居综合文化活动中心和文化大院。继续推进"农家书屋"建设，确保每个村居至少建成一个标准的农家书屋，并逐步建立供书、读书、管书、用书的长效机制。要继续推进文化信息资源共享工程，逐步扩大影响面和利用率，做到资源互联互通、共建共享。要抓住城中村改造时机，规划好公共文化惠民工程设施的建设，按照规定要求解决好活动场所及设施建设用房问题，使文化设施遍布街道社区及乡村。要增强可进入性，推动公益文化设施免费开放服务，降低文化服务"门槛"，加快建成覆盖城乡、布局合理、功能完善的区、乡镇（街道）、行政村（社区）三级公共文化设施网络，确保每个人都能够享受到基本文化权利，实现最基本的文化需求。

第三，加强规范管理，提升文化惠民工程服务水平。一是积极搞好培训。改革和创新培训内容和形式，加大对文化站（中心）管理员的培训力度，全面实施"一村一名大学生村干部"工程，鼓励和引导高校毕业生（特别是师范类、艺术类毕业生）到基层从事文化工作，提升文化工作人员的整体素质，让公共文化惠民工程服务真正成为常态。二是创新服务模式。单一的服务模式，使人们只能被动接受、选择面窄、参与积极性不高。要打破禁锢，创新思路，实现由"送文化"向"种文化"的思路转变，建立起基层文化繁荣发展的自发机制，积极引导群众尝试自己探讨喜闻乐见的文化形式和内容，使群众变成文艺创作者、表演者。要丰富文化内容，掌握群众需求，建立适合不同层次人群的文化内容，把"大秧歌"送给白领小资，把歌剧、芭蕾送给农民工是不合时宜的。三是打造品牌。要结合本地实际及人文情况，打造好本地文化品牌，不断扩大其内涵和外延，创造出一批紧扣地域特色、突出时代主题、贴近群众生活的精品，满足群众的文化生活需求。

第四，强化责任意识，建立全方位的考核机制。一要强化责任。做到"四纳入"，即纳入党委、政府议事日程，纳入经济社会发展规划及年度计划，纳入财政预算，纳入领导任期目标责任考核。二要建立评价体系。公共文化产品和服务的对象是公众，应建立一套包括公众意见、分析评估、解决反馈等环节的服务质量评估机制，把群众满意度作为衡量工作的标准，避免被动应付、敷衍塞责的局面，形成职能部门和公众的双向互动效应。三要加大考核力度。将公共文化惠民工程建设纳入镇、街道、村居和相关责任单位的年度考核范围，并将考核结果与经费拨付挂钩，调动为群众服务的工作热情，促进公共文化惠民工程的大发展、大繁荣。

[作者单位：威海高技术产业开发区工委宣传部　山东大学（威海）]

乳山市党内基层民主建设理论与实践研究

孙保广　刘家强

民主是人类文明发展的成果，也是世界政治文明的发展趋势。党内民主是党的生命，也是社会治理的重要组成部分，其实现状况在一定程度上反映了一个地方民主治理的现状。党的十六大以来，山东省乳山市围绕发展党内民主、带动人民民主、推进民主治理进行了大胆探索，先后实行"定位公推"领导干部、党代表大会常任制、直选镇党委书记和党代表、直选农村党支部书记等做法，并将公推直选范围向机关、学校、医院、企业及社会组织拓展延伸，形成了全面推进党内基层民主的新格局，走出了一条"三级联动、以上带下、以下促上、整体推进"为特色的党内基层民主建设之路，受到社会各界的广泛关注，有媒体称之为"乳山模式"。2008 年 1 月，山东省乳山市"全面推进党内民主"项目荣获第四届中国地方政府创新奖；2009 年 2 月，《全国基层组织建设情况通报》刊发山东乳山扩大基层党组织公推直选范围的经验，中央政治局委员、书记处书记、中组部部长李源潮同志做出批示并要求有关部门予以关注。2010 年 11 月 28 日，"党内基层民主的乳山模式"在人民大会堂获得了"全国基层党建创新案例"奖。

一　主要背景

山东省乳山市位于山东半岛东南端，因境内大乳山而得名，有"母爱圣地、幸福乳山"之美誉。面积 1668 平方公里，人口 57.4 万人，辖 2 个省级开发区、15 个镇（街道），601 个行政村、65 个基层党委、1329 个党支部、42335 名党员。该市对推进党内基层民主建设历来十分重视，将其作为夯实党的执政基础、提高党的执政能力的难得机遇、凝聚全党智慧和力量、推进区域经济社会和谐发展的重要举措，始终不渝、常抓不懈，并先后被中央或山东省委组织部确定为现代远程教育、党代会常任制、党代表任期制、农村两委换届、党员意愿表达机制、干部选拔作用工作试点市。

（一）推进党内基层民主的动因

一是推进基层民主政治建设的客观需要。1998 年以来，基层民主政治建设进程不断加快，特别是农村村委会换届直选对党支部建设构成了新的压力和挑战。如何正确引领农村两委换届秩序，发挥党内民主的示范带动作用，成为摆在各级党组织面前的崭新课题，新形势对党内基层民主建设也提出了新要求、赋予了新任务。二是推动区域经济社会发展的必然选择。实现区域经济社会的又好又快发展，需要激发广大党员群众的工作热情，凝聚全社会的智慧力量，齐心协力谋发展。加强党内基层民主建设，是凝聚全党全民合力、增强基层创新活力、激发党员内在动力、推进经济社会又好又快发展的突破口和动力源。三是党的十六大和十七大对推进党内民主提出了新要求。党的十六大报告提出"扩大在市县进行党的代表大会常任制试点"，十六届四中全会提出"扩大基层党组织领导班子成员直接选举的范围"，党的十七大报告又提出"探索扩大党内基层民主多种实现形式"，这些都为推进党内基层民主提出了要求、指明了方向。正是在这样的背景下，山东省乳山市主动争取试点，积极抓住党代会常任制试点和市、镇、村党组织换届的有利时机，突破常规，大胆创新，推动了一系列富有影响和实效的扩大党内基层民主的探索与实践。

（二）推进党内基层民主的基础

一是有良好的思想基础。地方主要领导的胸怀境界，在一定程度上决定了当地党内民主的推进程度。乳山地处改革开放的前沿，各级党员干部思想解放程度高，接受新事物快，几任市委主要领导思想开明、心胸开阔、敢于放权，对党内民主建设不仅能够接受，而且积极推动，主动出思路、点题目、提要求。正是这种良好的思想基础和主要领导的大力支持，使乳山在党内基层民主建设上得以不断推进、不断创新。二是有良好的群众基础。乳山是胶东革命老区、《苦菜花》的故乡，有着优良的革命传统和淳朴的乡风民情，基层民主氛围比较浓厚，是山东省最早实行村委会直选的县市之一，也是全国推进党内基层民主的试点县市之一。特别是通过近年来推进党内基层民主的历练和实践，基层党员干部群众尝到了民主的"甜头"和好处，更加珍惜权利、热爱民主，只要是有利于扩大基层民主、符合党员群众意愿、推动经济社会发展的做法，广大群众都愿意接受、拥护支持。三是有良好的经济基础。改革开放以来，乳山经济始终保持着健康快速发展的势头。特别是近几年来，经济社会发展步入快车道，由一个经济发展中等水平的县市，跨入全省综合实力20强，跻身全国综合发展百强城市，是乳山综合实力提升最快、开放发展水平最高、城乡面貌变化最大、群众得到实惠最多的时期，为党内基层民主的同步推进奠定了良好经济基础。

（三）推进党内基层民主的特点

一是坚持上下联动、全面推进。一方面坚持以上带下，以下促上，市、镇、村三级联动；另一方面，又注重拓展延伸，赋予每个层面改革新的内涵，形成扩大民主的整体合力，不是单项、局部或单纯某一层面的改革，而是一次全方位、深层次、综合性配套改革。二是坚持循序渐进、适度超前。在推进党内基层民主的过程中，坚持以广大党员是否同意、人民群众是否欢迎、对地方有没有促进作用为检验标准，把握推进的时机、突破的力度和承受的能力，既与时俱进、大胆创新，又循序渐进、适度超前。三是坚持方法创新、制度创新。积极探索推进党内基层民主的多种实现形式，不断完善决策监督机制，改革党内选举制度，将扩大民主过程中的好经验、好做法及时制度化、规范化，形成长效机制，既便于推广实施，又降低运行成本，扩大群众参与程度，充分保障党员知情权、参与权、选举权和监督权。四是坚持把握关键、触及核心。推进党内基层民主的核心问题是干部的初始提名权和最终决定权。乳山市坚持把推进党内基层民主贯穿干部选拔任用始终，触及权力运行和党内基层民主的核心问题，把首次提名权交给党员群众，把公平竞争权交给干部，把最终决定权交给全委会（或党员大会），把优劣评判权交给社会。

二 主要做法

推进党内基层民主是一个系统工程。山东省乳山市在推进党内基层民主建设中，从保障党员民主权利出发，审慎把握推进的时机、力度、广度和深度，坚持以上带下、以下促上，纵向三级联动，横向拓展延伸，沿多个方位探索创新、循序渐进地展开，每一点探索创新或超前半拍，或丝丝相扣，始终与时俱进，紧贴十六大、十六届四中全会、十七大和十七届四中全会精神，使党内基层民主建设有序可控、不断深化，形成互相促进、整体发展的格局。

（一） 在创新组织制度中扩大民主

在市一级，从 2003 年 1 月开始进行党代会常任制试点。实行年会制，审议市委工作，市委委员述职述廉和民主评议；实行代表任期制，充分发挥党代表在党代会闭会期间监督、调研、视察等作用；规范常委会、全委会之间的关系，对重大问题和任用重要干部实行常委会票推、全委会票决制度。在镇一级，2004 年 4 月在 3 个镇进行党代表直选镇党委领导班子试点。改革代表产生办法，由基层党员直接选举党代表；改革选举方式，市委不提名候选人，由党代表直接差额选举镇党委书记、副书记和委员；改革委员构成，各增设一名农村和企业委员，参加党委会议，履行委员职责，以增强委员的代表性，提高决策的科学性。2010 年又公推直选 2 名镇党委书记。在村一级，2004 年 7 月在 20% 的村实行"两推直选"村党支部书记（党员一人一票、群众一户一票推荐支部成员候选人，党员直接选举支部书记、委员）；2007 年农村两委换届时"两推直选"的村比例又提高到 50%。

（二） 在拓宽直选范围中扩大民主

在 2004 年直选镇、村党组织领导班子成员的基础上，从 2008 年初开始，乳山市进一步扩大基层党组织成员公推直选范围，向机关、企业、学校、医院、社会组织等延伸拓展。主要特点是：提高差额比例，将书记、委员候选人的差额比例由以往的不低于 20% 全部提高到 100%；改进提名方式，实行个人自荐、联名推荐与组织推荐相结合，由党员群众民主推荐产生候选人，按得票多少取足差额候选人名额；创新介绍形式，通过印发候选人情况简介、组织见面会、开展竞职演讲等形式，增进对候选人的了解；扩大群众参与，原则上全体党员和群众都参加民主推荐，对人数较多的单位，先以车间（班组）为单位推荐候选人初步人选，再由党员和群众代表推荐候选人；强化全程监督，推荐和选举各个环节始终向党员群众公开，设立秘密写票室，现场填票投票、公开唱票计票，并邀请媒体单位、"两代表一委员"、老干部和群众代表全程监督。

（三） 在干部选拔任用中扩大民主

2003 年以来，乳山市坚持把扩大党内基层民主贯彻于干部选拔的各个环节。在推荐提名上扩大民主，实行"定位公推"，将每个职位在全市大会推荐得票数列前 3 位、所在单位内部推荐得赞成票率 80% 以上的作为考虑人选，把首次提名权交给群众；在选拔方式上扩大民主，引入公开考选、竞争上岗等竞争机制，把公平参与权交给干部；在酝酿讨论上扩大民主，实行重要职位领导干部常委会票推、全委会票决，把最终决定权交给全委会；在延伸监督上扩大民主，实行问责监督、审计监督、巡视监督、社会监督等全方位、多层次监督，把优劣评判权交给社会。在此基础上，2008 年乳山市又采取干部选拔任用全程纪实，以"公开空缺职位和任职要求、公开选拔程序和选任方法，差额推荐、差额考察、差额酝酿、差额表决"方式，进一步扩大干部选用工作中的民主，加强对干部选拔任用工作全过程的民主监督，提高选人用人的公信度和党员群众的满意度。

（四）在带动人民民主中扩大民主

坚持以党内民主带动人民民主，党内民主与党外民主良性互动。2004 年开始在农村党支部换届选举中坚持先定目标候选人，组织候选人围绕目标竞争，引导党员群众围绕发展选人，全面推行任期目标承诺制，引领农村两委换届秩序，防止选前乱承诺、乱许愿，选后不作为、乱作为。2007 年开始在农村两委换届中利用远程教育终端到户系统，探索实行竞职演讲视频入户的方式，组织候选人宣传竞选主张，让群众充分酝酿推选村级党组织成员和村级配套组织成员。同时，乳山市又在基层普遍建立以党务公开、述职评议、听证咨询、公推直选为主要内容的党员意愿表达机制，以量力而行、尽力而为、主动承诺、自觉践诺为主要内容的党员自我管理机制，以逢提必竞、逢进必考、公开透明、竞争择优为主要内容的人才选拔录用机制，以网络平台、行风热线、举报电话、领导接访为主要内容的民意反馈收集机制，使每一个党员群众"有话能说、说了管用"。

三 主要成效

推进党内基层民主建设不是一蹴而就的，其成效与效应也不一定立竿见影。只有持续全面推进、统筹协调发展，党内基层民主才能逐步显现其强大的凝聚力和推动力。山东省乳山市推进党内基层民主的效应已经初步显现，目前党内民主、社会和谐、人民幸福，区域经济社会实现了又好又快发展。

一是带动了人民民主。通过市镇村三级联动扩大党内民主的一系列探索和实践，不仅进一步巩固了党的执政基础，健全了党内监督机制，加强了党的自身建设，而且也为扩大人民民主奠定了坚实的思想基础，给人民民主起到了很好的示范和带动作用，让群众在参与党内基层民主的过程中受到教育、经受锻炼，增强了群众的民主意识。比如，在党支部"两推直选"的示范引导下，村委会换届选举越来越规范，群众民主法制意识越来越强；在村委会换届选举中，先后经历了不会用权、滥用权利到现在珍惜权利、谨慎用权的转变，参选者也由过去的乱许愿、乱承诺变为现在的有序参与、平等竞争。

二是促进了社会和谐。通过推进党内基层民主，创新党内基层民主的多种实现形式，畅通党员意愿表达和民意反馈收集渠道，每名市委委员联系一名一线党代表和一个基层党组织，其他党员领导干部代表每人联系本系统的一名党员、一名普通群众，普通党代表每人联系一名党员和一名群众。党员结对联系群众、承诺服务等方式，不仅促进了党内团结统一，而且较好地发挥了党员联系群众的桥梁和纽带作用，特别是通过公推直选上台的党员干部，在具体工作中更注重从实际出发，更注重倾听民意，更注重对上负责与对下负责的统一，党组织想问题、办事情更多地以群众利益为出发点，更多地考虑群众的要求，进一步密切了党同人民群众的血肉联系，促进了社会和谐。

三是推动了经济发展。通过定位公推领导干部、直选基层党代表、党代表直选党委书记、公推直选基层党组织成员等方式，营造公开、民主、透明的社会氛围，凝聚全社会的智慧和力量，在全市上下形成凭政绩、看公认、以德才选干部的用人导向，有效激发了全市上下的活力，增强了干事创业的动力，全市上下聚精会神搞建设、一心一意谋发展，开创了乳山经济社会又好又快发展的新局面。从 2004 年首次跨入全省综合经济实力百强县后，一年一大步，现在已位于全国综合发展百强县中游，先后荣获国家环境保护模范城市、中国优秀旅游城市、国家园林城市、全国科普示范市、全国科技工作先进市、国家生态城市等荣誉称号。

四是实现了制度创新。在推进党内基层主过程中，乳山市坚持从实际出发，敢于探索，勇于创新，不仅取得了值得借鉴的经验，而且有效解决了制约扩大党内基层民主的一系列难题，突破了制度瓶颈，实现了制度创新。比如，十六届四中全会之前，乳山市突破常规，率先在全省公推直选镇党委书记、村党支部书记，随后在全省推广；党的十七大前，有组织地利用远程教育终端到户系统，通过视频宣传竞选者主张，开全国先河。又如，增设镇党委不驻会委员，保持身份、职级及工资开支渠道等不变，有效化解了长期困扰各地的公推直选制度与现行干部人事制度衔接不畅的问题，不仅为公推直选中可能产生的非公职干部找到了既能"上"又能"下"的渠道，为进一步扩大公推直选范围扫清了障碍。再如，直选党代表，再由党代表直选镇党委书记，充分考虑了不同地区人口密度、党员数量、交通条件和地域差异问题，既扩大了党内基层民主，又节约了选举成本，具有较强的可行性和可操作性，又有利于提高组织效率，为在更大范围内实行公推直选的提供了可资借鉴和推广的经验。

四 主要反响

山东省乳山市在定位公推领导干部、实行党代会常任制代表任期制、公推直选镇和村党组织成员的基础上，进一步向机关、企事业单位和中介组织等其他层面拓展延伸，其推进党内基层民主建设的各种做法具有较强的超前性、创新性、推广性、实效性，受到社会各界的广泛关注。

党的十六大闭幕后不到两个月，2003 年 1 月 11 日山东省乳山市就在全国率先拉开了新一轮党代会常任制试点的序幕，引起了国内主流媒体的高度关注。1 月 17 日《中国青年报》以头版头条报道《乳山市试行党代会常任制》，各大门户网站纷纷转载，《大众日报》、新华社《山东内参》、《支部生活》杂志陆续推出深度报道；在十六届四中全会提出"逐步扩大基层党组织班子直选范围"前的 2004 年 4 月，乳山市又在山东省率先实行直选镇党委书记和农村党支部书记，其做法迅速被纳入山东省委、省政府农村两委换届文件，当年就在全省推广；新华社、《农民日报》、《瞭望新闻周刊》纷纷报道，《村支书直选冲击波》波及全省、影响全国。据新华社报道，2004～2005 年山东省农村两委换届直选支部书记村由无到有，激增至 5384 个。2007 年 7 月乳山市农村党支部直选范围进一步扩大，在十七大召开前夕，新华社十七大特稿以《"中国式民主"意识在基层生根发芽》为题，重点报道了乳山市公推直选村级党组织和村委会的做法，并成为中国驻美国大使馆网站重点向世界推介的"中国式民主"范例之一。

山东省乳山市全面推进党内基层民主的做法不仅得到了国内主流媒体的广泛关注，也引起了国内重要学术机构的注目。2008 年 1 月，乳山市《全面推进党内民主》项目在来自全国各省市的 337 个申报项目中脱颖而出，荣获由中央编译局、中央党校、北京大学联合主办的第四届中国地方政府创新奖。中国地方政府创新奖全国选拔委员会给出其获奖理由是："铸造党的灵魂和生命，用全面而深入的探索谱写民主的新篇章。"2008 年 9 月，著名学者、中国地方政府创新课题总负责人、中央编译局副局长俞可平带领 5 位博士到乳山进行实地调研，并召开了一系列座谈会，深入了解乳山市扩大党内基层民主的新进展。专家组认为，与其他地区进行单项或局部党内民主改革不同，乳山市的党内民主改革是一次全方位、深层次、综合性改革，其做法具有典型示范意义，值得借鉴推广。2008 年 10 月，在中央编译局和联合国开发计划署、商务部联合举办的《国际经验与中国治理评估框架研讨会》上，山东省乳山市应邀出席并做典型交流发言，向世界展示了中共党内基层民主建设的最新成果，得到与会国际、国内专家学者的好评。2010 年 11 月 28 日，"党内基层民主的乳山模式"在人民大会堂获得"全国基层党建创新案例"奖，这是乳山市党内民主创新工作在获得第四届中国地方政府创新奖后的又一殊荣。

党的十七大召开后不久，山东省乳山市党内基层民主建设又迈出新步伐，2008 年 5 月将公推直选范围进一步向机关、企事业单位基层党组织拓展。《21 世纪经济报》《第一财经》《中国人事报》《农民日报》等媒体，先后推出《山东乳山实验：求解基层党内民主方程式》《山东乳山两推直选大"扩容"》《山东乳山五年：一场党内民主的大胆试验》《民主带来和谐、理智引领秩序》等系列深度报道；中组部《党建研究内参》、中宣部《党建》杂志、中央党校《学习时报》等刊物，先后刊发《十年变迁话选举》《整体推进党内基层民主的新做法》等文章，对乳山市全面推进党内基层民主的做法进行了系统分析和理性思考，认为乳山在推进党内基层民主方面创造了一种从保障党员民主权利入手全面推进党内基层民主的思路和经验，具有一定的独到之处，值得研究和思考。

在国内主流媒体和学术机构关注的同时，中央、山东省委的有关部门和领导也在探讨和关注乳山市推进党内基层民主的创新之举。早在 2005 年山东省委组织部就对乳山扩大党内基层民主的做法进行了深入剖析，认为"一个县级市在扩大基层民主方面有这么多的探索和实践，这在全国也是比较少见的，对全省乃至全国具有一定典型示范意义和借鉴意义"，形成的《扩大党内民主案例分析》获中组部调研成果一等奖，并由中央党建读物出版社出版，成为扩大党内基层民主的典型案例。2007 年中组部《领导参阅》刊发山东乳山着眼于提高选人用人质量、探索扩大干部选任工作民主的办法，对乳山的创新性做法给予肯定；2009 年 2 月《全国基层组织建设情况通报》又刊发乳山扩大基层党组织公推直选范围的经验，中共中央政治局委员、书记处书记、中组部部长李源潮做出批示并要求有关部门予以关注。2009 年 4 月，在全国部分省市公推直选镇党委班子成员座谈会上，乳山市代表山东省做典型交流发言，由中组部政策法规局副局长张景虎带队的中组部调研组专程来乳山实地调研，并召开了公推直选工作座谈会，对乳山扩大基层党组织成员公推直选范围的做法予以充分肯定。2009年6月，山东省委《参阅件》全文印发了《党内基层民主的有益探索——乳山公推直选基层党组织领导班子成员情况调查》，认为乳山市的做法取得了"四增强、两带动"效果，即党员群众认同感增强、党员主体意识增强、领导干部责任感增强、党组织凝聚力增强，以党内民主带动了人民民主、以党内和谐带动了社会和谐，并且对当前党内基层民主建设提供了四点启示：必须坚持正确方向、必须敢于探索创新、必须统筹协调推进、必须加强制度建设。这些关注、批示和肯定表明山东省乳山市全面推进党内基层民主的做法已经进入高层领导视野，引起了高层领导的关注和重视，同时也向基层传达了一种信号——"乳山模式"是推进党内基层民主的可选择路径。

五　主要启示

从山东省乳山市的实践看，今后要在更广阔的范围内深入推进党内基层民主，必须坚持探索创新、循序渐进、注重实效、逐步规范、积极稳妥、统筹推进，将成功的实践经验、探索创新上升到制度机制层面，推进党内基层民主的制度化、规范化建设，探索建立有效地推进落实机制，党内基层民主才能健康发展，才能形成加强党内基层民主建设的长效机制。

（一）要进一步规范党代会常任制试点

试行党代会常任制，是发展党内基层民主的重要举措。自1988年以来的20年间，全国各地进行了多方面的探索，但始终处于"摸着石头过河"的状态。现在应当对全国各地进行的试点经验做法进行系统总结，形成一个相对完善、比较规范的指导性意见，为十七大和十七届四中全会提出的进一步扩大试点工作指明方向，保证党代会常任制试点工作规范、有序、稳步推进，不为个别人意志所转移。一要规范党代会运行机制。从制度上对党代会召开的时间、研究的内容、主要任务等进行界定，避免党代会同人代会、政协会议题内容的重复。二要强化权力全过程监督。从重要干部的选拔任用入手，规范提名权、决定权，真正使权力在阳光下运行，接受全过程监督，接受党代表监督，防止"一言堂"和暗箱操纵。三要创新党代表选举制度。扩大代表选举民主，适时引入竞争机制，实行基层党代表直选，其中党政领导干部比例一般不应超过50%。四要提高党代表素质。实行党代表任期制之后，要加强党代表培训力度，变"听话"代表为"说话"代表，切实提高代表素质和议政能力。

（二）要从根本上保障党员的民主权利

党内民主是党的生命，不仅需要根据世情、国情、党情，坚定不移地发展党内民主，探索党内基层民主的多种实现形式，积极、稳妥、渐进、有序地推进党内基层民主，而且要真正从本质上正确理解民主，从根本上保证党员权利，突破制度上的瓶颈，进行制度上的创新。一是探索实行"授权直选"制度。充分考虑东西部人口密度、党员数量等差异以及其他非正常因素可能对选举工作的影响，可以在《基层选举工作条例》中，增加"在人数较多的党委，实行党员直选产生党代表，再由党代表直选书记和副书记、委员"的条款，明确这种"授权直选"方式，既能够扩大民主、保证选人质量，又便于操作、易于推广，也是扩大党内基层民主的一条可选路径。二是维护大多数党员民主权利。考虑现在人口流动性增加和就业多样化，目前基层党组织按照"党员大会党员到会超过4/5有效"的规定来组织选举难度较大，可以对《基层选举工作条例》进行修改，变为"党员大会党员到会超过半数"有效，就可避免因照顾少数人权利，而影响大多数党员行使权利的问题，此举符合民主集中制"少数服从多数"原则，与选举法和地方选举工作条例、村民委员会组织法的规定相一致，也是国内外普遍认可、比较通行的做法，有利于调动和激发党员的参与热情，减少故意放弃权利、缺席会议、抵制选举现象的发生。三是充分尊重党员群众意愿。鼓励和提倡自愿报名和联名推荐，适当控制组织推荐数额，把推荐情况作为党内推荐和最终选举的基本依据，充分尊重党员群众意愿。同时，也要合理确定人选的推荐范围，避免党员或代表与候选人因相互间不熟悉、不了解，影响选举质量。

（三）要健全完善公推直选领导班子的方式

一要合理确定适用范围。从乳山实践看，公推直选比较适用基层党支部、党总支以及人数较少的党委；人数较多的党委，可先直选党代表，再由党代表直选党委班子成员比较适宜。同时，要创新群众参与推荐的形式，在人员较少且相对固定的单位，适宜组织全体群众参与，人员较多的则可推选群众代表参与推荐。特别是在镇党委公推环节中，应充分运用现有的民主成果，即让民主推荐选举产生的各级党代表、人大代表、政协委员参加推荐，这既能充分代表民意，符合有关规定，又能大大减少工作量、降低工作成本、提高组织效率。二要科学设计选举程序。从实践看，要坚持党管干部、群众公认、公开公平和于法周严、于事简便等原则，公推直选程序应包括广泛宣传发动、公布任职条件、组织报名参与、党员群众推荐、上级资格审查、候选人与选举人见面、公开竞职演讲、党内直接选举、上级批复公布等环节。三要健全完善配套制度。在拓宽选人渠道、促进优秀人才脱颖而出的同时，注重坚持党的领导，对公推直选职位具体的标准、条件进行认真把关，保证人选的基本素质能力。注重与《党政领导干部选拔任用工作条例》《中华人民共和国公务员法》相衔接，研究解决好农民党员当选后的身份、待遇以及到届或落选时的进退去留问题。还要配套建立党组织任期目标管理、述职述廉和民主评议、责任追究等制度，使相形见绌者"下"，提高选举的实际效果。

（四）要正确处理推进党内基层民主的几个关系

推进党内基层民主任重道远。党的十七届四中全会提出以保障党员民主权利为根本，以加强党内基层民主建设为基础，切实推进党内民主。要落实这一精神从长远看还要处理好几个关系。一是试点与实效。推进党内基层民主必须立足于试，着眼于创，落脚于实。试点要不怕失败，创新要明确方向，效果要追求实际、实用、实效，只有这样试点才能取得实实在在的成效，试点才能发挥示范效应、实现以点带面，走出"一试点就成功，一推广就失败"的怪圈。二是民主与集中。地方领导的思想认识和胸怀境界是决定党内基层民主推进程序的重要因素，但发展党内基层民主不能仅仅依赖于此，必须以党员群众的愿望和经济社会发展的需要为依据，民主应体现在党员群众民主权利和主体作用的发挥上，集中应体现在选人用人标准条件和有关程序的把关上，无论民主还是集中都要建立规范的运行机制，在正确的方向与轨道上运行。三是形式与内容。党内基层民主内容丰富，实现形式多种多样。在推进党内基层民主过程中，形式要逐步规范，内容要逐步丰富，要探索恰当形式承载实质内容，才能保障党员的权利，达到民主的目标。没有内容的形式，是哗众取宠、愚弄百姓；没有形式的内容，将失去规矩、导致混乱。四是创新与制度。阿姆斯特朗登月时说：我虽然迈出的是一小步，却是人类迈出的一大步。加强党内基层民主建设符合世情、国情、党情，必须坚定不移地推进，但不应奢望一蹴而就，也不能为了创新而创新。只要从实际出发，扎实推进，哪怕在民主制度建设上创新推进一小步，也是党内基层民主迈出的一大步。

（作者单位：中共乳山市委党校）

后　记

威海市社会科学优秀成果奖，是威海市政府奖。1997年，时值威海市成立10周年之际，中共威海市委宣传部、威海市人事局、威海市财政局、威海市社会科学界联合会联合报请，经时任市委副书记、市长孙守璞同志亲自过问并批准设立。

自1997年设立威海市社会科学优秀成果奖至今，共举行20次评选，有接近1400项成果获奖。许多成果进入决策，较好地解决了经济社会发展实践中的难题。

2007年，为庆祝威海市建市20周年，我们编辑出版了《威海市社会科学优秀成果获奖作品文库》（第一卷~第十卷）。近10年来，威海的哲学社会科学事业，尤其是社科理论研究领域，从人才队伍到研究领域到成果质量水平，都得到了全面的发展。2017年，威海市成立30周年，我们继续组织编辑了本套《威海市社会科学优秀成果获奖作品文库》（第十一卷~第二十卷）。

《威海市社会科学优秀成果获奖作品文库》（第十一卷~第二十卷），汇集了2008~2017年获得威海市社会科学优秀成果奖的著作、论文、研究报告，集中反映了近十年威海市哲学社会科学界取得的优秀成果，研究范围涉及经济学、管理学、语言文字学、教育学、文艺理论、外国文学、哲学、政治学、社会学、法学、科学社会主义理论等专业领域以及党的建设、历史文化、社会发展、经济建设、体制改革、马克思主义研究等诸多方面。

受篇幅的限制，编辑过程中，我们删除了成果原文中的"内容提要""关键词""参考文献"以及"尾注""角注""夹注"，加注了作者所在单位。若需详查，读者可与作者直接联系。

编辑过程中，有些文稿中图片的清晰度不够，达不到印刷要求，在不影响原意表达的前提下，一般作删除处理。因时间跨度较长以及各种社会因素变化，有些获奖成果已难以搜集，有些作者提供的资料过于简单或者缺乏研究的深意，也有个别研究因为资料来源不规范和一些认识偏差，没有收录，在此一并说明。

社会科学文献出版社的领导和编辑们，在文库的编辑工作中展现了出色的业务能力、精益求精的工作态度和一切从客户愿望出发的职业道德，成为我们学习的榜样。在此，表示衷心感谢！

编　者
2017 年 9 月